臺灣歷史與文化 研究輯刊

五 編

第 19 冊

罪與罰：
臺灣戰後小說中的疾病書寫

唐毓麗 著

花木蘭文化出版社

國家圖書館出版品預行編目資料

罪與罰：臺灣戰後小說中的疾病書寫／唐毓麗 著 — 初版 —
新北市：花木蘭文化出版社，2014〔民103〕
目 4+304 面；19×26 公分
（臺灣歷史與文化研究輯刊 五編；第 19 冊）
ISBN：978-986-322-651-2（精裝）
1. 臺灣小說　2. 文學評論
733.08　　　　　　　　　　　　　　　　103001772

臺灣歷史與文化研究輯刊
五　編　第十九冊　　　　　　　ISBN：978-986-322-651-2

罪與罰：臺灣戰後小說中的疾病書寫

作　　　者	唐毓麗
總 編 輯	杜潔祥
副總編輯	楊嘉樂
編　　　輯	許郁翎
出　　　版	花木蘭文化出版社
社　　　長	高小娟
聯絡地址	235 新北市中和區中安街七二號十三樓
	電話：02-2923-1455／傳真：02-2923-1452
網　　　址	http://www.huamulan.tw 信箱 hml810518@gmail.com
印　　　刷	普羅文化出版廣告事業
初　　　版	2014 年 3 月
定　　　價	五編 24 冊（精裝）新台幣 48,000 元

罪與罰：
臺灣戰後小說中的疾病書寫

唐毓麗　著

作者簡介

唐毓麗，東海大學中國文學博士，靜宜大學臺灣文學系副教授。研究領域為臺灣文學、現代文學、文學批評。曾發表〈臺北死亡紀事：談楊德昌電影《一一》中的敘事美學〉、〈從左拉《實驗小說論》之觀點探討戰後台灣自然主義小說〉、〈臺北意象與諷刺美學：探索疾病書寫中的人文價值〉、〈精神病患與扮裝行動分析《一個無政府主義者的意外死亡》的喜劇人物及結構〉、〈從殺夫小說《女陪審團》與《殺夫》——探勘手刃親夫的隱喻世界〉、〈病患的意義：談《天河撩亂》及《丁莊夢》的家族／國族紀事與身體〉等論文。

提　　要

　　本文研究二次大戰後與疾病相關的臺灣小說。在這些小說中，病人生病都是有原因的，可能受遺傳、感染源入侵，受致病因素影響染病，或是面對強大衝突，造成精神異常的疾病。人們習於把疾病與罪行串聯，更常把某些特定的疾病看成是天譴與懲罰，本文深入探討「疾病是一種懲罰」的隱喻思維時，進一步證實此思維不只牽涉到災難性修辭，更與病人肉體的苦痛經驗、心理活動、文化禁忌與社會輿論都有緊密的關聯。為了闡明罪惡與懲罰之間的因果關聯，本文藉由結構主義與契約理論的輔助，發現這些作品都呈現出「罪惡的懲罰型」的語法結構，特別凸顯罪惡行動與疾病懲罰之間的密切關聯。探索「罪惡的懲罰型」的敘事模式僅是本文的出發點，本文最終的目標，在於展現作者覺察或未覺察到的疾病現象與文化現象、心理矛盾，闡述疾病跟罪惡、懲罰之間的密切關聯，探索疾病小說中的倫理意義、道德價值、美學成就與人道思想。

　　本文發現，這些疾病皆與臺灣獨特的現實處境與文化傳統息息相關，分別以「政治契約」、「文化契約」、「家庭契約」與「私人契約」探討疾病的成因與影響。黨政軍民必須履行「政治契約」，被迫服從軍政命令，可發現他們的疾病，都是「政治契約」引發的衝突所造成。他們要不是違背政治義務，被「審判者」處罰造成疾病傷害；便是履行義務後，引發道德衝突造成疾病，他們的疾病都是「政治契約」所造成的傷害。異性戀性愛模式、異姓婚約和尊神敬鬼的禁忌，都是具有約束性的「文化契約」，違反這些「文化契約」的愛滋病患、肺結核病患、瘋癲病患、精神病患或是其他被社會主流價值排斥的人們，他們身上的疾病，會被輿論「審判者」視為天譴。「審判者」以「拒絕認同」的方式，嚴厲地懲罰「文化契約」的逆反者。有部分疾病，與「家庭契約」的衝突有關。「家庭契約」要求事親至孝、夫婦貞順的家庭倫理，罹病者可能違背／履行約定，引發道德衝突造成疾病；「罹病者」或「審判者」也可能把病當成工具，藉此審判「被審判者」，疾病都與「家庭契約」的「家庭約定」密切相關。至於私人契約相關的病例，都因「私人契約」引發的衝突有關。「私人契約」保障了個人的利益，同時也引發人我利益間的衝突，個體因違背或遵從「私人契約」，僭越「私人權利」造成疾病，他們不是違背私人約定，引發道德衝突造成疾病，便是僭越權利傷害他人，引發道德衝突造成疾病。

　　把疾病當成懲罰，顯示人們存有「自譴」、「他譴」與「譴他」三種心理模式。這三種心理模式，建立在「疾病是『主角』對『自我』的一種懲罰」、「疾病被『審判者』看成是對『被審判者』的一種懲罰」與「疾病是『罹病者』或『審判者』懲罰『被審判者』的手段」的認知上，人們為了控制人我關係與社會秩序，或是為了明辨善惡、區分他者而產生的思維。深入探討這種心理模式產生的作用極多，包括「應報作用」、「啟蒙作用」、「死亡預告作用」、「警戒作用」、「置人於死」、「卸責」、「威嚇」與「尊重生命」八個目的。最後歸納疾病書寫的價值，總結本文研究成果及研究侷限。

目

次

第一章　導　論

第一節　研究動機與文獻回顧

壹、疾病與疾病小說

　　疾病二字，在傳統古書都指「身體不健」的意思。胡厚宣考證殷高宗甲骨卜辭，注意到疾字雖有多種寫法，都描繪出人臥於床上的景況。〔註1〕段玉裁的《說文解字注》注「疾，病也」；「病」疾困也；《說文解字》注「病，疾加也」，都說明了疾病二字皆指身體不適的意思。張曉風從許慎《說文解字》「疒」部文字著手，發現《中文大辭典》裡收錄「疒」部 643 個文字，都具有疾病相關的涵義，其他如病痛、恙、違和、勿藥等詞語與諺語，也與身體或疾病有密切的關聯。〔註2〕從「疒」字看來，它指涉病人臥病在床的樣子，就可看出，前人造字時，早已注意到疾病可造成人的痛苦及虛弱。在英文語彙中，與疾病相關的詞語也很多，例如「disease」泛指各式疾病，與「illness」接近；此外，「sickness」帶有感情色彩，「affection」指病變與病患，特別指身體某器官的疾病。「complaint」指體內各式慢性病，「malady」為文學用語泛指各式疾病，有時也指社會的病態。〔註3〕總結古今中外的解釋，可看出疾病一

〔註1〕　胡厚宣：《甲骨學商史論初集（外一種）》（天津：河北教育出版社，2002），頁 304。

〔註2〕　張曉風：〈古典小說中所安排的疾病和它的象徵〉，《中外文學》31：12（2003），頁 26～28。

〔註3〕　李延林：〈「疾病、生病」的英譯〉，《中國科技翻譯》12：4（1999），頁 50～51。

詞，除了顯示身體外表變化之外，也附帶病人身心痛苦的感受。

人類向來把疾病當成是最可怕的敵人，卻被迫與它打交道。美國文論家蘇珊‧桑塔格（Susan Sontag）特別關注疾病與文化的相關議題，在《疾病的隱喻與愛滋病的隱喻》（*Illness as Metaphor and AIDS and Its Metaphors*）一書中，首先點出人類普同的命運：「每個來到這世界的人都具有雙重人民身分：既是健康王國的人民，也是疾病王國的人民」。〔註4〕過往的歷史紀錄，無不一一見證社會人民徘徊在健康與疾病王國中的雙重身分。公元前430年，雅典瘟疫肆虐造成三分之一的人口死亡。當時群醫束手無策，只能眼見大量的百姓死去；疾病讓人心崩潰，雅典軍民根本無法迎擊斯巴達的攻勢，最後造成雅典帝國戰敗。〔註5〕疾病史不但記載了人與疾病交鋒的災難實錄，也紀錄了從蒙昧到理性、從未知到已知、從蔓延到控制，疾病早已控影響人類生死命運的漫長過程。

在醫學上，疾病是指一個機體或機體的部分，失去平衡的狀態，使得檢測身體健康的指標，偏移了正常的範圍。疾病最明顯的特徵，就是讓人的身體失去了正常運作的功能。1966年劍橋大學出版的《劍橋醫學史》（*The Cambridge Illustrated of History of Medicine*）由羅伊波特（Roy Porter）等學者執筆，考察兩千多年來疾病與醫學的關聯，發現人類對疾病的觀點常隨著時代改變而更動。希臘醫學不相信微生物入侵體內可造成疾病，只認為身體內部混亂會造成疾病，顯然人們當時把人體想像成相互聯繫的整體，認為情緒與感情能左右身體的狀態，只要情緒失衡就會造成身心疾病。希臘醫學一致認為精神健康，是促進身體健康的不二法門，這樣的思想對後世造成重大的影響。

因病原入侵而造成疾病，這是晚期醫學提出的想法。中世紀之後，科學主義成為主流，解剖學與生理學的興起，佔領醫學知識界，直接造成傳統醫學的巨大變革。精神（psyche）與身體（soma）分隔的二元論思想相當盛行，推翻過往一元論的身體論述。醫學透過精密的解剖學，將人體描述成一具具構造精密的機器，機器理論從此佔據學術的地位。此後，醫學界便以年久失

〔註4〕Susan Sontag. *Illness as Metaphor and AIDS and Its Metaphors*. New York：Doubleday（1990），p1.

〔註5〕卡特賴特（Frederick Cartwright）等著、陳仲丹等譯：《疾病改變歷史》（*Disease & history*）（濟南：山東畫報出版社，2004），頁6～8。

修、燃料缺乏，比照機器故障的原理來解釋人體的病因。十九世紀時，學界普遍相信身體受到外物傷害會引起疾病，認爲微生物、寄生蟲入侵體內會造成器官感染，並深信掌握單一病因便能杜絕疾病。此時醫學已把疾病當成客觀存在的實體，開始動用各種醫療的資源，找尋疾病發生的客觀規律。〔註6〕此後，醫學利用科學實驗與病理追蹤，仰賴病因學（aetiology）的分類與診斷，透過精密的儀器辨識受感染的病症與蟲體，劃分出感染者與未感染的正常人，病因學的發展歷史，也充分見證人類醫學與文明進展的成果。

《劍橋醫學史》主要從兩個關照點來思考疾病、定義疾病，其一是疾病（disease），其二是病痛（malaise）。疾病強調去掉安逸之意，是指機體受外在因素影響，如外來的細菌和病毒入侵導致的種種不適症狀；但病痛、生病（illness）卻與病人的感覺有關，偏重的是病人不舒服的主觀感受。〔註7〕這也意味著，疾病可能涉及醫生與病患對病徵（sign）與症狀（symptom）的不同看法，「病徵強調醫生的觀察與發現，症狀看重病人陳述的病況」。〔註8〕總結說來，疾病判定除依賴病人的主觀感覺外，同時也得把握醫生對外顯病症的預後評估。從以上所述可知，疾病牽涉到的層面非常廣闊，除了醫生和病人之外，疾病勢必受到醫學發展、政治方針、社會制度、文化習俗與個人偏見的交相影響，疾病的相關論述根本不可能獨立存在於病理書籍之中。

當人生病時，一定是不舒服、痛苦的。西方文學深受基督教義的影響，能不以排斥的角度去看待疾病。十八世紀末到十九世紀時，浪漫主義偏愛肺結核（Pulmonary Tuberculosis）帶來的美感，作家常有美化疾病的創作，更從疾病背後挖掘引人深思的意義。浪漫主義者似乎在羸弱的結核病人身上，看到他們對生命的熱情，意識到脆弱的病體並不能限制生命，反而能在罹病之際彰顯出生命的意志和超越性。肺結核此後成爲騷人墨客的專利，痛苦、消瘦與蒼白的病症成爲凄美的象徵，美化肺結核已成爲文學家的共識，這股新興的文學潮流翻轉過去人們對疾病恐懼的態度，以浪漫的情懷嚮往生病的世界，把罹病當成時髦，在歷史上留下特殊的扉頁。

〔註6〕 羅伊‧波特（Roy Porter）等著，張大慶譯：《劍橋醫學史》（*The Cambridge Illustrated of History of Medicine*）（長春：吉林人民出版社，1996），頁154～172。

〔註7〕 羅伊‧波特等著，張大慶譯：《劍橋醫學史》，頁133。

〔註8〕 孔繁鐘編譯：《精神醫學之症狀及病徵》（臺北：合記圖書出版社，1991），頁163。

日籍學者炳谷行人（Karatani Kojin）觀察日本現代文學時，認為美化疾病只存在基督教語境當中，不曾在日本文學出現。〔註9〕實際上，在臺灣戰後小說中出現的疾病與疾病書寫，大多突出疾病的悲劇性與苦痛傷害，只有少部分作品才會美化或神聖化疾病。這也說明了，西方特殊的時代背景，讓文學「顛覆」了疾病受苦的意義，「美化肺結核」的行動完全是十八世紀中葉，西歐文學所造成的具體影響。蘇珊・桑塔格認為一個半世紀以來，肺結核成為虛弱、文雅、敏感、悲傷、無力的隱喻，疾病既是災難，也堂而皇之成為細緻與優雅的象徵。〔註10〕在現實生活當中，疾病絕對是令人痛苦、不舒服的，肺結核引起了浪漫主義的聯想，接連塑造了「肺結核神話」。讀者看到小仲馬（Alexandre Fils Dumas）的作品《茶花女》（La Dame aux Camelias）、普契尼歌劇《波西米亞人》（La Bohème）、濟慈（John Keats）的〈夜鶯頌〉（Ode To A Nightingale），這些作品對於疾病都有過於浪漫化的陳述，實與現實脫節。也可以說，文學豐富的感染力創造了「疾病浪漫化」的情懷，美化疾病的思想廣為流傳，甚至改變了「肺結核」的病理學與社會涵意。從此以後，疾病像服裝一樣成為裝飾的物件，更是文人出入貴族文藝世界的另一枚身分證。〔註11〕

西方文學探討疾病災難的經典著作甚多，希臘悲劇《伊底帕斯王》（Oedipus the King）寫瘟疫的詛咒，薄伽丘《十日談》（Decameron）描述瘟疫襲擊世界末日的恐慌，托・馬斯曼（Thomas Mann）的《魂斷威尼斯》（Death in Venice）隱喻錯誤的愛慾亦可致命，《魔山》（The Magic Mountain）以病突顯人們自甘墮落的心靈，卡謬（Albert Camus）在《瘟疫》（The Plague）描述經黑死病襲擊的居民形同坐監囚犯，索忍尼辛（Alekandr Isaevich Solzhenitsyn）的《癌症病房》（Cancer Ward）描述抗癌的經歷與集中營生活，左拉（Emile Zola）的《娜娜》（Nana）描述梅毒，魯迅以〈狂人日記〉精神病患的狂語針砭封建遺毒，以〈藥〉標舉革命為挽救腐朽中國唯一良方，巴金《寒夜》寫肺病患者鮮血淋漓的處境，都說明美化疾病絕對不是普遍的主題。本文發現在戰後小說當中，臺灣作家對疾病題材顯露特殊的觀察，尤對「受苦」與「病痛」展現獨有的關注，這些作品大多描寫疾病所造成的悲劇與苦痛傷害，除顯示作

〔註9〕炳谷行人（Karatani Kojin）著，趙京華譯：《日本現代文學的起源》（Origins of Modern Japanese Literature）（北京：三聯書店，2004），頁97。
〔註10〕Susan Sontag. Illness as Metaphor and AIDS and Its Metaphors, p32～33.
〔註11〕Susan Sontag. Illness as Metaphor and AIDS and Its Metaphors, p28.

家悲天憫人的胸懷與哲思,也呈現他們對災難化修辭的沉迷,吸引筆者想一窺究竟。

貳、臺灣戰後疾病書寫

臺灣戰後書寫疾病的小說數量相當豐碩,但細觀這些作品,不但主題內容不一,疾病所佔的份量也不大相同,有的小說以疾病為主要主題,有的只把疾病當作次要的情節。本文依照所收集的疾病文本,根據各篇作品突顯的主旨與疾病的關聯,將這些小說概分為八大類:

其一、將疾病與貧困、髒污的環境串聯。戰前此類作品數量最多,戰後數量也不少,疾病成為窮苦百姓難以逃離的厄運。這類小說將重點擺放在病因追查上,常挖掘貧窮與疾病之間密切的關係,闡述落後貧困的環境,或髒污有毒的物質,直接成為殘害人們健康的最大殺手。這些小說都把百姓致病因素,指向髒亂環境背後種種不合理制度與社會問題,特別強調人與制度、環境的衝突,毫不留情揭露社會結構底層的病灶,具有強烈的寫實與批判精神。

1、強調經濟窮困。洪醒夫(洪媽從)的〈吾土〉(1978)描述農人夫婦感染肺病,在醫療不發達的時代,只好變賣土地買嗎啡治病,最後不但無法根治疾病,更拖垮家中的經濟。王湘琦的〈沒卵頭家〉(1990)描述澎湖公衛設施貧瘠、病蚊猖狂,造成男士陰囊腫如球般大小,痛不欲生的窘狀。黃春明的〈癬〉(1968)開宗明義宣判:癬本來就是貧窮人家的親族,是貧賤家庭最熟悉的疾病。宋澤萊善以自然主義的筆法捕捉光怪陸離的人間誌異,〈白鷺鎮的回憶〉(1988)描述夫妻沒錢讓小孩開刀,只能看著腸潰瘍幼兒死亡的悲劇。

2、強調政經環境不利因素。施叔青(施淑青)的《她名叫蝴蝶》(1993)描述 1894 年香港發生的瘟疫事件。殖民政策明顯歧視華人,華人被迫生活在擁擠髒污的環境裡,常與家畜比鄰而居,加上欠缺良好的衛生習慣,自然潛藏致命的危機。鼠疫奪走兩千多條人命,英國殖民者更從種族、宗教信仰、階層、生活習性各方面,把華人當成黃禍,視鼠疫為天懲的證據。

其二、疾病是神聖、淨化、純善與真愛的隱喻。作家描寫疾病時,展現了疾病的雙重性質,它雖造成疼痛,但疾病可帶領人前往超越的、不可思議的世界,此系列小說翻轉疾病等於災難的一般論述,提供另一種視野思索疾病。

1、賦予疾病神聖的意義。王幼華的〈龍鳳海灘考古記〉（1989）利用考古學家的瘋癲純真，畢生探索人類奧秘，對照學術界人士的醜惡，疾病被賦予了神聖的意義。自私的人污衊他為精神病患，人類自相殘害所犯下的錯誤，早已預言自我毀滅的命運。七等生（劉武雄）的〈聖月芬〉（1973）認為瘋狂女性所遭受的一切不幸，不只是災難，她們的犧牲，就跟基督完成的任務——救贖是一樣的。她們就是上帝的化身，人們應該尊敬同情瘋癲女性。

2、賦予疾病神奇的意義。紀大偉相當有意識地，創作一系列頗富顛覆意圖與理性趣味的小說。在〈香皂〉（1996）裡描述愛滋病帶原者，不再是令人聞之色變的禍源，而是能把病菌當成香皂般，相互塗抹、愛撫，創造慾望、鼓動性愛的新興族群。在〈蝕〉（1995）中，亂倫、同志性愛與愛滋病已不再是社會禁忌。二十一世紀出現「食蟲族」的異類份子，重複二十世紀禁忌——愛滋病患的悲劇，成為眾所譴責的對象。但主角覺悟到，群眾的錯誤就在於習於將罪責推到少數人身上，最後認可弟弟的慾望，更成為「食蟲族」的一員。平路（路平）的〈世界之疾〉（1993）描述新世紀基因工程，可以治癒所有「畸零」人後，所有人類已失去愛情的創造力，只剩我族／同志（同性戀）還擁有創造性愛的能量。〔註12〕身為倖存者，我體驗生命的極致歡樂後，決意為愛殉死，滴入「世紀之疾」病毒，把生命奉獻給愛情，以同志愛情與極致的愛慾追求，重新定義「愛，方死方生」的浪漫寓言。總結以上作品，不難發現，此類小說突破輿論狹見，賦予疾病正面的意義，也能進一步批判正常／異常界線，質疑人們的迷思與盲點。

其三、疾病是政治體制與暴力傷害下的產品。此類作品觸及臺灣特殊的政經歷史，病人之所以罹病，多與承受不了過多的壓力有關，是數量最多的類別。

〔註12〕本文觸及到同性戀議題時，大多以「同性戀」一詞指稱此族群身分。但須說明的是，使用此稱呼，主要為了「同性戀」一詞，能清楚呈現「同性戀」族群「同性戀行為」的特殊屬性，但缺失在於「同性戀」一詞，早已殘留精神疾病的暗示及醫學矯治的意味。本文雖使用此名詞，但反對附加任何病態的意涵在此名詞上；當文中需強調同性戀者的政治身分時，斟酌使用「同志」一詞。在 90 年代後，臺灣的傳媒與同志論述已慣把「同志」指稱同性戀者，因「同志」一詞顯然比「lesbian／gay」更富有「革命尚未成功，同志仍需努力」的政治涵義，這也代表了人們開始注意到同性戀行為及其文化，更懂得尊重同性戀者特殊的身分。紅水鮮、紀小尾、蛋糖饃：〈小小酷兒百科〉，收入紀大偉主編《酷兒啟示錄》（台北：元尊文化股份有限公司，1997），頁 35～36。

1、批判黑暗政治的小說。如舞鶴（陳國城）的〈悲傷〉（1994），以兩個精神病患，勾勒臺灣鄉野與政治監控的怪誕傳奇。男子自從軍機失事後，出現精神異常的症狀，身體與慾望都無法聽從國家的規訓，永不饜足的性慾總引起災禍。社會便以電療懲罰那駭人聽聞的可怕陽具，他被世人無情地監禁了十年，確定不是「思想犯假起瘠」後釋放。他的後半生幾乎與世人隔絕，可悲的是，他探望女兒卻死在泥濘裡，這樣的悲懷果真是無以名狀。聶華苓的《桑青與桃紅》（1988）裡，桑青從三峽轉至北京，歷經抗戰及中共政權成立等政治巨變後，她逃至臺灣，正好遇到白色恐怖國家機器的監控，失去身分的她只好不斷地逃亡，最後變成精神分裂者桃紅。到美國後，她讓負載太多傷痛的「桑青」死亡，協助「桃紅」新生，但美國的情報單位仍密切監視她。最後「桃紅」放棄所有的文化束縛與倫理道德，成爲一個終身流亡、精神分裂的異鄉人。

鍾肇政的〈中元的構圖〉（1966）控訴太平洋戰爭帶來的後遺症。農民阿木被日本徵調到菲律賓當兵，在叢林裡他靠吃人鼠活命。僥倖回到故鄉後，發現妻子和人通姦生下孩子，最後在中元祭典的刺激下毀於自焚。吳錦發的〈消失的男性〉（1985）以狂想小說，嘲諷統治無所不在的恐怖威脅，不斷透過「扣帽子」的監視暴力，逼迫前衛的詩人，最終成爲插翅高飛的病／鳥人。劉大任的〈杜鵑啼血〉（1974）描述在共黨政爭時期，細姨懷疑情夫移情別戀，便吃掉他心臟後發瘋的恐怖故事。除突顯嫉妒猖狂的人性之外，也批判黨政鬥爭蠱惑人心的革命狂熱，根本就是難以治癒的精神燥鬱症。

李昂（施叔端）的〈彩妝血祭〉（1997）將疾病與政治傷害緊密串聯。王媽媽是臺灣悲情歷史的最佳見證人，政治受難者的殊異身分讓她受盡委屈，情治人員侵犯兒子得逞後，讓愛子心靈再造傷痕，最後兒子死於愛滋病讓她哀慟欲絕。小說把性傾向與國家政治／男性暴力串聯，揭穿政治受難者所承受的暴虐與傷害，遠遠超出人們所想像。王幼華的〈花枝亂流〉（1986）透過倒敘回溯精神分裂者發病前，混亂不安、支離破碎的心靈全景。阿 A 親戚死於政治暴力，使得他對政治產生神經質的恐懼心，他到工廠受到暴力份子毆打，員警逮捕政治犯刺激他發病，探索政治監控下世人的精神恐慌。楊照（李明駿）的〈疾癘〉（1993）鋪陳人類滅亡毀世的寓言，闡述所有持槍見紅的歷史，就像瘟疫過境一般，造成無數的災難，把亂政腐敗的力量與疾癘狂襲串聯，構成一篇象徵意義極高的小說。

2、批判金權文化。在王禎和的《玫瑰玫瑰我愛你》（1984）裡，商人訓練酒女賺取美國大兵的美金之外，也不忘恐嚇她們「西貢玫瑰」病菌的可怕，小說以性病嘲弄崇洋媚外、金錢至上可笑復悲哀的國民性。陳映眞（陳永善）的〈萬商帝君〉（1982）描述以成敗論英雄的金權社會下，主角獨自承擔跨國政治、資本主義文化、種族主義、商業競爭、家庭期望與自我要求等種種強大的壓力，終因精神崩潰而發瘋。七等生（劉武雄）的〈精神病患〉（1967）中，主角處身在權力分贓、派系內鬥的校園中，精神受到折磨加上感情受創，在暴力刺激下成爲精神病患，他無法承受梅毒的遺傳，在瘋狂狀態下釀成殺妻的悲劇。

3、批判整體文化與暴力。陳映眞的〈悽慘的無言的嘴〉（1964）描述厭惡社會暴力、受文化折磨患有精神疾病的男子，在出院前夕幽悒的感發記事。白先勇的〈孤戀花〉以煙花女瘋狂殺人的悲慘際遇，控訴家庭、妓院與社會無處不在的暴力。

4、批判父權文化。叢甦（叢披滋）的〈瘋婦日記〉（1977）寫出女性複雜紛亂的精神世界，直言男性壓抑女性排斥女性，他的背叛與疏離造成妻子精神分裂。林燿德（林耀德）的〈慢跑的男人〉（1995）批判強暴壓力的傷害，男子在高中時期慘遭醫生強暴，性暴力讓他成爲精神病患，終生沉溺在同性性愛中。

其四、描述老人疾病。疾病常成爲摧殘老年人的剋星，急速將他們推往死亡。老人病死因不具戲劇性，往往得不到太多人關注，也讓死亡顯得更爲靜默。

1、老人病死。黃春明以〈售票口〉（1999）暗諷孝道不存，描述老人拖著病體在寒冬勉強外出，只爲了替子孫買票，老人最後受到風寒而喪命。

2、老人的病與牽掛。顧肇森的〈陽關〉（1994）描述罹患心臟病的先生，無力照顧失憶症的妻子，在無法可想的情況下，將自己與妻子送上黃泉路，揭露老人最莫可奈何的心境。

3、老人的病與經歷。駱以軍的〈醫院〉（2000）裡，披露衰頹老兵與老友吵鬧的半生恩怨，也藉病突顯上一代老人縱有諸多恩怨，生命也近衰亡，將由下一代子孫接棒，重述遠去的家族歷史與時代歷史。黃春明的〈最後一隻鳳鳥〉（1999）描寫失憶症母親的病情與人生際遇。

其五、極力描述各式病人，複雜難解或堅強或脆弱的心態。

1、描述複雜心態。如施叔青的〈尋〉（1985）描述上流社會的婦女，因不孕症無法生育，轉而到育幼院尋訪女童的自私心態。王幼華的〈超人阿Ａ〉（1985）描述瘋子阿Ａ脫軌的行徑，最後竟成功地鼓譟社會群眾，加入他非理性的瘋狂活動，凝聚成一股「反常態」的強大力量。駱以軍的《第三個舞者》（1999）以各式各樣的疾病，突顯人性的荒謬與複雜，有的是精神病患，也有專寫瘋人院、集中營故事的作家；有的人屬於「華麗的精神病」與「留遺性精神分裂狀態」，坦承不但曾施放巴豆害人，更與學生及其母親有曖昧情愫，他們的經歷揭露病人極其複雜的心境。

2、描述堅強的心態。陳映真的〈兀自照耀著的太陽〉（1965）裡，描述醫生從弱病的女兒身上，重新看見生命可貴的價值。女兒雖臥病在床，卻仍熱愛世人，她是全家人的良知與希望，她的仁慈讓醫生感到羞愧，重新肯定醫者救人救世的價值與意義。蘇偉貞的〈角落〉（1990）為一篇極其抒情的愛情小說，女病人愛上實習醫生，醫院成為女病人療傷止痛的角落。蘇偉貞的〈舊愛〉（1990）裡，女子是眷村裡的逆女，肺癌助她解決愛情的紛擾與牽絆，她求愛得愛，像個烈士，臨終更平靜地承受病痛與命運的考驗。宋澤萊（廖偉峻）的〈病〉（1988），描述小人物面對疾病淒惻又堅忍的態度，描述兩個窮苦婦女罹患癲癇與花柳病後，為了家庭堅強求生的故事。

3、描述脆弱的心態。劉大任〈長廊三號〉（1978）描述旅美畫家死前耽於迷幻藥物，瀕臨瘋狂邊緣的焦慮心境，展現「異鄉人」與「紐約客」不為人知的脆弱處境。李喬（李能棋）的〈人球〉（1969）主角因躲避金錢壓力，最後成為病態的人球。林俊穎的〈雙面伊底帕斯〉（2003）描述末世紀同志的暴力、放縱、深情與感傷，戀人雖對愛滋病人，表露朝生暮死愛情至上的宣言，卻又暴烈地阻止愛人接受化療，病人只好忍受愛人指責，最後遭愛人勒死，顯示出同性愛慾的脆弱與狂暴。

4、因病啟悟的心態。朱西甯（朱青海）的〈著名的癌痛〉（1976）描述受癌症折磨的病人突感神蹟，請求基督拯救他的肉體與靈魂，紀錄下臨終之際得到平靜的經歷。王尚義的〈現實的邊緣〉（1964）描寫老楊與老王兩人的奮鬥過程，老王放棄理想投入世俗的工作，卻在重病時才發現生命的可貴，對人生有更深刻的體悟，可惜來不及實踐理想就過世了。宇文正（鄭瑜雯）的〈病人〉（1995）以住院病人旁觀者的身分，旁觀虛矯造作的人情冷暖。

很少作家會像陳雪一樣，在現實人生中經歷各式創痛，年幼時家裡積欠

巨款，為了還債只好過著四處搬遷的生活。失歡的童年、還債的壓力、歧視的陰影，都讓她變得極為敏感，從小與疾病為伍。長期失眠與嚴重的憂鬱症讓她痛苦不已，她以創作來抵抗命運、治癒疾病與面對生命的傷口，她透過虛實相間的書寫，不論書寫女同志情感、性侵害或是禁忌的情慾，都是她療傷止痛、反叛命運最重要的解藥。《橋上的孩子》（2004）與《陳春天》（2005）兩作充滿自傳性色彩，也透過創作的梳理過程重新打開心扉，再次與親人、內在孩童、過往世界和解。

　　5、描述無奈的心態。郭松棻小說中的「罹病者」，往往因「臺灣之子」的身分，而承擔了太過沉重的歷史重擔。失職／缺席的父親不斷傷害幼子，加上瘋狂／焦慮的母親不斷逃離幼子，都造成「臺灣之子」身上永難痊癒的疾病與創痛。〈那噠噠的腳步〉（1993）透過兄妹的對話，展示一個問題家庭的黑暗面。父親狠心遺棄家人，卻讓孤苦無依的兄妹終日生活在家暴陰影下，母親不死心地期盼父親歸來，父親的罪惡造成子嗣的病痛。哥哥自幼體弱早想尋死，生命竟是如此的不堪，整篇小說籠罩在沉鬱的哀傷裡，令人不忍卒讀。〈奔跑的母親〉（1984）同樣顯示難以痊癒的家庭心結，病人向精神科醫生求助，老是夢到奔跑的母親。大戰時期的壓抑氛圍，離間了家人的親密關係，母親惶惶不安的情緒與幼子的被棄心境，都是大時代所造成的心靈創傷。

　　其六、極力描寫疾病的病症與影響。病人生病後身心都出現失衡的現象，直接對他人或家人造成正面或負面的影響。

　　1、造成家庭的疏離關係。賴香吟的〈清晨茉莉〉（1989）描述痴呆的姑姑嫁給姑丈後，因語言隔閡而病情加重，姑丈死於意外後，姑姑無依無靠從此成為孤單的寡婦。袁瓊瓊的〈異事〉（1991）以清冷的筆法，批判親情的淡漠。當人生病時，家人不但不關心，還讓她孤絕地死在精神病院。陳若曦（陳秀美）的〈謀殺爸爸〉（1989）也是一篇諷刺小說，描述中風的父親清醒後，學醫的二哥主張把父親餓死，妹妹對哥哥做出這樣大逆不道的事情，只感到無比的寒心。

　　2、造成家庭的親密與個人的收穫。張啟疆（張洛疆）發表一系列小說，皆以畸零病人為主，描述他們特殊的心靈狀態。〈失聲者〉（1995）描述馳騁商場的商業鉅子，失去賴以維生的聲音之後，才發現他並未失去一切，反而重新獲得家庭的溫暖與愛。〈俄羅斯娃娃〉（1997）描述一個原發性顫抖的病

人，照顧妹妹的女兒娃娃。娃娃肌肉萎頓、功能衰退，病症雖持續惡化，卻以她的愛化解了他與妹妹的感情創傷。〈失聰者〉（1997）描述自閉症孩子不為人知的心靈世界，他雖不說話，卻能與失聰者、無喉者成為朋友，父母學習如何達成親子互動，進一步聽取孩子的心聲。章緣（張惠媛）的《疫》（2003）描述西尼羅病毒隨著鳥類擴散，在美國造成重大疫情。兩個徬徨的中年人，在病毒爆發之際展開一段熱烈的戀情。疫情受到控制後，像青春一般燃燒的戀曲也悄然落幕，兩人對人生有更深的體悟，分別回到各自瀕於破裂的家庭，努力修復失衡的關係。

其七、描述尋藥與診治的過程。生病之後，人往往為了恢復健康，積極地求取藥物或接受診治。鄭清文的〈貓藥〉（2000）利用病患往生，批判以貓入藥的荒謬性，突顯臺灣無奇不有的治病偏方，以及病急亂投醫的特殊習俗。葉石濤的〈玫瑰項圈〉（1966）描述莎拉被殖民者副太守玷污後染上梅毒，莎拉深信傳說，找上三等書記官復仇，不但瓦解殖民者救世主的形象，更把玫瑰項圈——梅毒紅疹傳給殖民者。

其八、將疾病與罪行懲罰串聯。這是值得關切的現象，此類作品也是本文的研究對象。這些小說，都把疾病與罪行懲罰串聯起來，此時疾病具有自我譴責、天譴的意義或是成為譴責他人的手段，都讓這類小說具有獎善罰惡的重要意義。此類小說中的疾病，常佔據重要的位置與功能，成為富有戲劇性的情節與高潮，具有罪惡與懲罰的延伸意義；有部分疾病，具有「揭開真理」的意義。疾病降臨時可能是各種情況：如陳映真的〈六月裏的玫瑰花〉（1967）裡，軍人結識吧台女孩後，突然夢魘精神病發；陳若曦的《紙婚》（1986）的男性愛滋病帶原者，突感腸胃不適；林海音的〈燭〉（1981）裡，韓太太突然眼花而昏倒；李喬的〈昨日水蛭〉（1977）裡，醫生只要和妻子歡愛時，就會想到最害怕的動物——水蛭，根本無法一逞男性雄風。這些小說描述的病症雖輕重不一，陳述的主題也不大相同，卻相當一致地觸及疾病與罪行懲罰之間的曖昧關係。〈六月裏的玫瑰花〉裡，男子想起自己做了殺人的壞事，精神病症就是背德行為的懲罰；《紙婚》描述男同志罹患愛滋病，始終被他人當成觸犯性道德後的懲罰；〈燭〉刻劃韓太太裝病藉以懲罰丈夫的失責；〈昨日水蛭〉裡，學生自責傷害約會的女孩，陽萎是他應得的懲罰。這類疾病小說，不約而同顯示出對「罪惡」與「懲罰」等倫理議題，展現最濃厚的興趣與深度。

參、本文討論的臺灣戰後疾病書寫

　　疾病讓人難受，是讓人排斥的病痛經驗，特別吸引世人注意。疾病雖與醫學息息相關，但文學探索疾病的角度，既有醫學的關注與社會學的解剖，仍不同於醫學及其他學科，疾病更牽扯上身體與道德、價值與倫理的問題，文學擅長呈現更複雜的面向。本文的研究對象──「臺灣戰後疾病書寫」，鎖定二次大戰後的臺灣小說中，出現疾病的小說，依照病情的嚴重程度、發生頻率、發病情況，進一步作深入的討論。

　　值得多加說明的是，這些小說出現極多罹病狀況、就醫紀錄與病症診斷的描寫，有些作品接近典型的「疾病小說」，有些卻只是單純的「疾病描寫」。「疾病小說」指的是，作品針對於疾病有更多持續且深入的關注，非常詳盡地描寫疾病的本質、症狀、病因探究、病情發展與癒後情況，可說「疾病」幾乎成為小說中最重要或唯一的主題，這些作品可增加讀者對疾病的理解，也可作為「疾病」主題學研究的對象。本文討論的部分小說，有些僅簡單陳述「疾病」病況、「疾病」發展、「疾病」後果或「疾病」效應，疾病顯然不是唯一的主題，卻不能忽略這些作品的「疾病描寫」，具有推動情節或影響情節發展的重要任務。更重要的是，這些作品中的疾病，在「罪與罰」的「審判」上，都具有重要的意義。本文發現三十六篇小說中的罹病者，不是被輿論認作觸犯戒令，違背善／惡、守法／違禁、道德／墮落法則而受到疾病的懲罰，就是受自我譴責而生病；或有人以病為工具，達到懲罰他人的目的，顯然，疾病與懲罰之間具有值得探索的緊密關聯。

　　懲罰二字，據《禮記·表記》注釋為「以怨報怨，則民有所懲」，懲罰就是「戒責之意」。當疾病具有懲罰的意義時，便意味人們賦予疾病其他的意義，賦予了善惡的價值與判斷。實際上，把疾病視為懲罰，一直是個承襲已久、非常古老的觀點。從語源上看來，疼痛（pain）就是懲罰（poena）。〔註13〕疾病常被當成是天譴，從古希臘時期開始，就把疾病看成是對個人過失或是祖先犯罪、部落集體罪責的懲罰。〔註14〕希臘史詩《伊利亞得》（*Iliad*）與希臘悲劇《伊底帕斯王》（*Oedipus the King*）中的瘟疫與災變，都顯示了神的旨意，世人認為疾病就是神靈降罪的懲罰。基督教義認為疼痛，是神懲罰不忠的方式，《新約》裡更將疾病與罪惡串聯，把生病看成背棄道德所招致的苦果，治

〔註13〕羅伊·波特等著，張大慶譯：《劍橋醫學史》，頁 141。
〔註14〕Susan Sontag. *Illness as Metaphor and AIDS and Its Metaphors*, p43.

療則被當成道德自新的過程，都認為疾病具有罪惡的意涵。

　　從中國醫病史料當中，我們同樣可找到疾病是懲罰的觀點，談起殷人的醫療文化，可發現當時他們雖已懂得以針、灸與用藥的方式輔助治病，顯露出務實診斷的一面；但從《禮記・表記》記載「殷人尊神，率民以事神，先鬼而後禮」看來，在日常生活中，殷人還是習以迷信的角度來看待疾病。胡厚宣作《殷人疾病考》時，便指出殷人鬼神思想相當濃厚，「殷人既以疾病之原因，係由於天神所降或人鬼作它，故其惟一治療之方法，亦只是希望天神之賜癒，及禱於其祖妣而已」。〔註15〕殷人迷信又崇尚鬼神，他們認為疾病幾乎都是鬼神降病所致，將致病因素歸於「天帝神祇降禍」、「先祖降疾」與「鬼神示警」三種方式。〔註16〕在民智未開時期，先民一直依賴這套「降禍思想」解釋疾病與疼痛的由來。但值得注意的是，二十世紀的現代社會中，不少小說仍將疾病與鬼神懲罰、道德懲罰串聯在一起，將疾病當成懲罰的訓示，這些小說以此角度探索疾病，顯示何種重要的意義？顯然，在「天降病禍」的思想底下，人們看重的並不是病人身心受苦的感受，而是急於挑出那些被認為擾亂社會體系、觸犯社會秩序與違背禁令的行為，最終證明罹病者身負「被降禍者」違背天意的真相。這些小說不僅觸及了罪惡與懲罰的問題，連帶也回應了疾病看待的問題，從「天譴降禍」推論病因，「懲罰論」的背後顯然早存有是非善惡的價值框架。

　　現今醫學十分發達，病理知識也較為普及，不論是醫學或是理性主義，無不致力杜絕世人對疾病的過度聯想與隱喻思維，更排斥以原始神論式懲罰的思想解釋病源。因懲罰論思維，可能模糊真正的病因，也可能加重病人的精神負擔，對於改善病況不見得有正面的幫助。但在臺灣小說當中，卻常看見疾病作為懲罰的訓示，這類作品相當值得讀者深入探究。但讀者絕不可因作品觸及「懲罰論」，便懷疑屏除蒙昧的醫學教育已經失敗，更不可輕率認定「懲罰論」，必受西方原罪論或佛教因果論的直接影響。因這些小說透過疾病，提出罪與懲罰的論辯，是為了引領讀者思索個人與存在處境、社會文化、普遍人性的緊密關聯，更深刻思辨人的真正價值與意義。這些作品讀了顯示疾病的原理之外，也著重彰顯人的存在意義與道德承擔，使得此類作品富涵人文精神。

〔註15〕胡厚宣：《甲骨學商史論初集（外一種）》，頁322。
〔註16〕張杰：《試論殷人對疾病及其治療的認識》（河南：鄭州大學歷史學碩士論文，2002），頁4～7。

在這些小說當中，有些受制於原始習俗與禁忌，深信「以病降禍」的天道法則；有些小說嚴詞批評聖經原罪論「以病降禍」的思想，有些小說更專心致力於探索「病痛懲罰」的最終目的，擴延到「自我懲罰」或「以病懲罰他人」的情境，進一步探究「譴責」背後的特殊涵義。在本文所討論的小說當中，「病痛」被當成是「懲罰」看待，「懲罰」思維背後，顯然牽涉到個人、文化與團體對每人的身分、位置、關係的制約，間接探觸到世人對於守法與守規的基本態度，指出只要人違背了身分、混亂了秩序與倫理，就會招致懲罰。如此一來，疾病呈現的不只是病理學的問題了，更突顯出人與政治、宗教、文化、遺傳、家族、私人交會的複雜處境的扞格、矛盾與歧出。人的疾病，可能是違背良心的自我懲罰，也可能是對「失德」、「失責」行為的懲罰，更可能是世人忽視的傳染病所造成的後果，疾病竟然串聯起自譴／天譴／他譴／譴他的多種陳述，值得深入討論。

肆、「疾病的隱喻」相關研究

釐清病因、解除人的痛苦雖是件困難的任務，文學始終關懷受苦的人群，總能透過深刻的啓示，引導讀者更進一步認識疾病，找出被掩藏的病因，並挖掘人性的深度，這也使得疾病書寫深具濃厚的人文精神。醫學從病理因素解釋疾病、認識疾病，文學總在病理學之外，抽絲剝繭闡述疾病產生的內因外緣，透過更全面的觀照深掘個人病史、生活史、心靈史與人我、社會之間密切的關係。疾病在書寫當中，被賦予了多重的意義。

蘇珊‧桑塔格以文化研究的角度，梳理社會各式文本與文學著作中的疾病描寫，發現疾病被賦予層層隱喻。她在《疾病的隱喻與愛滋病的隱喻》一書中，以宏觀視角討論疾病的歷史以及被書寫的歷史，思考「隱喻」引起的影響。疾病書寫顯示了人類看待疾病的方式，已大幅改寫了人類自己的文明，人們賦予疾病太多意義、太多想像，最後卻可能產生不良的後果。她注意到醫院的文宣或文學的書寫裡，疾病總被理解爲「異有機體」與「他者」的入侵，在這樣的思考模式下，病人的治病過程變成「展開『軍事防禦』的行動」，服用藥物也被理解爲「反擊『外物』的入侵」。人們以過度誇張的描述，再加上污名化的修辭看待疾病，無疑增加病人的心理負擔，讓他們承受精神與肉體上的雙重折磨，絕不能忽視隱喻思維已帶來負面的效應。〔註 17〕蘇珊‧桑

〔註 17〕Susan Sontag. *Illness as Metaphor and AIDS and Its Metaphors*, p102.

塔格正本清源，以前人未見的激烈方式，提出「這些隱喻與迷思能殺人」的觀點，她要求禁止、戒除不當的隱喻思維，讓隱喻無所遮掩，批評隱喻、反覆研究隱喻、將它利用殆盡。

蘇珊·桑塔格對疾病隱喻的深度思考，也帶給本文極大的啓發，特別注意疾病、疾病書寫與現實經驗間的對應關係，特別留意隱喻思維造成的影響。隱喻思維不但是人人皆有的認知能力，創造隱喻也常是文學家得天獨厚的專利。疾病一旦成爲文學的主題或題材，這就意味著，這是人們不尋常的人生經驗。文學中疾病能發揮的功用，往往是建構一個隱喻（象徵），用來強調個人——疾病——社會的病理／社會三角關係，突顯病人和他周圍世界的關係從此變得特殊，也意味著原來的生活方式將面臨改變。一般說來，文學作品中的生理疾病，通常隱喻著孤苦與離群索居，書寫的重點多半放在醫學解釋和生病經驗的描述上；但精神疾病，卻突顯出失敗的交往或危機狀況。比較之下，精神疾病的書寫，多建立在虛構的型態上。〔註18〕這些研究的發現，幫助人們可進一步探究這些文學作品中關於疾病的隱喻，可能反映了現實文化，也可能創造另外一個看待疾病的角度。疾病的隱喻，可能幫助人們認識生命的眞理，也可能阻礙人們正確地認識疾病。若能進一步探索小說隱喻思維的涵義，以及可能引起的正面影響與負面影響，掌握小說中疾病書寫的特殊意義，也能針對醫學與社會學的疏失與侷限進行對話，對人類有更多的貢獻。

就相關成果看來，闡述疾病書寫的特殊價值，尤其不忘疾病隱喻的探索，這樣的論文數量雖然不多，卻出現犀利又嚴謹的論述。施淑評論陳映眞早期小說，就注意到他的小說充滿了眾多的憂鬱症患者，總是一再重返他們的心靈災難，認爲這些小說張開了一張張「悽慘的無言的嘴」，訴說這些失去行動能力的菁英份子，處身於戰爭與戰後動亂矛盾下的憂鬱與失落。施淑指出臺灣三〇年代以後現代化急速發展，加上戰爭的威脅與政治高壓統治，讓菁英份子失去參與歷史的權利，轉而從左派思想中找到烏托邦幻夢。陳映眞刻意在每篇小說中安排一位問題人物，像〈悽慘的無言的嘴〉與〈文書〉中藉著人格分裂，顯示出人物既是改造社會的行動者，卻又成爲社會批判者的矛盾心態。在〈鄉村的教師〉、〈悽慘的無言的嘴〉中，主角背負太過沉重的鄉愁或贖罪的包袱而病倒，當他們發現烏托邦已破滅之後，可能成爲虛無者苟活

〔註18〕波蘭特（Boland）著，方維貴譯：〈文學與疾病——比較文學研究的幾個方面〉，《文學與治療》（北京：社會科學文獻出版社，1999），頁 265～266。

下來或像烈士般選擇自殺，他們迷惘是因他們無法找到生命的答案，破滅的烏托邦，成為日據以來臺灣知識份子普遍的創傷病歷。〔註19〕

廖炳惠探討施叔青的《她名叫蝴蝶》（1991）中疾病的意涵，亦成為闡述疾病最重要的評論之一。他注意到小說藉病揭露殖民者始終煩惱、畏懼東方女人致死的威脅，東方／女人隱喻了不潔／疾病，每每造成西方殖民者的傷亡與慘痛。〔註20〕他另在〈後殖民的憂鬱與失感：施叔青近作中的疾病〉一文中，探討施叔青的《微醺彩妝》（1999）裡，臺灣新殖民（紅酒）文化入侵的躁鬱世界。政商名流相互勾結炒作紅酒文化，哄抬極具世俗品味的低廉紅酒，種種誇張引人發噱的怪誕奇貌，正與躁鬱的臺灣文化不謀而合。而小說顯露機鋒之處，在於主角呂之翔請醫生治療他的嗅覺失靈症，他的病症也可說是島國喪失品味的集體後遺症，以嗅覺失靈症揭露臺灣浮華奢靡的社會病灶，可說是最具社會病理學的典型案例。呂之翔的嗅覺失靈症，不但造成個人事業的空前危機，亦是感官享樂與國族文化連結的一種借喻／換喻關係。除呂之翔之外，小說同時描述其他病人，如醫生楊傳梓的憂鬱症、醫生妻子吳貞女的拜物症等，他們的疾病與病痛，皆為「後殖民不適」症候群所衍生的疾病，此篇小說實為臺灣文化主體消亡，人們認同產生危機引發病症的寫實紀錄。〔註21〕

黃錦樹也注意到作家郭松棻疾病書寫的複雜隱喻，留心他作品中文學歷程的轉變。郭松棻的作品充滿憂鬱的主調，常出現孱弱罹病的主角，對照臺灣的血染歷史，那些受盡疾病所困的身體，更能突顯戰亂歷史所造成的深遠影響。郭松棻的疾病書寫，顯然賦予了強烈的政治隱喻，他的一系列小說，如〈那噠噠的腳步〉與〈奔跑的母親〉皆以幼子病弱的身體，書寫一則則臺灣孤兒精神創傷的寓言故事，不但刻劃了現代中國／臺灣動盪的境遇，更揭露早已毀壞的家庭神話。其中，男女、兄妹情感一再變形為母性情感的傾瀉，召喚五〇年代戰後的歷史廢墟與時空，郭松棻無疑將母愛與國族議題做了完整的結合，並從弱小生靈的悲苦出發，俯瞰歷史。〔註22〕

〔註19〕施淑：《兩岸文學論集》（臺北：新地出版社，1997），頁 150～165。

〔註20〕廖炳惠：〈從蝴蝶到洋紫荊：管窺施叔青的《香港三部曲》之一、二〉，《中外文學》24：12（1996），頁 91～93。

〔註21〕廖炳惠：〈後殖民的憂鬱與失感：施叔青近作中的疾病〉http://www.ihp.sinica.edu.tw/-medicine/conference/disease/liaobing, pDF（台北中研院歷史語言研究所「疾病的歷史」研討會，2000 年 6 月 18 日，2006 年 3 月 5 號擷取）。

〔註22〕黃錦樹：〈詩，歷史病體與母性〉，《中外文學》33：1（2004），頁 105。

　　施淑評介王幼華的文學創作時，特別注意他對疾病與罪惡主題的熱衷。他將那些瘋狂與醜陋的現象，當作辨識廢墟臺灣的特徵，從根本上傳達批判、否定的意義。施淑認為王幼華展現臺灣多元化的面貌時，已發現社會最大的危機，在於人們對善惡已失去判斷力，以瘋狂怪異的行徑取代了正常，異化的世界造成夢魘，因為夢魘是誠實心靈對現代廢墟的正當反應；異化的人性造成瘋狂，因為瘋狂是解讀現代化消費世界的秘訣；異化的人性造成罪惡，因為罪惡是人性唯一的武器。〔註 23〕朱雙一認為王幼華刻意選擇畸零病人與心理變態者，來支撐他的小說世界，展現他們的精神異於常人，除了呈現扭曲腐敗的人性之外，更為了點明他們變態的心理顯然是生物因素、心理因素與社會文化交相影響的成果。總結他的小說可發現心理變態者特多，〈狂徒〉、〈狂者的告白〉、〈花之亂流〉、〈首市亂談〉與《廣澤地》等多篇小說，明顯看出瘋子與犯罪者，早已成為王幼華最引人注目的人物形象。王幼華顯然認為，他們的疾病與變態具有代表性，能夠完整呈現文化變遷下的心靈衝突與原欲（libido）壓抑。〔註 24〕

　　施淑注意到宋澤萊疾病書寫的趨向，創作風格雖歷經不同的階段，但所有作品都具有一個共同點，全是他個人親身經驗與心靈災難的紀錄。在早期作品〈嬰孩〉中，自我救贖的傾向尤為明顯，後期作品更見自我救贖與救贖他人的視野。〔註 25〕另外，正如陳建忠所注意到的，宋澤萊可說是臺灣疾病書寫最重要的一位作家，早期他完成了一系列現代主義的作品，常出現憂鬱早衰、自我貶值的生命形象，這些弱病蒼白的人物實與他真實經歷重疊甚多，讓這些小說染上濃厚的自傳色彩。陳建忠認為年輕的宋澤萊難以逃避家族的陰影，更重要的是，腎結石、支氣管炎引起身體的不適與敏感反應，成為影響作家創作觀與人生觀最重要的因素。與生俱來的疾病把他帶到死亡的脅迫中，在〈審判〉、〈嬰孩〉、《紅樓舊事》、《廢園》等小說裡，直接表現出沉重的精神負擔，所有的主角都相當悲觀且病態，這些作品呈現混亂的人格，充分展現死亡陰影下求生的掙扎，紀錄下作家以書寫完成自我救贖的書寫徑路。〔註 26〕

〔註 23〕施淑：〈現代啟示錄——王幼華集〉，《王幼華集》（臺北：前衛出版社，1992），頁 105。

〔註 24〕朱雙一：〈臺灣社會文化變遷中的心理攝象〉，王幼華著作《王幼華集》（臺北：前衛出版社，1992），頁 286。

〔註 25〕施淑：《兩岸文學論集》（臺北：新地出版社，1997），頁 332～333。

〔註 26〕陳建忠：《宋澤萊小說（1972～1987）研究》（台北：國立清華大學八十五學年度碩士論文，1996），頁 16～27。

新銳作家李欣倫，以散文集《藥罐子》崛起於文壇，於 2002 年完成的碩士論文《戰後臺灣疾病書寫》（以下簡稱《戰》文），是一本立論新穎的學術著作。李欣倫運用蘇珊・桑塔格的隱喻理論，探討戰後臺灣文學的疾病書寫具有開創性的貢獻。《戰》文討論陳映眞、郭松棻、王幼華、施叔青、王拓（王紘久）、黃春明、黃娟（黃瑞娟）的小說，認爲這些作家以疾病彰顯社會的病態，更進一步透過疾病批判、嘲諷社會政治與文化的畸形面貌。另外，《戰》文分別探討罹患類風濕性關節炎的杏林子、乳癌患者西西與憂鬱患者許佑生，認爲三人現身說病的散文病誌，讓讀者更進一步了解關節炎、乳癌與憂鬱症的實際病況，破解疾病的偏見。此外，《戰》文也討論王溢嘉與莊裕安的醫病書寫，呈現兩位醫生作家，游走於文學與醫學之間，既感性豐富又知性專業的創作風貌。〔註27〕最後探討陳雪小說《惡魔的女兒》（1999），認爲此長篇小說同時具有文學隱喻與文化除魅的雙重意義，體現了「敘事治療」（Narrative Therapy）的精神，利用病人的自我敘述，改善了自身疾病與存在價值，並把以上作家稱爲「作家醫生」，肯定他們以文學診治社會病源的重要成就。〔註28〕

《戰》文利用「他者邊緣的戰鬥／逗——疾病書寫作爲隱喻」與「主體先／現身說法——疾病書寫作爲除魅」二理論框架詮釋文本，可惜的是，《戰》文並未詳盡說明「疾病」作爲隱喻與除魅功能，在臺灣特定時空下的特殊關連性與價值。此外，《戰》文闡釋蘇珊・桑塔格挖掘隱喻／剔除隱喻的思考徑路，似乎區隔出強調隱喻思維與非隱喻思維作品間的差異，但這個差異顯然與小說、散文的文類緊密相關。但《戰》文卻未繼續針對兩類作品的思想框架、隱喻內涵、文類旨趣甚或是文類美學，進行更系統化與深入的探討，斷然認爲疾病誌一類的散文創作，就必定可剔除隱喻的思考徑路，似可再議。再者，依論文所述這些作品的隱喻，似乎僅成爲零星作品的修辭運用，這些

〔註27〕 李欣倫：《戰後臺灣疾病書寫》（台北：大安出版社，2005）。

〔註28〕 「敘事治療」是在敘事學的基礎上，將敘事、說故事的方式，應用到更廣泛的學科上。現今的行爲治療學研究，充分利用了「敘事」的模式，結合「敘事」的目的，成功地幫助了許多罹病者，面對自己的人生問題。佛瑞德門（Jill Freedman）與康姆斯（Gene Combs）注意到敘事具有多層意義：1、敘事是人類的天性。2、故事是有生命的，每個人都可以利用故事來陳述自己的人生。3、自己是故事的作者，可以掌握主要故事的陳述。4、利用不斷的敘述，詮釋過往事件的意義。5、特定的故事被標誌成主軸故事，可參見佛瑞德門與康姆斯著，易之新譯：《敘事治療：解構並重寫生命的故事》（Narrative Therapy）（臺北：張老師文化出版，2000），頁 82～175。

個別觀點並未擴大說明或解釋成人類思維或是臺灣作家的普遍慣性或概況，這些缺漏之處正可作爲本文後出轉精的基礎。

　　2003 年賴慧如撰述《現實與文學的糾纏——談鍾理和的貧與病》（以下簡稱《現》文）碩士論文，挑選鍾理和的生平事跡與文學作品爲研究對象。《現》文把鍾理和生活的苦境與文學中的「貧」「病」書寫結合，探討在貧病交迫之下鍾理和的文學成就。她特別注意鍾理和描寫的人物，多半長期處在愧疚、自責的心理，可說是作者現實人生的具體寫照。《現》文集中探討小說中的「貧病書寫」，實則是把小說內容看成作者的自傳，把小說人物的遭遇當成是作者的人生經歷，注意疾病歷程已對寫作造成全面性的影響。《現》文梳理貧病作品的特色頗有斬獲，可惜《現》文太依賴作家史傳等外部資料，不能突破傳記文學的視野，依作品的價值眞正建構出獨特美學旨趣與作家傳奇，未能呈現較新穎或特殊的詮釋觀點。

　　本文吸收消納多位研究者的論見，發現文學關懷疾病的角度顯然與醫學、社會學科不甚相同，它不只關注人的病況症狀，更關心致病的內因外緣與罹病後的心境，關注的層面幾乎涵蓋心理、政經環境、國族歷史、民俗文化、道德標準等所有面向。由此可見，疾病書寫不只強調病痛，還藉由疾病的隱喻突顯出病人存在的處境，這樣的書寫關懷無疑具有重要的意義。這些文評家注意到有些作家藉由疾病揭露政治社會、文化病灶的現實關懷，也利用疾病書寫自身傷痛，或利用疾病探索身體／國族的曖昧關係，或引發世人對罪惡的獨特關注，這些論文都注意到異常身體與病態所透露的異常訊息。在前人的研究基礎上，本文深掘「懲罰的隱喻」的深層意義與正負面影響，全面探討疾病隱喻的得失、洞見、目的、影響與價值。

第二節　研究方法

壹、隱喻解祕

　　隱喻一直是修辭學上重要的概念，近年來認知語言學家不斷證明，隱喻不僅是一種人們慣用的語言現象，不只是修辭，更是人類思維的基礎與方法。美國語言學家雷可夫（Gorge Lakoff）和詹森（Mark Johnson）在 1980 年發表《我們賴以生存的譬喻》（*Metaphors We Live by*）的語言學著作裡，深入地談到隱喻認知的問題。他們以大量的日常用語資料庫證實，人類思考的方式是

隱喻性的，任何語言的表述、文學的創作都與隱喻運作機制息息相關。雖此作在日後獲得極大的修改，但隱喻思維的觀點，影響後來文學論述甚多。

雷可夫的研究指出，諸多隱喻已融入日常思維中成為潛意識隱喻，這些潛意識隱喻，即為認知語言學上的認知隱喻。萊科夫努力證實隱喻透過相當活潑的方式，活存於日常語言當中，只是一般人並未察覺到它的存在。他的研究成果某種程度地驗證人們的概念體系，相當依賴肉身經驗的基礎，指出人們具有把抽象感情具象化的隱喻性傾向。舉例而言，「你的精神振奮」、「我覺得情緒沮喪」，在這樣的語句裡已描述具體的身體經驗與感受，因直立的姿勢通常伴隨正面的情緒，如振奮、昂揚的心理狀態；相對的，低垂的姿勢常伴隨著低落的情緒。〔註29〕人們過去只注意隱喻性語言與社會文化的密切關係，實際上，人類思維的方式、心智模式、身體經驗，早已決定人類思維的隱喻性，隱喻思維早已跨越語言表面，受到非語言層面的影響。

雷可夫在早期認知語言學著作《女人、火與危險事物》（*Women, Fire, and Dangerous Things*），透過實證方式進一步舉證，隱喻並非是文學創作與鑑賞的專利，實與人的日常生活行為方式、思維方式分隔不開。雷可夫和詹森把認知隱喻區分成三種。1、方位隱喻（Orientational Metaphors）單純以肉體概念為基礎的認知隱喻。方位隱喻屬於湧現型的概念，與上下、左右、中心、邊緣空間方位有關。2、本體（存在）隱喻（Ontological Metaphors），依據身體與物質經驗的基礎量化或指涉概念，如將人或物質認作容器而區分內外。3、結構隱喻（Structural Metaphors），利用一個來源域（source domain）映射到一個目標域（target domain）的方式，強調隱喻的本質就在於透過另一件事的經驗，讓人理解這一件事物。這三種隱喻說明了隱喻具有不可言喻的重要性，它始終是人類累積學習經驗極重要的方式。

其中，結構隱喻更是人們日常生活極普遍的思維方式，它屬於較深層的隱喻認知，雖也具有肉身經驗，但通常不依賴肉身經驗，而是靠著兩個概念隱喻的對應點來建立關係，例如人們常常說：「理性論辯是戰爭」，即表達了「目標域→是→來源域」的關係式。進一步分析時可發現，一般人常把言語衝突看成是戰爭的肉搏戰，藉由肉體打鬥的激烈性，掌握衝突經驗，「使我們

〔註29〕雷可夫（Gorge Lakoff）＆詹森（Mark Johnson）作，周世箴譯注：《我們賴以生存的譬喻》（*Metaphors We Live.*）（台北：聯經出版社，2006），頁9。

能利用更易於了解的肉體衝突經驗，而將『理性論辯』概念化」。〔註30〕在這樣的隱喻關係裡，人們把戰爭所具有的結構點：廝殺、衝突、爭端、暴力、傷害，對應到「目標域」「理性論辯」時，發現「戰爭」與「理性論辯」具有同樣衝突的經驗，讓原來具有不同認知域的「理性論辯」與「戰爭」二詞語，運用「結構映射」（structural mapping）的方式串聯二者，利用抽象物「理性論辯」彰顯出「衝突」的意義，增進人們對「理性論辯」針鋒相對的經驗，有更進一步的理解。三種隱喻當中，方位隱喻強調肉身方位的經驗聯繫，本體隱喻強調身體內外經驗的聯繫，相較之下，結構隱喻屬於較深層的隱喻認知，利用一個概念去建構另一概念，向來就是人們慣用的溝通方式與思考方式，「得以運用極具建構力的、清楚描繪的概念去建構其他概念」。〔註31〕結構隱喻的功能，就在於辨識兩種截然不同事物，建立關係的基礎。

　　文學作品裡出現的結構隱喻，除了顯示肉身的經驗之外，也突顯了文化層面的意義。文學關懷人們的處境，研究文學的隱喻也就連帶研究了人類的認知。

> 既然語言是人類的最重要的一種認知活動，是觀察一般認知能力的
> 最方便的視窗，對語言的研究可以幫助揭示人類認知活動的奧秘；
> 另一方面，既然人的一般認知能力在很大程度上決定了語言能力，
> 對認知系統的研究也有助於對語言結構系統的研究。〔註32〕

隱喻既然是人們認知世界的方式，那它勢必會存在人們的話語當中。當人們把疾病與一些負面的人生經驗串聯在一起時，便直接賦予疾病負面的涵義。作家寫出罪惡化或除罪化的疾病之文化現象與社會共識，值得我們深入探究。這些作品可能突破世人盲點，反駁眾人積非成是的論見，或是展現世俗的觀點，都指明了隱喻思維的作用，也提供了研究人類認知的重要途徑。

　　愛滋病是同性戀的懲罰與天譴、痲瘋是性罪惡者的報應，這樣的思想已受到反駁，卻仍存在某些社會當中，被當成事實看待。蘇珊・桑塔格從各式文本裡，找出關於結核病、癌症、愛滋病種種失當的隱喻與錯誤的描寫。十九世紀時，人們認為燃燒熱情的結核病會導致身體消亡；癌症被當成是性格壓抑的報應，是畏懼之物的隱喻；人們指責愛滋病患，認為不正常的同性性行為導致致

〔註30〕雷可夫（Gorge Lakoff）＆詹森（Mark Johnson）作，頁68。
〔註31〕雷可夫（Gorge Lakoff）＆詹森（Mark Johnson）作，頁68。
〔註32〕張敏：《認知語言學與漢語名詞短語》（北京：中國社科院，1998），頁8。

命的疾病，愛滋病充滿了污染的意義。這些觀點都讓蘇珊・桑塔格不得不承認，隱喻思維是不可能消失的，她大聲疾呼關注「疾病的隱喻」，就是希望世人能認清疾病、去除錯誤的想像，停止附加任何錯誤的意義在疾病上，徹底反省文化迷思帶來的傷害。蘇珊・桑塔格揭露這些盲點與偏見的方式，是以醫學證據還原疾病的真相，杜絕世人錯誤聯想的觀點震撼學界。她關注文學的隱喻與疾病的隱喻，始終堅持以人道精神來看待病人，受到學術界的肯定。

本文贊同蘇珊・桑塔格批判污名化疾病的態度本身，所展現的人道精神。但本文不只質疑隱喻產生的負面效應，更希望透過深層的文化因素、心理因素，深入探討懲罰隱喻的目的與影響，同時釐清疾病是個懲罰這樣的概念下，人們對疾病既憎恨又害怕、警戒的心理，專注於這些「阻止／幫助世人真正了解疾病」的小說，留心被賦予道德倫理意義的疾病，探索人的隱喻思想與文化所造成的影響。本文贊許蘇珊・桑塔格拆解「疾病迷思」的方式，適時以醫學知識釐清病源，同時兼論超自然因素介入疾病論述的意義，探索醫學知識、文化禁忌各自的隱喻框架與詮釋體系。

本文關注文學中疾病的隱喻，在討論懲罰意義時，不是盲目批判非理性的懲罰觀念，也不是宣揚理性至上的思想，而是釐清人我之際、疾病與懲罰三者的關係，解開懲罰隱喻思維之謎。在「疾病是一種懲罰」的結構隱喻下，利用目標域「疾病」映射到來源域「懲罰」上，探索「疾病」與「懲罰」對應的實質涵義。首先，從狀況、對象、方法、目的與結果五個面向，列出「疾病」與「懲罰」指涉的意涵：

一、狀況：疾病意味著身體出現調節紊亂的異常狀況。

二、對象：罹病者身分不一、致病因素也不同；與疾病相關的對象，還必須包括其他與致病因素相關的人員，或與診治照顧相關的醫療人員和照顧人員。

三、方法：病患的症狀不一，罹病的因素也不一，有的因心理因素造成疾病，有的因病原介入造成疾病，這也使得各式病人承受不一樣的病痛，有的承受劇烈的疼痛感，有的伴隨心理的幻覺，嚴重的話可能有致死的危險。

四、目的：有的疾病是自體防禦的正常反應，有的疾病可能具有進化論的功能，有的疾病是機體衰弱的預兆。

五、結果：受病因影響，各種疾病的治療方式不盡相同，病人生病後身心會受到影響，他們與外界的關係也會隨著改變。

　　懲罰一般具有責罰與懲戒之意，一指犯了過錯後所受的責罰，二指責備以示警戒。通常懲罰行為，只發生在惡人或違法亂紀之人身上，這說明懲罰行動除了懲治作惡之人，也具有警戒眾人的功用。總結「懲罰」所指涉的意涵：

一、狀況：必定先出現是非、對錯、良窳、善惡、好壞等價值分判的情境，才會出現懲罰的行動。但必須進一步解釋的是，被懲之人所做的事情，有的也許是公認的錯誤言行，有的卻無法以絕對的標準，來辨別他的行為必然是錯誤或罪惡；但在世人或在懲罰者的眼中，受懲者的行為，必定已超出了世人或良心容許的範圍，涉及道德與價值的分判。

二、對象：一般的懲戒行為，至少涉及二人或兩人以上，一是懲罰者，另一是被懲罰者、受懲者；但有一種特殊卻平常的現象，懲罰者與被懲罰者、受懲者皆為同一個人，在此狀況下，懲戒行為只涉及一個人的切身範圍。

三、方法：懲罰是人所建立的體例，是人為的、外加的行動，懲罰的方法非常多，但最終目的不外乎是引起受罰者身心痛苦的感受。

四、目的：審判者或執法者，以懲罰行為達成禁止與罰惡的目的，通常被懲罰者經過痛苦的受懲過程後，皆能透過受苦與折磨歷練，體認到正確的價值。

五、後果：被懲之人受懲後，身心有所感受與影響，如苦痛、受罪、受災、懲前毖後的感受與改變。

　　在「疾病是一種懲罰」的結構隱喻中，疾病與懲罰這兩個詞語雖具有不同的特質，卻利用「懲罰」的概念結構解釋「疾病」，顯示人看待疾病的角度，除了強調身心遭受的「苦痛折磨」之外，更加入了「做錯事情遭受懲罰」的體驗，輕而易舉地重疊了兩個概念語的指涉。自古以來，「懲罰論」就是看待疾病的一種觀點，「疾病是一種懲罰」雖不是個新穎的觀點，無甚新意，但至今仍具有生命力，尚未成為「死亡」隱喻，這是因為決定疾病是否是個「懲罰」，人們的態度是最重要的關鍵。人們總是關心誰生病了？罹患何種疾病？更關注病況的嚴重性；只要某些「特殊的」疾病，在某些時空背景下讓人聯想到懲罰罪惡與警戒的意義，就會助長此思想的流傳。由此可見，「疾病是一種懲罰」的隱喻背後，牽涉到社會文化的判斷與道德標準。

　　本文關注各種疾病關於懲罰的隱喻，除尋找病因之外，更深入探討此現象的意義。在這些小說當中，有些小說力圖破除「疾病是一種懲罰」的古老印象，斬斷疾病與道德品性的關係，著意刻劃病原入侵的確實病因；有些作品描述「疾病是對『犯罪行為』的一種懲罰」，認為疾病是觸犯禁令所導致的結果；有的作品刻劃藉病懲罰他人的故事，這也使得疾病小說展現了極為豐富的意義。從「疾病是一種懲罰」的隱喻思維可以看出，小說的內容表述絕不只是修辭行為，實際上穿越語言文字的表層意義，更牽涉到病人肉體感受、語言行為、心理活動、道德標準與文化看待等多層面，懲罰實與心理學、宇宙觀、人類學、倫理學、法學、社會學均有重要的關連。此類小說碰觸「罪惡」與「懲罰」別具意義，本文探討思想背後文化涵義與道德啟示顯然具人文價值，如能解析小說中疾病的隱喻，便能更進一步掌握複雜的文化現象，也能對人性有更深入的理解。

貳、敘事功能、角色與心理模式

　　幾十年來，不少結構主義敘事學家，紛紛將文學研究的焦點由母題意義，轉移到敘事規則方向上去，關注敘事中反覆出現的規律與定式。歷經 50 餘年創新、發展而後衰頹等歷程，已讓後學者不得不關注結構主義理論本身存在的限制。文學裡雖存在恆定性的元素，但運用結構主義進行文學詮釋時，必須思考預期達到什麼樣的目標。本文運用結構主義的敘事語法，觀察敘事功能（narrative function）在「懲罰型」疾病小說所扮演的重要作用。此外，也注意到小說文本的開放性，探索小說語法與語義在政治、文化、時代相互補充的關係，闡釋「懲罰型」疾病小說的整體價值與貢獻。

　　敘事學特別注意敘事文學中不斷出現的重複性特徵，並試圖紀錄其規律性，致力挖掘文本表層結構下的深層結構，並將其中隱含的訊息揭示出來。其中，普羅普（Vladimir IAkovlevich Propp）的《民間故事的型態》（*Morphology of the Folktale*）專注於形式的研究，探究一百個俄國童話故事裡的功能，發現童話故事存在固定的敘事規則。他發現故事中雖有人物變動，但這些人物具有不變及有限的功能，由此找出敘事文本的基本敘事語法，「人物的功能在童話中是穩定的、不變的因素，如何實現及由誰實現與它毫無關係，功能是構成童話的基本要素」。〔註33〕他把角色當作重要的行動要素，特別看重角色的

〔註33〕普羅普進行功能分析前，必須先按照時間先後順序，還原故事的因果關係。

行動所賦予的功能，故事中不能引導故事發展或是製造變動的人，就不能當作角色看待，只能當成人物看待。普羅普以行動者爲框架，把人物分成七種行動者活動（spheres of action）。〔註34〕

普羅普特別注意到，功能的串聯構成了故事，更進一步利用名詞來表達行動，如離家、偵查，最後總結了三十一種功能。他特別提及，沒有一個故事能同時擁有三十一種功能，功能絕對依循一定的順序出現。普羅普的《民間故事的型態》的重要價值在於，把童話故事看成是具有七種行動者的敘事體裁，似乎已爲童話體裁奠定一部頗具雛型的語法大全。

普羅普最重要的貢獻在於，讓人們留心敘事文學中不變與可變的因素，他歸納出童話故事的語法結構，但部份敘事功能仍留有明顯的語義內涵，例如第八「加害者傷害主角的家庭成員」、第十四「主角得到一具有魔法的器物」、第十七「主角身體上被人留下特殊的標記」、第二十三「主角隱姓埋名，到達家鄉竟未被人認出」、第二十八「揭露假主角或加害者的身分」、第三十「加害者受到懲罰」、第三十一「主角完婚或登上王位」，這些功能明顯具有童話故事的特徵，卻難以在本文列舉的小說中找尋到這些功能。而第十八「加害者被打敗」、第二十二「主角從追逐者手中獲救」、第三十「加害者遭受懲罰」，在小說當中，不容易找到這些功能所比附的情境，比較吻合的情境反倒是「加害者得到東西」、「主角不斷與加害者抗爭」與「審判者審判被審判者之罪」。此外，第二十「主角歸家」功能出現的相關位置，與本文探討的小說有所差別，第二「禁令」的意義與本文「契約」相近，但出現的位置不大相同，第一「離家」與本文探討的小說出現位置不同，這也讓這些功能造成完全不同的影響。

普羅普歸納出童話故事的敘事規則，把他跟前期文評家相較，顯然他的研究成果具有高度的概括性與抽象性，也造成他的學說在六○年代曾引起熱烈的討論，西方文評家更進一步邏輯化、抽象化改造他的理論。任何理論都

所以，釐清故事（story）、文本（text）和敘事（narration）三者，是一個重要的基礎工作。Vladimir IAkovlevich Propp. *Morphology of the Folktale*. Trans. by Laurence Scott. Austin：University of Texas Press（1968），p21.

〔註34〕七種行動者，分別是加害者／惡棍（villain）、施予者（donor）、幫助者（helper）、公主（一個被尋找者與她的父親）（the sought-for-person and her father）、送信者（dispatcher）、主角（hero）（尋求者與受害者）與假主角（false hero）。Vladimir IAkovlevich Propp, p84.

有它的啓發性與侷限性，普羅普的研究成果雖有他的創新之處，但人們要進一步追求普遍性的規律時，就會發現《民間故事的型態》顯然有未臻完善之處。就如高辛勇的觀察，普羅普提出「功能」這樣的基本敘述單位（高偏重關目之意，譯爲事目），在界定上就是個頗爲棘手的問題，他覺得普羅普歸納的方法仍偏於印象式判斷，並未完全程式化，高辛勇點出普羅普的理論在敘事學上的侷限。〔註35〕

普羅普的敘事理論，儘管有進一步改善的空間，但檢閱他的研究成果，仍相當具有貢獻，頗吻合他爲童話故事制定的基本原則：「以結構而言，所有的童話都屬於同一類型」。〔註36〕未徹底程式化的語法，反而保留住童話故事的特異之處。他能敏銳地注意到，「功能」是辨識敘事文學最重要的「特異」之處。本文亦著眼於此，闡述人物的行動就是功能的眞義，把小說中所有的事件，按照因果關係與時間順序排列清楚，整理出每篇小說的故事線（story-line）。完成故事線之後，進一步將故事結構還原爲敘事結構，搜索具有推動或影響後續事件的行動。羅列出每篇小說中人物的行動，完整紀錄三十六篇小說中所有人物重覆出現的行動後，核對並統整共有多少不變的行動，確定角色的行動不再增加之後，確認三十六篇疾病小說三十個功能的定義與總數量（請參照附錄二），以及人物行動所引起的特殊意義與作用。然而本文的重點，並非進一步證實普羅普三十一個功能的適用性，也不奢望建立一個超越主題小說、適用性強，具有高度普遍性的敘事語法，只希望能利用功能進一步探索「罪惡的懲罰型」小說中罪與罰的意義。所以，完成「罪惡的懲罰型」的敘事模式只是本文的出發點，並非是最終目的。本文最終的目標，依然在於深入探討這些小說的倫理意義、道德價值、美學成就與人道思想。

這三十個功能具有參考意義，每個功能都對情節發展造成大小不一的影響，其中有四個功能不論是推動情節或面臨衝突，都讓小說產生非常重大的變化。首先，第二號「履行契約」（perform contracts）的「履約」與第三號「違背契約」的「違約」（break of contracts），可將平衡狀態一轉成爲不平衡狀態，具有推動後續情節發展的重要作用，產生擴大行動、增加複雜性與延緩性的

〔註35〕高辛勇：《形名學與敘事理論——結構主義的小說分析方法》（臺北：聯經出版社，1987），頁 37。
〔註36〕Vladimir IAkovlevich Propp, p23.

改變。第八號「受災」（misfortune）的功能，指罹病後身體機能受到破壞，罹病者承受身心苦痛的折磨，此是小說當中最具戲劇性的描寫。第二十五號「審判」（judgment），審判者審判罪人／罹病者的罪狀，審判無疑與「罪與罰」的旨趣密切相關。這四個功能影響情節甚巨，成為懲罰類型小說很重要的辨識功能，為了更進一步突顯契約依違與疾病的關係，故將「履行契約」和「違背契約」的「履約」、「違約」功能合併，成為「契約的依違」（可參閱附錄二）。

本文發現這些看似分歧的疾病小說，紛紛受制於敘事秩序的約束，尤其三個敘事功能：「契約的依違」、「受災」與「審判」，更佔有重要的主導意義與特殊價值。「契約的依違」是造成衝突的直接原因，不僅直接牽動情節發展，更主宰主角的性格發展與命運，本文關注「契約」的成形、內容、簽定、履行或違背，以及主角一連串的抉擇過程。「契約」一詞，出於羅馬法上的「contractus」。檢視人與社會所建立的關係當中，契約顯然是最普遍的一種方式，契約牽涉人際合作關係與權利義務的分配，同時也是增進自身利益最重要的途徑。主角簽約後的依／違行動，除了牽扯到社會人際關係、責任、義務與道德價值的巨大衝突，也觸及了當事人複雜的意識、潛意識、情感與理性的交互影響。

至於「受災」此敘事功能，也能引起情節重大的變化，小說中疾病負有極為重要的功能，本文特別關注五項重點。

其一、注意疾病造訪的「初始狀態」（initial situation）：普羅普認為一個故事通常始於「最初狀態」，雖然它不算是功能，但是具有介紹主角身世與家族的功用，也是辨識童話故事型態極為重要的線索。〔註37〕本文留心種種不適症狀與身體變化，盡可能地追蹤並還原「初始狀態」。〔註38〕一般人都因：

〔註37〕 Vladimir IAkovlevich Propp, p26.

〔註38〕 本文除了看重疾病首次造訪的情況，同樣關注後續發病的情況。值得一提的是，許子東的《為了忘卻的集體記憶──解讀50篇文革小說》論著，也以「最初狀態」描述文革災禍降臨的方式，同樣利用普羅普的敘事功能，從五十篇文革小說中臚列出二十九個功能、四個基本敘事階段以及五個角色，從語法與作品美學兩個方面掌握文革小說，透過新方法詮釋舊史料，找出文革小說的四種敘述類型。雖然，這二十九個功能的劃分稍嫌機械，全書只運用此框架細部探討五十篇小說，頗有簡化敘事文學敘事性的缺失、忽略非敘事性特點的遺憾。所幸論述紮實詳贍，頗能不受結構主義思想所限，而能把功能的意義從內在結構擴展成社會關係的系統。如此一來，不但強化了五個角色的視野、情境與遭遇，更歸結出作家敘述文革創傷，最終是為了遺忘集體經驗的唯一目的。關於文革小說的相關研究的確已汗牛充棟，作者在論文中坦言，

「聽聞消息」、「看到某事物」心情受到影響，或是「進行某些行動」、「受到某些改變」後成為罹病者，疾病常以突兀的方式降臨。本文留心第一次發病的情景，並持續觀察疾病與主角／罹病者的性格、人格之間或隱或顯的關係。

其二、注意疾病的診斷：本文不但重視疾病的客觀診斷，更關注罹病者的主觀感受。當人們貼近罹病者的感受時，會對他的病況有較深入的理解，也較易掌握罹病者病情與心境的關聯。除罹病者的感受之外，旁觀者的意見同樣重要，可作為額外補充、註解或拆解罹病者自述的參照觀點。醫生與罹病者，對診斷疾病常出現不同的看法，當罹病者為精神病患、說謊者、裝病者、拖病者時，他的說辭是不可靠與不穩定的；但外人或是醫護人員看待疾病，也可能因為誤解、偏見、不明瞭而產生錯誤的判斷。要確定正確的病因，不但需要參考專業人員的診斷，更需要對照罹病者的自述詞，綜合罹病者的人格特質，詳加衡量診斷的正確性。

其三、注意治療方式的選擇：本文討論到的治療方式有：1、到醫院接受診治。2、尋求民俗療法，例如「觀落陰」、「祭神」。3、藥局買藥。4、請醫生出診。5、自我治療。這些治療方式顯示，病患若只是被動接受治療，卻不主動配合，不見得能夠痊癒。

其四、注意醫病與人我關係：協助疾病痊癒為幫助者，破壞痊癒為加害者。以幫助者、加害者功能區隔敵我親疏的關係，釐清人物在治療當中擔任的任務。

其五、最後討論「審判」：先對「懲罰」做出一個界定，懲罰具有制裁、懲戒、處分，帶有指認錯誤、停止惡行、處置罪行訊息的行動。須留心「審判者」對「懲惡」抱持的想法與行動，進一步探索「被審判者」的態度與最後結局，從疾病之輕重闡釋「審判」的意義。

本文在論述疾病小說中，發現九個重要的角色影響甚鉅，分別是：「主角」（subject）、「對象」（object）、「罹病者」（patient）、「加害者」（opponent）、「幫助者」（helper）、「制約者」（contractor）、「簽約者」（contractee）、「審判者」（judge）和「被審判者」（judged）。這些角色具有重要的功能，讓人物具體呈現社會與

他以模式化的方式解讀小說，可能減損些許藝術趣味，但他關心文革小說的形式始終勝過內容。此書最大的成果在於突出文革小說共有的敘事特徵，讓人們注意到文革敘事的公式性，此外，也能從作家所選取的敘事模式，探討作者的敘事策略與美學價值，從「災難之後」深入地「反省歷史」，頗有斬獲。許子東：《為了忘卻的集體記憶》（北京：新華書店，2000）。

文化的特徵，並突顯出人物的身分、義務、責任、一貫行動、慾望追求、道德行爲與人我交際的親疏關係。

其中，「主角」可說是最具有追尋與受苦功能的人物，他的行動牽扯整個故事的發展，是推動事件最關鍵的要素。「主角」彼此之間差異甚大，但追尋與受苦則是共同的人格屬性。此外，「主角」渴望獲得的「對象」可能是具象或抽象物，或只是「主角」一心追求的某種狀態。

「罹病者」指生病承受災難與苦痛的人，「罹病者」可說是疾病小說語義與語法層面，極具關鍵性的人物。「加害者」與「幫助者」可說是對立的身分，承擔迥異的功能。「加害者」阻礙主角實現願望，傷害主角或是促使「罹病者」病發，或是阻礙「罹病者」痊癒，「加害者」則讓事情或病情變得更糟。「加害者」可以是具體的人物與集團勢力，也可能是抽象的、超自然事物或超自然力量，常具有挑釁、陷害、折磨的功能。「幫助者」幫助主角追求理想、實現慾望，或是得到對象，也可能幫助罹病者痊癒、獲得新生。在小說當中常出現一個複雜的現象，本應屬於「幫助者」的人物，常因無心之失反成爲「加害者」，造成主角陷入災難、病痛與不幸的折磨，促成惡化情況的發生，這是需要特別注意的部分。

「制約者」與「簽約者」是一組對等存在的身分，他們因契約而建立起雙方的關係。契約的內容與品質不一，人們不見得都依據經濟效應與平等原則來訂立契約，也可能在失衡的關係上，做出不平等的承諾。「制約者」與「簽約者」皆受契約的束縛，「簽約者」必須履行「制約者」的要求，否則會受到懲罰。

「審判者」和「被審判者」也是一組對等的身分，因爲行爲失當、傷害他人利益、或觸犯罪惡情事，而建立起彼此的關係。「審判者」以仲裁的身分譴責、處罰罪人、犯人或認爲有過失的人，「被審判者」接受或抵抗「審判者」的判決與譴責。在小說中一個人物常擔負多個角色，這九個角色涵蓋疾病小說中最重要的人物。

本文最後發現這些小說具有三種類型：

其一、「疾病是『主角』對『自我』的一種懲罰」。疾病是罪惡的懲罰與制裁，顯示出譴責、厭惡、排斥與威嚇主角的意義。此類小說的罹病者都受自我審判而病倒，有的病重而發瘋，或在幻覺下殺人或自殺，或飽嚐身心折磨而痛苦不堪。

　　其二、「疾病被『審判者』看成是對『被審判者／主角』的一種懲罰」。大眾看待某些罹病者，認為他們身上的疾病完全是天怒神怨的天譴，或是招致邪靈的惡詛，疾病是鬼神對罪惡行為的懲罰。顯然，輿論或審判者認為疾病就是「天譴」；但實際上，在「天譴」論的思想下，未必全由超自然力量來替天行道，反而時常是輿論或審判者認為「罹病者」犯下不可饒恕的罪惡，自己當然能以「審判者」身分，譴責違背社會法紀的被審判者。

　　其三、「疾病是『罹病者』或『審判者』懲罰『被審判者』的手段」。疾病被某些人當成為索取目的的手段，不論是「罹病者」或是「審判他人罪過」的「審判者」，總善於利用疾病的附加利益，達到譴責他人的目的。

　　「審判」涉及「疾病」和「懲罰」之間的關聯與判決，這些小說顯示出「疾病是一種懲罰」的隱喻關係。從心理學角度而言，這三大類型可進一步歸結出「自譴」、「他譴」與「譴他」三種心理模式（mental patterns）的運作。「疾病是『主角』對『自我』的一種懲罰」是「自譴」的心理模式；「疾病被『審判者』看成是對『被審判者』的一種懲罰」，表面是「天譴」實則是「他譴」的心理模式；「疾病是『罹病者』或『審判者』懲罰『被審判者』的手段」，顯然是「譴他」的心理模式。

　　「自譴型」的數量，在本研究中最為豐富。自譴的主角，無疑是情節層面與語法結構層面，最具關鍵性的人物。「自譴」型主角通常先是「簽約者」，實踐某種行為成為罹病者，承受疾病的造訪／打擊／傷害，罹病者若未被疾病打倒，將在故事結尾變成「制約者」，完成新的人生任務。主角因完成契約違背良心而病，以病完成道德譴責的功能與意義，這類作品特別值得關注。當主角履行契約引發疾病與罪惡感，此時疾病與罪惡感就是良心的譴責作用，只有關注良心的提醒與審判功能，才能釐清「自譴論」所昭示的道德意義。

　　人們認為「天譴型」的罹病者，身體上的疾病與天譴相關。一般而言，「天譴論」背後仰賴的是道法自然的宇宙觀。人們認為大千世界的宇宙萬物，都是順應法道而生，依循一定的規律運行。而道德自然律就是「善有善報，惡有惡報」的懲戒法則，宇宙存有「法網恢恢，疏而不漏」的審判力量，天道將透過降病的審判展現它的意志。「天譴論」是原始時代流傳最廣的懲罰形式，至今仍具有深遠的影響力，宗教份子、社會保守勢力、右派份子與老生常談，常以「天譴論」的道德恫嚇代替理性論辯，大肆宣揚「天譴」的戒律。

世人畏懼「天譴」，卻常把「他譴論」誤認爲「天譴論」，造成恐慌的效應。
這是因爲，世人深信「天譴論」確實存在，卻難以出示證據證實疾病與天譴
相關，卻習慣把畏懼與厭惡的疾病，言之鑿鑿地「貼上標籤」，認爲此病爲「天
譴疾病」，更正確的說，這應該是一個引起世人厭惡、恐懼與驚慌感覺，不被
世俗認可的疾病，是個眾人譴責——「他譴型」的疾病。

　　另外，有些疾病被當成是達成願望、獲取對象的一種工具或手段，罹病
者可善用疾病的連帶利益而「譴他」，達到譴責他人、傷害他人的目的。

　　以上探討敘事功能、角色類型與心理模式這些恆定因素，其他更重要的
論述工作，在於闡釋疾病小說的人我關係。罹病者處身的社會、文化，跟他
身上的疾病有一定程度的關聯。此時，適時藉助契約理論，可進一步解答病
因、文化偏見與個人職責的相互關係。

參、「契約」人生：義務、認同、約定與權利

　　契約成爲人際交往的方式，依內容與簽約對象可分成「私人契約」（Private
Law）與「公法契約」（Public Law）（行政契約）。「私人契約」是「雙方合意
的允諾」。〔註39〕「公法契約」爲「以發生公法上的效果爲目的所訂定的契
約」。〔註40〕軍務的規範、文化認同與私人約定，每個人由大至小、由內而
外都受契約的協助與約束。置身在眾多契約當中，人們的履約行動可能是一
種合法行爲，也可能是個信守承諾的道德行爲，因契約已與現代人的生活密
不可分。

　　美國法學專家麥克尼爾（I. R. MacNeil）認爲契約是：「規劃未來的交易，
當事人之間所呈現的各種關係」。〔註41〕他將各種交易產生的關係、牽連當成
是契約的本質。在廣義的定義下，淡化承諾的必要性，讓契約能涵蓋更多非
承諾性的關係，以最強而有力的方式彰顯契約的本質——「交易」，強調契約
交易是一個規劃未來、尋求利多的保障。在《新社會契約論》（*The New Social
Contract：An Inquiry into Modern Contractual Relations*）一書當中，麥克尼爾
把契約分成「個別性契約」（discrete contract）與「關係性契約」（relational

〔註39〕施啓揚：《契約的訂定與履行》（台北：正中書局，1986），頁2。
〔註40〕施啓揚：《契約的訂定與履行》，頁6。
〔註41〕Ian R MacNeil. *The New Social Contract：An Inquiry into Modern Contractual
　　　　Relations*. New Haven：Yale University Press（1980），p36.

contract）兩種，把私人契約稱爲「個別性契約」。他認爲在現代生活當中，只進行一次交易的「個別性契約」已屬稀少，存在更多的「關係性契約」，他更大膽地提出「每一個契約必然在部分意義上是一個關係性契約」。〔註42〕因每個契約除涉及交易之外，也讓交易的雙方「建立了新的關係」。〔註43〕

不僅法理學家、政治學家、社會學家或是經濟學家，注意到履行契約是極重要的人文活動，結構主義文論家同樣注意到，「契約」與人類活動的重要關聯，關心文學作品裡契約的重要功能與意義。結構主義文論家羅伯特‧休斯（Robert Scholes）在《文學結構主義》（Structuralism in Literature：An Introduction）提出，法國結構語義學家格雷馬斯（Algirdas Julien Greimas）在民間敘事發現了三種獨特的結構單位——序列（syntagms），可說是敘事學領域的重要發現。他認爲這三種序列恰可與角色、行動者理論相互補充，串聯成一個完整的分析理論。〔註44〕這三種獨特的結構單位如下：

1、實踐的（performative）：考驗，鬥爭

2、契約的（contractual）：建立和毀壞契約

3、分離的（disjunctional）：離開與回歸

休斯又認爲，這三個序列中「契約」扮演最重要的任務，幾乎涵蓋其他二者。契約的結構包含一個對象或力量，跟「簽約者」制定一套規則，此種交易性關係的建立與毀壞，附帶獎懲的後果，每個契約都包括三種基本功能，意即契約、考驗與判決。〔註45〕古添洪將契約模式修正，在契約的建立與破

〔註42〕MacNeil. *The New Social Contract：An Inquiry into Modern Contractual Relations*, p10.

〔註43〕「個別性契約」與「關係性契約」的區別之處在於，「個別性契約」的承諾，是當事人交換和規劃交換的唯一方式；但「關係性契約」缺少承諾的因素，把大量的非承諾性關係納入了契約的範圍，把社會中的習俗、身分與習慣都當作交換的籌碼。MacNeil. The New Social Contract：An Inquiry into Modern Contractual Relations, p7.人們透過社會性交換「交易」未來的保障，把過去各自分立的「個別性契約」，由於社會社團加上組織的運作，結集成「個別性契約」的集合「契約群」，通過層層關係的連結成爲更複雜的鎖鏈，也就是「群契約」。「契約群」與「群契約」的集合形成關係性契約，就可稱作「社會化契約」。由此看來，「社會化契約」是現代經濟關係的法律化，也是國家經濟發展的基礎。

〔註44〕羅伯特‧休斯（Robert Scholes）著，劉豫譯：《文學結構主義》（*Structuralism in Literature：An Introduction*）（台北：桂冠出版社，1992），頁108。

〔註45〕羅伯特‧休斯：《文學結構主義》，頁108。

壞之外，又加入完成與發現兩項，以四個結構點作爲契約的基礎，建立涵蓋各類故事的語法結構。〔註46〕

在契約的簽訂過程中，雙方總是希望在失衡或互利的人我關係裡，找到一個彼此合意的平衡點，自主契約的形成與簽定，原帶有一定程度的理想性，「據個人主義之近代法思想加以觀察，契約當事人間個別的利益關係，顯然相形對立。以『合意』所創造之法律關係，被認爲最高之規範」。〔註47〕契約被賦予遏止暴力，或改善對立的重要任務，雙方的衝突可經調停、協商，建立共識後化解失衡的局面。

正因契約關注的是人我關係，本文將契約定義爲：「除了身分所具有的血緣關係之外，每一個社會成員依其身分、利益與他發生社會關係的那一群人，爲規劃未來所做的交易」。人們只要探討到契約的內容，無可避免的就牽涉到「繼承」、「承諾」、「規劃」、「義務」、「權利」與「未來的利益與保障」。本文依契約性質不同，區分成：「政治契約」、「文化契約」、「家庭契約」與「私人契約」。本文首先探討與人民密切相關的公法與「社會契約」，凸顯政治的宰制力，更名爲「政治契約」。「政治契約」是國家法律明文規定的權利與義務，同時也是約束人民最強而有力的政治力與法律制度。「文化契約」同樣不以允諾關係建立社會交換，而是利用習俗慣例與原始禁忌產生約束力，雖然沒有具體的簽約形式與允諾關係，但「文化契約」就像法令規章一樣具有約束人民的力量，每個社會成員總逃離不了文化傳統、神靈禁忌與鬼神信仰的約束和影響，個體與社會文化、習俗、習慣之間，涉及複雜的選擇性交易。由夫妻關係或親子關係所建立的「家庭契約」，除血親關係外另具有兩層意義：第一層是指法律規定，要求父母子女、夫妻之間的義務及權利責任，第二層是指個別家庭裡，依家庭型態產生的各種禁錮契約、允諾，家族成員常依照個人權力高低與尊卑關係，決定責任與義務的分配。最後基於個人利益、債務關係而建立的私法契約稱之爲「私人契約」。

本文進一步歸納四種契約關係：政治事務牽涉到政府與軍民的關係；社會文化中牽涉到群我關係、黨同異己關係、敵我關係；家庭裡牽涉到血緣關係、夫妻關係、親子關係；私約與債關係裡牽涉到債權關係、債務關係。因

〔註46〕古添洪：〈唐傳奇的結構分析——以契約爲定位的結構主義的應用〉，《中外文學》3：2（1975），頁84。
〔註47〕蘇俊雄：《契約原理及其實用》（台北：中華書局，1986），頁6。

債權與債務涉及雙方當事人，「稱債權人，指得請求他方爲一定行爲之權利；稱債務者，指負擔一定行爲之義務」。〔註48〕以「政治契約」內容而言，首重「人民義務」，「政治契約」就是人民必須履行的「政治義務」；「文化契約」的內容首重「認同身分」，輿論會衡量社會成員的行動是屬多數的「主流份子」，還是少數的「異類份子」，而決定他所能進行的交易與保障；「家庭契約」首重「家庭約定」，探討具有實際影響力的主控者，他與家族成員之間的協定及利益分配；以「私人契約」的內容而言，首重債務關係須履行的義務與責任，以及「私人權利」的權力與限制。此間涉及的關係，不單純是金錢或利益的對等交易，更常涉及無特定制約者、不對等的社會交易。舉例說明，如取得「主流」與「合法」的身分，除擁有他人的尊重權之外，也附帶了享有各式人權利益，這已成爲人民生活不可忽略的一環。正因小說所涉及的社會交易是如此複雜，契約成爲「政治義務」、「文化認同」、「家庭約定」與「私人權利」多重關係的會聚點，當然避免不了人與他人或自我的衝突。

這些小說提醒讀者人我之間、體制與道德間時常發生劇烈的衝突，但個人的抉擇也非毫無規則可循，個體不能只掛念著服從公法契約或愛國品格，卻犧牲其他重要的價值。儒家的處世之法向來講究「忠恕之道」，在繁雜的現代社會，「忠恕之道」仍是個人安身立命重要的參佐座標。所謂「盡己之爲忠」，就是要求個體對國家、社會、群體、家人、朋友都能善盡各自的人生責任；而恕的意義爲「己所不欲，勿施於人」，要求每一個個體將心比心、推己及人，不造成他人困擾。「忠恕之道」強調遵守人我分際同時反求諸己，說到底個人成德處世的基礎功夫，最具體的實踐之道還是這個律己的法則，「個人行爲最基本的準據，就是忠恕二字了」。〔註49〕任何人在履行「盡忠職守」的行動時，都須提醒自己終極目標在於最大的善與維持正義，「盡忠」絕不能成爲背叛仁義的藉口。

忠恕精神強調對國家盡忠、對父母盡孝、對朋友誠信、對愛人奉獻，也不能因此而違背愛護他人生命的價值，在〈賀大哥〉、〈最後夜車〉與〈夜霧〉裡，主角爲了履行政治契約，而違背良心犯下殺人、吃人的罪孽，內心充滿罪惡，當然會病倒。《惡魔的女兒》的主角，爲了履行父親強制的亂倫契約，只好

〔註48〕 丘怡新、李瑞生、蔡宜宏合著：《民法》（台北：博明文化出版社，2005），頁100。

〔註49〕 屈萬里：〈個人行爲的基本準據──忠恕〉，收入中華文化復興運動推行委員會主編《倫理道德的理論與實踐》（臺北：中華文化復興運動推行委員會，1982），頁226。

背叛個人道德、違逆文化禁忌，內心羞愧不安當然會失眠。〈吊人樹〉的主角，無法履行愛人的盟約，因內心羞愧激憤而瘋。《廣澤地》的梅老師，爲了履行愛情盟約，卻背叛了文化倫理與人神契約，內心的罪惡衝突讓她病倒；〈山路〉的蔡千惠，背叛未婚夫的革命理想而病倒，他們都是內心充滿巨大衝突的人，他們的遭遇都顯示重要的啓示。人難逃離人際關係的約束，要仰不愧天、俯不怍地實踐「忠恕之道」，實在是個嚴格的考驗。這些小說以針砭警世的方式，指出人際關係的複雜性；除了指控政治控制和權威濫用的嚴重性，批判世俗的謬誤與偏見，嚴正指出人們的邪惡與過錯之外，他們也意有所指地表示，人之所以犯罪，最大原因來自於人們對於罪惡的熟悉，而不由自主地採取熟稔的行爲方式，讓所謂「審判罪惡」的工作更難進行，這樣的警惕不可謂不深。

人我分際造成衝突，絕大多數是因人我之間的關係性契約本身帶有複雜性，「它既是一種納權利與意義於一體的價值觀念，又是一系列保障權利與義務實現的行爲規範：它既充當了當事人之間利益分類的仲介，又最大限度體現了當事人合意這一公平原則；它既超越於當事人的意志之上，又包含了各當事人的意志於其中」。〔註50〕契約本身存在利益性，卻又不只是利益關係，更涉及權利義務的分配與執行；它出於互惠性，卻未必是個永久的保障，它是雙方當事人的合意允諾，卻未必雙方都站在平等的位置上協商；它涉及社會交易，卻未必能正確無誤地計算出預期的利益。因人們對人我關係的變化及簽約後的發展，能控制的部分相當稀少。契約本身蘊含的不可預測、不可掌控的性質，讓制約者與簽約者同感棘手，這才是契約的弔詭之處。正因如此，它牽涉雙方當事人的身分、責任與關係，更是群我之間常須進行的交涉與嘗試。

「關係」和「責任」就像是一條無形的鎖鏈，串聯起人際社會的面貌。本文強調每一個社會成員依其身分、利益，爲規劃未來所做的社會交易，除了獲取利益之外，也從完成的任務中獲取價值的肯定。當「簽約者」履行義務與職責時，人我的關係最爲穩定，卻不見得同時得到身心的健康。顯然，社會整體的秩序與道德之間存在複雜的衝突。由此看來，履約行動、維持秩序與價值衡量三者的關係，正是契約的內涵。

〔註50〕 蔣先福：《契約文明：法制文明的源與流》（上海：上海人民出版社，1999），頁3。

肆、履／違約的懲罰

這些小說觸發人們進一步思索，健康的身體實際上與健康的社會、健康的家庭、健康的心靈息息相關，能夠建造完整健全的人我關係，才可能保有健康的心靈。本文透過主角履／違約的行動，將深入探討疾病的懲罰意義。首先，本文發現這些小說中，明顯具有履／違約之後受到懲罰的慣例。

結構主義學家托多洛夫（Tzvetan Todorov）從薄珈丘（Giovanni Boccaccio）的故事集《十日談》（*Decameron*）中，發現所有故事可以歸結成兩大類，第一類稱之為「避免懲罰型」（punishment evaded），故事明白顯示出從平衡──不平衡──平衡的完整過程。其中，不平衡狀態是由違背法規、應受懲罰的行為所引起的，此類作品亦為本文關注的範圍。第二類稱為「轉變型」（conversion），故事從不平衡發展到最終的平衡狀態，此時，影響不平衡的主要因素不是行動，而是人物的品行。〔註 51〕另外，在〈敘事的結構分析〉

〔註51〕 圖解中→符號代表活動限定的關係，其中涉及 X 與 Y 兩位人物。X 與 Y 之間建立某種規則與律法關係，X 必須服從規則任務，當 X 違背時，Y 有權力懲罰 X 違背法規，若 X 不想接受責罰只能逃避。除非 Y 也同意撕毀契約協定，取消合約，不懲罰 X 失約。否則，X 與 Y 將受制於契約的約束。Tzvetan Todorov. *The Poetics of Prose*. Trans. by Richard Howard. New York：Cornell University Press（1977），p118.本文討論「疾病是一種懲罰」的隱喻思維，統整後發現，疾病小說涉及的懲罰情況相當複雜，托多羅夫「避免懲罰型」的敘事語法太過單純，必須經過修正才能適切地詮釋這些小說。首先，標準的狀況是：X 與 Y 之間建立契約關係，X 必須履行契約的任務，而當 X 違背契約時，Y 有權力懲罰 X 毀約。本文把簽約者 X 未履行契約，而受到 Y 懲罰生病的情況，一律稱之為「原型契約」，例如〈春遲〉與〈風景舊曾諳〉的主角，都與國家政黨組織有契約關係；他們違反規定，就會受到國家政黨組織代理人的懲罰，因受罰而罹病完全吻合「原型契約」的模式。但在其他小說裡發現，簽約者完成任務，理應不會受到任何懲罰，卻因違背了其他契約或良心法則，而受到疾病的懲罰，本文把「原型契約」上，附加另一層關係的這種契約，稱之為「連綴型契約」。在〈賀大哥〉與《惡魔的女兒》中的主角，他們與國家政黨組織或是家人有契約關係，他們雖符合了國家政黨組織或家人的要求，卻違反了自己良心而受罰病倒，可說在「原型契約」的基礎上連綴了另外一層關係，吻合「連綴契約」的模式。此外，還有幾種特例的狀況，主角履行契約卻受罰而病，例如〈死者〉；或是主角違背契約，「制約者」正好藉主角的病懲罰他，例如〈燒〉；或是主角違背契約，「制約者」不會也不能懲罰主角的情況，例如〈山路〉，都稱之為「變形契約」。本文依據「契約」內容、修正托多洛夫的理論，以簡圖呈現這些「罪惡的懲罰型小說」的敘事模式，其中，對疾病最具權威性的正確論見為「真實情況」，人物對疾病錯誤的認知為「錯誤揣測」，輿論對疾病的認知為「輿論揣測」，輿論與罹病者對疾病的揣

"Structural Analysis of Narrative" 一文，他將「避免懲罰型」故事的敘事語法，利用圖示表現出來。〔註52〕

若 X 違背規則→Y 必須懲罰 X→X 試著逃避懲罰→

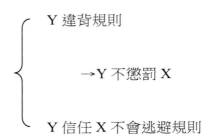

　　Y 違背規則

　　→Y 不懲罰 X

　　Y 信任 X 不會逃避規則

　　托多洛夫的敘事理論絕非空中樓閣，而是建基在人類共識與行為慣性上。值得注意的是，他從故事當中總結了「違反」（violate）、「懲罰」（punish）與「避免」（avoid）三行動的規律，還注意到故事從失衡到平衡的狀態與慣例。舉《十日談》中的皮洛娜（Peronella）為例，她雖觸犯社會秩序、背著丈夫偷情，但只要改變自己危急的局勢，便可躲過丈夫的懲罰。〔註53〕由此看來，社會法規絕對會「懲罰」失貞的行為，「懲罰」成為敘事的必備動詞，卻始終不曾在故事中真正完成「懲罰」的行動，讓「懲罰」成為潛在的危險，也就是說犯罪的人只要擅於利用詭計與謊言，便可幫助自己「避免懲罰」成功脫困。對照之下，本文所討論的小說與《十日談》中「法規類」小說雖有雷同之處，不少主角同樣違背了各式法則，但他們為了「避免懲罰」做了消災躲禍的舉動，最終還是無法躲過「懲罰」的降臨，可以說「罪惡的懲罰」才是本文疾病小說中最明顯的語法結構。

　　由此可見，法規與契約同義，小說中的簽約內容仍是情節的重心，也顯露出簽約、履約的行動絕不只是信然諾的修辭，實際上穿越語言文字的表層意義，牽涉到人類語言行為、心理活動、政經交流、文化行為與生存方式的慣性，再次證實簽約是人文現象的基本型態。契約就是「一種人際交往」。〔註

測為「輿論與罹病者揣測」。本文依照簽約者身分、契約性質、懲罰項目與審判，概述四種契約的敘事模式（可參照附錄三的簡圖與輔助說明）。

〔註52〕Tzvetan Todorov."Structural Analysis of Narrative"in *Modern Literary Criticism*. Comp. Ed. by Dorothy Nyren Curley, Maurice Kramer, and Elaine Fialka Kramer. New York：Lipking and Lits.（1972），p439.

〔註53〕Tzvetan Todorov. *The Poetics of Prose*, p112～113.

〔註54〕蔣先福：《契約文明：法制文明的源與流》，頁10。

54） 以契約的角度思考這些疾病，不論是「政治契約」、「文化契約」、「家庭契約」與「私人契約」，都左右罹病者或主角的健康狀況以及後續人生。在這些小說當中各式契約內容不一，契約的關係人，若龐大像國家機器或黨政機構，簽約者不可能與他們站在平等地位上訂立契約；在強權制定的關係裡，多半無法顧及百姓自身的利益。有的契約不具簽約形式，也找尋不到具體的制約者，但契約仍具有無可質疑的約束力。有的契約可能出於非允諾性，有的契約時效性短，有的則長，有的交易符合正義原則，有的卻犧牲個人福祉。總之，在契約所搭建的關係網路當中，正可以反映出各個民族／族群／團體／文化與個人之間的交流，無可避免的衝突。

每個人均受國家法律、社會與家庭單位的保障，同時也受到限制。簽訂契約作爲敘事功能，除了突顯人際關係的重要性外，契約更是值得關注的人文現象。在這些小說當中，讀者注意到疾病、契約與懲罰之間最複雜的關聯，「審判者」可能認爲「罹病者」違背契約、觸犯道德導致生病，疾病就是罪惡行爲的懲罰。此外，這些小說除讓人重新檢視人際關係的複雜性之外，也意識到良心的重要性，人可能因違背良心，自己身爲「審判者」而造成精神疾病，這些病人知曉罪行後，譴責自己的錯誤，尋求寬恕、補償或是贖罪。他們可能接受良心的導引而懸崖勒馬，走回正確的道路，也可能執迷不悟淡化良心的指引、疾病的警告而繼續犯罪，或選擇逃避問題或承擔罪責而自殺，這些小說透過人我契約，進一步引領我們思考最深層的罪惡與人性。

伍、「懲罰」的目的

疾病小說利用疾病，揭開疾病的面紗，從疾病之生理——心理基礎，進一步剖析疾病背後的文化聯繫與意義，可讓讀者更瞭解人生。總結本文研究成果，可發現疾病小說中，罹病者分別具有「共犯」、「代罪羔羊」、「判官」與「罪人」四種身分：

一、罹病者爲「共犯」。任何一個黨政軍民與政治的關係必然是密切的，因人無法脫離政治團體的影響，很難置身於政治制度裡，同時又自外於「共犯結構」。陳映眞創作〈賀大哥〉一系列小說，透過精神病症思索人無法脫離團體制度、政治關係，更難以逃離良心譴責的兩難處境。若只以國家公共的觀點來談論人的義務和責任，認可人們可以違反良心執行「政治義務」，成爲共犯結構的一份子，顯然忽視了人類的道德良心的重要性。因一個履行政務

的好人民，不見得是一個道德無損的人，黨政軍民根本無法掌握自己履約後的未來收益，這也說明「政治」所涉及的交易，讓他們承擔太過沉重的罪責，他們是政治制度下的犧牲者，也爲此付出太大的代價。

　　第二、罹病者爲「代罪羔羊」。罹病者成爲代人受罪的犧牲者，遭受他人言語上的批判與懲罰，此指那些被迫承擔「天譴」罪名、背負名不符實冤屈的罹病者。每一個社會成員都是文化契約的關係人，不論結婚對象、性愛傾向、宗教態度、思想傾向或日常行爲，都受到強勢具有主導力的文化慣例、風俗習慣、民間信仰、文化禁忌、婚姻傳統的牽制，這些具有強勢影響力的觀點，以「文化認同」的方式持續發揮著巨大的影響力。個人履行與違背「文化認同」，都能左右交易的籌碼，更能影響人與社會的親疏關係與權利。社會成員與「文化認同」之間的交易關係，雖已脫離市場上簡單的經濟行爲——交換、交易的素樸意義，而具有社會學上抽象的認同、贊許的意義。

　　人以具體的行動，表示對集體價值與文化規範的態度。本文第三章所列舉的小說當中，當主角違背「文化慣例」就會受到社會的懲罰，最直接的懲罰來自於社會成員的批判與攻擊。因瀆神、斷掌斜眼、同性戀、同姓之婚的「殊異性」與「爭議性」，讓主角成爲群眾批評的箭靶以及「代罪羔羊」，被輿論歸類於「天譴」的族群。這也顯示人們受制於習俗與禁忌，特別重視傳宗接代的神聖使命與一夫一妻制的家庭制度，以及五官端正的容顏、對神祇與生靈的崇敬心，大眾輿論更把這些價值，當成是眞理或信念而延續下去。那些違背文化契約的社會成員，便失去與社會交易、交涉、互動的籌碼，成爲被孤立、被歧視、被詛咒、被監視的問題人物，也可能因此成爲喪失公民權利的人。

　　大眾之所以能將慍意與責罰，行之無愧地施加於違背文化倫理的人身上，關鍵在於大家深信違逆行爲本身是有罪的、危險的，可能造成災難或更大的致命傷，基於恐懼與遷怒的心理而將他們視作罪犯。尋找「代罪羔羊」，是社會文化扼殺、阻擋「他者」最一貫的方式，只要貼上「天譴」罪名、扣上「背德者」的帽子，就能阻止多元性的論辯，更能終結罪與罰的議論。眾人難以釐清疾病與罹病者之間的複雜牽連，卻著眼在他們與眾不同、違反「文化契約」的身分上，宣揚他們的危險性。罹病者除承受疾病的折磨外，還得承擔「代罪羔羊」的罪責，遭受輿論的侮辱與歧視，從天譴論可看出社會扼殺「他者」最具體的顯現。

　　第三、「判官」類型。此時，罹病者成為裁決罪行的「判官」，尤其是女性常運用「疾病」，達到「控制」家人的目的。家庭與其他人際關係的殊異之處，在於它被賦予了「神聖性」，一般人際關係通常建立在經濟利益與債權關係上，再往下發展更深厚的情分。但是，家庭絕非只立基於經濟利益上。第四章的幾篇小說描述愛情褪色的婚姻實景，讓我們看見更多失衡的關係底下，混雜慾望、控制、強勢與專橫的各式約定。這些家庭約定卻被妻子給擾亂了，女性身上那些無法掌控、更無法預測的症狀與病情，此時成為她的幫手，巧妙地利用疾病的附加意義，扮演法官懲罰了失責或失貞的丈夫，重新改寫了家庭約定。這些判官型病人，觸發人們進一步思索失衡關係裡，妻子對丈夫既懷有敵意、卻無法離開的複雜心態。

　　第四、「罪人」類型。在此類型的疾病小說裡，罹病者都是行為有損的罪人。小說當中，疾病／懲罰的造訪總是呈現以下幾種情形：一、聽聞消息、看到某事物後生病。二、主角尚未了解整體的狀況，但身體已失控病倒。三、主角想起以前的沉重心事或虧心事，造成病痛產生。可發現這些「罪人」型病患，有些主動發現自己的罪惡，有些被動發現自己的罪惡，卻一致在病痛中想起自己昧於良心的罪惡。

　　統整這些小說，可發現疾病之所以成為懲罰，是與人格中「自譴」、「他譴」與「譴他」的三種心理模式息息相關，這三種心理模式主要有八個目的：

　　第一、「自譴」的目的在於「應報作用」與「啓蒙作用」。〔註55〕

　　1、「應報作用」：「應報」的意義在於，藉由報復犯罪者的行徑達到正義。它重新提醒「自作自受」的老舊觀念，這也是人類鞏固秩序最習以為常的方法。在本論文的第二章與第五章的多數主角，都因「自作自受」而產生疾病，小說顯然利用疾病建構出道德框架，提醒人們惡行所留下的道德陰影，此生都不可能憑空消失。這些小說以痛苦提醒人們，只要做錯事就會受到懲罰，沒有人可以逃過「惡有惡報」懲罰的定律。但總括而論，進行自我懲罰的人

〔註55〕　本文談及心理模式的目的，參考法學上，對人類社會建立刑罰制度欲達至的三個目的，修改為吻切本文的論述：一、「應報主義」，在法理學上談到「應報主義」是指：「以為刑罰之作用在對犯罪還報以惡害，蓋因犯罪原屬個人之惡行」。韓忠謨：《刑法原理》（台北：國立臺灣大學法學院事務處，1992），頁17。二、「目的主義」：刑罰是為了防止犯罪，維護社會利益的手段。三、「綜合主義」：主張融合「應報主義」與「目的主義」，發揮刑罰的預防作用。許春金：《死刑存廢之探討》（台北：行政院研究發展考核委員會編印，1994），頁72。

包括曾殺人的罪惡者，幾乎都有懲罪過重的傾向，顯然這是人性內成就高尚品格的強迫機制。

2、「啓蒙作用」：「應報作用」是懲罰的消極目的，「啓蒙作用」卻是懲罰的積極目的。透過肉體的傷害，人們才能夠徹底認識自己，了解邪惡之心是如何矇蔽良知。當人們受過病痛與靈魂苦磨後，有的人能記取犯罪的教訓，眞正辨識罪惡剷除罪惡。也可說疾病此時具有振聾發聵之效，讓人得到精神啓蒙，認清事實與眞理。

第二、「他譴」與「天譴」的目的在於「應報作用」、「死亡預告作用」、「警戒作用」、「置人於死」、「卸責」與「尊重生命」。

1、「應報作用」：大眾認爲罹病者身上的疾病，名副其實完全是應報論的結果，是天道不爽的明證。透過神物如靈貓以災異疾病懲罰罪人，顯示神鬼的應報與意志。在「他譴」與「天譴」的思維裡，存在「種惡因，得惡果」因果報應的認知，認爲疾病本身就是懲罰，就是報應。

2、「死亡預告作用」：當人目睹重大難纏的疾病時，總讓人直接聯想到死亡的痛楚與況味，讓人有恐怖的感受。大眾認爲罪犯身上的疾病，是肉眼可見的懲罰，也是一種公開的懲罰，不論是扭曲的身體、壞死的組織、潰爛的顏面、羸瘦的身形、突出的肉瘤、抽搐的肌肉，這些因病而苦痛的身軀，都是將死之際極刑摧殘的最佳明證。「天譴」論結合死亡預告，可說是「天譴」論最具有煽動力的效應。

3、「警戒目的」：大眾認爲衰弱的身體與死亡，就是病人犯罪的後果，天譴疾病藉著本身的災難警戒違法的行動，正好達到輿論「殺一儆百」、防範未然的道德警戒目的，以及政治警戒目的。附著於「神祇」身上的懲罰禁令，讓防患於未然的警戒作用，因過於神秘而擴大了宣傳的力量。

4、「置人於死」：疾病作爲懲罰最消極的目的，就是要置他人於死。這種目的雖然可怕，卻是人類爲了避開危險，完成防禦的自保性舉措。受病毒污染的身體最具危險性，病毒本身就具有「進佔宿主，瓦解宿主的目的」，罹病者身上的疾病被當成是罪惡的明證，身體成爲罪惡之源的攜帶者，爲禁止惡源擴散造成更大災害，只有透過驅逐、監禁的方式，把罹病者排除在正常社會之外，才能減少對社會的負面傷害。因爲違規者／罹病者的行爲會危及他人，只有斷絕罹病者所有的人際交往，才能停止禍源蔓延。所以，某些輿論不鼓勵救助病患，反而贊成採取最消極的方式，就是讓病患「自生自滅」，阻絕病源與禍源對社會的可能性傷害。

5、「卸責」：輿論宣告罹病者的罪狀，附加了道德的意義。如此一來，旁觀者便可推卸道義上的責任，或是掩藏惻隱之心，假裝罹病者已得到「罪」與「罰」對等的審判，並以審判當成藉口，不去同情、憐憫或幫助罹病者。

6、「尊重生命」：眾人習於把「他譴」與「天譴」論裡，具有威脅性與破壞性的疾病，結合沖煞或神怒之說懲罰特定罹病者。此外，疾病更具有震懾的後續效應，可用來警惕紊亂倫常的不法之徒，達到制衡的目的，由此可見，「他譴」與「天譴」比「自譴」多了警示他人、警示未來的嚴肅意義，最重要的尤其是珍重生命的呼告。

第三、「譴他」目的在於「應報」與「威嚇」。

1、「應報」目的強調自作自受，要理屈者與罪惡者受到應有的懲罰。

2、「威嚇目的」：有人藉病公開地進行懲罰行動，如此直接的方式最能達到震懾人心的「威嚇目的」。有人把疾病當成完成願望、獲取對象（關愛、自由或尊重）的手段與工具，達到譴責他人、傷害他人的目的。第四章的這些小說，坦露藉病得利的經歷，串聯起人我關係裡最複雜的盤算與計謀。人們藉病達到利己因素與「自我」保護，這是人心的邪惡與脆弱之處，寫出苦痛之外疾病另具「威嚇」效用的一面。

「自譴」、「他譴」與「譴他」的心理模式，是人類維持社會秩序與內心價值最主要的方式，而人除了透過自我審判確認存在意義之外，也須經過敵視他人、鄙棄他人、譴責他人的方式，更進一步確認自己認同的價值。

陸、疾病：正義的懲罰

本文發現某些小說以病做為懲處，實際上並不好衡量「罪與罰」之間的公平性與對應性，但這些疾病所造成的災難性傷害，遠遠超出人們的想像。從本文可看出致病的因素甚多，大抵與社會政治、家庭結構、人我關係與道德意識引發的衝突有關，有些則與個人生活習慣相關，部分病因雖不明，但總結三十六篇小說可發現，有二十五篇小說描述精神病症，十四篇小說描述其他病症，主要的病因分別是：肝癌、遺傳病、感冒、阿茲海默症、痲瘋病、羊癲瘋、肺結核、愛滋病與臟器腐臭症。其中，有十六篇小說的罹病者最後死亡，死因與病情無關有五篇小說，其他十一篇小說罹病者最後病死。〔註56〕

〔註56〕這五篇小說分別是：罹病者放棄治療而死亡（〈山路〉蔡千惠）；主角戰死殺場（〈六月裡的玫瑰花〉巴爾奈）；主角遭遇意外被刺死（〈最後夜車〉沈長安）；

其中三篇罹病者因愛滋病死亡（《紙婚》項、〈世紀的病人〉邁克、《荒人手記》阿堯）；一篇因肝癌而死（〈死者〉生發）；一篇因感冒延誤就醫而死（〈燒〉雷清肇）；三篇因憂鬱發瘋或妄想症自殺而死（〈鄉村的教師〉吳錦翔、〈夜霧〉李清皓、〈吊人樹〉阿蘭）；一篇因發瘋而摔死（〈灰眼黑貓〉文姐）；一篇因腐臭症而死（〈抗暴的打貓市〉李國一兄弟）；一篇因情感性精神病及衰老而死（〈背影〉母親）。

　　從病症上來看，本文總共討論了：遺傳病、傳染病、心因性的精神疾病與其他四類疾病。遺傳病包括：肝癌、遺傳因素引起的虛弱不振與精神病；傳染病包括：愛滋病、肺結核、上下呼吸道感染與痲瘋病；心因性的精神疾病包括：情緒引起的感冒症狀、心理因素引起的虛弱不振、心理因素引起的腿部癱瘓、心因性陽萎、心因性頭痛、心因性失眠、恐物症、焦慮症、恐慌症、迫害妄想症、精神分裂症、情感性精神病憂鬱症。其他類疾病包括：腦器官退化有關的阿茲海默症、頭部受創的腦部病變癲癇、器官腐爛的惡臭症。

　　人際關係漸趨複雜，不論面對外在或內在壓力都易於引發精神層面的衝突，當個人承受巨大壓力又找不到解決方法時，就會產生各式情緒障礙的疾病，嚴重者可能產生極為可怕的後果。本文研究的疾病小說中，有二十五篇小說中的罹病者，可算是廣義的心因性精神病患，可見內心衝突仍是造成疾病的最大元兇。精神疾病發生的原因複雜，「這些原因可以是生理學的、是遺傳而來的，是生活環境不順當而來，也可以是早年發展過程不順利而來，也可能是腦部有疾病，或身體其他部位（如腎臟、心臟血管系統、肝臟）毛病而來，也可能是全身性的發炎而來」。〔註57〕通常發生精神疾病可歸結於幾項因素，腦部器質性因素的功能障礙、遺傳因素、外在環境因素、童年經驗的創傷與繼發性疾病的影響，病因非常複雜。幫助精神病患回復健康，絕對不是件容易的事情，因精神疾病的特殊之處在於，誘因的構成與症狀內容本身難以區分，造成醫生診斷上的困難。現今醫學傾向以原發性（primary）和繼發性（secondary）來分類，從因果關係釐清病人到底是原發性症狀，還是由其他疾病所引發的續發性症狀，這也說明治療精神疾病困難之處，即使釐清

　　罹病者被丈夫殺害（〈血色鄉關〉老七）；愛滋病患因流血過多，醫護見死不救而死（〈亂色調〉愛滋病患）。

〔註57〕胡海國：《當代精神醫療》，頁72。

病因，也未必能治癒病人。〔註58〕

這類小說常出現「精神病患」的「典型描寫」，其主訴症狀與臨床病症爲：情緒失控、精神焦慮、情緒低落、悲傷沮喪，伴隨著體重減輕、幻覺幻聽、行動遲緩、失眠、頭昏、頭痛等症狀，易有輕生厭世、悲觀自棄的念頭，也因精神疾病帶來的困擾，讓他們難以融入正常人的生活。其中，人物常因「錯覺」與「幻覺」引發情緒失控，造成最戲劇化的衝突，最後產生自殺或殺人的悲劇。

除了遺傳病、傳染病與其他類疾病外，本文發現自譴型精神病患病情的嚴重程度，絕對與他的罪行大小密切相關。第二章罹病者的病症，在所有小說當中，精神方面的失常狀況顯得最爲嚴重。〈文書〉與〈賀大哥〉的罹病者，在瘋狂情緒中道出懺悔的眞言，他們精神上所受的痛苦讓人印象深刻；而〈夜霧〉的李清皓與〈鄉村的教師〉的吳錦翔，二人被罪惡感折磨得痛苦不堪，只能以死擺脫現實的束縛、理想的幻滅，最後以自殺尋求解脫。此外，在〈抗暴的打貓市〉中，臭不可聞的惡疾迅速奪走人間敗類李國一的性命，李國一還沒悔悟就已殞命，小說利用怪異的惡疾達到天譴的目的，顯示李國一此生永遠洗不淨的罪孽。三篇小說一致之處在於，主角都因被迫或主動參與國家體制與戰事，犯下殘害生靈或吃食人肉的罪惡，正因殘殺生命是人間最不可寬恕的重罪，他們受盡肉體與精神雙重折磨仍無法贖罪，不得不以死謝罪。其他受各式契約影響罹病的病人，雖也飽嚐罪惡感的折磨與苦痛，倒不至於像他們一般，產生如此大的負罪反應。除了疾病本身帶來的不適感外，〈夜霧〉與〈鄉村的教師〉更著意描繪強大的精神恐慌，讓我們進一步理解罹病者已到無法忍受的崩潰狀態，最後自殺而死的悲涼心境。不論是懲戒罪行或批判政治，這樣的反思，格外具有震撼力。

有三篇小說的精神病患，以死亡作結，〈吊人樹〉的阿蘭、〈夜霧〉李清皓與〈鄉村的教師〉的吳錦翔最後都走上自殺的絕路。他們最後選擇自殺，放棄生命、擱置未解的衝突，以消極的態度面對疾病、面對人生的困局，其自殺的行徑亦含有複雜的意義。他們以決絕的方式——死亡彌補自己的過失，是因他們始終排解不了外在道德與內在理想的矛盾。社會學家涂爾幹（Emile Durkheim）研究自殺行爲整理自殺數據時，即注意到「自殺率的高低與個人在社會群體中的整合程度是相關的」，也就是說自殺人數與個人所屬團體的一體化程度成反比，個人與群體間的關係越來越淡薄、疏離，便會產生自殺的

〔註58〕陳珠璋編著：《功能性精神病》（台北：橘井文化事業，1990），頁21。

行徑。這些人物尤其顯現出非常鮮明的「憂鬱性自殺」傾向，自殺行動絕對
與社會失調造成憂鬱的心理狀態有關，因這種心理狀態，讓病人的心情與念
頭趨於固定，時常處於一種憂鬱、自責與低迷的狀態，最後選擇毀滅自我以
脫離社會關係。〔註59〕除自殺外，精神病人也常引發令人觸目驚心的悲劇，
憂鬱性的情感障礙患者一身病痛，卻早已習於自虐虐人，如〈背影〉中的母
親；精神分裂的病人如〈文書〉中的安某，在內心痛苦情緒失控下殺妻，造
成無可挽回的悲劇。這些小說讓人們注意到，無法治癒的精神疾病，就像炸
彈一樣隨時可能引發悲劇，不但摧毀病人也拖累無辜的病患家屬。

　　因負罪感產生的精神疾病與自我懲罰之間的關聯，或可從佛洛伊德
（Sigmund Freud）的著作《精神分析引論新講》（*New Introductory Lectures on
Psychoanalysis*）裡的人格心理談起。佛洛伊德在意識、前意識與潛意識理論
基礎上，從尼采（Friedrich Wilhelm Nietzsche）那借用了「本我」（id）一詞，
發展出「本我」、「自我」（ego）與「超我」（superego）人格心理（psychical
personality）的三個層面，用來描述人類心理複雜的運作過程。其中，「超我」
主要由「自我理想」（ego-ideal）與良心（conscience）兩方面所構成。他說「超
我」：「我們已為它規定了自我觀察、良心和堅持自我理想三種功能」。〔註60〕
小時候「自我理想」仰賴的是父母的倫理教育與道德權威，長大後「自我理
想」依循的是社會規範，以及人生極致的美善，指的是激勵人們追求社會表
揚的價值；良心則是從小對邪惡的辨別與指認。在佛洛伊德的人格理論當中，
良心不是憑空而來，但也不是集體標準的外鑠，而是與集體標準有關、與世
調整的自我道德標準。當人做了違背良心的事情後，就會受到良心的懲罰，「良
心便以使人痛苦的譴責懲罰我，使我為此行動感到內疚。我或許將自我中的
這一機能特別提出而稱之為良心」。〔註61〕如此一來，不斷經過善的強化與惡
的懲罰效應，人的道德規範就此建立。很明顯的，「超我」會以「自我」去壓
抑追求「快樂原則」的「本我」衝動，不斷以內疚和犯罪感來糾正違反道德
的行為，人的行事依準也大功告成，良心成為個人實踐「社會行善避惡集體
價值」最重要的領導者。

〔註59〕埃米爾‧迪爾凱姆（Emile Durkheim）著，馮韻文譯：《自殺》（Suicide）（北
　　　　京：商務印書館，2003），頁32～33：215。
〔註60〕Sigmund Freud. *New Introductory Lectures on Psychoanalysis*. Trans. by James
　　　　Strachey. New York：Penguin（1973），p98.
〔註61〕Sigmund Freud. *New Introductory Lectures on Psychoanalysis.*（1973），p91.

　　人的衝突常是「自我」與「超我」的掙扎，「當自我的表現恰爲良心所不屑或禁止時，超我就會譴責自我，使其感到内疚與羞愧」。〔註62〕而「超我」是「客觀權威的内部化」。〔註63〕由「超我」的道德標準引發的情緒反應可看出，人的心理機制是如此特殊，不論明辨是非或追求眞理都仰賴良心無所不在的聲音，時時監視並威嚇著人們的言行。「『超我』與『自我』、『本我』三足鼎立，被當成是一種内化的道德聲音，時時威脅恐嚇我們心理的平衡。它不知從何而來，往何而去，無法確定發話人與地點，卻又如無聲之聲『自我』們耳邊低語，腦中作響」。〔註64〕人的善惡判斷與行爲處世，非常仰賴良心此正義之聲的裁決。

　　本文依據疾病小説中良心所展現的功能，將良心定義爲：「把集體價值内化爲是非、善惡、功過的判斷與控制能力」。這些小説無不強調良心是人性中的一部分，也是最值得珍視的一部分。但良心雖主動審查個人行爲，但良心的監視與提示作用，還需經「自我」的判斷、思考過程之後才可能付諸於實行，也就是說只有「自我」才能主宰人的行爲。良心雖具有主宰的至高權力，卻並非時時都能成功地控管潛意識、認知或感情盲動的力量。很多時候，人受到慾望、恐懼或憤恨的遮蔽，淪爲金權的奴隸、無知的犧牲品或噬血的暴徒，便會忽視良心的作用，犯下貪贓枉法觸犯人倫的罪惡，因自私墮落也是人性不可忽略的一部份。

　　但人是萬物之靈，由大腦與神經系統結合成的人腦結構異常精密複雜，當「本我」、「自我」與「超我」三者產生衝突只會造成一個結果，人因煩惱產生精神異常的病症。在精神分析的理論當中，精神病是一種與「自我」衝突相關的病症，此時，疾病附上了道德倫理化的涵義，再一次向人們描述大腦這個複雜又神秘的心理機制，日理萬機下獨有的道德焦慮，「在我們的心理結構中，確實有一個獨立的心理部門或能力，在負責道德是非的分辨工作」。〔註65〕佛洛伊德以心理人格，勾勒出完整的心理作用，解釋了人的意識運作與道德判斷，以及人們内心最複雜的心理過程；突破過去生物學家的侷限，以更多的人文精神看待人性慾望，這是他對倫理學與醫學最大的貢獻之一。

〔註62〕汪新建：《西方心理治療範式的轉換及其整合》（天津：天津人民出版社，2003），頁29。
〔註63〕高宣揚：《佛洛伊德主義》（台北：遠流出版社，1993），頁120。
〔註64〕張小虹：《在百貨公司遇見狼》（臺北：聯合文學出版社，2002），頁23。
〔註65〕陳特：《倫理學釋論》（台北：東大圖書公司，1994），頁154。

　　在本文當中，探討「政治義務」與「私人權利」的多數小說，以及觸及「家庭約定」與「文化認同」的少部分小說，爲了突顯罪與罰的意義，皆透過「超我」與「自我」衝突的人格，剖析人的存在處境與精神生活的內在關聯。這些小說中的罹病者多犯下殺生的罪孽，或曾爲非作歹或是做出違背道德的行動，他們身上的疾病都跟「自我」衝突與自譴緊密相關。「自譴」類罹病者精神與情感都表現都出現異常的現象，心理機轉與藉病控制他人「譴他」的心理狀態不盡相同。他們困於自譴的情緒，主要是因爲「超我」人格指認自己的罪惡之後，懲罰「自我」的後果。「精神病在佛洛伊德那裡不過是『自我』在面臨衝突時，試圖重新建立平衡、重新加以適應的一種手段或方式而已」。〔註66〕他們的典型症狀爲外表上看來極爲焦慮與憂鬱，內心則充滿愧疚的情緒。主角因自譴而生病，這樣的心理模式徹底顛覆了心身二元論的觀點，證實疾病是精神與身體一元論，身心相互影響所導致的結果。

　　這些小說不是透過外在制度的法律責罰，來闡述道德意義，而是透過內在的疾病譴責主角，提醒人們罪惡其實只是當事人心中的一種感覺，更進一步驗證最重要的道德約束仍在「自我限制」上。「從根本上說，人的道德行爲並沒有什麼制裁可言，只有人類在自身進化中形成的一種本能上的『自我』要求與『自我』限制」。〔註67〕也因如此，極端的自我制裁所引發的失常或瘋狂行爲，都只是以另外一種非正常的形式顯示出人性。〔註68〕我們要理解「自我」的衝突，不能只追查性壓抑此單一因素。除性壓抑之外，釐清足以影響「自我」衝突的其他因素，追蹤罹病者的心理機轉，更是解開精神病之謎的重要依據。總而言之，心理分析提醒人們理性與瘋狂不是對立的關係，這兩者之間存在著緊密的互補性，人們不能深入地了解異常的精神症狀，便不算眞正掌握人的思想與精神內涵。

　　當罹病受災成爲一種懲罰方式與懲罰動作時，也就意味著懲罰是個耗時的行動，「自譴」類小說詳盡描述疾病從降臨到引起病痛，紀錄下罹病者驚悸不安或反省懺悔的過程。在這些小說當中，罹病者的內省過程不但左右後續人生，更影響了疾病的復原狀況。總計有八篇小說罹病者痊癒，分別是〈六

〔註66〕汪新建：《西方心理治療範式的轉換及其整合》，頁38。
〔註67〕萬俊人：《比照與透析──中西倫理學的現代視野》（廣州：廣東人民出版社，1998），頁193。
〔註68〕高宣揚：《傅柯的生存美學》（台北：五南出版社，2004），頁202。

月裏的玫瑰花〉的巴爾奈、〈春遲〉的戚老頭、《惡魔的女兒》的方亭亭、〈從前〉的子慧、〈婦人桃花〉的桃花、〈金石情〉的金義楨、《庭院深深》的柏霈文與〈昨日水蛭〉的施道憐八人，康復的人數約佔總數四分之一。這些人物能從疾病中徹底認清事實，並勇敢承擔自己的罪責或彌補缺失，以積極的態度面對衝突，也讓這些疾病產生積極的意義。

總結以上所述，這些小説利用疾病引發的警戒與威嚇效應，不但維護道德的價值，也藉此重申良心不只存在道德高尚的人的身上，而是人皆有之的自律能力。這些小説顯示，每一個人都有自己的道德標準，雖然判別善惡的標準不一定相同，但人人都受良心控制，道德戒律高的人近於聖人，道德戒律低的人遲於悔悟，但德行再惡劣的人，也不可能喪失良心的審判作用。良心始終是本能內建的反省機制與道德中樞，更是影響人類行動的道德法則。小説告訴人們，只有少數人道德高於或低於一般人，多數人都因自私的習性而犯下罪惡或錯誤，最終因疾病懲罰受到教訓。

佛洛伊德認為所有精神疾病都與內在衝突相關，衝突源自於性衝動即原慾的壓抑，人的性衝動因壓抑未得到真正的滿足，所以產生這些症狀。「症狀是被壓抑所阻止的某種東西的替代品」。〔註69〕佛洛伊德也認為，因戰爭所引起的「創傷性精神病」（traumatic neuroses）的利己動機（self-interested）不足以致病，但是只要生病後，病人就會得到利己動機的贊同與保護，除非危險已經解除。〔註70〕佛洛伊德長期鑽研疾病的起源與動機，認為心性發展不正常的人，常會利用變形的方式如自衛機制處理問題，反而造成焦慮症、強迫症與歇斯底里等精神病。他對精神分析貢獻雖多，但當代醫學已證實他對神經衰弱所作的假設，是個錯誤的推論。〔註71〕佛洛伊德的理論受時代侷限及個案影響，觀察極多精神病患是性壓抑者，因後天經驗阻礙病人心性發展而出現固著病症。他相當肯定被壓抑的性經驗，是導致精神疾病的最大元兇。他進一步推論只要現實環境不允許人們滿足性的願望時，人便會利用替代的方式生病，佛洛伊德以「利己動機」解釋罹病者的心理狀態與精神病病因，

〔註69〕 Sigmund Freud. *Introductory Lectures on Psychoanalysis*. Trans. by James Strachey and Angelo Richards. New York：Penguin（1973），p339.

〔註70〕 Sigmund Freud. *Introductory Lectures on Psychoanalysis*, p429.

〔註71〕 曾烆煜：〈曾序〉，收入佛洛伊德（Freud，Siegmund）著作《性學三論 愛情心理學》（台北：志文出版社，1990），頁3。

或可幫助人們近一步理解「家庭約定」裡，那些藉病懲罰他人、獲取愛與關懷的衝突心境。〔註72〕

　　佛洛伊德對於精神病開創性的觀察與研究，指引醫學、社會學與文學多角度的關注，也吸引更多學者繼續透過實際的臨床經驗或理論架構，證實或修正他的觀點。本文第四章探討的一系列小說，罹病者／審判者把疾病當籌碼，當罹病者出現感冒、頭暈等「原發性」症狀時，人們擅用疾病附加的功能，藉以達成自身利益。在親密依存的家庭關係裡，讀者發現罹病者／審判者極度不滿失衡的家庭關係，在惡劣的處境下早已累積怨恨的情緒。特別是在家中被邊緣化的女性，原本就是易於染病的高危險群，容易感冒、頭暈生病之外，更善於利用自己或丈夫衰弱的身體，把疾病當成武器扭轉不利的局面，更進一步利用疾病的幫助，成功地藉用疾病翻轉被控制的局面，達到懲罰他人索取愛與關懷的目的。

　　這些小說書寫因病得利的心境，最精采也令人怵目驚心。在一個權力失衡的家庭裡，整體環境不利於妻子，女性為了得到心中的慾望物——丈夫的溫情已付出極大的代價。這些女性透過疾病所得到的小利，比起疾病所造成的傷害是如此微不足道。女性罹病者縱然享有特權，但絕對改變不了疾病本身的破壞性，她們如果不能理性評估裝病或藉病使力的收益與代價，認清疾病只是暫時要脅的手段，便會造成更大的損傷。

　　總結以上討論，疾病小說的類型絕對與「自譴」、「他譴」與「譴他」三種心理模式緊緊相關。其中，黨政軍民的精神疾病，都是「政治契約」的衝突所造成，他們要不是違背政治的義務，被上級處罰造成疾病傷害，便是履行軍政義務引發道德衝突造成疾病。黨政軍民的精神疾病，都是「政治契約」中「政治義務」的衝突所造成的。而與「文化契約」相關的疾病較為複雜，愛滋病患、痲瘋病患、肺結核病患染上傳染疾病，病因與「自我」的內在衝突無關，卻被堅守「文化契約」的人視為天譴，這樣說來，輿論與天譴論者實際上正以「拒絕認同」的方式，嚴厲地懲罰「文化契約」的違反者——同志、痲瘋病人與同姓婚者。其他家庭成員的疾病，都是因為「家庭契約」的衝突所造成，他們要不是違背／履行家人約定引發道德衝突造成疾病，便是利用疾病譴責他人。家庭成員的各式疾病，都是「家庭契約」中「家庭約定」的衝突所造成的。其他「私人契約」關係人的疾病，都是因為「私人契約」

〔註72〕 Sigmund Freud. *Introductory Lectures on Psychoanalysis*, p429.

的衝突所造成，他們要不是違背私人的約定，引發道德衝突造成疾病；便是僭越權利傷害他人，引發道德衝突造成疾病。「私人契約」關係人的各式疾病，都是「私人契約」中「私人權利」的衝突所造成的。總結這些疾病小說有六個特點：

1、只有透過生病的過程，才能讓罹病者認識到自己的無知與矇蔽，病人除感受到萎弱、病痛的身體折磨之外，對人生常有特殊的體會。

2、病痛既是不平衡的狀態也是災禍，但特別的是，並非所有罹病者都希望病情好轉。

3、致病因素繁多，不是因外在感染源而致病者，多與身心衝突有關。

4、部份疾病與罪惡相關，病痛成為懲罰人的方式。

5、病況最糟時，罹病者猶如在地獄受苦，病也成為連接死亡的橋樑。

6、愛情在疾病小說裡，有時具救贖功能，有時不佔份量。

本文觀察疾病小說的敘事模式，探討道德化、罪惡化疾病的文化背景，及他譴、自譴與譴他的心理模式，嘗試從罹病者的病況中，思考病痛、探索人性、挖掘病源、找出病灶，確認人的生命之價值，從人與身體、自我、他人、家庭、文化、政治、真理之間的關係，探究小說的啟示與終極關懷。

第二章　國家機器的宰制與自譴

第一節　政治契約：當權者的命令

　　本章小說中的罹病者不是因感染病原而病，而是在專政制度下，黨政軍民遭受懲罰所造成的惡果。這些小說揭露一項事實，執政階級為了有效地管理另一個階級，必須運用龐大的行政組織操控政黨、特務機構與軍隊，才能完成少數控制多數的目的。正因管理眾人的「政治」向來與公共事務密不可分，它和公共的、整體的、眾人事務或眾人利益息息相關。〔註1〕執政階級無不善用黨政軍特的國家機器（state apparatuses），建立一整套完整的法律、制度、執行組織，透過強制的法律、制度和執行單位管理被統治階級，企圖全面滲入人民整體的生活。舉凡軍隊、警察、特務、監獄等機構，都是國家機器重要的組成要素，政治是以無所不在的方式影響著人們的生活，執政者只有藉著龐大的力量才能控制人民，以此維繫國家的穩定與平衡發展。

　　當人們意識到國家的存在，便同時面對了一個難以改變的關係：政府與人民之間存在著對立的身分與階級。階級是談論現代政治一個重要的假設，它指涉一個宰制群體的存在，政治就是談兩個群體的權力關係，在分層掌控的秩序當中，政府與人民無可避免地成為發號司令者與執行者、立法者與守法者、制約者與履約者，即使是實行民主體制的國家，亦不脫以上職權與階級的劃分。二十世紀的政治發展雖日趨民主，但人民面對如此龐大的體制也不容許隨意僭越，國家機器仍是維護執政者利益最重要的工具。馬克思主義哲學家阿圖塞（Louis Althusser）在〈意識形態和意識形態的國家機器〉

〔註 1〕劉兆佳：〈政治與社會〉，《社會學新論》（臺北：商務出版社，1993），頁 286。

（*Ideological and State Apparatuses*）一文分析現代的資本主義社會，界定國家的性質爲一架鎮壓性的機器，認爲國家除了存在「鎮壓性的國家機器」（repressive state apparatuses）之外，還存在「意識形態國家機器」（ideological state apparatuses），他的思想建構一個漸趨完整的馬克思主義國家的理論。

國家的意義，就如馬克思主義經典所稱的國家機器。該詞的含義不是單指在法律實踐要件中，曾指出其存在和必要性（狹義性意義）的專業機關，即警察、法庭、監獄；也指警察及其專業化輔助隊伍對形式「失去控制」時，在最後關頭作爲補充性的鎮壓力量直接進行介入的軍隊；而且更是指超乎這個整體之上的東西：國家元首、政府和行政機關。〔註2〕接著阿圖塞把政府、行政機關、軍隊、警察、法庭和監獄這些「以暴力方式產生作用」的機構都稱作「鎮壓性國家機器」，而把宗教、教育、家庭、法律、政治、工會、傳播與文化的機構稱爲「意識形態國家機器」。〔註3〕兩者不同之處在於，「鎮壓性國家機器」大量或主要利用肉體鎮壓的方式控制百姓，教育則利用非暴力的方式散播「意識形態」，執政者雙管齊下同時監控人民的行動與思想，徹底掌握國家實權。

進一步而論，執政者之所以能正大光明利用國家機器控制人民，那是因爲政府與人民之間不具有「平等的權利義務關係」，司法上講求「公平交易」的契約關係，根本與政治體制本身背道而馳。事實上，政府與人民不可能維持平等的階級與關係。美國政治哲學家麥卡蘭姆（Gerald C. MacCallum）談及政治時，認同馬克思主義作家弗朗茲・奧本海默（Franz Oppenheimer）的主張，利用政治和經濟的差異來突顯政治，認爲他的政治觀察切中政治的本質與特性。麥卡蘭姆最後下了一個結論，認爲政治具有最鮮明且不變的特徵，就在於執政者相當懂得謀取特權和統治地位：

> 政治手段是通過「無回報地佔用他人的勞動」來獲取它們，經濟手段則是通過一個人勞動的公平交易。因此，政治是與公平交易領域（公平、可能往往還有自願和合作）相對照的，並且被鑑定爲無回報的奪取（無疑是剝削的領域），因此，如果把無回報的奪取作爲政治的主要特徵，那就賦予了強制性支持——一種雖然令人討厭卻又

〔註2〕阿圖塞（Louis Althusser）著，杜章智譯：《列寧與哲學》（*Lenin and Philosophie*）（臺北：遠流出版社，1990），頁159。

〔註3〕阿圖塞著，杜章智譯：《列寧與哲學》，頁164。

　　似乎合理的位置，這種強制性通常被認作是政治的特徵。〔註4〕
麥卡蘭姆明確指出政治的特徵與本質，國家是執政者的工具，執政者最善於
利用政治的強制性謀取特權和統治地位，透過無遠弗屆的政治力量，強迫人
民接受不平等的、毫無回報的待遇，承擔國家機器的各種剝削與傷害。

　　執政者作爲一國最高的指導組織，多利用軍隊、政權、政黨或意識形態
實踐政治政策，透過層層政軍關係約束人民，讓人民效忠於「國家承諾保障
人民利益」、「人民宣誓絕對服從國家」的關係。本文將國家主權者發起，具
有公法效力的具體政策與建國方針皆訂名爲「政治契約」（Political Contracts）。
「政治契約」的內容爲：最高政治階級權衡整體時勢所定出的規定與命令，
內容包含軍隊的紀律、政黨的任務與國家的政策，所有人民在追求國家利益
以維持政局穩定的前提上，必須服從上級的命令。〔註5〕而任何一項命令，都
是強加於個人身上的一項責任或義務，每個人民不可推諉更不能卸責，不論
是有償或無償都須履行職責。「政治契約」是立法與執法機關合力頒布的「人
民義務契約」，制約者——執政者透過合法的法令，讓履約者／人民承擔政治
任務，雖沒有正式的簽約形式，但契約效力絕不容質疑；人民若作出違背職
務的舉動，最高當局爲維持國家秩序，可動用行政懲罰權給予制裁。〔註6〕依
盧梭（Rousseau）的解釋，主權者指的是人民大眾的意志，也就是至高無上的
秩序與律令，此普遍的人格化的律令就是主權者。政府則是行政權力的最高
行政單位，也是主權者的執行人，做爲人民與主權者之間的中間體，負責執
行法律並維持社會自由。〔註7〕可惜的是，政府雖擁有實質的政治權力，卻常

〔註4〕 Gerald C. MacCallum, *political Philosophy*. Englewood Cliffs：Prentice-Hall
　　　　（1986），p2.
〔註5〕 此處「政治契約」與「社會契約」一樣，借用法律契約一詞爲中介，實際上
　　　　政治契約所牽扯的權利義務問題，比私法契約或一般法律的權責歸屬、本質
　　　　內涵都更爲複雜。因「政治契約」除涉及集體價值、牽連到個人職責之外，
　　　　可說與政治學、社會秩序、社會權力、現存法律制度、正義原則皆有複雜的
　　　　交軌。
〔註6〕 依盧梭的解釋，主權者指的是人民大眾的意志，也就是至高無上的秩序與律
　　　　令，此普遍的人格化的律令就是主權者。政府則是行政權力的最高行政單位，
　　　　也是主權者的執行人，做爲人民與主權者之間的中間體，負責執行法律並維
　　　　持社會自由。可惜的是，政府雖擁有實質的政治權力，卻常封閉與人民交流
　　　　的管道，鮮少成爲民意的執行者。Jean-Jacques Rousseau. Social Contract. Trans.
　　　　by Gerard Hopkins. New York：Oxford University Press（1982），p88.
〔註7〕 Jean-Jacques Rousseau. Social Contract, p88.

封閉與人民交流的管道，鮮少成爲民意的執行者。由此可知，「政治契約」透過法律與制度層層掌控全體民眾，卻比一般契約更具有強制性。此外，它只能增進國家最高領導階級的利益，卻不見得能兼顧一般人民的利益，甚至很可能剝奪或是犧牲他們的利益，造成人民實踐「政治契約」後，產生各式傷害與後遺症，這是政治制度本身的缺失。

當代法理學並無「政治契約」此一專有名詞，法學界習於將契約分成公約與私人契約兩種，「政治契約」內涵近於「公約」，特別聚焦在人民身分上，關注人民所須擔負、完成的人民義務與責任。本文的「政治契約」與「社會契約」（Social Contract）一樣有近似的政治性質，但比「社會契約」更強調政治義務的公眾性質與強制性，以及雙方關係人利益分配的「失平等性」，特別突出領導階層獨有的特權。社會契約論的思想流傳已久，在西方政治一直具有實際的影響力，尤其談論政治權力、政治制度、法律制度的合法性與正當性基礎時，法政學者幾乎借助「社會契約論」來演繹政治哲學，「社會契約」的思想，源於人類對於自由、民主、平等和正義遠景的追求。

契約論極早便成爲主權者與思想家，求得政治合法性的論證方式。「社會契約」所標榜的「正義原則」，即是人民全體一致同意的原則，本身就體現了人民的公意，「社會契約」最能代表全體人民的共識。〔註 8〕「社會契約」產生於十八世紀，以反對封建專制、倡言民主共和、主張人民主權爲中心思想，提出了富於革命性的憲政理論。「社會契約」的精神內涵，可以追溯到霍布斯（Thomas Hobbes）、洛克（John Locke）與盧梭（Jean-Jacques Rousseau）一貫以來的思想源流。瑞士哲學家盧梭的政治哲學著作《社會契約論》（Social Contract），更進一步將契約理念帶入實際政治，觸發更多法政學者以執政者／人民、政府／人民不同的角度，思考民主政治的可行性。盧梭的「社會契約」理論鼓吹自由的人們以平等的資格訂立契約，期許人們擺脫自然狀態建立新關係，「尋找出一種結合的形式，讓它能以全部共同的力量，守護和保障每個結合者的人身和財富，由於這種結合，能讓每一個與全體相聯合的個人，就像服從自己一樣，且仍像以往一般自由」。〔註9〕盧梭樂觀地認爲，「守護和保障每個結合者的人身和財富」的結合形式就是國家，指出國家此「結合形式」可保障個人的財產與權利。因國家的主權只能屬於人民，人民在國家中仍是

〔註 8〕馬曉燕：〈《正義論》中社會契約探析〉，《內蒙古大學學報人文社會科學版》37：1（2005），頁 101。
〔註 9〕Jean-Jacques *Rousseau. Social Contract*, p180.

自由的，更進一步申論，人民與當權者訂立契約產生「國家」，只是把自然權利轉讓給整個社會，不是奉獻給任何個人。

盧梭更近一步申論「社會契約」具有利己與利他性質，除能讓個人享有財富保障，還能增進國家整體的健全發展。總結說來，盧梭著眼於政治利益，認爲人民服從國家可得到最大的自由之外，更認定人民遵循法律還可獲得最大的利益，是契約最大的受惠者。這些疾病小說同樣關注當權者與人民之間的關係，更進一步闡述政治基礎、極權專政與人民利益緊繫的關係。本文發現盧梭冀望「以平等的資格訂立契約」的「國家」，如此「理想的結合形式」，並不存在於小說中，領導者的利益與人民利益從未達成一致，根本違背了「社會契約」所設想的理想願景。

人民被迫接受制約者的指令，人民與執政者因互助依賴維持的合作關係，可能讓主角完成任務後，從中獲得不成比例的獎賞。但在政府美其名爲「追求全民福利」的政治政策裡，卻讓人民身心遭受巨大的傷害。此時，「政治契約」不但不具有受惠者（benbficiary）與施惠者（benefactor）的關係，反而因履約行動涉及戰爭、逮捕、獵殺、批鬥等核心任務，突出了受害者（victim）與加害者（criminal）的宰制關係，這是「政治契約」充滿毒害的眞實面，透過身體的疾病，赤裸裸地彰顯政治底下各式衝突與矛盾。

一般說來，國家執政者總是直接透過賞罰制度控制人民的行動，違約者會受到法律的懲罰。但特別的是，「政治契約」所引發的獎賞與懲罰效應，絕非驗證「善有善報，惡有惡報」的原則。大體而言最高公正法的完成應該帶來獎賞，違背者帶來懲罰。但作者創造小說時，卻不見得一定依循善有善報、惡有惡報的自然律法則，契約本身如果是邪惡的、背叛倫理、毀壞正義的，簽約者完成了不道德的任務，當然會得到懲罰；矛盾的是，簽約者履約，未違反契約，卻受到嚴厲的內心懲罰而致病。這些小說利用疾病的懲罰，對政治制度提出更多的批判，這也是虛構敘事最精采之處。

第二節　軍獄人員殺生罹病：精神病

壹、軍獄人員的病症：精神病

本節所討論的疾病小說，多描繪個人與政府、軍隊、監獄的複雜關係。這些小說中的主角，都是保衛國家、維持社會紀律的軍人或監獄人員。其中：

陳映眞小說〈六月裏的玫瑰花〉（1967）、〈賀大哥〉（1978）、〈鄉村的教師〉
（1960）、〈文書——致耀忠畢業紀念〉（1963）（以下簡稱〈文書〉），四個主
角／罹病者的身分都是軍人；〈文書〉主角亦是監獄的劊子手。他們服從上級
的指令參與戰爭及命令，卻帶來終生困擾的精神疾病。追溯病因發現精神上
的病根，實與戰場軍獄的經歷息息相關。此時，不論是妄想症或精神分裂症，
疾病佔盡了極大的篇幅，具有重要的意義。

　　「皮之不存，毛將焉附」，個人安危與國家興亡之間，具有不可分割的臍
帶關係，履行「政治契約」保衛國家是每一個軍民，最天經地義的義務，不
論參與越戰的美國人或參加南進政策的臺灣軍人，無不恪遵職守服從上級指
示。但是，「戰爭是見血的政治，政治是不見血的戰爭」，一針見血地指出戰
爭與政治殺戮的本質。一直以來，戰場總以屍體橫陳、命如草芥的災難現場，
暴露戰爭殘酷的面貌。當軍人完成任務後卻開始生病，身體產生戲劇性的變
化，幻覺與錯覺常讓他們看到實際上並不存在的人事物，也讓他們承受極痛
苦的折磨。

　　這些主角全罹患精神疾病，精神疾病是腦生理功能出現異常的疾病。人
們最常看到情感上出現的情感症狀，表現過度高昂的就是躁症、情緒太低就
是鬱症，質變就是出現焦慮症或恐慌症；酒癮、毒癮、藥癮與賭癮症病人，
就是在行為上出現病態症狀，質上出現異狀會成為強迫症病人；若是在認知
的總量上過低者成為痴呆者，認知的質上產生變化會造成妄想或幻想症狀；
另外過高的生理趨動力會出現嗜睡症、嗜食症與性慾過強症，質變異會造成
變性症。〔註10〕在這些精神病患的身上，往往出現各式異常的症狀，如失眠、
頭痛、恐慌等，伴隨著幻覺與錯覺的現象。幻覺總以病症的方式，指明病源
之所在。罹病者在夢魘中見到血腥的景象，就是過去鑄下的錯誤，也是良心
虧損之處。身體常以幻覺幻聽的症狀，提醒殺人的罪惡，這也成為罹病者揮
之不去的創傷記憶。除幻覺與錯覺之外，小說中常充滿各式醫學名詞，細致
地鋪陳精神病發的情節，描繪罹病者因負疚而產生的身心痛苦。精神病狀若
無好轉，罹病者便會把幻覺與錯覺當成眞實景況，在精神混亂狀況下做出自
殺或殺人的瘋狂舉動，釀成難以挽回的悲劇。也可以說，罹病者身上「錯覺」
與「幻覺」的病症，就是罹病者心中最想逃避的心魔魅影，正是因為逃不了
心魔魅影，最後產生了致命的危險。

〔註10〕胡海國：《當代精神醫療》，頁 124。

　　陳映真的〈六月裏的玫瑰花〉裡，黑人巴爾奈‧E‧威廉斯是爲了自身利益而加入戰場。黑人雖被消除奴隸的身分，但種族歧視還是存在生活當中。他不能與白人平起平坐，更無法參與社會生活，幾乎從未在國家享受到平等的人民權益。在成長過程當中，他受盡了法律、文化慣例、社會偏見的屈辱與傷害，白人歧視黑人，仍是在眾目睽睽之下默許的行徑，逼使巴爾奈選擇從軍來增加他的社會籌碼，改變他的命運。

　　巴爾奈簽訂軍人契約從此改變受歧視的命運，他得到法律最直接的保障，開始享用美國人民依約享有的一切權利。他與國家之間的新契約，改變了他黑人種族的既定命運。「在我生平，第一次同白人平等地躺在戰壕裡，吃乾糧，玩牌，出任務，一點差別也沒有」。〔註11〕從軍後，他與其他美國軍人串聯成命運共同體，法律義務與作戰目標促使他們互助，讓他們的感情變得親密，加入軍隊除激發他的國家意識外，也爲他帶來了生命第一次的平衡狀態。美國政府與巴爾奈雙方都因契約而得利，國家前線增添一位爲國效命的生力軍，而他得到夢寐以求的身分歸屬。此時，戰爭有可能成爲他生命中最大的「幫助者」，雖然可能犧牲生命，但他願以性命與服從交換人格尊嚴。改變身分的他，可以正大光明與白人平起平坐，他與社會的關係因從軍行動而改變、而好轉，他不再是美國社會裡的異己，而是合眾國陸軍第二十六軍團的美國尖兵。

　　巴爾奈從一個遭受歧視的黑人奴隸，變成一個備受讚揚的戰士與英雄，他戰功彪炳，殲滅了一個村莊，排長獻上戰士桂冠宣佈他的功績。

　　　　巴爾奈‧E‧威廉斯是個偉大的合眾國戰士，偉大的愛國者。他爲了
　　　　我們合眾國所賴以奠立的信念，遠征沙場。當他爲了保衛並協助建
　　　　立一個獨立、自由的友邦而戰之時，他已經爲我們自立國之初即深
　　　　信弗移的公正、民主、自由與和平的傳統，增添了一份榮耀。〔註12〕

排長稱譽的讚辭，也顯示了美國憲法推崇自然法的幾項價值。排長掩藏戰爭背後的殖民行動與經濟利益，將越戰的殺戮行動美化爲神聖的使命與政治的義務，透過美化的修辭，號召士兵爲「協助獨立的友邦」的使命奮戰。巴爾奈冒著生命危險，在險峻環境下消滅了一個村莊，國家也立即獎賞他的勇敢

〔註11〕陳映眞：〈六月裏的玫瑰花〉，《第一件差事》（原載於一九六七年七月《文學
　　　　季刊》第4期）（臺北：遠景出版社，1987），頁13。
〔註12〕陳映眞：〈六月裏的玫瑰花〉，頁12。

與膽識，賜與軍階——受封晉升為軍曹，並讚譽他為「偉大的合眾國戰士」，在喝采聲中給予他最高的精神功勳。由此可見，「政治契約」雖具有強制力，但履約也可能受到獎勵得到互惠性的利益。

巴爾奈遇見東方女子艾密麗・黃後，卻開始夜夜驚魂，他聯想到戰火波及無辜者的生命，想起自己殺死小女孩的罪惡，墮入夢魘的深淵。「然而夢魘像鬼魂一樣在每天深夜裡一定的時刻困擾著他」。〔註 13〕從醫學看來，越戰的退伍軍人或遭受性侵者心理，都承受了重大的壓力，很有可能讓他們成為「創傷後壓力症候群」（應激障礙）（Post-traumatic stress disorder；PTSD）的病人。造成「創傷後壓力症候群」的重大事件還包括：威脅到人生命的暴力經驗，或是人際關係與家庭關係突然遭到破壞，或是看見嚴重暴力的傷害等。這些經驗讓人感到生命受到威脅，而產生極度害怕、恐懼的情緒，最典型的症狀就是腦海中持續出現創傷事件的影像、或是影像不斷重複出現在噩夢中。一旦產生「創傷後壓力症候群」，病人的生活會受到全面的影響。巴爾奈內疚殺害女孩，殺人始終是內心不能忘懷的創傷經驗。他無法克制自己不去思考殺人的罪惡，開始夜夜夢魘驚魂，腦海裡反覆出現殺人的畫面，交錯的幻覺、錯覺與惡夢讓他飽受精神折磨，「長時間的夢魘，怎麼也弄不清醒」。〔註 14〕精神失常的他整整在醫院裡病了一個月。

另一篇〈文書〉裡，安某也得了精神病症。他原先是個身體健康的軍人，卻在退伍進入軍獄系統工作後身體變差了。安某歷經軍閥割據血洗鄉村、對日抗戰、國共內戰多年流離生涯，可說是中國混亂政局的見證人。他出生於軍閥時代，年幼時只是目睹家族罪愆的「旁觀者」，成長後成為替家族贖罪的受害者；到軍獄任職之後，又從受害者身分轉變成怨毒「復仇者」，歷經幾十年國共內戰的滄桑歷史，他的一生可說是中國歷史的縮影。〔註 15〕小說藉由中國紛亂的政治，突顯戰亂下病態的人格尤顯得怵目驚心。

安某隨軍隊撤退到臺灣後，仍未終止與國家締結的「政治契約」，新契約就是替軍獄執行「死刑」。國家為維護社會的倫理與秩序，基於懲惡與正義的要求，執行死刑是遏阻犯罪最具警戒效應的懲罰。〔註 16〕但人的生命具有至

〔註13〕陳映真：〈六月裏的玫瑰花〉，頁 12。
〔註14〕陳映真：〈六月裏的玫瑰花〉，頁 11。
〔註15〕林鎮山：《臺灣小說與敘事學》（臺北：前衛出版社，2002），頁 267。
〔註16〕許春金：《死刑存廢之探討》（台北：行政院研究發展考核委員會編印，1994），頁 73。

高無上的價值，除非犯人犯下罪大惡極的罪行，才須執行「死刑」終止犯罪者的性命。安某徘徊在「殺，不殺」的抉擇當中，體認到自己始終無權違反上司指示釋放嫌犯，只能違背良心行刑槍殺男子，之後他病了數日，不久後選擇離開軍獄工作。

當心理性創傷沒得到適當紓解，又再次出現生命的威脅時，此時人會產生狂暴失序的行為。安某把貓當成是死亡的使者，此後心情鬱悶精神失常的狀況日益嚴重。他無法分辨幻覺和知覺的差異，恍若看見枉死少年而下跪痛哭，「我猛然的陪他下跪，像孩子一般地哭了起來」。〔註 17〕妻子對他跪地求饒的舉動非常憂慮，「『你竟病了』，伊哭著：『早要你多休息，你便還要是那樣沒日沒夜的……』」。〔註 18〕她不斷安撫安某，要他安心養病別胡思亂想，沒想到病重的丈夫，最後還是在瘋狂的狀態下，殺死了自己與貓咪。

陳映眞的〈鄉村的教師〉裡，吳錦翔的遭遇也甚為悲慘──因極度憂鬱沮喪而選擇自殺，小說藉由主角抑鬱的人格，控訴戰爭對人民造成無可挽回的傷害，感嘆知識份子放棄現實的悲哀。吳錦翔的遭遇與巴爾奈、賀大哥不同，他不是主動加入軍隊組織，但身為被殖民國的子民又觸犯國法，他只能被動地接受徵兵的命令履行契約。吳錦翔對農民懷有深厚感情，曾多次秘密加入抗日的活動，「日本官憲」故意徵召他到婆羅洲打仗，直接懲罰他的反叛思想，以軍事任務完成另一種形式的殖民壓迫。

日治時代日本為了持續擴張南洋與華南的勢力，在戰前便積極佈局，把臺灣變成「南進」基地，一九四一年十二月八號日本對美宣戰後，隔天美國也正式對日宣戰。〔註 19〕日本為了擴張南方的勢力，強迫臺灣人民參與南進政策，這是臺灣人民無法抗拒的「政治契約」。因為，不論臺灣的人力、資金或是物資全屬日本帝國所有，在「皇民化」政策下，迅速把臺灣人民編入戰爭體制，以支援總督府帝國主義的「南進」政策。總督府對臺灣人民的鉗制不但愈來愈多，且愈趨嚴厲，這時期的「皇民化運動」以暴力為主要手段，實施強制的同化。小說中也呈現了這段歷史背景，反日的吳錦翔躲不掉「日本官憲」的處置，奉命到婆羅洲執行軍職任務，經歷了殺人、吃人肉與死亡掙扎的險境，26 歲的他已目睹戰爭各式慘烈的面貌，內心受到極大的創傷。

〔註 17〕陳映眞：〈文書──致耀忠畢業紀念〉，《我的弟弟康雄》（原載一九六三年九月《現代文學》第 18 期）（臺北：人間出版社，1995d），頁 133。
〔註 18〕陳映眞：〈鄉村的教師〉，《我的弟弟康雄》，頁 133。
〔註 19〕楊碧川：《臺灣歷史年表》（台北：自立晚報文化出版部，1992），頁 170。

在生死攸關之際，吳錦翔必須在戰場險峻的環境下求生，這是弱肉強食適者生存、不適者淘汰的競技場，他無權也無能躲避這場極其嚴苛的生存競賽，沒東西吃時，只能吃人肉求生。險惡的戰場幾乎成為殺戮的屠宰場，軍人不只與敵軍為仇，還被迫與同袍為敵，除艱難求生更須提防被隊友暗殺煮食。在生死存亡一線間他能活下來，除了展現過人的耐力之外，更顯示在絕處求生時，他能順從自然界最殘酷的生存法則。殺人／吃人是項罪惡，但保全生命是人的本能也是人的權利，在存亡之際他為了愛惜生命而活著，就得毫無猶豫地成為殺人／吃人的強者。吳錦翔遭受最巨大的考驗，他活存下來，內心也承受沉重的道德重擔。日本戰敗後，中止了他與日本國的「政治契約」，也中止自然界最滅絕人寰的考驗，他帶著重重心事回到故鄉。

小說利用吳錦翔內心的衝突，突顯戰爭已留下難以洗刷的罪惡。戰後吳錦翔回鄉卻成為鎮上的問題人物，1947 年二二八事件持續擴大，島內動盪不安，當族人歡送新一代生力軍加入軍隊時，他說出吃食人肉的經歷，卻受到鄉里人的鄙夷與譴責，最後在眾人排擠下驚嚇病倒。過往的記憶成為死亡的威脅，袍澤的屍體與死人的心臟都提醒吳錦翔犯下的過失，幻覺愈來愈嚴重讓他病倒了，「他的虛弱不住地增加著。南方的記憶；袍澤的血和屍體，以及心肌的叮叮咚咚的聲音，不住地在他的幻覺中盤旋起來，而且越來越尖銳了。他的虛弱不住地增加著。……不及一個月，他就變得消瘦而且蒼白了」。〔註20〕病後他對改造中國的理想志業完全失去興趣，更敏銳地感受到鄉里人的憎厭與排斥，強烈的自我譴責讓他更虛弱，半個月後，他就自殺了。在戰爭中僥倖存活的人竟死在自己的故鄉，這是何其諷刺的事情。

陳映真的另一篇小說〈賀大哥〉，同樣描述軍人的創傷經驗。美國人麥克・H・邱克（賀大哥本名）是個精神分裂的重症病人。精神分裂是一種嚴重的精神疾病，從外表可明顯看出病患的異常之處。病人通常出現荒謬的舉止、思想以及不適當的行動，是個極易辨識的精神障礙。病程一般在六個月或以上，病人具有人格分裂的症狀，會在情感、認知與動機間失去正常串聯，難以與外人溝通。〔註21〕但與〈六月裏的玫瑰花〉不同的是，小說並未著墨於賀大

〔註20〕陳映真：〈鄉村的教師〉，《我的弟弟康雄》（原載一九六〇年八月《筆匯》第 2 卷。第 1 期）（臺北：人間出版社，1995），頁 35。
〔註21〕威爾森（Jean D. Wilson）著，吳德朗等譯：《哈里遜內科學》中冊（*Harrison's Principles of Internal Medicine*）（台北：合記圖書出版社，1993），頁 2499。

哥殺敵功勳與個人獎勵，反而著重描述軍人的諸多「惡行」。賀大哥於 1967
年加入越戰，卻在加入軍旅生涯時，放棄無政府主義的理想，他與一群戰友
葛萊克、卡德、希巴爾、卡萊、梅地拿等，不論官階高低都以各種備受爭議
的方式殺人。他們膽戰心驚地保衛自己的性命，卻也殘忍地殺害所有無辜的
越南人民，「越南的孩子們，都是國家的受害人」。〔註22〕他們殺敵人越共份
子，竟也殘忍地殺害手無寸鐵的婦人、老人與小孩，為了玩笑取樂，竟以 M16
射殺無辜百姓的頭顱，強暴越南女性。更可怕的是，明明是該受罰的姦殺與
槍殺行動，賀大哥也默許殘暴的行徑，認同組織內心照不宣的默契。

　　軍人在戰場上效忠軍事命令，但見血不慟、毀棄仁心道義已成為軍人之間
的默契。賀大哥向精神科醫生坦承「越戰令他厭惡、反胃」：「我也幹了『明目
張膽的殺人』，在那個鬼一般炎熱、炎熱的越南」。〔註23〕戰時軍紀廢弛，他們
殘殺無辜，根本是殘忍且背德的罪行，但卡萊中尉身為長官不但不制止暴力，
還要賀大哥槍殺垂死掙扎的越南平民，他們的行動已觸犯國際公約與戰爭倫理
──不獵殺無辜的信條。事後他歇斯底里的質詢同袍與自己：「每個人為什麼那
麼做？在越南，為什麼？卡達（案：應是萊）中尉，為什麼？諢名兒『瘋狗』
的梅地拿上尉，為什麼」。〔註24〕賀大哥的痛斥與呼喊，訴盡他的無奈。

　　賀大哥常哭泣、囈語、精神不穩，母親非常擔憂他的病情，精神病院裡
的病歷表上明確寫著他的病況：「四月，梅萊村虐殺事件在美國若干媒體陸續
揭露。病人亦於此時主訴失眠焦慮與易怒。來本院求治前據其母指稱病人時
時終夜哭泣、囈語」。〔註25〕他向醫生坦承越戰期間犯下的罪行，精神科醫生
安慰賀大哥，他並非天下唯一的惡魔，許多人跟他一樣成為戰爭的受害者。
他鼓勵賀大哥面對內心的罪惡感，徹底釐清戰爭的本質，就能像其他病人一
樣成功地治癒疾病、重獲健康，「從一九六九年開始，已經有幾個從越南回來
的孩子來過我們這兒。他們就把心中的那塊黑色的大石頭留在我們這兒，輕
鬆地回去了」。〔註26〕越戰戰友都因殺戮的重擔，紛紛罹患「越戰症候群」，
醫院也成為軍人告解懺悔的場所。

〔註22〕陳映真：〈賀大哥〉，《上班族的一日》（原載一九七八年三月《雄獅美術》第
　　　　85 期）（臺北：人間出版社，1995），頁 90～91。
〔註23〕陳映真：〈賀大哥〉，頁 89。
〔註24〕陳映真：〈賀大哥〉，頁 90。
〔註25〕陳映真：〈賀大哥〉，頁 81。
〔註26〕陳映真：〈賀大哥〉，頁 87。

　　當人們無法整合認知以應付恐懼不安時，就可能引起人格分裂的現象；賀大哥罹患人格分裂症，是為了保護自身自動遺忘原來的身分，「已經初步發現他有顯著的記憶障礙和個人身分意識的殘破」。〔註27〕因利己動機，心理機制衍生出補償性的人格來面對衝突，他告訴醫生，他想重新獲得一個純淨無邪的人生。「不！醫生，我猜我已恨透了我自己。我在想：如果能像脱衣服一樣，脱掉骯髒的衣服一樣，把不堪的我脱掉，然後，像換一件又乾淨，又新的衣服一樣，換一個我」。〔註28〕精神分裂症正好幫助他，成功地幻想出一個補償性人格，他以新身分在臺灣得到重生。他罹患「精神性的遺忘症」，不再記得過往羞於啓齒的戰爭情事，更深信幻想的新身分是眞實的。他到復健中心裡扶助病患，臺灣的義工無人發現他的祕密，更無人知道他是一個人格分裂的病患，他在異鄉展開重生的歲月。

貳、「愛國者」與「守法者」的審判

　　殺敵是軍人愛國的方式，服從紀律是守法者負責的表現，諷刺的是，「愛國者」與「守法者」履行政治契約後，卻一一成為精神分裂與夢魘的精神病患，戰場反倒成為精神病院的前哨站。這些罹病者的病因都與戰場脱離不了關係，他們不是因為誅殺敵人而當場發瘋，而是完成政治任務之後，因外物觸發想起戰場經歷而病，病源一一指向違背戰場倫理、殺害了不該殺的人所引起的內心衝突。

　　他們雖完成任務卻觸犯良心，耿耿於懷的罪惡感造成他們的疾病，他們愈被稱為忠貞愛國的戰士，他們對「殺人」、「吃人」的行動，就愈感到內疚且罪惡。這些小說描述人性的噬血邪惡之處，不禁讓人進一步思索罪惡的源頭——戰爭所引發的人性邪惡，透過罹病者的自譴病症揭露戰爭下噬血仇殺的人性，「戰爭絕不會是人與人的關係，而是國與國的一種關係」。〔註29〕在國與國的敵對關係中，惡劣環境底下逼使人們展現殘暴的、自保的、扭曲的人性，當殺人不再成為罪惡時，當然會助長人最原始的邪惡慾望，戰士紛紛揚棄惻隱仁心，枉死的百姓不過成為戰場上不得不犧牲的陪葬品。

　　這些軍人既是英雄，也是殺手。他們犯下錯誤，在自我審判中精神失常，

〔註27〕陳映眞：〈賀大哥〉，頁76。
〔註28〕陳映眞：〈賀大哥〉，頁91。
〔註29〕Rousseau. *Social Contract*. p176.

病症就是他們良心虧損違背仁義後的直接懲罰。直到生病，他們才發現不該合理化自己的罪惡，真正意識到自己犯下的錯誤。這些小說表面上描述疾病的異常狀態，實則透過政治所造成的後遺症，引發讀者進一步思索戰爭下的兩難處境。罹病者的病情實與「政治契約」息息相關，突顯出「個人身分」與「人民義務」、小我與政治實體、個人與國家機器之間，既牽制又互惠的複雜關係；他們雖履行義務卻違背良心大忌，成為殺人傷人體制的共犯，最後產生良心制裁，這是「政治契約」串聯「疾病書寫」最富張力、最值得探索的部分。

在〈六月裏的玫瑰花〉裡，巴爾奈既得到上級的「獎賞」，也得到道德的「懲罰」。艾密麗此時的身分除了是愛的使者，同時也具加害者與幫助者的身分，雖然無心陷害巴爾奈，但黃色皮膚早已提醒巴爾奈的罪惡，促使他生病，也讓故事向惡化的方向前進。巴爾奈的道德良心無法原諒自己，認為自己殘殺了像艾密麗那樣，同樣弱勢、異色種族、孤苦窮困的人。他突然明瞭，殺人行徑裡同時存在善與惡的雙重意義。他雖擔負了殺敵衛國的責任，竟發現英勇背後掩藏更大的罪惡，他的勳章是以無辜者的屍體換來的。履行軍人天職時，他背棄了軍人最基本的道德法則——禁止獵殺無辜者，隊友讚賞他勇敢善戰，卻無人在乎他殺了無辜的平民。在善與惡的衝突中，他因罪惡感而病倒了。

顯然，巴爾奈無法坦然接受官銜與榮譽，他覺得自己違背戰爭倫理與道義，不該論功行賞而該接受責罰。他實在無法釐清自己到底是愛國者還是罪惡份子，到底是個英雄還是個殺人犯，他對獎賞分配的困惑，顯然牽扯到政治、經濟與倫理學的問題。

倫理學的任務在於分析、思索與評價人類行為，更進一步思考道德的規範與標準的適用性，探討善惡、是非、對錯等各種與道德相關的問題。亞里斯多德（Aristoteles 前 384～322）在《尼各馬科倫理學》（*The Nicomachean Ethics of Aristoteles*）探討「分配的正義」（distributive justice）時，就談到「城邦的正義」與「政治的正義」，思索獎懲原則的正義性。他認為每個國民除享有平等的權利之外，國家要能維持比例平等的獎懲，才算真正體現正義的價值：「正義就是合乎比例，不正義就是違反比例」。〔註30〕為了維持城邦的

〔註30〕Aristoteles. *On man in the universe：Metaphysics, parts of Animals, Ethics, politics.* New York：Classics Club（1943），p161.

穩定，違背正義的人，不能佔據正義之人的獎賞，必須按照公正原則進行合理的分配。他認爲合法的獲利就是正義，非法的獲利就是不義。也可以說，正義便是合乎賞罰公平的原則。亞里斯多德繼承了蘇格拉底（Socrates）、柏拉圖（Plato）合法即正義的思想，更強調經濟分配與政治權力的重要性，影響後世甚多。〔註31〕「分配的正義」提醒執政者維護國家的穩定與福利，必須按照人民的職權與功勳得失，將榮耀與懲罰公正地分配給每個人，只有維持正義才能促進人民幸福與國家福利，讓國家與個人都得到最高的利益。亞里斯多德要求執政者以正義作爲治理國家的獎賞原則，此間正義包括兩個層面：其一、是法律意義上的正義；其二、是美德倫理上的意義。也因如此，執政者必須懲罰有罪的人、獎勵有功的人，因唯有合理且公正的分配才是「正義的分配」。

國家法律本身就代表著正義，也顯現了正義，所有同袍戰友都認爲滅村殺敵是愛國忠君的展現，國家獎勵巴爾奈，不但彰顯了正義，也是他應得的殊榮與讚譽。他個人卻對獎賞的分配，存在不同的看法。他認爲自己雖英勇，卻也是殘殺無辜的罪人，得到了功勳獎勵卻一點也不快樂，他在痛苦的罪惡感裡病倒了。巴爾奈犯下的錯事，絕不只是他個人的過錯，是戰爭本身造成的罪惡與遺憾。當時越共殲滅了隊上全數弟兄，僅他一人活命，在危險急迫的處境下，開槍射擊是情非得已的自保舉措。他對醫生說，「你一定知道我不是存心那樣。你分不清他們誰是共產黨，誰又不是……」。〔註32〕即使爲自保而做的殺人防禦行動，他還是認爲自己是個不折不扣的劊子手。巴爾奈內心揮之不去的罪惡感，顯示他是一個有良知、能徹底反省自己言行的人。他的疾病不僅是個懲罰，更彰顯了良心、否決了罪惡，賦予疾病正面的意義。

在精神病院裡，中國醫生與艾密麗是兩大功臣，協助巴爾奈認清戰爭事實，以最純潔神聖的愛，安撫他劇烈受苦的心靈，「不要怕瘋子。……他們只是心裡受了傷，好像我們的皮膚受了傷，是一樣的」。〔註33〕他坦誠自己犯下的錯誤，內心的衝突就停止了，道德的要求獲得滿足後，病症逐漸痊癒，他在懺悔中了解自己的侷限。他不再責備自己，開始以新的角度計畫人生，

〔註31〕 孫君恒、許玲：〈亞理士多德分配正義論〉，《中國海洋大學學報》社會科學版，1（2005），頁27。
〔註32〕 陳映眞：〈六月裏的玫瑰花〉，頁17。
〔註33〕 陳映眞：〈六月裏的玫瑰花〉，頁17。

決定不再爲國家民主與美國精神而戰，那是虛榮與政客的幌子，他更珍惜艾密麗給他的愛。爲了愛人的未來，他與愛人訂定了新的契約內容，此時，巴爾奈成爲幫助者創造自己的命運。艾密麗象徵母性／家庭的溫暖，兩個備受貶抑的異族／邊緣份子，從此結合爲一個新的命運共同體。詹宏志認爲〈六月裏的玫瑰花〉，是關懷第三世界自覺性的作品，「一方面指出戰爭對人性的腐蝕與戕害，一面也寫出了下階層人士相濡以沫的眞情」。〔註34〕可惜最終巴爾奈仍葬身戰場，一條人命最後換得一紙獎狀。小說赤裸裸地揭露「政治契約」裏的不對等交易，寫盡血腥戰場最殘酷無情的一面。

　　背負殺手包袱而病倒的例證，也見於薛荔（鮑利黎）小說〈最後夜車〉（1982）。小說描述不少參與越戰的戰士都病倒了，還有人選擇自殺終止內心的掙扎。沈長安偶遇一位黑人，他因越戰時殺了很多無辜者，退伍後不僅頭痛欲裂更長期失眠，不但妄想有人要追殺他，更常看見屍體躺在血泊中的恐怖畫面。這些小說當中，描述懲罰所引發的身心痛苦，最讓人震撼的是賀大哥的自我譴責：「你爲什麼那麼做？每個人爲什麼這麼做？在越南？爲什麼」。〔註35〕賀大哥不是嗜血狂魔，但無知與遵從卻造成無可挽回的罪惡，他徹底揭穿戰場上同流合污的契約，竟是如此悖德與不義；任意姦淫婦女或殘殺無辜平民，大家都是罪惡集團的共犯者。犯法者本應受到最嚴厲的懲罰，卻因上司放縱暴行助長罪惡一再發生，軍營內沆瀣一氣全成了殘殺人命的罪犯。他不可能遺忘自己犯下的罪惡，內心巨大的罪惡感讓他病倒了。

　　一個軍人愈是臣服殺人的禁忌，對死亡的思索愈深，對暴行的譴責就愈重，臣服「政治契約」就會愈痛苦，正如在〈六月裏的玫瑰花〉裏的描述：「在精神科裏住的，正都是爲各種不可能所壓垮的人」。〔註36〕賀大哥成爲精神分裂的病人後，昨日種種譬如昨日死，今日種種譬如今日生，他在「小兒麻痺復健所」彌補過去的罪惡，最後，他成爲所有人心中的耶穌基督。他全心奉獻的愛，終於在異鄉生根發芽。賀大哥雖未痊癒，難得的是他自始至終以頑強的意志，爲己贖罪獲得重生。他的病既是超我的強大壓迫，也是渺小的個人抵抗龐大體制失敗的後果。

〔註34〕詹宏志：〈文學的思考者〉，《文學的思考者》（原載一九八三年八月十八日《中國時報》人間副刊）（台北：人間出版社，1988），頁1。
〔註35〕陳映眞：〈賀大哥〉，頁90。
〔註36〕陳映眞：〈六月裏的玫瑰花〉，頁28。

　　另一篇〈文書〉描述安某半生流離顛沛，因殺人罪惡而受疾病懲罰，「男主角因為無法忍受過去的『罪孽』而發瘋，而這『罪孽』是整個民國史的縮影」。〔註37〕小說暗指軍人若無法超越過去的記憶與罪孽，終究會失去美好的未來，痛苦活在新時代裡。安某病後常看見枉死少年的身影，幻覺是良心內在律法產生的效應，讓他置身在懲罰的情境中，急切地向少年下跪，向過去殘殺的生命懺悔與贖罪。但，珠美政治受難者遺族的身分提醒安某，她不只是協助安某的貴人，也可能是最可怕的加害者——等待復仇的受難者。安某精神病發，更把童年柴房馮炘嫂的死、殺死上司關胖子的罪惡、亂兵滅城血流成河的可怕記憶全聯想在一塊兒，讓畏懼貓的不祥預兆再次應驗，「豈非我便是伊哥哥的兇手嗎」。〔註38〕他錯誤認定自己殺了珠美的哥哥，為躲避殺人償命的噩運，最終拿起手槍掃射珠美與貓咪，結束幻影的糾纏。

　　安某殺妻後，自白書上紀錄他困於罪虐的精神困擾，從理性清晰的敘述到渾沌瘋狂的狀態。他在自白書上自陳，錯殺少年讓他內疚不安而病倒，之所以陷入瘋狂，是因為內心早有了道德的評價，他清楚地知道自己錯殺了一個無辜者的性命。陳映真在現代主義時期完成了〈文書〉，特別渲染安某的病理症狀和負罪意識，用來強調征戰半生內心灰敗的世界。在中國動亂之際，他無法逃離戰爭的陰影，多重的殺戮事件造成變態的妄想症狀，疾病不只反映了他對人性的不信任，更是時代陰影所造成的恐怖悲劇。雖有評論者認為〈文書〉利用現代主義的象徵架構，企圖處理負罪發瘋的情境，卻無法善用情境具體呈現時代動亂與社會問題，顯然是個失敗的美學嘗試。〔註39〕但全文籠罩在低鬱的氛圍，以恐怖的心理變異，凸顯近代歷史紛亂不休的動盪，可見反思歷史極其嚴肅的目的。

　　小說特別安插了審判者周巡佐，負責調查安某殺妻案件的始末。他最後在判決書上寫著：「故血案之起，職以為出於疑犯勞碌終年，致精神異常所致也，有省立進德精神科醫院診斷書為證」。〔註40〕以「勞碌終年」幾個字

〔註37〕 呂正惠：〈從山村小鎮到華盛頓大樓〉，《文學的思考者》（原載一九八七年四月一日《文星》第106期）（台北：人間出版社，1988），頁188。

〔註38〕 陳映真：〈文書——致耀忠畢業紀念〉，頁133。

〔註39〕 呂正惠：〈從山村小鎮到華盛頓大樓〉，《文學的思考者》（原載一九八七年四月一日《文星》第106期）（台北：人間出版社，1988），頁188。

〔註40〕 陳映真：〈文書——致耀忠畢業紀念〉，頁119～120。

交代病因，輕率簡化安某犯案的動機，認定安某在精神異常狀況下撰述的自白書，欠缺可靠性：「時而發病語無倫次，是以其語錄口供多譫語，無由採證。……語多鬼魂神秘，又足見其精神異常之狀態也」。〔註41〕「鬼魂神秘」之說雖迷信可疑，但安某心理異常，早與「軍獄義務」密切相關。

安某一生都活在殺手的陰影裡，周巡佐卻以「勞碌終年」撇清政務與瘋狂慘案的關聯，推卸獄方該負起的責任，也掩蓋了事實的真相。龐大的政務體系維持這樣的慣例，把罪惡推到個人身上，卻從未仔細檢討政務結構的弊病缺失，讓人民再度淪為政治的犧牲品。一樁冤獄前後害死了兩個無辜的人，諷刺的是，周巡佐掩護軍方的審判方式，還是把罪惡推卸到人民身上，再一次顯示「政治契約」下，執政者不辨是非的政治罪惡。

在〈鄉村的教師〉裡，向人們展示戰爭所造成的綜合性傷害的一隅。軍人在戰場上殺死敵人是允許的行為，但為了求生存而吃食人肉，卻受到鄙夷與譴責。小說觸及複雜的道德審判，透過抒情筆法描述受眾人排擠的災難，受害者成為全民公敵四面楚歌的境遇。

吳錦翔因誠實說出征戰底下最慘絕人寰的際遇，他說的事實，卻觸及人們最畏懼的禁忌，所有人看待他的方式都變了。觸犯吃人禁忌的他，轉眼成為一個禁忌，他的存在提醒村民吃人與殺戮的殘酷，眾人以行動表示對吃人行動的厭惡與審判。眾人死屍一般的眼睛，根本是將他視為殺人犯、食人者的惡徒，大家以惡意迴避的方式懲罰他的惡行。

吳錦翔揭開戰爭底下最血肉模糊的暴行，也痛陳生而為人的悲哀。他代替日軍征戰，是二十世紀殖民強權壓榨百姓最悲慘的一頁歷史。當時日本需消耗大量人力，便由殖民地如韓國、臺灣抽調當地的青年，參加一場千里之外的戰爭。〔註42〕一個臺灣青年卻必須為了日本國出征，捲入一場名為聖戰，卻帶給亞洲人民痛苦與創傷的恐怖戰爭。悲憤交加的吳錦翔，除了長聲慨歎之外，沉默的歷史無法給他任何補償，他的悲劇也只是大時代下，一個凋零的身影而已。

陳映真的小說受到三〇年代文學的感染，常流露無以名之的悲壯情懷。細讀之下真可感受到「在他筆下翻閱中國歷史」、「在他掌中撫慰臺灣苦難」的感傷。他的小說書寫大量病患，這些可憐人在不可違抗的衝突下求生，只

〔註41〕陳映真：〈文書——致耀忠畢業紀念〉，頁120。
〔註42〕陳泰穎：〈星落南天，何日安息〉，《中國時報》第15版（2月19日，2006）。

有疾病敏銳且直接地反應出他們的脆弱，也只有因病受苦的肉體，才能表現出當下政治時局、歷史變貌與個人的處境的糾葛。很顯然地，吳錦翔具有「空想的性格，改革的熱情」，是陳映真小說中最常出現的原型之一。〔註43〕吳錦翔興致勃勃地承擔改造社會的使命，最後卻消極地抱著破滅的信仰死去，他的死既是贖罪也是抗議，都讓小說變得嚴肅且沉重。頗切合李歐梵的評論：「並不完全在說故事或塑造人物，而是在說故事的過程中處處『自省』故事的內涵；在描述人物的同時也為這些人物反思、請願或贖罪」。〔註44〕只可惜，世人無法理解改革者的贖罪與掙扎，更不能體會信仰破滅後他的苦痛。

吳錦翔從烽火連天的戰區活存下來，內心早已承受過多的痛苦與自責，他對祖國懷抱著熱切的希望，但這一切努力都白費了，只受到民眾敵視的對待，他是戰爭底下最可憐的犧牲者。當無法反抗時代，只能成為屈辱的遵循者時，他以不完美的手段求得生存，人們卻不給他任何拯救與贖罪的機會，別無選擇之下，他自慚形穢地帶著精神的譴責而死。「而自殺，則是自我懲罰，懲罰自己未能全新地、無條件地走上他想像和相信其必將到來的黃金時代」。〔註45〕在戰亂中，人們對一切感到麻木，自然對戰爭倖存者失去寬容，當母親為兒子而哀傷大哭之際，他的鄰人卻「慍怒於這樣一個陰氣的死和哭聲」，眾人默許著自殺的行動，認為唯有如此才能洗淨身上的罪惡。但他的自殺並未解決任何問題，世人仍得與製造暴亂的各個政權共存，戰爭殘酷本質與政治腐敗本質都是一樣的，都是中國／臺灣人必須承受的宿命，更是小鎮村民無可改變的命運。這是人民的悲哀，人們企圖掩藏戰爭的破壞性，眾人的不慟對照母親骨肉分離的大慟，小說最末以人性的哭號隱指歷史的殘暴。

這些小說直指政治此巨大毒瘤為病源，進而刺探政治、法律與道德彼此的扞格，揭露「政治契約」下軍民最複雜的處境，以及個體在政治團體中的矛盾身分。在深沉的懺悔與疾病的折磨中，人們可發現，小說最終的目的絕非批判他們的罪過，而是從他們的境遇當中，藉著痛苦掙扎，批判政治也苦思人類的未來前途。

〔註43〕施淑：《兩岸文學論集》（臺北：新地出版社，1997），頁 159。
〔註44〕李歐梵：〈小序《論陳映真卷》〉，《陳映真作品集》（台北：聯經出版社，1988），頁 20。
〔註45〕施淑：《兩岸文學論集》，頁 162。

第三節　文革受難者的疾病：疼痛與麻木

壹、文革體制造成的心理創傷：頭痛、麻木、衰弱

1949 年以後，中國共產黨成為國家的最高權力機構，將馬克思主義庸俗化與教條化後，文革十年充分運用鬥爭取利的暴力哲學，讓共黨由此奠立了一黨獨大的政體。共黨體制不但成為一個失去人性的政權，更是製造創傷性病患的大本營。執政者不但不在乎全民大眾的「集體利益」，大大悖反了正義、人性、人權、道德、民主、自由的珍貴價值，無所不用其極地把政策法令當成鎮壓異己的工具，一意孤行地動用政治、經濟、社會、教育資源維持集權政治；更利用紅衛兵來操控民眾，服從「瘋狂政權」已成為全國人民不容違反的政治契約。1966 年五月，〈五・七指示〉的教育方針，特別主張教育需要革命，阻止資產階級知識份子繼續統治校園。中共中央政治局通過毛澤東起草的〈五・一六通知〉，號召群眾批判黨內資產階級代表人物。此後一個〈通知〉與一個〈指示〉主導整個文化大革命的運動方向、政策與路線，全國進入草木皆兵的大批鬥時代。

不論是遵循共黨政策的紅衛兵，或是違背共黨政策的一般人民，許多人都因文化大革命的政治風暴而產生後遺症，都以病痛銘刻「往事並不如煙」。薛荔的〈最後夜車〉、陳若曦的〈春遲〉（1977）與劉大任的〈風景舊曾諳〉（1983），三篇小說不帶硝煙彈雨，以委婉方式揭露失去正常人反應的「木質化病症」、衰弱與頭痛症狀下，壓迫身體與精神的罪魁禍首──共黨此慘絕人寰的「瘋狂政權」，深入探討文革時期造成的精神創傷。

毛澤東在文革期間公開支持紅衛兵的造反行動，等於主動賦予紅衛兵權力，讓紅衛兵自此成為「介入中國政治最積極的集團力量」。〔註46〕毛澤東以「少數的右派份子正向共產黨和工人階級的領導權挑戰」為名，以大批資產階級混入共黨、軍隊與學校為由，故意激起馬克思主義信徒的恐慌，鼓動公開的、全面的群眾運動。表面上執政者以紅衛兵揭發走資竊權，實則藉此力量推翻異己階級。號召以中學生為首的紅衛兵，在 1966 年後成為改革黨的代言人，不但批判右派餘孽為帝國主義走狗，更「打著紅旗」進行龐大的、系統的鬥爭運動，透過抄家、扣帽子、勞改、批鬥、恫嚇與身體傷害等方式嚴

〔註46〕嚴家其、高皋：《中國「文革」十年史》（香港：香港大公報社，1986），頁 46。

屬懲罰反革命人士。全國崇拜毛澤東的思想蔓延之下，清華大學附屬中學首先於五月秘密串聯起「紅衛兵」組織，引起廣大的迴響。他們的誓辭是：「我們是保衛紅色政權的衛兵，黨中央毛主席是我們的靠山，解放全人類是我們義不容辭的責任，毛澤東思想是我們一切行動的最高指示」。〔註47〕紅衛兵崇拜主席、崇拜黨國，將幻想中的社會主義與不滿的政治情緒藉批鬥傾洩而出，造成世紀的罪惡與劫難。紅衛兵批鬥的景況，也成為疾病小說裡最奇險恐怖的一頁。

當執政者主導大規模的改造活動時，不論是政策的履約者或是違約者，所有人民都被迫加入成為參與人。諷刺的是，他們都以自身的疾病見證這段歷史。為虎做倀的紅衛兵，因執行「政治契約」而疾病纏身，一般人民因違背「政治契約」受盡皮肉折磨，「政治契約」不但被剝奪了人民的基本人權，更讓他們陷入意識形態不正確的「終身恐懼」，不但直接造成他們的疾病，甚至改變他們的人格與際遇。

〈最後夜車〉裡的中國，就像是被暴力集團統治的魔域，奇異的力量將紅衛兵聚合在一起，像烈火燎原般迅速風靡全國。紅衛兵雖並不隸屬於正式的政治單位，卻在詭譎的年代迅速成為聲勢浩大的群眾運動，儼然成為影響社會、政治、治安與文化最強勢的一股力量。沈長安當時把名字改成長征，與組織形成了契約同盟的關係，信從「革命無罪、造反有理」的大信條，離家投入「崇拜主席」的運動。他跟著紅衛兵盲目地四處抄家，知道自己做的事情，違背了家人的期許，但他還是選擇繼續效忠領袖、效忠黨，繼續他與黨的「四下點火」「長征」行動，繼續靠著野蠻暴力的行動，成為砸毀舊世界的英雄。

沈長安知道紅衛兵改寫了中國的命運，此後猜忌、誣陷、批鬥與仇恨便成為他的生活方式，也徹底改變了他的人際關係。他赫然發現政治批鬥能激發出人性裡，最法西斯式的暴虐與殘忍。他為了遵循紅衛兵的政治契約，隔絕了他與奶奶的血緣感情，更激發出殘忍的獸性與野性，他們任意砸毀文物、批鬥百姓、消滅文化，更濫用殘暴的手段揪出階級敵人。小說的內容，都吻合了文革期間的歷史紀錄。當時，政治經濟與文化體制遭受大規模的破壞，雖不能完全歸罪於紅衛兵運動，但紅衛兵所造成的破壞作用是不可否認的。〔註

〔註47〕嚴家其、高皋：《中國「文革」十年史》，頁 45～46。
〔註48〕范明強：〈紅衛兵運動的歷史反思〉，《哈爾賓市委黨校學報》第 3 期（臺北：新地出版社，2000），頁 60。

48〕他們這群紅衛兵「完全不顧念何謂國法、人權，完全依賴人治」——以個人的是非觀念進行政治階級鬥爭。〔註 49〕一直等到奶奶過世、小玉死於紅衛兵鬥爭之後，渾渾噩噩的沈長安才從這場暴力革命裡驚醒，他發覺所謂紅領巾的英雄，不過就是政爭底下的打手與砲灰，人命就像草履蟲般卑微地死去，權力鬥爭只留下悲慘的結局。他離開了故鄉這個傷心地，遷居美國。

　　沈長安從未想到效忠主席參與政治，竟會造成日後巨大的身心創傷。他看到一只古物，閃現文革當年的片段記憶，便引起頭痛欲裂，「他只是略略追想了一下，腦中似乎閃過一點那年的什麼，頭即刻隱隱作痛起來，很快的，刀刮骨似的劇痛開始在他頭裡刺過來又刺過去，加上尖得不能再拔尖的耳鳴，他本來覺得似乎抓住了一點的記憶，就又被這排山倒海的頭痛淹沒、沖走了」。〔註 50〕耳鳴與穿刺的劇痛來得突然，讓他毫無防備。以醫學角度來看，「疼痛常是身體器官或組織發生器質性病變的警戒訊號」，當末梢痛覺感受器受到物理或化學上刺激後，就會經過神經系統傳達到視丘再傳遞到大腦皮質，此時病人就會有疼痛的感覺。有些頭痛檢查不出明顯的器質障礙，醫生把這類疼痛歸於「心因性疼痛」（psychogenic pain），認為是病患心理因素造成的痛感。〔註 51〕此類「心因性」的疾病，是因心理性的創傷，所產生的心理異常現象。

　　同樣討論文革創傷題材，還有劉大任的〈風景舊曾諳〉，同樣以疾病控訴政治戕害的終生創傷。〈風景舊曾諳〉裡描述四舅的病症，實際上是文革契約、暴力政權下的產物。四舅喜歡舞文弄墨附庸風雅，完全是舊時代文人的習性品調，但四舅媽與家人逃到臺灣，從此扭轉他的一生，他一人獨自承受紅衛兵殘忍的凌遲。紅衛兵專門對付任何與國民黨有瓜葛的人民，更藉此狠狠批鬥他、整肅他，他腰上遍佈疤痕。以竹針子扎人雖然說不上嚴刑酷罰，卻是極其恐怖的精神折磨與戰慄經驗。紅衛兵以威嚇的權力，逼他交代千篇一律的罪名，四舅平淡地承受這些折磨，既無法反抗又無法逃離，平民百姓只能接受政府惡意的懲罰。

　　文革倖存者四舅，受到紅衛兵的暴力傷害，文革結束後仍無法痊癒。文

〔註 49〕米鶴都：《聚焦紅衛兵》（香港：三聯出版社，2005），頁 109。
〔註 50〕薛荔：〈最後夜車〉，收入蘇偉貞主編《時代小說》（臺北：聯經出版社，1991），頁 377。
〔註 51〕孔繁鐘編譯：《精神醫學之症狀及病徵》（臺北：合記圖書出版社，1991），頁 14。

革浩劫結束多年後，後輩接四舅至美，發現四舅已失去人的生氣，文革暴亂所造成的心理創傷，讓他成爲醫學上定義的「木質化的病人」，知覺感受都已麻木，失去正常人歡笑與憤怒的基本情緒，「偶有不滿，或完全無可奈何，便是那句唯一透露感情的警句『現在都是這樣的』」。〔註52〕他的表情僵滯、神態木訥，完全失去三十年前風流雅士的丰采。

值得一提還有陳若曦的〈春遲〉。陳若曦與其他臺灣作家不同，是少數實際參與「文革」的作家，當時她受愛國心驅使，憧憬社會主義的新中國，於1966 年隨夫婿回到中國，到了中國後，才看清中共政權的獨裁與荒謬，這一獨特的人生體會，充分反映在小說集《尹縣長》（1976）與《老人》（1978）中。〈春遲〉一如陳若曦的其他文革作品，描述暴虐政權透過高壓手段侮辱百姓，刻劃的盡是非人性的恐怖經驗，卻還是在岌岌可危的處境裡，讓人看見最深層豐厚的人性。也因如此，陳若曦小說中的人性，不論對抗極權、對照極權，都具有最旺盛的生命力量。

喪妻多年的戚老頭犯下色戒，被指爲觸犯文革禁令，招致一連串的身心懲罰。他對女性產生綺想，輕薄的要求雖有可議之處，但被「娘子軍」扭曲成政治錯誤，貼上「明目張膽的抗拒中央文件」反革命份子的標籤，可就太小題大作了。他成爲觸犯黨政契約、阻撓新中國建設的黨國叛徒，黨部更順理成章以「清理階級隊伍」、「地主流氓」、「侮辱婦女的壞份子」的罪名，對他進行順藤摸瓜家世清算的審判行動。讀者不難想像的是，黨員動輒以預謀罪行扣押戚老頭，全面調查他的身家歷史，勞師動眾的懲罰行動裡，對於建設新中國能有多少實質的意義。在組織監控下，戚老頭只能順應黨部的指示，不停地懺悔並彌補缺失。陳若曦以最平淡幽默的文字，捕捉政治凌駕人性那個時代的荒謬。

書寫文革的特殊意義，與其說是批判極權政治，不妨說具體而微展現政治契約複雜的本質。戚老頭已七十多歲，他不能接受街委會下鄉勞改的懲罰，認爲那是個人與家族的奇恥大辱，在街委的恐嚇與精神懲罰下，短時間內遭受如此重擊，因恐懼與自責而病倒。小說表面上利用疾病懲罰了不守紀律的人民，實際上利用疾病諷刺共黨政治的盲動與荒謬，以病呈現政治力涉入私人領域的暴虐性，幾乎完全剝奪了人民的生活隱私。最精采之處在於，它完

〔註52〕劉大任：〈風景舊曾諳〉，《劉大任集》（原載一九八三年二月十五日《中國時報》）（臺北：前衛出版社，1993），頁108。

整呈現上層政權如何運用政治契約控制下層軍民，而下層百姓如何整齊劃一地履行命令，就因百姓盲目地履行契約，上下配合從而完成文化大革命這樣一個龐大的體制。〈春遲〉成功突顯「政治契約」冷酷且荒誕的一面，而違法老人遭逢政治清算行動，染上難以痊癒身心疾病，簡直是文革經驗最具體的寫照。

貳、「悔」罪者的審判

毛澤東以建設「新社會」為名推行「文化革命」，以鬥爭為手段進行階級重整，即使是殘暴的、非人道的體制，仍被奉持為道德與正義。違背「文化革命」的人被貼上叛變罪名，遭受懲罰，禍國殃民的暴行，卻在法律與政治護航下，成為合法又正義的懲罰。遵守契約的人卻因受到良心指責而罹病，人民一一成為極權政治下的犧牲品。這些小說藉病突顯出：人與病症都不是問題，只有瘋狂的政治與執政者的專權才是問題，瘋狂政體從不給予人民需要的理想政治、民意代表、司法制度與民主風氣，不斷利用「順我者生、逆我者死」的極刑懲罰控制百姓，讓一群人民終年活在恐懼、驚嚇與焦慮中，人民成為瘋狂政府的禁臠，當然無法得到健康的體魄。回顧歷史雖無法彌補過去的錯誤，但人們絕不能遺忘歷史，三作舉重若輕面對國殤之痛，也為歷史浩劫留下最沉重的嘆息。

〈最後夜車〉裡，小說家以病症控訴紅衛兵的罪惡，更批判共產黨批鬥政策的錯誤。沈長安盲目效忠黨國，抄家批鬥善良百姓，以強權破壞善良的風俗與公義，最後造成終生遺憾與病痛。斷斷續續以來，他的身體以痛的形式提醒他「罪的記憶」，頭痛無疑是最當頭棒喝的懲罰。腦是記憶的儲存室也是惡念的源頭，疾病以疼痛提醒自己「往事並不如煙」，沈長安痛惜曾經瘋狂效忠的政權、讚頌的暴力、犯下的憾事以及鑄成的錯誤，青春的記憶竟是如此恐怖血腥，他對暴力深感懊悔，這也是無數個紅衛兵在熱情過後的覺醒。「對於青春期被毛澤東動員起來為毛的政治鬥爭而陷入集體的『青春暴力主義』的狂飆，破四舊、血統論的階級鬥爭、放縱少年法西斯的殘虐……」。〔註53〕臺灣女孩成為他病中的「幫助者」，懂得他內心的愧疚，給他新生的希望。故事的殘酷之處在於，沈長安一心想彌補罪惡得到救贖，為了搭救女子而葬送性命，這個突如其來的意外，也葬送了他的新生。

〔註53〕黃錦樹：《謊言或真理的技藝》（台北：麥田出版社，2003），頁299。

　　同樣探索疾病中罪與罰的意義，〈春遲〉顯露出獨特的政治批判。在文革時期，老人乍見越矩的行動背後，顯露出對活力生命與親近異性的慾望，但這顯然是不能被時代寬恕、更不可能被理解的人性經驗。小說透過戚老頭的疾病與殉死行動，彰顯出政治契約的荒謬性，在政道混亂的時代，人民以黨部指令爲依據，時時提防是否犯下違禁的過錯，「努力學習毛澤東思想、忠實執行毛澤東思想、熱情宣傳毛澤東思想、勇敢捍衛毛澤東思想」。〔註54〕〈春遲〉控訴文革時期的精神壓迫與集體控制，生活只剩下《毛選》與馬列著作的空虛與荒謬，顯然比其他著作的批判更爲犀利。

　　〈春遲〉藉由戚老頭的病況與求死不得的窘境，對政治時局提出深入的批判。上至黨政組織或下至看戲百姓，全都一窩蜂地接受政治契約，一一查辦戚老頭的身家歷史，階級覺悟已徹底成爲抹滅人性的人格改造行動。戚老頭病中想以死解決所有的罪孽，還好女兒以亂世無道的忠言，當頭棒喝敲醒父親殉死的迷思。最後，女兒以「政治正確」的女工身分，宣讀共黨宣言爲父辯護，請求街委會遵照毛主席「要給出路」的政令，體恤年老病人的悔過行徑，極其諷刺的以黨政宣言成功地營救父親。在極其嘲諷的筆調下，女兒就像「暮年春神」一樣顯露了人性的光彩。〔註55〕小說雖不否認人性的光輝，卻刻劃了政治獎懲最現實的一面，顯現高壓統治下中國人民特殊的政治心態。

　　過去發生的歷史性創傷，永遠長存在文革受難者的肉體疾病與永恆記憶裡。在荒謬的時代，渺小的百姓默然承受政權的懲罰。文革期間，紅衛兵在四舅身上，留下大小不一的傷痕；當他看到帝國大廈尖銳的模型時，還會忍不住發抖。精神科醫生據此辨別性線索診斷出：「這是很明顯的精神病徵。患者可能受過尖銳物的身體傷害，後來或許遺忘，但是創傷引起的震盪卻被壓抑成心理殘渣，經過意識轉換，遂表現爲對一切尖銳物的無端恐懼」。〔註56〕從醫學與行爲治療學的角度看來，當受罰者明白是什麼原因造成受罰，刺激再次伴隨著某一動作連繫產生時，那個人就會出現同一個反應動作。〔註57〕

〔註54〕嚴家其、高皋：《中國「文革」十年史》，頁52。
〔註55〕吳達芸：〈西方文學與疾病再思索〉，《自主與成全——論陳若曦小說中的女性意識》（台北：前衛出版社，1993），頁264。
〔註56〕劉大任：〈風景舊曾諳〉，頁112。
〔註57〕何旭明：〈新行爲主義懲罰理論述評〉，《長沙大學學報哲社版》31（1997），頁65。

這樣的心理變化，說明了病人受到文革迫害造成的內心恐懼，依然沒有消失。潛意識的精神創傷，始終持續綑綁文革受難者的心靈。

小說最精采之處，在於展現暴力政權時，刻意透過冷漠的敘述語調，加上極其平靜的反應，由文革受難者娓娓道出此間荒謬。正因不帶任何指控，反而呈現出一種無感受性的麻木，這種淡漠與麻木，更容易突顯出一種非比尋常的荒謬感與災難性體驗。四舅的人格特質與疾病，正反映出文革「思想改造」與「黨意識的洗腦工程」的成功之處，四舅早已習慣「戴罪受罰」，過著恐怖驚險的生活。四舅的遭遇讓人們進一步思考，政權迫害是如何透過具體而微的方式，影響人的健康甚至是人格。文化大革命所造成的肉體暴力，以及毛語錄造成的精神傷害，都在人民身心留下永恆的傷痕，成為難以抹滅的精神創傷。「精神創傷的記憶痕跡，但不是一般的記憶，它因為超出來了正常理解力與感性的限度而始終保持在無意識中」。〔註58〕文革所造成的影響，只能從無意識中──四舅的疾病，才能具體指陳當時暴力傷害所造成的恐怖悲劇。四舅離開戒律森嚴的祖國到美國，移除政治控制的力量後，他開始出現健康人該有的喜怒哀樂表情。

很可惜的是，腫瘤醫生畏懼歷史黑幕而畫地自限，想以親情感化舅舅的「木質化傾向」，但效果始終是遲滯的、緩不見效。關鍵在於具有幫助者功能的教授，自己也無法克服心理障礙，將親人身分轉換成治療師，協助四舅清除內心的傷痕，開口敘述文革的際遇。顯然，四舅的「精神腫瘤治療術」也只完成一小部分。文革事件成為影響身心甚鉅的主要故事（dominant story），過往四舅無法批判政治權力的壓迫，反讓支持暴力政體的主流論述、強制論述，箝制並影響四舅，繼續噤聲沈默服從歷史的錯誤審判。他一輩子都活在懲罰的恐懼當中，害怕再次遭受懲罰，早習慣內化自己的罪責。自由民主的快樂生活離他太遙遠，沒有任何人能保障他的安全，實踐保命之道唯有「繼續遵循（即使是錯誤的）契約」，文革契約已成為不可言說卻時時警惕的焦慮。這樣的故事，繼續透過批判的方式，呈現中共文化大革命的造成的遠大傷害。中共領導人以「階級鬥爭」、「政治鬥爭」，阻止人民群眾受資產階級思想侵蝕，實行最根本的思想文化革命運動。對四舅而言，政府「借思想文化解決問題」所進行的思想改造，顯然已達到成果，可惜葬送了一個人獨有的生氣與人性。

〔註58〕楊小濱：〈中國先鋒文學與「毛語」的創傷〉，收入劉青峰編《文化大革命：史實與研究》（香港：中文大學出版社，1996），頁425。

到了 1982 年，文革以及它所象徵的懲罰體制與集權王國，始終成爲四舅眼中一個至高無上不容批判的政權，再次證實意識形態國家機器潛移默化的功效，它助長執政者／人民的剝削關係，宣傳個人從屬於國家的意識形態，早深化成爲人民生活形式與意識型態的一部份。

要批判威權政治與瘋狂政權的邪惡之處，以壓抑人性與扭曲思想，最爲嚴重。四舅從實際的政治經驗中，學得「靜默地服從」爲亂世明哲保身之道。對於四舅這樣的人物，眞讓人感到悲痛。〈風景舊曾諳〉能客觀地以海外視角省思文革傷痕，不得不歸功於 1974 年劉大任的親身經歷。他在故國看到「語錄治國」的奇景，不僅破滅了青年時期的馬列主義思想，更粉碎了他這個海外中國人長期以來對「中國」原鄉的民族認同。〔註 59〕小說選擇把歷史災難降臨在知識份子四舅身上，恰如其分地捕捉到極權政治對他造成的終身影響，得到最具普遍性的寫照，爲中國的政治劫難留下一個最鮮明的印記。

第四節　黨國鷹犬致死的病症：被害妄想症

壹、黨國特務的病症：憂鬱症與被害妄想症

執政者善用特務組織與調查機構完成最高利益與機密任務，向來都是辨識國家的重要特徵。爲了維護國家安危，執政者總以毀屍滅跡的暴力行爲，杜絕異議份子的歧異論述與改革運動，這已成爲執政者維護國家主權最重要的方式。在〈夜霧〉（2000）裡，李清皓爲維持國家秩序遵守特務機密，違背良心而犯下誣陷傷人的暴行，最終引發自己的惡疾與死亡，李清皓的妄想症與憂鬱症，無疑與臺灣獨特的政治處境息息相關。陳映眞敏銳地寫下民主體制建立前，國家以「非法」管制「違法」的混亂歷史，也突顯了黨國鷹犬成爲社會棄兒身心受創、精神不安的悲慘境遇。

政府利用「黨政軍特」控制人民，槍殺、監禁或整肅叛亂份子，調查員與政府之間，始終維持著深厚且曖昧的關係，讓調查員身分同時具有政治特權與歷史使命。李清皓的任務，無疑與臺灣政治發展息息相關，從緊鑼密鼓

〔註 59〕林燕珠：《劉大任小說中的家族與認同》（台中：國立中興大學九十三學年度中國文學研究所碩士論文，2000），頁 84。

的「保密防諜」任務，監控「親匪份子」到「捕諜」政策。直至八〇年代後，執政者更堂而皇之把法律當成政治工具，以情治爪牙、特務加上軍法機關的「秘密審判」，圍捕革命人士。〔註 60〕調查員協助政府全力監控黨外革命人士、逮捕滋事份子。可以想見為了維繫威權體制，政府動用多少這樣的情治人力，圍捕殲滅政治異議人士。

在詭譎肅殺的政治氣候裡，為了鞏固政府的整體利益，執政者需要情治人員防守國家安全，李清皓只能順從命令，「為了保衛國家，像我們這種『無名英雄』，在不同的機關、單位，層層疊疊，全島一共少說也有十幾、二十萬人」。〔註 61〕調查局隸屬國家內政機關，處理的事務多半牽涉到龐雜的黨政秘辛，調查員的工作多半屬於強制性的政治任務。李清皓在十年中，參與幾件政治冤案，曾捶胸頓足地自責，卻為了完成政治任務不得不違背道德良心，他可說是政治契約下的犧牲者。

探索黨國鷹犬的一生，是窺探臺灣政治勢力變動極其重要的一環。李清皓因冤案而內疚不安，轉而離開黨政工作，過不了多久就出現症狀，失眠、胸悶、頭痛、嘔吐與心悸，頭痛欲裂更讓他難以忍受，「發痛的時候，竟而可以痛到嘔吐，眼內壓力升高以致於覺得眼球要爆了出去」。〔註 62〕接受治療時，醫生發現迫害妄想症讓他的認知與情感出現異常，判定他有嚴重的內疚與犯罪意識。但李清皓堅決不吐露半字，讓醫生也愛莫能助。

> 「他表現為慮病、焦慮與憂悒」醫生說。他說通常這些精神病狀源
> 於潛入下意識的、病人的嚴重內疚和犯罪意識。醫師翻著李清皓的
> 病歷說，在治療上，除了藥物治療，最好能配合心理治療才好。「我
> 們試過了，希望他逐漸把他的內疚透露出來」。醫生歎息了。「但他
> 守口如瓶，什麼也不說」。〔註 63〕

醫生知道病患的狀況，卻無法順利進行治療，更無從知道「內疚」心理的萌發始末，讓恐慌症與迫害妄想症影響他的生活；漸漸出現關係妄想、迫害妄想的症狀，內心不斷上演著迫害索命的戲碼，最後看到幻影索命，再也承受不住身心的痛苦，他選擇自殺了結一生。

〔註 60〕李清潭：《三稜鏡下的法理學》（臺北：翰蘆圖書公司，2002），頁 404。
〔註 61〕陳映真：〈夜霧〉，《忠孝東路》（原載二〇〇〇年十一月二十五日至十二月五日《聯合報》）（臺北：遠景出版社，2000），頁 105。
〔註 62〕陳映真：〈夜霧〉，頁 84。
〔註 63〕陳映真：〈夜霧〉，頁 121。

貳、民主罪人的審判

〈夜霧〉中的李清皓，被迫承擔政治迫害者的任務，幻想政治受難者一路追殺他，最後自縊而死，他以最決絕的方式結束被害妄想的痛苦。他的憂鬱症與瘋狂，可說是特定歷史下的「政治殘疾」，那是一個深受罪惡感折磨、又被迫害者追殺的痛苦靈魂。他效忠國家的法律與政治義務，卻因履行不義的契約導致病魔纏身死亡，小說透過黨國鷹犬的自殺行徑，闡述政治契約惡政害民、最終惡症害己的深遠影響，可說是最具有警策意味的政治小說。

李清皓的日記，大肆披露黨國鷹犬不為人知的世界。時移事往，調查局不再具有過往尊榮的位置，這意味著威權的體制已喪失影響力。執政者更為了因應強大的民意，承諾司法單位重新審查過往被扭曲、偽造的歷史案件，並信誓旦旦將痛懲黨國鷹犬。執政者面對變動的局勢自有盤算，為政之道不過就是「恩威並施，永遠是有用的策略」。在民智未開的時代，執政者利用嚴刑峻法控制人民，聽到民怨四起的改革聲浪，執政者馬上順應民情成為開明的國君。他們拋棄過往忠誠的下屬、掩飾過往罪惡外，執政者還得立即撕毀舊契約，另與社會人民簽訂新契約。

但是，身為舊契約的執行者，李清皓卻必須承受如此龐大的罪狀：「『壞人』、『國民黨特務』的帽子讓我戴一輩子上頭的人，卻去充『開明』『民主』的好人」。〔註64〕小說描繪執政者與下屬間的關係，遙遙呼應十五世紀義大利政治哲學家馬基亞維里（Niccolo Machiavelli）在《君王論》（*The Prince and The Discourses*）既犀利且精闢的論見。一國之君統帥三軍，掌握建國方略與治國大道，其精義不外乎二字，就是——殘忍，「為人君者，對於任何可能損及王者地位的惡名罪行，都該盡可能的謹慎。然而，他大可不必顧忌這些惡名。有時為顧全國家大局，難免犯下狼藉的聲名。縱使犯了被人譴責的罪過（即使遭受公憤），內心更不必有什麼不安的愧疚。為了要拯救國家，犯點罪惡是免不了的」。〔註65〕當政治局勢隨環境、時代而變化時，統治者也要隨時改變他的作為，在「保全勢力」、「統一國家」的目的下，執政者既有獅子的兇猛，又得具有狐狸狡猾的本領；除了要能殘暴地鎮壓反對人士，事後又能充當民主的使者，務必自圓其說防禦輿論的攻擊。

〔註64〕陳映真：〈夜霧〉，頁88。
〔註65〕Niccolo Machiavelli. *The Prince and the Discourses*. Trans. by Luigi Ricci. New York：The Modern library（1940），p57.

　　如此一來，萬古常新的執政者，才能創新奪取權力的形式，為自己背盟失信找到正當理由，並在迭宕的環境中繼續保持權力的優勢。為了維護國家的治安，黨國特務過去撲殺異議份子的手段，具有護國與不可動搖的正當性；同樣的行為，到現今已變成殘殺民主的槍手，受到輿論的撻伐與圍剿。當新的社會秩序逐漸建立，統治者頻頻向過往政治犯示好，安撫惶恐不安的社會大眾，已與民眾互有默契簽訂新契約。曾任黨國鷹犬的李清皓，益發感到茫然且孤單了。他多麼想要加入政府的新契約團隊，洗刷過去的罪惡，成為煥然一新的好人。他卻被政府的新契約，遺棄在寒冷的夜霧下，成為最孤苦伶仃的一個人。

　　黨政與李清皓的關係非比尋常，卻無法提供李清皓這個守法的「加害者」，一道永久的免死金牌。從另一角度而言，他「陷害忠良」、「助紂為虐」的行徑，正是國民黨穩固政權的主要力量，卻也可能是國家鞏固勢力的必要之惡。但他為了履行「政治契約」而違背正義葬送人命，背負著黨國鷹犬助紂為虐的罪名，別人尚未找他復仇，他便已遭受良心的懲罰了。李清皓恐懼政治受難者／仇家向他索命復仇，受難者的幻影，每每令他精神耗損瀕臨崩潰，恐懼隨時遭遇橫禍：「報復尋仇的厲鬼就要上門」。〔註66〕瘋狂的病症顯示出他極力逃避的一面，同時也呈現出他善良的人格，那是良心譴責的真誠懺悔。幻覺的身影與聲音，是他畏懼的根源，也是良心的聲音；它是律法、道德的禁制與規範，反映內在良心的自我看待。他承擔執政體制的罪惡，扛下其他共犯誣陷無辜的罪責，在形象刻畫上，有近於勇者的氣魄，「以他們近乎聖潔的道德感和尊嚴承受著血腥骯髒的歷史留下來的沉重負擔」。〔註67〕他對殘害過的人士感到愧疚，對過去的罪行感到懺悔。但是，他找不到任何方式可以贖罪，終日生活在焦慮與恐慌中，他悲哀地發現自己已無處藏身。

　　李清皓拒絕月桃與醫生兩位幫助者的善意，造成疾病急速惡化，他內心的腥風血雨，只能封存在日記與憂鬱獨白裡。他的罪惡感，是那個族群所共有的歷史經驗與恐懼。時代戳傷他們的痛點，傷害他們令他們啞口無言。他之所以「守口如瓶」的死去，因為血腥的歷史，充滿太多難以啟齒的秘密與罪孽。作家陳映真以哀矜的筆調，寫出了臺灣歷史上，黨國鷹犬內心流亡的悲哀。

〔註66〕陳映真：〈夜霧〉，頁110。
〔註67〕黎湘萍：《臺灣的憂鬱》（台北：人間出版社，2003），頁48。

　　李清皓的死是一個悲劇，小說透過自殺舉動，證實他是一個有良心的人。他明辨善惡，但體制卻不需要他的正直與良心。在政治體制底下，他感嘆正義無法伸張，被迫與他追求的正義絕裂，而後被心目中的群眾拋棄。他在政治逆轉之際陷入瘋狂，他到底是愛國者或是加害者，讓他困惑不已。在最絕望的時候，他所抱持的正義理念也隨著他的自殘而亡。小說藉著正直者的消隕，彰顯政治的真正面目，一個弱小的百姓想改造混淆是非的體制，根本是無能為力的。陳映真透過黨國鷹犬的悲劇，寫出臺灣動盪政經下，零餘者被時代汰換、被眾人誤解的黑暗心境。

第五節　台奸的病症：幻覺與惡臭症

壹、台奸的惡疾：幻覺與惡臭症

　　宋澤萊從六〇年代即開始創作，在四十年漫長的創作過程中，他屢思蛻變，作品呈現豐富多雜的樣貌，一直以獨樹一幟的文學創作與鮮明的評論矗立文壇。因先天體質特殊，疾病纏身的他向來關注疾病主題。此外，他十分關注百姓疾苦與歷史時事，當然不會遺忘二二八事件中，人民以行動表達反抗統治階級的情緒，以及統治階級以國家機器鎮壓百姓的屠殺經歷。當時執政者粗暴地以槍桿對準臺灣同胞，二二八事件及其恐怖的經歷，在臺灣人民心靈上留下難以彌補的創痛，不但造成多人殞命的歷史災難，也引發外省／本省族群的隔閡與衝突。在事變發生四十年後，宋澤萊發表小說〈抗暴的打貓市——一個臺灣半山政治家族的故事〉（1987）（以下簡稱〈抗暴的打貓市〉），以激切語調批判國民黨罄竹難書的罪孽，小說最後以大審判完成「二二八傷痕補遺」。

　　作家以「二二八事件」為題，創作的文學作品數量甚多，一九九二年已有林雙不編選的《二二八臺灣小說選》，二〇〇四年許俊雅編選《無語的春天——二二八小說選》。但在眾多探討二二八事件的小說當中，〈抗暴的打貓市〉仍顯出凌厲的攻勢；不但批判國民黨政權的暴虐無道，更指責騎牆派子民的罪惡，最後透過天譴審判與永世詛咒，當成審判國民黨與台奸的批鬥大會。最後審判雖珊珊來遲，卻以遲來的正義，撫平臺灣人民曾經受創的心靈。

　　打貓市原是一個單純的鄉村小鎮，當其他人民過著貧困生活時，李氏家族因成爲執政黨的特務，而過著寬裕的生活。他們沒有民族氣節、也不受民族情感所限，從上一代就深諳見風轉舵之道，總能得到生命保障與金權暴利。叔父日治時代即帶領後代子孫效忠日皇，光復後，蔣介石派陳儀接收臺灣，陳儀正式成爲行政長官兼臺灣警備總司令後，李父又帶頭效忠國民黨政權，更順理成章成爲政府密探與台奸。一般說來，身爲台奸得按照執政者指令行動，但更多時候，他是一個主動與執政者聯繫的百姓階級。雖同樣是平民百姓，簽約形式卻顯然不同於其他黨國鷹犬。台奸的身分非常特殊，他們與執政者建立互利的關係，他們既非受生命脅迫接受這些工作，卻也不是在完全自由的處境下淪爲台奸。李氏兄弟把李家鑽營的門風，更加發揚光大，靠著出賣袍澤踐踏百姓，最後進入當權者的權力核心。顯然，台奸的生存哲學與詭譎的戰後政局息息相關，如能掌握他們與執政者的關係，必能對複雜且具有強制性的政治契約有更深入的了解。

　　戰後國民黨爲了鞏固在台的勢力，故意襲用日本殖民臺灣的方式，實行非常極權的個人獨裁體制──行政長官公署制。如此一來，全省軍政的大權，全掌握在蔣氏政權的代理人──陳儀手上。不僅如此，新頒布的法令不僅嚴苛更常朝令夕改，陳儀底下的爪牙更常以征服者自居，臺灣人民完全處於不對等地位，非常痛恨政府的殘暴與腐敗。曾任監察院委員的何漢文指出，政府訂出禍國殃民的法令，根本是「接收財務不接收人民」的利益條款。〔註68〕嚴苛的「政治契約」美其名爲了增進大眾集體的利益，讓臺灣成爲特殊政治與經濟機制的訓練基地；事實上，陳儀政權卻透過「政治契約」，把契約當成馴服控制臺灣人民的手段，不斷培植爪牙並擴大基層勢力。

　　「二二八事件」爆發的遠因，可追溯至國民黨的貪污舞弊，早已引起人民的公憤，終因查緝私煙釀成官逼民反。〔註69〕一九四七年二月二十八日，民眾抗議執政的警察打傷煙販、槍擊人民，執政黨卻不理會沸騰的民怨，行政長官公署公然開槍掃射抗議的民眾，造成南北串聯的全島性抗議活動。國民黨派遣軍隊在三月八日抵台，以「鎮壓暴民」的名義展開全島性的屠殺行

〔註68〕何漢文著：〈臺灣二二八事件見聞記〉，陳芳明編《二二八事件學術論文集》（台北：前衛出版社，1989），頁236。

〔註69〕王景弘編譯：《第三隻眼睛看二二八：美國外交檔案揭密》（臺北：玉山出版社，2002），頁158。

動，造成人民傷亡慘重。〔註 70〕從美國公佈的外交檔案可清楚看見，當時民怨四起，早爆發對國民黨政府的強烈批評。一九四七年美國魏德邁（Arbert C. Wedemeyer）將軍致電國務卿時，即尖銳地批評陳儀政權相當腐化，不得人心，「陳儀和他的親信粗暴、腐化及貪婪的把他們的政權強加在幸福和馴良的人民頭上。軍隊表現像是征服者。特務橫行，脅迫及方便中央政府官員剝削」。〔註 71〕

　　當執政黨「鎮壓暴民」展開屠殺之際，李國一兄弟不但不憎恨殘殺同胞的暴政，相反的，他們完全認同政府喋血鎮暴的主張，更加入秘密組織裡應外合戕害同胞，「三月十一，對於李國一、李國忠而言是一個大日子，那時他們已經被編入秘密的組織中，執行著打貓市的治安，他們奉命進入市區追捕抗暴份子」。〔註 72〕執政黨當時願意重用從大陸回來的「半山」，多半是看上「半山」這些台奸在日治時代就無人格，投靠權勢的投機性格，極易於成為政府攏絡的對象。〔註 73〕因此，執政黨派遣李國一父子誘殺起義份子，展開大規模的屠殺行動，李國一父子不但出賣抗暴軍，也藉此暴亂殘殺李國忠的情敵簡世雄，可說是助紂為虐戕害同胞的最大惡棍。執政黨的「鎮暴行動」，最後造成浮屍血染打貓港的歷史慘案，而李國一父子也成為殘害同胞的魔鬼。

　　「二二八事件」讓小說有具體指涉的歷史時空，更進一步隱指兩人受到國民黨與中國腐敗文化的影響，恬不知恥淪為政府屠殺百姓的台奸。李國一履行誘殺契約，最後造成疾病，都說明「二二八事件」已成為極權政治難以補救的一大罪疚，二李惡疾致死的遭遇，也可說是殺人償命的最終報應。廖咸浩認為：「宋在本文中的重點不在故事，而是列舉『中國文化』如何一步步的腐敗了這對本省兄弟」。〔註74〕陳建忠更進一步申論臺灣人民極其複雜的身分認同問題，臺灣人歷經日人與國民黨統治幾已失去自己的主體性，尤其，

〔註70〕 李筱峰：〈第三隻眼睛看二二八〉，收入王景弘編譯《第三隻眼睛看二二八：美國外交檔案揭密》（臺北：玉山出版社，2002），p6。

〔註71〕 李筱峰：〈第三隻眼睛看二二八〉，p6。

〔註72〕 宋澤萊：〈抗暴的打貓市——一個臺灣半山政治家族的故事〉，《二二八小說選》（原載於一九八七年《臺灣新文化》第九期）（臺北：自立晚報出版社，1989），頁197。

〔註73〕 王曉波：〈走出「二二八事件」的歷史陰影〉，《走出臺灣歷史的陰影》（台北：帕米爾書店，1986），頁86。

〔註74〕 廖咸浩：〈在解構與解體之間徘徊：臺灣現代小說中「中國身份」的轉變〉，《中外文學》21：7（1992），頁193。

在國民黨戒嚴統治下，這對本省兄弟會選擇背叛自己同胞向「阿山」靠攏，這樣的「台奸」認同的不再是臺灣人，而是統治政權——中國人。〔註 75〕以此角度理解「騎牆派」投機性之外的無奈，似乎頗有說服性。李國一兄弟完成「鎮暴行動」任務，成爲最忠貞愛國的黨國精英，此後便名正言順地成爲執政黨的心腹，更獲取了豐碩的金權回饋。他倆認同了當權者的利益取向與政治作爲，輔助陳儀穩定治國勢力，同時也穩固自己的勢力，他們根本遺忘了自己的良知，更遺忘了其他百姓的福祉與性命。

兄弟兩人效忠國家政策的執行者，被同胞損爲台奸。實際上，李氏父子完全不在乎人格與道德，他們只將目光放在效忠領袖上：「沒有什麼人叫台奸，也沒有所謂的臺灣人！我就是臺灣人的代表，偉哉領袖忠實的犬馬」。〔註76〕他們完全服從上級的命令，儘管是助紂爲虐也不爲意。李氏父子履行政治契約，兄弟二人更搏扶搖而直上，先後成爲打貓市長，成爲政治法令的制約者後，他們更善於利用身分之便貪贓枉法圖謀私利。他們深諳「政治契約」具有立法與執法雙重效力，不但忠心貫徹陳儀政權的命令，更效法執政黨「順我者昌、逆我者亡」的統治原則統治打貓市民，效法「法西斯主義」的獨裁者希特勒（Adolf Hitler）與墨索里尼（Benito Mussolini）的極權控制，以黨政軍特組織強力控管人民。他們告訴人民：「我們就是法統，反對我們的人就是反對法統，凡是暴民不是共產黨就是台獨」。〔註77〕此宣言更成爲治理打貓市民的「政治契約」。在執政黨撐腰下，李家兄弟以強權宰制人民，導致社會弊案叢生；只要人民違背他倆的命令，就會受到嚴刑峻罰的處置。人民積怨已深，他們卻仍不知悔改，李國一始終認爲，李氏家族必能在陳儀政權庇護下享盡榮華富貴。

兄弟二人身上陸續出現的疾病，顯然是作者「懲罰」「時代罪人」的先聲。李國一協助政府埋屍之後，精神出現異狀。他見到詭異的紅蝙蝠飛舞，便常把軍艦看成是張口的紅色魔鬼。數十年來「紅蝙蝠船」的幻影，常出現在夢境和現實中，嚴重干擾情緒，更讓他擔心受怕、神智不清，「紅色大船的夢不必然就是好夢了，這個夢，他慢慢地發現，原來是帶著恐怖、威脅的夢。只

〔註75〕陳建忠：《宋澤萊小說（1972～1987）研究》（台北：國立清華大學八十五學年度碩士論文，1996），頁 170。

〔註76〕宋澤萊：〈抗暴的打貓市——一個臺灣半山政治家族的故事〉，頁 165。

〔註77〕宋澤萊：〈抗暴的打貓市——一個臺灣半山政治家族的故事〉，頁 165。

要這夢一出現，他就一定病了」。〔註78〕此時，良心以譴責的方式，提醒他做過的壞事，他卻從不深入思索惡兆的源頭，也不反省自己的惡行。他忽略良心的提醒與罪惡感，良心竟起不了控管的作用，繼續做盡傷天害理的事情，病狀惡化得更嚴重。政敵認為李家兄弟運勢已盡，「紅蝙蝠船」代表遲來的真理與正義，是天譴論「報應不爽」最大快人心的懲罰，「那就是打貓港事件的死靈對他們兄弟的懲罰」。〔註79〕疾病讓李國一受到最恐怖的精神折磨。

兄弟二人遭受槍殺後，兩人身體同時出現奇怪的病症。全身除劇痛之外，還會散發出令人嫌棄的惡臭，「當李國一從千刀萬剮的疼痛中醒過來時，……他自個兒心裡明白，這是他自己內在惡化的臭味，如同他身體內已生長出一萬條白色蠕動的蛆蟲，吃去了他的心肝脾肺腎，一天又一天，他慢慢地變成一堆腐肉」。〔註80〕此病症令人嫌惡，家運也隨之衰敗，李國一的妻子死於病院，半年後李國忠死亡。此時，李國一才戒慎倉皇地感到，官運已走至窮途末路。

貳、台奸的審判

在〈抗暴的打貓市〉裡，李國一兄弟可說是在歷史劇變下的騎牆派代表，從擔任執政者走狗，便一直協助執政黨撲殺異議份子，擔任政務官時更變本加厲荼毒百姓。兩位市長不只濫用權威傷人奪命，更犯下貪瀆享樂、魚肉鄉民、欺壓良善的種種罪愆。小說除了審判台奸，更意有所指地審判執政當局，顯示民主體制建立前，臺灣政治的混亂歷史。

當倒行逆施的人，卻渾然不覺自己的罪惡時，只能藉著當頭棒喝的教訓讓他明辨是非。宋澤萊的〈抗暴的打貓市〉裡的最後審判，不但有源自原始佛教因果輪迴的天道觀，還有道教屍骨無存的天譴執念，神秘的思想貫穿整篇小說，最終匯聚成因果報應的懲罰。不論是天道、自然律或包括二二八事件殉難的政治亡靈，都以最嚴厲的方式懲罰李國一與李國忠，審判他們信守不義的「政治契約」，不但成為腐敗政府的共犯，更從幫兇一變為全民髮指的執政官員，犯下殺人、誣陷、敗德、殘暴、貪污等罄竹難書的罪狀。他們以強權為公理壓榨百姓已久，但強權不是公理，更不可能代替公理；人民將以

〔註78〕宋澤萊：〈抗暴的打貓市——一個臺灣半山政治家族的故事〉，頁138。
〔註79〕宋澤萊：〈抗暴的打貓市——一個臺灣半山政治家族的故事〉，頁195。
〔註80〕宋澤萊：〈抗暴的打貓市——一個臺灣半山政治家族的故事〉，頁136。

正義召喚公理，他們還未起身反抗暴政時，天道就已搶先一步懲罰作惡多端的惡徒。所謂多行不義必自斃，最高正義法的裁決當然是致命的懲罰，這也應驗了許家的詛咒，「你們這些畜生，將來一定會死在眾人面前」。〔註81〕李國一與李國忠的死訊，終於平息了臺灣廣大民眾的慍怒與冤屈。

小說中最突顯的特色，就是以眾多資訊夾雜成躁鬱的敘述，編織一篇洋洋灑灑的惡徒指控書。敘事層不斷插入政敵的新聞／革命稿，更匯聚眾多人物如李之親戚李繼祖、李氏大樓管理員、心理醫生、兇手、不滿份子等洋洋灑灑的大段引言，以新聞報導的方式，證實／披露李家二人的惡行，「政敵如是說：『三十六年三一○打貓港的大屠殺，他們兄弟是陳儀的劊子手。三一○大屠殺時，他們兄弟雙手沾滿了血，站在打貓港口有如魔王』」。〔註82〕以紛亂的罪證堆疊李氏兄弟的罪愆，「他們兄弟永遠有罪」。〔註83〕最後，凝聚義憤填膺的情緒，堂堂祭出「死」之大法：「只有死才能赦免他們的罪」。〔註84〕更利用超現實的筆法，讓李國一死後成為孤魂野鬼飄浮於城池上空，目睹政敵與百姓對李氏政權的唾棄，親見自己死無全屍、白骨流散各地的恐怖情景。

良心與自然道德律皆以惡病懲罰李國一，直到死後，懲罰仍未結束，「行過死蔭之地」也成為小說最驚悚酷慄的書寫。小說通過一連串的施虐／虐屍／鞭屍的行動，完成「殺人者死」恐怖的報復教諭，以躁鬱的文字宣洩臺灣同胞／作者壓抑的仇恨；透過混沌、凌亂、暴躁與神經質的敘述，讓臺灣同胞／作者不再隱藏對鎮壓事件的真實感受，同時意外地以暴力方式指認暴力本身的恐怖性。最後，屍骨散落一地，髒污的屍骨置於烈焰中焚燒，焚燒的白骨與永世不得超生的審判，都說明了「死無善終」是罪大惡極者最終極的審判。道德律利用「以暴制暴」的方式，達到糾正錯誤的目的：「他們李家的祖源地，最後懲罰了他們的故鄉，他有太多太多的感觸」。〔註85〕李國一還未悔改，便已陷於萬世無法超生的阿鼻地獄裡，小說結束於恐怖的永世懲罰，作為「惡有惡報，時候已到」的完美讖語。除了旁觀被虐者的痛苦外，小說更透過怵目驚心的施虐懲罰，宣示「殺人者死」的訓示。全文散發一種相互衝突又不寒而慄的情緒，讓讀者目睹李國一不得善終的凌遲過程，實則是考

〔註81〕宋澤萊：〈抗暴的打貓市——一個臺灣半山政治家族的故事〉，頁184。
〔註82〕宋澤萊：〈抗暴的打貓市——一個臺灣半山政治家族的故事〉，頁192。
〔註83〕宋澤萊：〈抗暴的打貓市——一個臺灣半山政治家族的故事〉，頁192。
〔註84〕宋澤萊：〈抗暴的打貓市——一個臺灣半山政治家族的故事〉，頁192。
〔註85〕宋澤萊：〈抗暴的打貓市——一個臺灣半山政治家族的故事〉，頁191。

驗人性對凌遲的忍受程度；藉著重懲罪人的寓言，也讓人享受了暴力虐待快意恩仇的慾望與快感，既痛苦又快意這兩股衝撞的力量，為宋澤萊「以惡證得善」的暴力書寫，潛藏最為可議的反動雜聲。

黃錦樹閱讀宋澤萊的〈抗暴的打貓市〉及另一個台語版本〈抗暴个打貓市——一個臺灣半山政治家族个故事〉後，認為小說就如副標題所述，描繪打貓市成為國民黨作倀的「半山」，「眾惡」終於受到報應而滅亡的故事。〔註86〕小說佈滿神性與魔性的對決，躁鬱敘述所鋪陳的政治危機與精神危機，總是在天道的審判中得到解答。黃錦樹認為整篇作品突顯宋澤萊以鄉土書寫思索歷史的一貫政治關懷，又添加禪悟般的奇幻書寫，不論體裁或題材都成為九〇年代長篇巨作的前身。〔註87〕作者藉助怪力亂神等天譴力量，作為人世公理與正義的最後裁示，藉此突顯自國民黨專政以來，臺灣淪為罪惡淵藪與人間地獄的政經變貌，同時顯露宋澤萊執信的善惡框架。可惜的是，作者雖借用二二八的歷史架構，卻只關注內政敗壞的單一維度，把臺灣人民概分成政黨同路人／百姓、上等人／下等人、罪惡者／受害者的階級對立；雖強而有力地批判國民黨的極權政治，但全文貫穿惡者必死、暴政必亡的思想，似乎簡化也犧牲了人與時代交會擦撞的複雜面貌，都使得李國一此反派人物自始至終無法顯現豐富人格或衝突的人性。他是罪惡份子的代表，他與國民黨之間從獻媚（親近）→臥底（交易）→當官（聯盟）到成立李氏王朝，實際上經歷了由盛而衰的人生歷程，作為一個魔鬼代言人，作者的確塑造了一個毫無政治良心的政客典型，卻失卻更多豐富的血肉，在美學與政治批判上各有得失。

誠如陳映真探討「二二八事件」時所提出的建言：「歷史遺留下的問題，就應以歷史的觀點去認真面對」。〔註88〕在「二二八事件」中，國民黨政權必須面對歷史的錯誤，而台奸份子也該坦承助紂為虐的罪過。雖然，渺小的百姓在亂世中的選擇不多，會趁機攀附獨裁的執政黨，這是小人物保全性命與人性的無奈之處；但為私慾而殘殺同胞，人們真的難以輕易寬容李氏兄弟犯下的罪行。台奸逢迎的處世哲學，雖讓他們得以明哲保身坐擁權勢，也讓他

〔註86〕黃錦樹：《謊言或真理的技藝》，頁316。

〔註87〕陳正芳：〈八〇年代臺灣小說〉，《臺灣小說》（台北：國立空中大學，2003），頁278。

〔註88〕陳映真：〈誤解和曲解無損吳老〉，收入王曉波《走出臺灣歷史的陰影》（台北：帕米爾書店，1986），頁159。

們從此成爲人民口中最可怕的魔鬼。臺灣近代史上出現台奸這種獨特的族群，顯然吸引了宋澤萊的注意，「這篇小說旨在勾勒一種臺灣歷史所形成的獨特的人類——台奸的面貌，我並不看輕這種人的精明性，但更把重點放在他們的病態人格與殖民地無奈的現實上」。對照小說可發現，小說的敘事主脈並未突顯作者創作的動機，讀者感受最深的仍是台奸犯下的罪惡，而不是台奸莫可奈何的心境。當然，人們指責「台奸」鑽營求榮、行爲卑劣，最憎恨之處在於他們「出賣」與「交易」的籌碼，竟攸關全島百姓的生命。小說除了批判「台奸」自私與病態的人性之外，讀者也不能忽略作者尚未具體呈現的初衷，「台奸」雖然無惡不作，不該遺忘他們的確處身在非常險惡的環境。

　　文壇前輩吳濁流終身探索臺灣人的命運與出路，很值得後人尊崇。他在《無花果》裡紀錄下「二二八事件」所見所聞之外，更進一步認爲日治時代臺灣人的境遇，是影響臺灣人命運的根本問題：「要了解這個事件真相，無論如何，非探求其遠因不可」。〔註 89〕呂正惠發現，《無花果》描繪臺灣人面臨「光復的悲劇」，卻無可逃脫的歷史命運與精神史；但《臺灣連翹》卻尖銳地揭露光復初期，「半山」與臺灣本土精英的利益衝突，導致「半山」出賣同胞的惡行。〔註 90〕無論如何，對照歷史文獻檢視這些作品，可發現這些作家無不嘗試從人性、利益衝突、政治局勢與因果關係指出台奸的歷史處境，釐清日治時代「同化」殖民已造成人民認同混亂的深遠影響；或批判國民黨在政治上，玩弄「壓制」與「收買」的兩手政策，更進一步指明已發生的歷史，已深深影響了臺灣的國運，不論是台奸或國民黨都已緊緊連結臺灣人民的禍福命運。但願這些小說的批判與呼喚，作者們沉痛的控訴與哀矜的胸懷，能讓臺灣人民永遠記取「禍國殃民」的歷史教訓。

第六節　犯罪後悔罪——以疾病尋找健康

　　在這些小說當中，頭痛、強迫症與精神疾病，都是軍獄或政治經歷所引起的創傷；疾病直接表現主角內在道德與外在世界的衝突，顯然已成爲探照社會病灶的明鏡。政治與個人的關係異常密切，政治所造成的後遺症，連帶

〔註89〕吳濁流：《無花果》（臺北：前衛出版社，1993），頁 35。
〔註90〕呂正惠：〈被歷史命運播弄的人們——論吳濁流《亞細亞的孤兒》〉，《殖民地的傷痕——臺灣文學問題》（台北：人間出版社，2002），頁 116。

影響身心健康，這些小說觸發人們反省「政治契約」的弊病，更進一步思考小我與社會實體、個人與國家政治既依賴又牽制的關係。

在這些小說當中，陳映真的一系列作品最具代表性；不但刻劃了細部的生病場景，更直指戰爭和政治經歷，根本就是造成黨政軍民生病的罪魁禍首。這些小說中的每一個人物，都是一個族群的代言人，他們可能是獄官、軍人或特務份子，他們的精神疾病是此特定族群的悲劇，也是歷史發展下政治演變下造成的結局。很重要的是，在陳映真筆下，常安排人物「死亡」或「精神異常」，特別是人物進行自我反省時，多半呈現「精神異常」的異狀，疾病的描寫特別吸引讀者想追蹤病因，最後發現「疾病具有不可忽略的社會因素與個人因素」。〔註91〕在此系列作品中，清晰可見陳映真從日本風情改造後的自然主義或現代主義風格，陰鬱的調性讓所有作品都染上厭悒的、纖麗的東洋色調，具有動人的藝術感性。〔註92〕這些軍人、黨員、獄官參與政務犯下罪惡後，再也無法原諒自己，這些精神疾病一針見血指出非正義行動本身所留下的道德瘡疤，小說瀰漫著孤絕的氛圍，格外引人感嘆。正因各式力量的衝突，讓身心疾病同時成為生物性與文化性的載體。〔註93〕這些小說冷靜揭露病症下，罹病者與國家政治間的衝突暗湧，強化外在政治對身體的強大影響力。

理想的「政治契約」，應以人民的利益為最終目標，人們卻常看見人民與集體政治存在極大的衝突；紀律要求人民盲目服從，他們必須犧牲道德良知與個人好惡履行契約，可說是政治體制下的犧牲者。從這些小說的敘事策略也可看出，作者從不隱藏對罹病者的同情之心，「視點的選擇也意味著不公正，因為視點人物作為意識中心有更多的可能獲得讀者的同情與興趣」。〔註94〕聚焦者的位置影響觀察者的視域，視點（focalized）最能顯露對人物與事件的隱性評價。小說透過視點，詳盡描述他們完成／違背任務內心掙扎的過程，雖因過度關照而失去公正性，但特殊的聚焦，毫無保留地展露視點人物的艱難處境，賦予罪與罰更深刻的意義。這些小說觸及的不是法律制裁或施

〔註91〕 林碧霞：《陳映真小說中意象的研究》（台北：私立文化大學八十八學年度中國文學研究所碩士論文，2004），頁77。

〔註92〕 施淑：《兩岸文學論集》（臺北：新地出版社，1997），頁158。

〔註93〕 黃金麟：《歷史、身體、國家——近代中國的身體形成 1895～1937》（臺北：聯經出版社，2000），頁7。

〔註94〕 陶東風：《文體演變及其文化意味》（昆明：雲南人民出版社，1994），頁231。

以懲罰的案例，而是良心受到審判的道德難題，這些道德掙扎卻遠比法律制裁更具威嚇效果。「失效」的契約，顯然成為他們內心的障礙，內心譴責與束縛往往摧折人心、苦磨肉體。小說著眼於此，一方面毫不留情地指責他們的過失，就因他們盲目的服從才促成這些殺戮與暴力，另一方面卻極同情他們的犧牲，他們雖參與歷史的罪惡，但懲罰不應只由這些人來承擔，小說的批判力道不可謂不深。

但疾病除具有消極的懲罰意義外，也具有積極的意義。罹病者經懺悔後，可重新訂立新契約並獲取自由，如〈六月裏的玫瑰花〉的巴爾奈、〈最後夜車〉的長安與〈賀大哥〉的賀大哥，了解政治複雜的處境後，承認自己既是迫害者也是受害者的事實，他們正努力幫助自己學習復原之道。此時的疾病，不只是災難與懲罰的替代修辭，更激發出自我超越的意義。在疾病的苦痛中，他們增長歷練愈發成熟穩健，肯定了存在的意義，也對未來充滿鬥志。

審判不是件容易的事情，尤其與「政治契約」相關的道德審判，更是複雜。其曖昧之處在於，每個人依據個人世界觀而選擇他的政治實踐，民眾與政治維持著複雜又密切的關係。執政者把鎮壓性與意識型態國家機器都當成鞏固國家的工具，只要對執政者有利，便透過強而有利的懲罰方式強迫人民服從，極力宣導它最大的正義與公益。這些小說善於利用美學的形式，進一步批判「政治契約」掩藏階級壓迫與階級剝削的罪惡。

總結以上的討論，可發現這些小說賦予疾病兩個特殊的意義：其一「疾病是『主角』對『自我』的一種懲罰」，其二「『制約者』懲罰『違約者』造成『違約者』的疾病」。這類小說以「違反良心的犯罪」或「違反契約的犯罪」，把身體變成善惡鬥爭、政治介入的場域，促使人們正視錯誤必須被糾正、傷害必須被彌補、良心必須被彰顯的嚴肅目的。

有些小說染上悲劇的色彩，這樣的結局提醒人們違背道德行事，除了毀掉一個人的道德完整性之外，還會毀掉他的健康、家庭與生命，警策教訓不可謂不深刻。

小說透過病態的身體提醒讀者，執政者倚仗國家機器的鎮壓，雖具有朦蔽善惡的能力，但唯有良心才能指引人們走向崇高之境。良心讓人們重返生活本身，思索行為與存在的真正意義，雖引發痛苦與罪疚的回音，但它永遠是道德世界最重要審判。不論經歷多少時代，罪與罰的困擾還是緊緊地困住人們的心靈，這些小說透過政治劫難不斷地追問正義的意義與價值，再一次

提醒人們只有透過不斷的刺激與反省，從經驗法則裡思考什麼樣的行為能安置自身價值，能成就最大的美善與正義。人們才能更進一步了解這些小說的意義：道德的藥方就是良心。

　　疾病讓人體會人類各種污點與脆弱，除了懲罰之外更具有深層的意義，人們總嚮往著終極的價值，那就是更崇高、更人道的道德理想。陳映眞、薛荔、劉大任、陳若曦這些作家，無不透過懺悔者的懺悔與辯駁，以他們的病痛、恐慌與落寞，反襯他們期待的、追尋的、嚮往的其實是一個「烏托邦」的世界，「烏托邦主義一定有『第一要義』，那就是現世乃是一種墮落：『道德的人』被拋棄到『不道德的世界』。一個烏托邦主義者必然是個批判者，現世的否定者」。〔註95〕惟有當權者改造社會制度的缺陷，愛護百姓才能讓百姓幸福。無可否認的，文學已爲世人指明通往烏托邦的可行道路，以沉重的悲劇催促烏托邦樂土的誕生。這些小說以疾病，隱指人類受難與受懲的生命經驗不會白費，罹病者完成了悔罪與贖罪重生的形式，已留下深刻的教訓。

〔註95〕南方朔：〈最後的烏托邦主義者：簡論陳映眞知識世界諸要素〉，《思想的貧困》（台北：人間出版社，1988），頁19。

第三章　文化的禁忌與天／他譴

第一節　文化契約：性愛、敬神、婚姻禁忌

　　習俗與禁忌（taboo）是文化內部的構成物，社會成員也許不信服、也不認可習俗與禁忌，但卻無法逃離它的影響。這些習俗與文化禁忌，就像非承諾性的「關係性契約」一樣，雖不依賴承諾因素，但不因此改變它滲入文化的事實，它仍具體而微地影響每一個社會成員的生活。「文化契約」就是一直以來人們認為正確的生活形式，以及有利的生活經驗。簡言之，「文化契約」就是一般的社會共識，它不是透過消極的形式影響社會大眾，而是積極地透過地域、傳統、輿論、教育、習俗或儀式如絲如縷的關係，強制或約束著人民。

　　社會當中常存在值得觀察的文化現象與慣例，例如社會大眾對「禁忌」的忌諱與恐懼。據《說文解字》釋「禁」、「忌」二字，「禁，吉凶之忌也」，「忌，憎惡也」。禁忌二字，都帶有明辨吉凶善惡，規範人類行為的意義。社會大眾對徵兆預言之事，普遍抱持著虔敬的態度，禁忌從此成為一種老少咸信趨吉避凶的方法，也成為「阻止俗信中事物因果關係的發生，避免災難的一種手段」。〔註1〕世人也常利用迴避禁忌，來尋求身心安康。

　　本文討論「禁忌契約」，定義接近於佛洛伊德在《圖騰與禁忌》（Totem and Taboo）為禁忌所訂下的內容：「我們看禁忌，它代表了兩種不同的意義。首先是『不可侵犯的』、『神聖的』，另一方面則是『神秘的』、『危險的』、『禁止的』、

〔註1〕邱鴻鍾：《醫學與人類文化》（廣州：廣東高級教育出版社，2004），頁25。

『不潔的』」。〔註2〕「禁忌契約」指人們遵守習俗會安然無事，違背習俗會遭受鬼神懲罰，就是相信習俗禁忌，藉以避免災禍的一種約定。「禁忌契約」和一般文化契約不同之處在於，這是人與超自然力量如神鬼聖物所訂立的契約，具有神鬼的意志性，它涉及人神之間的關係，人若違背會引起制約者／鬼神的懲罰／憤怒。人們深信神秘的力量會傷害人，繼而造成疾病或死亡等各式可怕的災難。

「禁忌契約」流傳甚廣，但特別的是，人們根本無法追查制約者的身分，它可能是可感應的、至高無上的存在，如天、天道、天意、神靈、鬼神等。總之，「禁忌契約」是以神聖的、高於人界形式存在的協議。人們習於遵照「禁忌契約」，遵循祂與人之間的盟定，並利用抽象模式延續契約的關係，並透過「『全民』不履行『天道』的任務將受罰」的預言關係而建立。「禁忌契約」以人們確信的定義證明其存在性，天譴的思想被人們創造出來後，人們就把此預言關係，看成是不可動搖的絕對價值。雖無法確定「禁忌契約」的真實性，但因制約者的神秘性與不可侵犯性，反讓富有原始意義的契約透過文化傳承，產生巨大的約束效力。禁忌讓預言成為一種理所當然的律法，就像法律一樣具有無上的崇高性。更值得說明的是，正因為「禁忌契約」本身的神秘性造成敬畏與恐懼，正好讓人們清楚看見「禁忌契約」引起的缺失。當疾病尚未確認為神秘力量的懲罰時，人類早就利用嚴刑峻法主動地懲處違禁者，因禁忌被認為和鬼神息息相關時，人們就期待神的力量會自動地給予懲罰。也許是這種概念衍生的結果，在某些狀況中。社會會負起懲罰違規者的責任，因為違規者的行為會危及他人。人們深信違背「禁忌契約」極可能引起禍端，畏懼違禁者會危及他人造成重大的傷害，這讓「禁忌契約」順理成章地成為世人維持秩序的戒律。至於社會是否該處罰違禁者，或該如何進一步防堵違禁行為，直接引起「契約執行者」與「契約違禁者」間不斷的爭執與衝突。

這些禁忌，成為「文化禁忌」與日常禁忌的一部分，同姓不能成婚、同性不能相戀、民眾不能瀆神、不能觸怒死者，否則會招致鬼神的憤怒，引發可怕的懲罰與疾病災禍。社會輿論總武斷地認為病患身上的病痛症狀，必與「禁忌」的懲罰劃上等號，而將疾病判定為天譴疾病。特別的是，最古老的中邪瘋病與新近的愛滋病（AIDS 全名「後天性免疫缺乏症候群」acquired

---

〔註2〕Sigmund Freud. *Totem and Taboo*. New York：Prometheus Books（2000），p31.

immune deficiency syndrome），都進入天譴懲罰的疾病行列。此判斷雖有疑議，但也顯示出這些疾病，實際上被人們看成是行為失當所遭受的嚴厲懲罰。社會輿論認為罹病者不論外在行動、內在思想，都已偏離了社會常軌，紊亂了井然有序的「文化契約」，他們得病，是上帝鬼神對他們偏差行為的懲罰，把這些罹病者，當成「可能危及他人」的行為偏差份子。「禁忌契約」透過天道插手的懲罰／矯正／改造過程，以進一步鞏固社會合法的制度與秩序，罹病者經過改造之後，才能回到正常軌道來，再次成為平衡／健康世界的一員。

　　佛洛伊德研究民俗禁忌，不從宗教與倫理學的道德框架去談民俗的影響，完成精神強迫症與精神分裂症的一系列研究。本文的「文化契約」卻要觸及宗教、民俗延伸而出的道德判斷與倫理戒律，討論大眾何以把「文化契約」的內容，銜接上「禁忌契約」天譴論的懲罰。輿論把病與罪串聯，認為「疾病是對失德行為的懲罰」，只有透過「至高無上」的上帝或諸神以病懲罰行為有損者，才是最合乎「正義」的審判。以此觀之，他們顯然不把罹病者看成一般的病人或無辜的受害者。既然這些疾病激起人們熱烈的道德指責，本文便要進一步追究「文化契約」裡，疾病與道德審判的關聯與意義，藉由幾個特殊的病例，思考輿論背後可能存在的迷思與盲點。

　　英國理論家雷蒙・威廉斯（Raymond Williams）在《文化與社會》（*Culture and Society 1780～1950*）裡將文化定義為物質、智識與精神構成的「整個生活方式」（culture as a whole way of life），可助本文以更多元的角度思考「禁忌契約」的結構、生成與繁衍。威廉斯在《馬克思主義與文學》（*Marxism and Literature*）一書利用「感覺結構」（structure of feeling）的概念解釋文化，他反對馬克思主義把社會化約為固定的形式，轉而注意「感覺結構」的存在。他認為文化研究應看重過程（process）而非結構（structure），一般把社會看作是固定的和顯明的關係、制度、形構與位置，但不論是制度、形構與經驗都是尚在成型中的動因，因文化是進行著的、動態的，時時處於改易狀態的過程，所以他格外關心文學風格的演變，因文學的變遷可被界定為「感覺結構」的變遷。〔註3〕延伸而論，文學家無不去蕪存菁，詳贍地紀錄生活週遭的文化變動，保留住人類珍貴的經驗資產，以完美的藝術形式，建構了人類的主體與文化。

〔註3〕Raymond Williams. *Marxism and Literature. London*：Oxford University Press（1977），p128～132.

　　威廉斯同時提出思考文化的三個框架：「主流文化」（dominant culture）、「殘餘文化」（residual culture）與「新興文化」（emergent culture），這個理論可幫助人們進一步掌握文化的動態，觀察差異文化間興衰演變的歷程。「主流文化」指的是佔據中心位置的主導價值，一般人很容易辨識它們，普遍而言，「主流文化」往往符合統治階級的意志和利益，也利於鞏固統治階級的政權。「殘餘文化」是指不具領導權，「過去已經實際地形成，但是依舊活躍於文化過程中的因素」。〔註4〕在某些方面，「殘餘文化」與「主流文化」形成替代或對立關係，「主流文化」常透過各種手段，重新闡釋、利用、吸收「殘餘文化」，達到兩者和平的關係。它常跟「主流文化」保持距離，有些價值會被「主流文化」吸收，其他「主流文化」無法吸收、無法理解的價值，便代表「主流文化」忽視、貶低、反對的人類經驗，也有可能在特定時刻「殘餘文化」的價值會浮現出來，對「主流文化」構成巨大威脅，甚至暗中消滅「主流文化」與文化領導權。

　　「新興文化」指的是新階級與新意識形成的新文化組織，「新的『意義』與『價值』、新『做法』、新『關係』以及那些被持續創造出來的關係」。〔註5〕新的階級社群雖可能活動在社會的隱密處或邊緣地帶，也許並未全面地顯現新興的特質，但它們聯繫在一起，實際上已具有不容忽視的勢力。「主流文化」作為領導者不可能放棄「新興文化」，待「新興文化」一出現時，領導者就想透過各種方式收編，使它服從、認可、接受並鞏固「主流文化」的價值，想壓抑掉「新興文化」的對立性以及極端反常的價值。當然，「新興文化」反對「主流文化」的意志與利益，都讓兩者間存在更多對立、反抗與消解的關係。「新興文化」壯大後，會改變文化場域的權力關係，可能擊倒舊「主流文化」，榮登領導者的寶座，這是爭奪領導權力無法迴避的競爭。總括說來，臺灣疾病文學裡出現的「主流文化」、「新興文化」與「殘餘文化」始終存在著融入與反融入、壓制與反壓制的競爭，這種競爭對於文化具有補充與消解的作用，文化間的動態和競爭關係，相當適合說明疾病與社會文化複雜的關係。

　　這些小說藉由違背「文化契約」突顯罪與罰的意義，把罹病主因指向可議的違禁行動，強調契約履行者與違約者之間：違背／順從、異常／正常、罪惡者／道德者間的對立關係。文化／禁忌契約的內容涉及一般百姓，全民

〔註4〕Raymond Williams. *Marxism and Literature*, p122.
〔註5〕Raymond Williams. *Marxism and Literature*, p123.

從呱呱墜地到生命終結之前，註定成為「文化契約」的一員，「文化契約」看似具有彈性，實際上又具有不可妥協的約束力。在懲罰論底下，輿論審判的目的，不單只是維持主流文化的象徵秩序與法則，或是為了打擊崛起的新興文化，有時候也為抵抗傳統文化的消失，顯示出不一價值與目的。當疾病引發輿論攻擊或後續效應後，此時，疾病在病理學之外的意義，才真正呈現出來。

　　然而，主流文化與其他文化間的變動過程和競爭關係，更牽涉了權力的運作，法國哲學家傅柯（Michel Foucault）終身探究權力的作用，從「權力的微觀物理學」或「身體的微觀政治」出發，進而探索知識領域、國家權力體系，形成一套完整的權力分析理論。他認為權力是一種過程，是各種力量不斷鬥爭、對立、轉化與加強的關係，「是這些力的關係在彼此之間找到的支持，於是形成一個鎖鏈或一個系統，或是相反的，是（這些力的關係）的歧義與矛盾」。〔註6〕當一個病人被大眾視為天譴，首先激發人們思考的是：天譴病人受到怎樣的對待？「誰」宣告為他為「受天譴的人」？為何宣告他為「受天譴的人」？顯然在每個案例中，權力所產生的變化皆不相同，但被視為天譴之人，總受到許多歧視與譴責的目光。愛滋病患面臨的是「主流文化」與「新興文化」的正面對決，瘋病、痲瘋與沖煞中邪的病患，碰觸的是「殘餘文化」發揮影響力，「主流文化」無法干預的情景，在這些小說中可看見權力壓迫與抵抗同時共存、相互鬥爭的景況。讀者看到大眾輿論傷害或譴責天譴病人，不論透過殘忍的暴力傷害，或是以較文明的方式鄙視和隔離他們，都看見權力行使的複雜機制與作用痕跡。

　　本文從違背法規、應受懲罰的過程，進一步思索「文化契約」所彰顯出來的動態性關係。因多方權力的滲入、競爭，判罪與釋罪的話語也變得歧義複雜，有主流的話語、邊緣的話語，隨著話語的競爭與內在關係而產生了「道德」、「正常」、「合法」、「正義」與「正當」的標準，社會輿論順應這套價值制定社會成員的權限，一方面便於掌控觸法的社會成員，貼上「違法者」與「被審判者」的標籤，另一方面，同時賜與「遵法者」以「審判者」的資格，藉由鎮壓罪犯來確保全民的利益。傅柯注意到由權力所搭建的規訓懲罰世界，遍佈不見血的壓迫關係，表面上看似把刑罰變得人道化，事實上非肉體

───────────

〔註6〕傅柯（Michel Foucault）著，佘碧平譯：《性的歷史》（*The History of Sexuality*）（上海：上海人民出版社，2000），頁68。

的懲罰比過去解剖學的懲罰方式更殘忍，這是社會內部自行產生的供需關係，值得深入觀察。

第二節　男同性戀的死亡病症：愛滋病

壹、男同性戀的致死疾病：愛滋病

　　從 1981 年開始，愛滋病蔓延全球並造成重大傷亡，男同志尤其死傷甚多，也引發世人對「世紀之疾」的恐慌。愛滋病此新興病症既隸屬於感染性疾病，同時又牽涉複雜的免疫系統障礙。愛滋病患遇到最棘手的問題，就是尚未研發出控制疫情的新藥，感染者就死亡的憾事。現今雖已證實愛滋病絕非致命的絕症，雞尾酒療法與抗病毒製劑都能增進免疫力，成功幫助感染者延緩病情。何大一以「雞尾酒療法」，研發出阻斷愛滋病毒蔓延的配藥方法，享譽世界。「雞尾酒療法」同時使用兩種核苷類藥和一種非核苷類藥，讓 HIV 無可遁逃，「愛滋患者寄予厚望的『雞尾酒療法』，便是有效抑制帶原初期愛滋病毒的濃度，他首創利用兩種逆轉錄酶抑制劑加上一種蛋白酶抑制劑，混合調出一百多種可有效抑制愛滋病毒的『雞尾酒』」。〔註 7〕但是，死亡的陰影仍未消除，愛滋病患仍籠罩在巨大的威脅之下。

　　臺灣衛生署疾病管制局對愛滋病疫情甚感憂心，發現近幾年來毒癮者因共用針頭，成為最嚴重的感染族群，顯然愛滋病的蔓延與傳染仍是醫療防疫的一大隱憂。〔註 8〕回顧八○年代中期，從醫學發布的報告看來，當時感染者遭受死亡的威脅，多因病毒攻擊免疫系統才造成病患死亡。其中，男同志是染病的危險族群，病人就像被宣判死刑一樣，只能坐以待斃。以下四篇小說不約而同地描述，八○年代中期愛滋病所引起的社會恐慌，包括：陳若曦的《紙婚》、黃娟的〈世紀的病人〉（1987）、侯文詠的〈亂色調〉（1989）與朱天文小說《荒人手記》（1994）。四篇作品不但描述愛滋病患羸瘦的病容，也詳盡探討同志的生命價值與性愛追求，更展現治病過程中，遭受社會歧視最徬徨無助的心境。

〔註 7〕謝金蓉：〈時代風雲人物何大一的『雞尾酒』讓衛生署臉紅〉，《新新聞》512（2004），頁 43。

〔註 8〕范姜泰基：〈愛滋入侵農村 雲林受害最深〉，《中國時報》第 7 版（四月二十六日，2006）。

　　經歷六、七〇年代的激烈抗爭，八〇年代初期同志已爭取到更多的自由與權益。新興族群以組織的方式現身，在全球匯聚成一股巨大力量，同性戀者漸次形成自己的文化，自我認同也成為同性戀族群崛起之後首先急於表彰的主題。同性戀者追求情慾自由，積極地探索情慾存在的樣態，他們以具體行動宣告同性相吸的性愛態度，就像同志精神——彩虹旗一樣，以斑斕情慾徹底攪動社會秩序。彩虹旗是以彩色條紋，代表「同性戀驕傲」的旗幟。舊金山藝術家吉爾伯特‧貝克（Gilbert Baker）首先將彩虹旗作為同性戀標誌，他所設計的旗面由六種顏色所組成：紅、橙、黃、綠、藍和紫羅蘭，通常紅色條紋在旗面上層，就與自然界的彩虹顏色相同。經過幾次變化，現今普遍使用六色條紋彩虹旗。〔註9〕彩虹旗象徵同性相吸的性愛方式反叛單一慾望，對抗異性戀單一的價值與規範，這個社群雖與主流文化格格不入，但同志團體的習性、生活模式、生活習慣與品味，已漸形成獨特的生活方式及新興文化。

　　「主流文化」利用教育、法律與大眾文化的機制，宣揚合法／正常的情慾論述，透過繁瑣的戒律，要求世人約束自己的性態度與性行為。「主流文化」主導的價值觀，相信生理性別、心理性別與性傾向之間有必然的關係。因此，男人愛女人、慾望女人，正是生理性別、社會性別與內在慾望必然導致的結果。不論西方或臺灣，皆仰賴等級制度以評價性關係的價值，「婚內的生殖性的異性戀單獨處在性金字塔的頂端。接下去是許多異性戀者之間存在的非婚的一對一的異性戀伴侶關係」。〔註10〕很顯然的，單一性伴侶的「異性戀」關係，不但受到法律的保障，更是合法的社會機制與性愛模式，成為最多人崇尚的主流價值。「主流文化」獨尊「異性戀」的性愛模式，要求世人遵守「性節制」、「固定性伴侶」的信條，服膺「性即品德」的要求，確保個人品格的完整。為了維持社會的秩序與倫理，「主流文化」排斥同性戀者，以破壞社會秩序、紊亂宗教天道、違背自然生理與斷絕家庭繁衍為由批判「同性戀」，更指責同志論述的敗德之處。「主流文化」之所以壓抑同性戀，表面上是為了反對異常的性關係；實際上，世人對同性相戀的排斥，還牽涉了知識、權力複

〔註9〕　安宇：《舊金山彩虹嘉年華——酷兒去旅行》（台北：量聲出版社，2003），頁2。

〔註10〕羅賓（Gayle Rubin）著，李銀河譯：〈關於性的思考：性政治學激進理論的筆記〉，《酷兒理論》（台北：爾雅出版社，2000），頁27。

雜的控制關係。傅柯的《性史》或譯《性經驗史》（*The History of Sexuality*）對性所衍生的行為、道德觀念與束縛，作了詳述的闡釋，他認為性不只提供「快感」的經驗，社會大眾還針對性關係擬定了非常多的約束形式，都是為了要把人們塑造成社會需要的道德主體。此外，更利用控制及節制的方式約束道德主體，進而完成以性為核心的本體論、義務論、禁欲論和目的論的龐大論述。〔註11〕

「主流文化」當然會反駁「新興文化」的性愛觀與價值取向，以維持自己的優勢位置。只要偏離了禁忌的規範，就會招致輿論的排斥、暴力與懲罰。但在懲罰行為的壓迫中，人們同時看見強力壓迫與頑強抵抗同時並存、相互影響的權力競爭。同志以顛覆的「性」與「情慾」，宣告他們異常的身分，也希望社會尊重他們的人權，承認他們具有合法的公民身分。這幾篇小說描述的情境，就像是異性戀文化的對照鏡一樣，揭露同性戀的生活處境，同時呈現世人懲罰異類恐怖的控制機制。

小說主角都是男同性戀，他們之所以慾望男人，不單是性偏好所致，也可能受了家族因素的影響，是自覺的、自我認同的、政治性的選擇。他們身體力行，以身體情慾作為戰場與堡壘，有的以性表達自我技藝的審美性與政治意圖，不斷追求性愛極致體驗，另闢情色烏托邦；有的質疑意識形態的控制，或參與社會運動爭取人權。值得探索的是，有些同志甚至對「異性戀者」的既定體制存有依戀的情感。同志的政治立場雖不一，有的激進，有的猶疑，也讓這些小說具體呈現「新興文化」的風貌外，又把主題擴延到批判、反思異性戀文化的缺失上。

同志與戀人互定愛慾信條，在愛火交會時互放光亮，「於是我們定下契約，互允開發」。〔註12〕同志以愛的探索，作為唯一的人生目標，只有獲得愛人的感情，才能顯示自我獨一無二的價值，顯示愛情至上的至情。這些同志雖像多軌的彩虹，呈現出紛雜的樣貌，對愛慾的選擇與堅持卻始終有志一同：「互作霓虹，在難以承認我們合法關係的現社會，但願我們能存活著好比偶然雨幕把太陽光晰顯為七彩讓世人看見」。〔註13〕同志在法律保護的異性戀夫妻關係外，建立了不一樣的情慾法則，向世人展現特殊的愛慾經驗與生存美學。

〔註11〕傅柯（Michel Foucault）著，佘碧平譯：《性的歷史》，頁 130〜131。
〔註12〕朱天文：《荒人手記》（臺北：聯合文學出版社，1994），頁 79。
〔註13〕朱天文：《荒人手記》，頁 80。

　　這些小說想像並建構同性戀的「新興文化」，不斷與異性戀的「主流文化」交會、突襲，也呈現出許多衝突的過程，傾洩驚心動魄的慾望。朱天文以異性戀女作家的身分，於 1994 年推出長篇小說《荒人手記》，內容刻劃同性戀者小韶對情人們的懺情私語，點出同性戀族群身為邊緣份子的政治傾向、社會態度、家庭關係與族群性：「豈止無祖國。違規者，游移性，非社會化，叛教徒，我們恐怕也是無父祖」。〔註14〕除了召喚廣大的族群之外，描述同志清晰可辨的形象與文化身分，顯然，小說為塑造／轉換同志形貌作了最大的嘗試。

　　阿堯高舉同志大旗，透過自我言說、自我行動來定義同志存在的意義：「所謂同志，queer。新品種的同性戀，驕傲跟舊時代斷裂」，〔註15〕阿堯正視自己的命名，言必提及自己與 gay 的不同：「queer，我就是這個樣子又怎樣」。〔註16〕阿堯認為自己是質疑認同的酷兒，而不是追求認同的同志，故意以極其明顯的姿態區隔他人、展現自我。將自己定位成酷兒，是為了向所有的常態挑戰，其批判的鋒芒直指異性戀霸權，他的再三澄清就是自我宣誓，顯示他不願在主流文化找到自己位置的鮮明立場，「主流文化中找不到自己的位置，他也不願意在主流文化中為自己找位置。」〔註17〕阿堯堅持不被歸類的「非常態」立場，被老友荒人看成是獻醜。阿堯是特立獨行的酷兒代表，是「行走於街頭的正片人物」，不論體驗極致快感或是涉入社運，總以血肉身軀當作建構主體的唯一利器；而荒人卻是「藏身於幽暗櫥櫃裡的負片人物」，總畏於流言自縛於感傷的情緒，成為主流文化影響下內化最深的同志。

　　阿堯融合了同性戀族群身上舊有與嶄新的元素，建造屬於自己的身分——放浪型駭、情慾始終無法饜飽，卻同時是個最激進的同權運動者。他一生聽任感官生活，追求享樂刺激與縱慾快感，到死也不受世俗道德的約束，他的一生只服膺「航向拜占庭，航向色情烏托邦」的終極信念。

> 在那裡，性不必擔負繁殖後代的使命，因此性無須雙方兩造的契約限制，於是性也不必有性別之異。女女，男男，在撤去所有藩籬的性領域裡，相互探索著性，性的邊際的邊際，可以到哪裡。性遠離

〔註14〕朱天文：《荒人手記》，頁 202。
〔註15〕朱天文：《荒人手記》，頁 39。
〔註16〕朱天文：《荒人手記》，頁 46。
〔註17〕李銀河著：〈譯者前言：關於酷兒理論〉，《酷兒理論》（*Queer Theory*）（北京：時事出版社，2000），頁 1。

　　了原始的生育功能，昇華到性本身即目的，感官的，藝術的，美學

　　的，色情國度。〔註18〕

在阿堯的認知體系裡，性是實現生命唯一的方式。他的情慾實踐，突破了原
先規範情慾的架構，成為生命主體實踐慾望的最高禮讚。為了追求性的美學
與能量，阿堯放棄世俗的性道德，忽視性的生育功能，以情色展現性的創造
力，極力開發身體感官快樂的泉源，甚至願意為性而殞命。阿堯意識到生命
的侷限與激情的無限，聽任慾望才能找到自己存在的座標，正因情慾實踐是
如此純粹，以美學為目的的愛欲，反而把性活動導引到一個明確的方向，徹
徹底底改變了性的附屬性與生殖目的，異動了情慾關係的疆界，「情慾領域
中的侷限性、限制性、排擠性，改變情慾領域中的不平等權力和不平等評
價」。〔註19〕阿堯把自己推向「肉體與快感」的探索之路，已成為難以回頭
的信仰。

　　阿堯把同性戀行為當成性的真理，追求一種新的生活方式與快樂的方
式，創造出新的人際關係與生活空間，卻也因此感染了愛滋病。他在過世前
五天，病情急遽惡化，「我撫視阿堯口部和腕上像瘀傷的一斑斑褐青，藍紫，
卡波西氏肉瘤，會蝕入臟腑，亦使淋巴結腫大」。〔註20〕阿堯之死引起荒人感
傷，逼他面對同志愛與死、罪與罰的惱人問題。

　　《紙婚》對愛滋病的描述相當深入，這不能不歸功於陳若曦敏銳的觀察
力。她警覺到美國社會因「同志」與「愛滋病」引發族群對立與誤解，率先
在1986年發表長篇小說，探討這個極具意義的社會問題。在這篇小說當中，
充分印證了葉石濤觀察陳若曦性格的評語，認為她是個探問真理、不畏艱難
的「知識份子」，「為真理不顧一切地勇往直前的氣質是陳若曦的註冊商標」。
〔註21〕她以全新的視角，呈現同志參與愛滋風暴的心路歷程，敏銳地聚焦於
世紀瘟疫降臨時風雲變換的歷史與現實，全方位地捕捉波詭雲譎、紛亂騷動
的社會結構。

〔註18〕朱天文：《荒人手記》，頁64。

〔註19〕何春蕤：〈情慾解放運動：一個歷史——社會的觀點〉，《性政治入門》（桃園：
　　　　中央大學性／別研究室，2005），頁183～184。

〔註20〕朱天文：《荒人手記》，頁22。

〔註21〕葉石濤：〈從憧憬、幻滅到徬徨——談陳若曦文學的三個階段〉，《陳若曦集》
　　　　（原載一九八四年六月十一日到十二日《自立晚報》）（臺北：前衛出版社，
　　　　1992），頁246。

　　小說描述 1985 年二月到十一月間，愛滋狂掃美國的情況。八〇年代中期美國的醫療組織發現，同性戀罹患 AIDS 的比例最高，靜脈注射毒品者次之，血友病患者最少，雖然性交傳播 HIV 的速率沒注射來得快，仍造成眾多男同性戀感染病毒。〔註22〕當時，男同志因性關係感染 HIV 的人數相當多。直到 1984 年，醫學界才證實 HIV－Ⅰ病毒（人類免疫不全病毒 HIV－Ⅰ；human immunodeficiency virus Ⅰ，HIV－Ⅰ）是 AIDS 的病原體，愛滋病人因感染 HIV 而產生全身性的症狀。〔註23〕項感染了 HIV 病毒發病，羅杰與尊雖也感染了 HIV 病毒，可能因病毒較弱或無症狀期較長，所以尚未發病。項感染 HIV 後，血中防疫細胞急遽下降，HIV 在體內迅速傳播造成細胞病變，原本具有免疫功能的細胞逐一喪失抵抗力，造成身體防疫的大漏洞。

　　AIDS 是反轉錄病毒 HIV 所引發的疾病，已知四種反轉錄病毒可分成兩類：人類嗜 T 淋巴細胞病毒（HTLV－Ⅰ與 HTLV－Ⅱ）與人類免疫不全病毒（HIV－Ⅰ與 HIV－Ⅱ）。前者為轉化病毒，後者為細胞致命性病毒。人類嗜 T 淋巴細胞病毒（HTLV－Ⅰ與 HTLV－Ⅱ）可轉化成培養的細胞，但人類免疫不全病毒 HIV－Ⅰ與 HIV－Ⅱ能引起培養的細胞發生病變，雖然這兩組病毒的序列只有少量的同源性，但它們之間存在驚人的相似性與差異。全球 AIDS 最常見的病因是 HIV－Ⅰ，病毒可在最短時間內破壞免疫系統，讓患者暴露在危險的狀況下，受到各式病菌或腫瘤的攻擊，最終造成病患死亡。〔註24〕也因如此，魯道夫的情人艾凡、朝代影集巨星哈遜、路易、老倪的教授與不少學生，病發不久後都已死亡。

　　在愛滋病爆發、保守勢力反撲前，正是同志們改寫歷史的黃金時代。他們興致勃勃地探索性的所有可能，在紐約與舊金山完成各式各樣的性藝術；過去被當成病態的習性，當時被當成新興藝術供人欣賞實踐。〔註25〕愛滋病爆發後，同性戀者帶原者的處境非常危急，因災情蔓延的十分迅速，絕大多數的感染者都會成為 AIDS，短輒一年就能喪命。其中，紐約的災情最慘重，同志最

〔註22〕高史密特（Japp Goudsmit）著、洪蘭譯：《尋找第一個愛滋病毒》（*Result for Viral Sex：the Nature of AIDS.*）（台北：遠流出版社，2000），頁 20。

〔註23〕威爾森（Jean D. Wilson）著，吳德朗等譯：《哈里遜內科學》中冊，頁 1632。上冊，頁 810。

〔註24〕威爾森（Jean D. Wilson）著，吳德朗等譯：《哈里遜內科學》中冊，頁 1632。上冊，頁 810。

〔註25〕李銀河著：《性的問題‧福柯與性》（北京：文化藝術出版社，2003），頁 131。

愛聚集的三藩市已成爲死城,「三藩市的現況是,平均每天有一人得病,一人死亡」。原本熱鬧的街道,一夕之間變成防治中心,街上到處貼滿防止愛滋的警語。而項也發病了,首先感覺到腸胃發炎,「一年多來,他一直以爲自己有腸胃炎,其實是此病作怪」。〔註26〕接著出現卡波西氏肉瘤(Kaposis's sarcoma KS)的症狀,免疫功能漸漸喪失,項已出現愛滋病患最普遍的典型症狀。

黃娟的〈世紀的病人〉,描述邁克·布朗身染愛滋死亡的經歷。邁克爲了追求愛情,寧願背棄文化契約與妻子離婚,卻從未意識到自己已感染愛滋。身體一直出現各式異狀,醫生誤診爲感冒,等到口腔長出奇怪的白霉後,他才決定住院做深入的檢查。「口腔裡長了白色的霉,……霉毒繼續蔓延,覆蓋了他的喉嚨,有侵入他食道的現象」。〔註27〕身上還出現發燒、咳嗽、拉肚子、倦怠感與淋巴腫脹的症狀。實際上,這些都是愛滋病患極爲普遍的症狀。當免疫系統被 HIV 破壞殆盡後,身體失去抵抗力,即使注射抗生素增強防疫,也無法殺滅細菌,而造成嚴重的伺機性感染。邁克尷尬地向醫生承認自己是同性戀,住院後病情每況愈下,變成一個瘦骨嶙峋的病人。

朱麗是奉命照顧邁克的護士,她的心境非常複雜。愛滋病是世紀絕症,醫療人員不是上帝,也沒有通天的本領。她親眼目睹了邁克的病發過程與死亡經歷,整篇小說透過她的眼睛,採取同故事的聚焦(focalization),貼近觀察邁克的病情變化,呈現更多的情緒與情感。敘事者在敘事文本上一直是個重要的問題,在傳訊過程與敘事學裡均扮演極重要的角色,近年來各方學者討論甚烈。敘事者是整個敘事過程中的敘事主體,依照雷蒙·凱南所見,他順從法國敘事學家熱奈特(Gerard Genette)的觀點,依照參與故事的範圍區分成兩類敘事者:不參與故事的稱「異敘事者」(heterodiegetic),參與故事的稱「同敘事者」(homodiegetic)。〔註28〕陳順馨綜合熱奈特的觀點,依照不同的敘事性質與功能,區分爲四類敘事者:其一是全知觀點的敘事者,也就是異故事+故事外;其二是異故事+故事內;其三是同故事+故事內;其四是同故事+故事外。〔註29〕撰述《敘述學》頗有心得的胡亞敏,延續熱奈特的

〔註26〕陳若曦:《紙婚》(臺北:自立晚報出版社,1986),頁186。

〔註27〕黃娟:〈世紀的病人〉,《黃娟集》(原載於一九八七年《臺灣時報》副刊)(臺北:前衛出版社,1997),頁344。

〔註28〕Shlomith Rimmon-Kenan. *Narrative Fiction：Contemporary Poetics*. London and New York：Routledge(1983),p94～96.

〔註29〕陳順馨:《中國當代文學的敘述與性別》(北京:北京大學出版社,1995),頁41～50。

觀點，認為「外敘事者」與「內敘事者」基本上是受制於文本內敘述層次，所劃分出的敘事者類型，但她重新界定「異敘事者」、「同敘事者」的意義，認為應著重敘事者與被敘事者的關係，而不圈限於敘事者與故事涉入程度和關係，提供值得思索的訊息。〔註 30〕朱麗比任何人都接近邁克，但身為醫療人員卻無法挽救他的生命，只能眼睜睜地看著他死亡，她的內心異常感傷。小說終結於：「邁克在這一天走完了他那註定要『死亡』的愛滋病患者的旅程，在這個世界，他總共活了三十六年」。〔註 31〕愛滋病成為群醫束手無策的惡疾，特別標誌出罹病者死亡的年紀，讓奪走壯年生命的疾病，格外具有警世意義。

貳、天譴／他譴的審判

當愛滋蔓延時，世人恐懼黑色瘟疫的威脅，紛紛把愛滋當成天譴疾病，用來論證主流文化的戒令——服從異性戀法則必得福分，違約者必受懲罰的不變定律。在這些小說當中，極力刻劃愛滋病帶來的社會恐慌。當時多數輿論不了解愛滋是傳染疾病，只認為愛滋病患飽受死亡威脅的煎熬，根本就是「自作孽，不可活」，以歧視、怒罵、詆毀、隔離與詛咒的集體行動，完成嚴屬的審判。

無論男女病患只要經由性接觸感染，都可能感染 HIV 病毒。但男同志經由性接觸感染 HIV 病毒，輿論便大加撻伐，認定愛滋病患為世紀罪惡與亂源。社會輿論利用更大的操縱、更強的敵意監視同志族群，讓愛滋病患受到人們最嚴屬的批判。輿論皆把愛滋的傳染途徑，想像成癌細胞入侵般的恐怖過程，另一方面又把愛滋病投射成梅毒，「認為病患都有受染與不淨的身世」，這是污名化愛滋病患的第一步驟。〔註 32〕愛滋病引發的社會歧視，不是醫學能解答的問題，而是值得探索、修正的文化現象。這幾篇小說寫出「主流文化」結合天譴論，企圖消滅「新興文化」的盲點與錯誤，社會輿論不該因歧視而矇蔽正義，以積非成是的偏見審判罹病者。此時，天／他譴論造成可怕的人身傷害，幾乎剝奪愛滋病患的公民權益。

〔註 30〕胡亞敏：《敘事學》（武昌：華中師範大學出版社，1994），頁 41～46。

〔註 31〕黃娟：〈世紀的病人〉，《黃娟集》（原載於一九八七年《臺灣時報》副刊）（臺北：前衛出版社，1997），頁 251。

〔註 32〕Susan Sontag. *Illness as Metaphor and AIDS and Its Metaphors*, p100.

　　侯文詠的〈亂色調〉，是他譴論殺人的最佳證據，以社會寫實的諷刺劇，譏諷醫院已成殺死「愛滋病患」的最大兇手。小說揭露醫院內官官相護、藏污納垢的醫療醜事，腐化的組織與人心令人怵目驚心。小說最後以愛滋病患的死亡，揭開醫院重重黑幕，批判人心毒過病毒、醫學倫理早已淪喪的惡質文化。

　　當罹病者陸續出現嚴重消瘦、淋巴腺腫大、肝腫大、肺炎等典型的愛滋病症時，確認為臺灣本土第一個愛滋病例，「兩側瀰漫性的發炎現象，這是典型的 Pneumocystic Carinii 感染」。〔註33〕卡氏肺囊蟲是一種無害的微生物，常存在人們生活四周，甚至寄生在體內。研究證實約有 15% 無症狀的 HIV 感染者，在一年內會發展成典型的感染症狀「卡氏肺囊蟲性肺炎」。這時醫院也變得不平靜了，他的身體也淪為醫生爭權奪利的籌碼。

　　諷刺的是，醫院竟成為「他譴論」審判愛滋病患「伸張正義」的地方，也是「他譴論」害死病患的地方，更是人謀不贓的罪惡之城。醫院身為醫療救護單位，不但不具有救護病人的功用，反而成為害死病患的罪惡之城。胡啟華身為全台第一個愛滋病患的主治醫生，不但利用病患的剩餘價值建立了學術聲譽，還刻意隱瞞病患的身分，讓違背醫學倫理的行為鑄成大錯。受過醫學訓練的醫護人員，同樣存在「他譴論」的偏見，把愛滋病患當成是同性戀與性變態罪有應得的懲罰，以不人道的方式譴責他們。他們認為，疾病既是罪有應得的懲罰，他們當然可以理直氣壯地冷眼旁觀，拒絕診治並斥責病患。讓受辱的病患崩潰失控，「他崩潰似地大叫。啊——人們都抱著手，擠在門口的地方觀看。性變態、同性戀、罪有應得，他聽見人們譴責著」。〔註34〕醫療人員的羞辱，激起愛滋病患劇烈的反應，他割斷橈動脈自殺。小說雖未詳盡描述愛滋病患為何有自殺舉動，但從割斷動脈自殺的激烈舉動可推斷出，醫療人員集體的羞辱對病患而言，一定是個無法承受的打擊。包括胡啟華在內的所有醫療人員，不是只想著譴責他人的罪惡，就是忘記救人一命的義務與天職，或昧著良心盤算著病人死亡帶來的利益，全部成為加速罹病者死亡的加害者。

　　侯文詠曾為醫學院教授，行醫多年累積不少臨床經驗，他的文學創作常

〔註33〕侯文詠：〈亂色調〉，收入阿盛主編《新小說人》（臺北：希代出版社，1989），
　　　　頁 225。
〔註34〕侯文詠：〈亂色調〉，頁 230。

由醫療出發，展現對人性深入的觀察。〈亂色調〉刻意透過重複式敘事，將病房的段落像樂章一樣，刻意安排成不斷循環的主旋律，每一次重複，便透露更多驚悚的殺人內幕。最後才呈現病房內完整的場景與對話，揭露「醫院殺人」駭人聽聞的真相。小說透過愛滋病患受辱歧視而自殺的事件，批判醫療疏失、醫療倫理以及權力鬥爭底下喪心病狂的人性，極具批判力道。在這椿血淋淋的悲劇背後，真正可怕的、該譴責的並不是愛滋患者，而是在愛滋患者身旁醫療人員見死不救、麻木不仁的偏見，斷送了救人的黃金時機。作者巧妙地塑造一群醫療人員，在病房內審判「愛滋病患」最殘酷的場景，突顯「他譴論」最大的盲點與迷失，相當具有警世意義。

　　〈世紀的病人〉裡，邁克知道罹病後，也曾譴責自己的僥倖心態。當他體力日漸消退、死亡威脅愈來愈大時，他開始產生更深的罪惡感，「壞消息一天就會傳遍天下，我想整個醫院都知道這個病房躺的是愛滋病患者」。〔註35〕邁克太在乎世人歧視的眼光，讓他內心異常痛苦。而朱麗負責照顧邁克，仍以譴責論看待愛滋病患。

> 在談「愛滋病色變」的年頭，即使是親人，也會變得冷酷無情的吧？何況沉溺於同性戀的子女，早就傷透了父母的心，家人在悲傷、失望之外，又要承受失去體面的痛苦，那被指為敗壞德性的行為，是很難得到家人的諒解的啊！這樣的子女，即使在垂死的病床，得不到親情的關愛，絕不能說是令人驚愕的事。〔註36〕

朱麗認為愛滋病「不僅是自食其果，而且是罪有應得的啊」。〔註37〕因它是「敗壞德性」特異人士的疾病，根本不是無辜的受害者。當罹病者失去家人的關愛、遭受所有人的冷落、最後病死，可能都是罹病者應得的懲罰。邁克的前妻麗莎，也抱持同樣的觀點，認為邁克為了爭取情慾自由而染病，是得不償失的行為。朱麗也質疑邁克的抉擇：「如果他知道出去尋找自由的結果，會是個『死亡』，他也會離開麗莎嗎？」〔註38〕從兩人的觀點可以發現，他們都忽略了愛滋病的感染途徑，是因不當性行為才造成病毒侵入，而不該把同性戀與愛滋病畫上等號。因為錯誤的理解，讓兩人更進一步認定同性戀情慾是違背健康的、預藏危險的，也是導致死亡的病源。

〔註35〕黃娟：〈世紀的病人〉，頁235。
〔註36〕黃娟：〈世紀的病人〉，頁233。
〔註37〕黃娟：〈世紀的病人〉，頁230。
〔註38〕黃娟：〈世紀的病人〉，頁250。

　　整體說來，黃娟以美國爲場景完成的這篇小說，建構了當時對於愛滋病惶恐不安的時代。正如葉石濤所言，她採取類似於家庭主婦的眼光，來看待愛滋風暴下的生活現實。雖展現豐富的人情與溫暖，但侷限的視界，顯然未提供更深刻的人類歷史與生存命運的深度探索，葉石濤說：「黃娟的小說很平實。她把這些外面的政治和思想環境排除在外，只寫平凡的生活現實」。〔註39〕小說的選材雖特殊，但探索的觀點卻不放在罹病者身上，也不願深入挖掘病人的內在意識與複雜心理，而是著意描繪護士朱麗與妻子麗莎兩人身上，體現人們面對「愛滋病患」恐懼、遺憾與悲痛的心境。受朱麗與麗莎侷限視野所限，整篇小說仍以保守的觀點看待同志，認爲那是「不正常的生活」，〔註40〕「敗壞德行的行爲」，〔註41〕而愛滋是「罪有應得」的後果，〔註42〕邁克更是個得了「罪惡之病」的罪人。〔註43〕小說借用家屬／醫護人員的觀點，把愛滋病患當成個案描述，也賦與了道德的寓意，認爲只有異性戀模式才能保障身體健康，再次肯定「主流文化」健康又安全的價值與生活型態。顯然，書寫的模式，早突顯某種既定的評價；再加上刻意透過女性人物的柔性呼喚，達到威嚇的目的——選擇同性性愛，就等於選擇死亡，讓小說富涵嚴肅的警世教訓。

　　小說中有意識地忽略罹病者的現身說法，僅依賴朱麗與麗莎兩位見聞者，陳述對愛滋病患的看法，反而讓罹病者邁克成爲小說中最神秘的人物。在眾聲譴責同性戀的時代裡，家人無微不至地照顧病患，顯然黃娟以兩位女性人物守護人間最重要的美德，「人間稀有珍品的古老美德，都是黃娟蓄意呵護保存的人間心靈產業」。〔註44〕只不過在純眞的愛與關懷底下，她們心中依循的仍是偏狹的觀點，認定異性戀的生活模式能得到健康，進而發表同性戀會因病死亡的論點；她們的認知，完全無法拉近異／同性戀者的陌生鴻溝，也無法正確地認識愛滋病，更無法釐清他譴論掩藏的盲點。小說刻意藉由一個年輕人病死的故事，強化愛滋病的致命性與威脅性，藉以達成警戒恫嚇的

〔註39〕 葉石濤：〈異地裏的夢與愛——評黃娟小說集《世紀的病人》、《邂逅》〉，《黃娟集》（台北：前衛雜誌社，1997），頁325。
〔註40〕 黃娟：〈世紀的病人〉，頁248。
〔註41〕 黃娟：〈世紀的病人〉，頁233。
〔註42〕 黃娟：〈世紀的病人〉，頁230。
〔註43〕 黃娟：〈世紀的病人〉，頁230。
〔註44〕 彭瑞金：〈評黃娟《世紀的病人》〉，《黃娟集》（台北：前衛雜誌社，1997），頁332。

目的，再一次利用人物錯誤的認知，宣揚異性戀等於健康、同志等於死亡，加強愛滋病人極度悲慘的刻板印象。這篇小說進一步將所有罪咎，指向同性愛慾隱含的自殺性質，完全落入主流文化錯誤的偏見。此時，被檢查、被觀看、被質疑、被談論的愛滋病患，仍是世人最畏懼的「世紀病人」。作者黃娟以「世紀的病人」為名，建構了健康／真理的模式，創造出謀合主流文化意識形態的規訓樣本，那就是大大地加重社會民眾對「世紀疾病」的恐慌，讓愛滋病的意義再次掩蓋在懲罰論底下，同志實際的生活仍是沈默的、缺席的、被誤解的歷史。

　　《荒人手記》與《紙婚》兩部長篇小說，積極回應世人「懲罰論」的觀點，分別以近十萬字的巨作，探索同志愛與愛滋議題。分別透過手記與日記，像編織百衲被單，利用瑣碎敘事，完成龐大宏偉的愛滋記事，呈現愛滋病患複雜糾葛的內在世界與精神理想。雙作探討愛滋病帶來的影響，既保留主流論述與輿論盲點，又透過叨叨絮絮的敘事捕捉到最龐雜的訊息，顯示一個規訓社會愈趨嚴實的權力控管與群眾暴力，其中不乏宏觀的視野，也再現了執著頑固的他譴偏見。

　　《荒人手記》裡，阿堯受愛滋病折騰，宛如鬼魅，清瘦虛弱卻嘻笑如常。當他再也無法控制愛滋病情時，小韶與阿堯的媽媽只希望他懺悔，得到主的寬恕，「媽媽每次上樓送茶食，鋪床，添被褥，向我傳述主的道理，是藉我講給那個根本不聽的阿堯。媽媽唯一繫念阿堯還未認罪悔改，她的後半生只為了阿堯能夠信主。托缽無門，我是媽媽的機會」。〔註45〕母親希望阿堯的罪惡，可得到上帝寬恕。小韶認同阿堯母親的觀點，也認為阿堯是罪人。他成為媽媽／異性戀者與阿堯／同性戀者溝通的橋樑，更是叛教者阿堯得到主耶穌赦免，進入天堂的最佳信差。荒人信仰懺悔淨化與贖罪恩典的思想，強調罪惡沉重的包袱，雖慍於阿堯不認罪的執拗，但仍給親密戰友最需要的政治認同與感情撫慰。

　　荒人拿著世人的道德規範，請求阿堯死前懺悔得到救贖，阿堯卻覺得力求「認罪」或「悔改」都太文過飾非，不願意成為順服的「孝子」與文化契約遵循者，他要繼續當個罪惡者。阿堯選擇順應生死流變，就是不願意在臨終前流露半點懺情悔意，「他以為他既淫蕩一生，到底了，地獄去吧，餘皆廢

〔註45〕朱天文：《荒人手記》，頁 18。

話」。〔註46〕在規訓的社會裡，他以異常的方式保有自己、保全個人化的風格，他以特立獨行的方式實踐生命，就算結束生命也無所畏懼。阿堯認同主流社會指責他的一切罪名，但他認為罪惡者自當灑脫地墮入地獄，有罪就該受罰，他拒絕任何形式的救贖與彌補。他願受罰但絕不願諉過，著實讓荒人好生煩惱，「我嘆，阿堯，你還是不救贖的。阿堯説，救贖是更大的諉過」。〔註47〕阿堯語帶輕狂拒絕贖罪，以豁達的方式面對死亡。最後，在昏迷中，阿堯信了主接受祝禱，對於荒人與阿堯母親而言，阿堯贖罪是最令他們快慰的事情。

荒人困於世俗評價，連帶輕視阿堯與他認同的色情國度、雜交放浪的生活習性，認為愛滋與雜交放浪的罪惡脱離不了關係，所以他要阿堯懺悔。朱偉誠指出，「依照荒人的邏輯，阿堯因愛滋而死是因為他『雜交』的生活型態，而不是沒有履行『安全性行為』」，錯誤指認疾病的病源。〔註48〕紀大偉認為荒人看待他人的痛苦，有「視為奇觀」的惡意感受，「對待愛滋病，荒人的態度也順從主流媒體的意見，將此病視為奇觀（spectacle），似乎與自己無關、而是濫交者的天譴；荒人絲毫未察覺這些都是異性戀社會製造的偏見，而只知被動接受，不加質疑」。〔註49〕但要進一步說明的是，荒人雖以主流文化的「譴責論」看待老友，卻還不至於有紀大偉所言惡意的態度。顯然紀大偉和朱偉誠站在同志的立場，對荒人被動接受主流文化的態度提出質疑，而有嚴厲的質疑。荒人不迴避異性戀霸權塑造的種種神話，還盲信異性戀的優越之處與錯誤認知，認為愛滋是具有可怕傷力的疾病，未能提出質疑，「致命殺傷力，末世紀的黑騎士」。〔註50〕荒人不反抗主流的觀點，就等於卸甲投降，尤其在同志最受污名與栽贓的議題上，他不但不替同袍大聲抗辯，竟向天譴論施暴者靠攏，令人徒呼負負大感不解。

荒人具有同志與見證人雙重的身分，原是最有資格駁斥天譴論調，為阿堯正名的人；但他卻選擇服從天譴論調，這是因為阿堯顯露的情慾氣息，是荒人最想壓抑淨化的慾望。他以罪惡深重的態度來看待情慾，用極其僥倖的

〔註46〕 朱天文：《荒人手記》，頁 22。
〔註47〕 朱天文：《荒人手記》，頁 22。
〔註48〕 朱偉誠：〈帶餓思潑辣：《荒人手記》的酷兒閱讀〉，《中外文學》24：3（1995），頁 146。
〔註49〕 紀大偉：〈在荒原上製造同性戀聲音——閱讀《荒人手記》〉，《島嶼邊緣》4：2（1995），頁 86。
〔註50〕 朱天文：《荒人手記》，頁 36。

口吻自道：「我真慶幸我居然，居然，並非 HIV 帶原人。單單紐約一市，遭HIV 光顧者，已近三四十萬人。阿堯死了，我還活著」。〔註51〕紀大偉以為荒人利用炫耀之姿慶幸自己逃過疾病，對阿堯表達出不友善的態度，甚至自動認同輿論「咋舌恐慌」的姿態。紀大偉指出，這等同於把愛滋歸罪於同志天譴，「是誰教我們對愛滋咋舌恐慌的？把他／她揪出來吧」。〔註52〕實際上，這段倖存者的自述，重複以「居然」強調僥倖的語氣，不難看出那不是自外於世紀風暴幸災樂禍的心態，而是認清「阿堯死了，我還活著」的事實後，茫然逃往高山大海躲避愛滋降臨，完全是「來日大難，口燥唇乾，今日倖存，應當歡喜」餘生者的心境，言語底下盡是悲涼的心態。荒人雖認同異性戀指責同志的罪惡，但須更進一步理解的是，遺世而獨立的荒人，根本無法展現紀大偉要的同志真誠，更不可能以激進的戰鬥力反駁異性戀偏見。在荒人的「荒原國度」裡，他自比為羅得之妻，為了眷戀罪惡與老友，心甘情願受懲變成鹽柱，只有如此，「我才感到沒有背叛阿堯」。〔註53〕同是天涯淪落人，如能掌握荒人的餘生者心境，就可理解他物傷其類、感其哀鳴抑鬱的情感。

　　荒人以同志身分探索人生，他與阿堯有相濡以沫的同志感情是事實，但他急於劃清與阿堯間的差異也是事實。阿堯具有激情熱烈的浪漫性與理想性，荒人對「我族類」阿堯，卻有著若即若離搖擺不定的態度，一方面崇拜著獻身革命的阿堯，同時卻詆毀阿堯縱慾情色的人生選擇，悟道後幾乎遵循胡蘭成「直觀」、「感通」之姿修行。〔註54〕但他信仰的是異性戀型塑的家庭神話，奉持的是節欲出世的人生觀，自然漠然看待同志「情色烏托邦」的目標。荒人對自我身分依然充滿否認與猶疑，自然不會嚴格劃清仇視／詆毀同志的界限，竟然認可異性戀仇視／詆毀同志縱慾的論點。

　　荒人透過自我言說表露心境，完整呈現一個徘徊於履約／違約衝突的荒人，極其複雜的心路歷程，「我與阿堯，我與永桔，我們放野在社會邊緣的逐色之徒，往往，未敢於社會制裁之前先敗於自己內心的荒原」。〔註55〕《荒人手記》就像是陳平原所言「小說結構心理化」的一類小說，重在闡述個人的

〔註51〕朱天文：《荒人手記》，頁 36。
〔註52〕紀大偉：〈在荒原上製造同性戀聲音——閱讀《荒人手記》〉，頁 86。
〔註53〕朱天文：《荒人手記》，頁 53。
〔註54〕黃錦樹：〈神姬之舞：後四十回？（後）現代啟示錄？論朱天文〉，《中外文學》24：10（1996），頁 106。
〔註55〕朱天文：《荒人手記》，頁 119。

心跡。〔註56〕小說以私密的記事，讓書寫繼續「鞭笞罪痕，用痛鎖牢記憶」，直陳同性愛之罪。〔註 57〕作為聚焦與敘事者，荒人以在場的姿態發聲，這個刻意曝露的「我」，原可增添基進派的美學／政治意識，但在最能彰顯自我意識的文體上，荒人卻對同志身分展現了猶疑的態度，呈現男同性戀者自我否定的生命感懷。如此看來，手札的零碎敘事若不是缺憾，那麼，抗拒戲劇化的敘事，反而能在懺情與遣懷間，觸及生命經驗的敏銳之處，完成感性記事的功能，傳達張誦聖所指的精采洞見，「這些是理性分析所無法掌握的，也因此在她的故事中隨處可見精采的段落和對人類處境的獨特洞見」。〔註58〕坦露心跡的小說策略，雖減弱了反叛「主流敘事」的革命性質，卻毫無疑問地壯大了抒情的感染力。

《荒人手記》表現出《荒原》（The Waste Land）現代主義式的放逐、失落與無法回歸的悵惘。〔註 59〕荒人既被社會放逐，也被自我放逐。他襲用「主流文化」的論述批判知己與自己，既無法證明同志情慾無罪，也無法替天譴論闢謠；除受外部恐同（Homophobia）傷害，又常心驚膽跳害怕愛滋襲擊，掙扎於該背叛情慾世界／同志世界，還是該背叛禮法世界／異性戀世界而顯得焦躁不安。《荒人手記》宣判好友與「我族類」的罪狀，肯定異性戀機制的合法性與正當性，寫出同志現今仍難以逃離的難處；當靈魂人物荒人依違於「文化契約」時，真實顯露同志對自我身份的矛盾，「小韶歇斯底里地患上『渴婚症』。縱欲情色反倒促使他逃離了同志的色欲，奔赴到異性戀的夫妻制度，……結婚成為小韶的一種救贖」。〔註60〕這樣的矛盾也說明了很多時候，同志違背「異性戀愛慾」而追求「同志愛慾」，也可能囿於社會的目光與輿論，選擇再次違背「同志愛慾」，擁抱社會主流認可的「文化契約」。作為「文化契約」的違約者，同志更需要回到主流價值裡逡巡、出入，衡量並確認自己的感情歸屬，理解整個社會性交易的原則與共識，才能確定自己前去的方向。

荒人的矛盾，顯然與作者本身的自我認同與創作動機頗有關聯。朱天文

〔註56〕陳平原：《中國小說敘事模式的轉變》（北京：北京大學出版社，1997），頁 342～347。

〔註57〕朱天文：《荒人手記》，頁 119。

〔註58〕張誦聖：《文學場域的變遷》（台北：聯合文學出版社，2001），頁 98。

〔註59〕劉亮雅：《慾望更衣室》（台北：元尊文化出版社，1998），頁 23。

〔註60〕徐正芬：《朱天文小說研究》（台北：國立師範大學國文研究所教學碩士班九十學年度碩士論文，2002），頁 160。

以荒人的邊緣性提醒世人，荒人／作家像巫覡般的神秘特質，都能透過言說
創建新的自我身分與認同。〔註61〕《荒人手記》成功地建立了「同志」新的
「文化身分」，顯現此邊緣族群的迷惑、習性與後現代品味。〔註62〕但在鮮明
的創造性中，同時暴露荒人／作者猶疑的態度，更保留了主流敘事罪責化情
慾的論見。綜合說來，荒人仍以高調之姿傾訴了同志視野、同志恐懼與同志
渴望，雖對現代社會充滿譴責，但荒人私心嚮往異性戀身分，及最安全有秩
序的人際關係，仍見小說以委婉之姿，不動聲色地展現「文化契約」底下，
同志自我囚禁的心靈，從另一角度顯露主流文化無遠弗屆的深度影響。

　　另外一篇作品，陳若曦的長篇小說《紙婚》，充分展現作家最擅長的文學
主題——文化分析。陳若曦透過犀利的目光，清楚看見世人爭相扮演審判者，
批判愛滋病人帶來的社會恐慌與恐懼，以全景宏觀的方式展現同性戀者的歷
史處境，一連展示大眾媒體、教會、大眾輿論、公共政策對愛滋病的抨擊與
診斷。他們一致認為，愛滋病是對同性戀天譴懲罰，更正大光明地透過集體
力量譴責「愛滋病患」，小說詳盡描述「天譴論」與「他譴論」發酵的社會風
暴。

　　項以同志身分現身時，便因背棄異性戀文化而付出極大的代價——他失
去了父親的認同與家園。雖說如此，他仍坦誠面對自己的慾望。他參與同志
運動史上著名的「懷特抗議事件」，以具體的行動要求司法維護社會正義，總
是積極地向「主流文化」爭取同志的權益，即使病後也從不貶抑自己的尊嚴。
愛滋風暴後，教堂不再成為同志獲取上帝恩典的地方，社會大眾因「同性戀
恐懼」，紛紛把社會壓力加諸在同性戀者身上，牧師嚴厲的譴責愛滋病患，每
一句話都像是最後的審判。

　　　吸毒和性變態所帶來的愛滋病，正是不折不扣的天譴。〔註63〕

　　　他說世界末日已經來臨，因為人類不事信仰，褻瀆了神。他指責人
　　　們濫用自由的名義作惡多端，如今惡貫滿盈，以致遭到上帝的報應。
　　　〔註64〕

〔註61〕洪素萱：《在他／她，亦是存亡之秋——由書寫治療論〈荒人手記〉》（台南：
　　　　成功大學九十三學年度碩士畢業論文，2004），頁3。
〔註62〕陳綾琪：〈世紀末的荒人美學：朱天文的《世紀末的華麗》與《荒人手記》〉，
　　　　《中國現代文學理論》17（2000），頁107。
〔註63〕陳若曦：《紙婚》，頁266。
〔註64〕陳若曦：《紙婚》，頁265。

假自由之名，他們反動政府，反對越南戰爭，懷疑並否認社會成規，
他們目中無神，耽於吸食大麻煙和迷幻藥，嬉痞、裸奔、同性戀等，
並且恬不知恥地把他們名之曰「無犧牲者的罪惡」。罪惡必然滋生罪
惡，最終害人害己，犧牲者多矣。〔註65〕

牧師捐負翻譯上帝旨意、詮釋教義的任務，教義成為教徒依循與信仰的核心
思想，教會以此建立嚴密的權力／知識論述。在牧師權力的光環與專業知識
相輔相成下，成功地鼓譟教友審判愛滋病患的罪狀；不論是追溯病源或是懲
罰罪源，都將愛滋病的罪魁禍首，指向同性戀者。牧師更引經據典，把愛滋
病解釋成「上帝的懲罰」。他憤慨地陳述男同性戀因墮落，而毀滅了「所多瑪
城」，羅馬也因縱慾變成小國，上帝特別降罪，以懲罰他們縱慾的行為。他認
為愛滋病當然是敗壞德性的報應、是天主賜罪的世界末日。牧師不認為神該
愛護愛滋病人，更將同性戀與其他毒癮者、反戰者、反社會者都當成國家禍
首，「他進而引申，若不及時撲滅同性戀，也有為此亡國的可能。他勸誡教徒
千萬不可犯這個罪」。〔註66〕牧師仇視同志，認為同志＝毒癮者＝性變態＝縱
欲者＝反社會者＝犯罪者＝反戰者＝無政府主義者＝愛滋病患，他的觀點完
整呈現「主流文化」中「他譴論」的思想，認為愛滋病患全是天譴的罪人。
世人認為愛滋病患違反五大文化禁忌：背棄宗教、背棄人倫、縱欲過度、背
叛社會性與背叛政府，早已成為社會全民公敵與罪犯。

　　人們從牧師指責同性戀為卑賤不潔的性關係可看出，他仍從罪惡、病態、
頹廢、污穢或最高權力衰退的角度思考性問題，根本無法透過歷史與社會文
化的變動，來解釋性政治與性關係，只能以醜化、罪惡化或污名化的方式繼
續規範性政治，如此做法根本就不可能理解同性性關係的社會意涵。〔註67〕
在洋洋灑灑的罪狀裡，愛滋患者觸犯了道德罪惡、反生殖罪惡、背叛自然本
能與宗教信仰等大罪，更對國家安全造成致命的危機。在此論述底下，愛滋
病患既會「亡國」，所以必須要「即時撲滅」同性戀，置病人於死的念頭昭然
若揭。牧師極力附和統治階級、文化契約與體制，繼續鞏固異性戀體制的約
束功能，搬出基督教義與教友一同完成懲罰罪犯的儀式及任務，毫不留情地
遺棄了愛滋病患。

〔註65〕陳若曦：《紙婚》，頁266。
〔註66〕陳若曦：《紙婚》，頁268。
〔註67〕羅賓（Gayle Rubin）著，李銀河譯：〈關於性的思考：性政治學激進理論的筆
　　　　記〉，頁27。

在舉世撻伐聲中，項名義上的妻子尤怡平，最初也附和世俗的看法，認為同性愛是一種人性墮落，「姊夫的話有道理，斷袖之癖是社會墮落的產物。然而，我並不悲觀，我相信他們可以挽救」。〔註68〕鑒於愛滋蔓延，她曾希望疾病能抑止同志性開放的風氣，「我但願愛滋病的恐怖，能使這個教（大都會教），整個地銷聲匿跡才好」。〔註69〕汪奇也認為愛滋病是一記警鐘，提醒同性嗜好必須終止。〔註70〕項的父親不願意見項，認為項是有罪之人：「我親愛的兒子，願上帝饒恕你並保佑你。愛你並為你祈禱的父親」。〔註71〕愛滋病蔓延之後，大多數的人從基督教義或中產階級保守的角度，認為疾病是「天譴論」的懲罰，認定愛滋病患不是「無辜的受害者與犧牲者」，而是罪有應得的報應。社會再次以懲罰行動，正式的控制人們的性活動與性傾向。

輿論更進一步利用人我區隔的方式，區分「他者」／同性戀者，藉以肯定「自我」／異性戀者，認為只有自然正常的異性戀能保障人們健康。雖然，天譴論的因果關係如自由心證般不可徵信，但社會大眾還是允許輿論明目張膽地譴責同志與愛滋病患，更樂於支持「他譴論」的審判。「他譴論」的觀點持續流通、傳播，愛滋病患直接受到譴責與傷害，同志更受到極端右派譴責勢力的殘殺。小說著墨最多的，就是愛滋病患與「主流文化」搏鬥血跡斑斑的歷史。

美國向來對尊崇自由民主的建國精神相當自豪，但無形帝國——三K黨的存在，卻是美國文化根深蒂固的沉痾。秘密恐怖組織三K黨，毫不掩飾對其他種族、同志族群的歧視，更常利用暴力血腥的方式，達到消滅「非我族類」的目的。當愛滋病爆發時，極端右派的「他譴論」勢力卻暗中殘殺「同志」與「同志支持者」，爆發最嚴厲的族群對立與治安衝突。大都會教會同志牧師被殺身亡，在謀殺的行動底下，暴力象徵性地殘殺了「神愛同志」、「同志性愛」、「情慾解放」與「人權自由」的理念，這些同志根本是死於暴力份子、衛道人士、三K黨與「異性戀文化」強勢合盟下，「他譴論」最可議的意識形態。這些短兵相接的歷史，呈現「同志文化」與「異性戀文化」交鋒時難以迴避的衝突。

〔註68〕陳若曦：《紙婚》，頁162。
〔註69〕陳若曦：《紙婚》，頁207。
〔註70〕陳若曦：《紙婚》，頁162。
〔註71〕陳若曦：《紙婚》，頁350。

　　他譴論者挾帶廣大的民意，使權力的效應持續擴大，以仇視的態度懲罰愛滋病患。他們阻礙、剝奪罹病者的就醫權利與人權，更導致愛滋病患病況惡化。總統身為主權者，國家政策竟將愛滋病患排斥在就醫單位外；教堂表明奉聖經指示，卻拒絕為愛滋病患舉行浸信洗禮；喪葬社拒絕愛滋病患，愛滋病患無法安置在市立收容所；輸血感染的孩童，從此被剝奪就學的權利，同性戀黑人被殺死、教會表態反同志，愛滋恐懼症持續蔓延在生活當中。社會以圍堵的方式，達成消滅「異己」的目標，不但控制了同性戀者，也成功地隔絕了愛滋病患，這種集體化的、強勢的權力，讓愛滋病患變成劣等的社會棄兒。

　　眾人樂於身為審判者，以具體行動逼使病患痛苦、受辱與反省，參與懲罰的人數多到無可計量，懲罰效應變得太過廣大深入，也更讓這群愛滋病患——被審判者的處境更顯艱困，傅柯闡述密布的權力網絡，早已形成最可怕的無形壓迫，「它用平和的連續可見的壓迫，取代機械的暴力與強權……它不集中在某些核心人物或制度上，而是隨處可見，聚集成一張巨大且嚴整的權力網路」。〔註72〕項因違背文化契約而受到世人的懲罰，社會以科學、權威與正義的權力網絡，持續進行壓迫與干預。他在教堂聽到牧師的批判，其他不知名的人們扮演著加害者角色羞辱他的尊嚴、剝奪他的人權，社會暴力與集體傷害所產生的負面影響，大到無可計量。他喪失了公民的資格，更被視為罪犯，在精神上，承受比疾病更痛苦的傷害。

　　從旁幫助項的尤怡平也心痛不已，她看著項拖著病體對抗病毒，同時得面對死亡的恐懼與歧視。她覺得項就是背負十字架的受難者耶穌，儘管，項從未如此看待自己。

> 我捧著康乃馨踏進病房時，不禁一愕，彷彿看到了幅畫像。……他
> 背枕床墊而坐，正看得出神。……他坐禪般，藍睛蚪髯凝視上空，
> 目光如冰炭，悲憤幽憫，宛若正傾其全力與冥冥中的主宰打交道。
> 一刹那間，我記起一張宗教畫中那背十字架的人。〔註73〕

同志何罪之有？愛滋病患何罪之有？怡平扭轉了她的偏見，認為項是耶穌，代替無知的人類受過。《荒人手記》的荒人也認為：「基督他別無選擇背上代

〔註72〕Michel Foucault, p*ower／knowledge：Selected Interviews and Other Writings, 1972～1977*. Trans. by Colin Gordon. New York：Pantheon Books（1980），p142.
〔註73〕陳若曦：《紙婚》，頁 176。

人犧牲的十字架，……他的裸身，荊棘刑，已成美學，我們最好的時候，無非向他看齊」。〔註74〕阿堯以肉身抵擋異性戀歧視，始終站在革命最前線宣揚自己的理念。他腹背受敵傷痕累累仍不改其志，就是效法耶穌犧牲奉獻的精神。

當世紀之疾奪走無數生命時，新藥與疫苗卻尚未研發出來，項只能盼望奇蹟出現。好友朱連特意把山謬‧貝克特（Samuel Beckett1906～1989）的荒謬劇《等待果陀（多）》（*Waiting for Godot*），獻給摯友項，朱連與怡平陪項對抗惡疾，他們就像《等待果陀》劇中人一樣迷惘，在萬念俱灰時只能等待奇蹟與「果陀」出現，這也正是逢遇重大災變心情最佳的寫照。最後，果陀不出現、病毒入侵項的腦部，項平靜地死亡。「所盼望的未得，令人心憂」這就是慘烈的人生實景。項在過世前，極力要求拔掉一切支持生命的設施，希望最後一程走得尊嚴，這是一位備受歧視的愛滋病患，唯一可為自己爭取的最後權利。在等待果陀的世界裡，自由與責任已失去了道德的涵義，人根本無法談論真理的意義。無罪之人卻承受罪的災禍，怡平還是不懂果陀與上帝沉默的意義，只是突然澈悟在意外事件裡，個人微小的力量完全使不上力，在荒謬劇中暗示著重要的、待破解的命運秘密，始終封鎖在上帝的沉默中，始終成謎。

陳若曦的小說向來具有時代感與社會意識，《紙婚》的重要價值不僅在於它的抒情性，更在於以宏觀視角，暴露愛滋病蔓延下的社會問題與制度缺陷。小說透過日記形式，讓敘事者、人物與行為主體三者合一的身分洩漏心聲，以敏銳、細節、斷裂的語言紀錄日常瑣事；不但傾訴女性私語，更保留住項生前的貼身紀錄，保存一個愛滋病例與時代社會交涉的過程，堅忍反駁天譴謬論的生命紀錄。

文化評論家伊格爾頓（Terry Eagleton）在《文化的觀念》（*The Idea of Culture*）一書中，剖析文化本身的複雜性時即言：「如果『文化』此詞是一個歷史的、哲學的文本，它也是一個政治鬥爭的場所」。〔註75〕閱讀文學可以鑑古知今，讀者從處身的時代，進入《紙婚》發表與指涉的八〇年代社會語境，不論是記取歷史教訓或引以為戒，都可改造人類歷史的盲點。表面上，《紙婚》

〔註74〕朱天文：《荒人手記》，頁39。
〔註75〕伊格爾頓（Terry Eagleton）著，方杰譯：《文化的觀念》（*The Idea of Culture*）（南京：南京大學出版社，2003），頁20。

描繪出難以消滅愛滋病的恐怖性，實際上透過疾病，寫出「主流文化」規訓與懲罰下的認知體系，同樣存在難以駕馭、消滅的偏見。但在社會限制、禁止、壓抑同性戀者的力量底下，同性戀者所凝聚的力量與文化，也產生出積極對抗、創造性的力量，在文化競爭的過程中改寫了眞理的意義。尤怡平的日記，那麼認眞地爲一個沉默的愛滋病患代言，那是一個孤高的靈魂，在四面楚歌下奮鬥的故事。項生前遭受世人的誤解與唾罵，她選擇與他站在同一陣線，跟整個誤解同志的時代對話、抗辯。她紀錄了瘟疫來襲時，眾聲喧嘩的蒙昧與恐懼，那些指責同志的人，可能從未眞實面對自己的仇視與恐懼的根源，才會利用人的脆弱與疾病，攻擊他人來表達憤怒、敵意與仇恨。起初她怨恨著世人的愚昧，最後她選擇寬容原諒世人的脆弱。

這些小說砭針輿論的迷思，探索性與情慾所引發的社會問題，爲何總被呈現爲負面的、具傷害性的、不潔與污穢的罪惡。在所有性傳染病當中，愛滋病顯然是最受歧視與污名的疾病，愛滋病患不但不被當成是「病人」，更不被當成「人」。這些小說集中關注愛滋病患遭遇的人生經歷，卻不以主角／愛滋病患爲敘事者，反而利用旁觀者，透過「有距離」的方式觀察他們。敘事者是敘事文學的重點，牽涉參與故事的程度、敘事距離以及情節結構的美學意義，也是影響主題的關鍵策略。整體而言，這些小說雖少了罹病者的自我獻聲／現身，削弱自我發聲的政治性，但重要的是，健康的「敘事者」透過旁觀人物——聚焦的方式觀察愛滋病患，反而更客觀地呈現「愛滋病患」成爲天譴與集體懲罰對象時，最徬徨不安的面容。

愛滋病患死亡之後，一具具冰冷的屍體，安靜地消失在世界的一角，社會並未因此更了解愛滋病與罹病者，反而出現更多不人道的詛咒聲浪。愛滋病患成爲社會禁忌，在〈亂色調〉或《紙婚》裡，他們孤絕的處境尤顯沉鬱。病毒蔓延之際，連帶彰顯出人性之惡，麻木的人們在病毒蔓延時，不但不幫助病患，還憤怒的責罵；人們不去拆解道德戒律自相矛盾的偏見，轉而攻擊罹病者，更顯示出人性自私與恐懼的一面。這也突顯人們心中永遠抱持著審查的清單，把所有人們進行分類，更利用權力宣判背叛者的罪狀。所幸，在黑暗與恐懼之中，仍可看見最動人的感情，不忍旁觀他人痛苦、懂得關懷他人，才能發現人類生命中只有愛與寬容，才具有無可取代的意義，能眞正了解另一族群的生命選擇與缺憾。

九〇年代後同志可當眾接吻、九一年出櫃運動如火如荼展開、特效藥 AZT

降價、九二年解除肛交禁令，這是《荒人手記》裡阿堯生前所看見社會的轉變。《紙婚》中，承擔許多負面壓力、在愛滋詛咒中死去的病人，他們是時代的犧牲者；HIV 的發現以及傳染途徑的確認，已一一澄清他譴與天譴論的偏見，都說明人們對於病毒的理解太過有限。愛滋病既是透過性行爲或血液污染、垂直感染引發的傳染病，便應當理解在不當、不安全性行爲、共用針頭或輸血的行爲或狀況下，都能導致傳染性疾病。只要存在性活動與輸血行爲，不論男女都可能受到 HIV 的侵襲，這些研究成果證實疾病與天譴無關。也因如此，防止傳染病最好的方式便是避開病毒，保持衛生與安全的環境。只有宣導世人改變性行爲、進行安全的性活動，只用優質的衛生套，才可以有效地在性關係中，減少 HIV 感染的機會。愛滋病警告人們毫無保護措施，就可能造成病毒入侵、散播病毒，愛滋病已成爲異／同性戀者，都須防範的共同疾病。

在《紙婚》中，愛滋帶原者尊以美國境外的病例解釋愛滋病，正本清源提供更宏觀的視野，「它來自非洲，並非我們發明的，也非我們專有——異性戀者，也得病哪！海地那個國家，丈夫患病率還高於妻子。應該說，這是一種傳染病，而所有傳染病都是大家的病」。〔註76〕他的疾呼與宣告，至今看來仍具重要性。愛滋不是少數人的疾病，它促使社會大眾正視愛滋蔓延的嚴重性。任何病原的散佈與演變模式，都遵循一定的法則，但人類漸趨複雜的交往模式，讓疾病傳播的途徑變得日漸複雜。這樣的高聲疾呼證實一項事實——所有傳染病都是大家的疾病，只有認清病毒的傳染途徑，放棄天譴論的審判論點，不再把病原推給「他者」，杜絕歧視的思想，不再視「同志」爲不潔、髒惡的族群，才是終止世界亂源的唯一之道。

這些疾病小說呈現主流與新興文化相互影響的過程，異性戀與同性戀就像兩個對照物，能看見彼此的優勢，同時也發現失衡與匱缺的一面。同性戀文化雖面臨各式挑戰，卻總能從壓制中，不斷反抗權威逐漸爭取自己的自由，知識／權力的機制雖會壓抑性活動，但權力與性不只存在對立的關係，壓抑同樣會激發出更積極的抵抗效應。同志文學的發聲，擾亂了主流文化的道德框架，促使大眾注意到異性戀體制的封閉與侷限之處。這些小說提醒世人進一步思考「主流文化」建構的道德標準是否毫無瑕疵，所謂的眞理／道德是否早已成爲「壓抑同性戀」、「強迫性異性戀」的迫害機制而毫不自知。這些同志小說展現「規馴與懲罰」可怕的社會監禁與暴力效應，也突顯主流文化

〔註76〕陳若曦：《紙婚》，頁 208。

的匱乏之處，「打破傳統臺灣／中國家庭的禁制，……在奔馳的想像中，它照見了主流異性戀性愛腳本及性別分類的不足」。〔註77〕同性戀文化挑戰異性戀機制的正常性與主控權，衝擊固有的家庭結構外，更暴露「主流文化」中社會權力／知識體系的盲點，按照傅柯等激進派人士的觀點，同志的文化與運動的成就，不但超越了自身前景，很可能形成更廣義的文化，直接促生新的人際關係、生存類型、價值體系與美學方式，促使全人類產生全新的文化形式。〔註78〕同性性愛不斷試探越界的可能，已為整體人類帶來重要的影響力。

有的同志一心塑造性慾化的自我形象，雖衝擊僵固的主流文化別具意義，但也顯現了優劣互見的評價。傅柯於《性史》中曾犀利地指出：世人批判性的態度與基督教義息息相關，因性活動是一種受自然安排卻易被濫用的力量，基督教談起肉欲，總認為快感是人性墮落的原罪，總強力要求個體善用自制力量克制慾望。〔註79〕東方社會同樣強調戒淫，以及對「人欲」的自制力。同性戀強調愛欲的力量，徹底批判異性戀壓抑性愛的偽善態度，在玩世不恭的性愛中，突顯出激進的政治意義，也讓同志性慾成為反父權制度、反國族認同、反情慾潔癖、反虛偽道德最激進的力量。但同志內部對放縱的肉欲，也出現自我詆毀的反省聲浪。浮濫的性慾，竟可能讓情慾主體淪為精疲力竭的娼妓，同志文本坦露性愛消耗後的異化感受，讓人們在性解放的抗爭意識中，同時瞥見怵目驚心的衰敗。可預見的是，在主流文化與新興文化的衝突關係中，同志文化一定會繼續為同志請命，繼續探索人類存在的可能樣態。同志形成想像的共同體，雖常困於自毀與自虐情結，或曾遭受誤解、圍剿與攻擊，但所有的言說與行動，都具有再次型塑主體的積極力量。

第三節 違背禁忌者的惡疾詛咒：瘋狂、沖煞、痲瘋

壹、禁忌者的惡疾：瘋狂、沖煞、痲瘋

本節討論的小說，皆對文化禁忌提出深入的思考。在這些小說中，時常可看到女人受病折磨的場景，眾人總認為她們身上出現精神異常或囈語的疾病，不是冒犯神鬼禁忌，就是受鬼神沖煞所致。另外，男性若出現醜陋怪異

〔註77〕劉亮雅：《情色世紀末》（台北：九歌出版社，2001），頁105～106。
〔註78〕李銀河著：《性的問題・福柯與性》（北京：文化藝術出版社，2003），頁127。
〔註79〕傅柯著，佘碧平譯：《性史》，頁157。

的病症，勢必引發性氾濫與性罪惡的猜忌，同樣成為天譴論的攻擊對象。輿論皆認定他們因違反習俗禁忌而病，本文深入討論天譴論背後，權力／眞理的機制體系是如何影響罪惡與懲罰的宣判。總計討論四篇小說，分別是：王拓的〈吊人樹〉（1970）、陳若曦的〈婦人桃花〉（1962）、〈灰眼黑貓〉（1959）與朱西甯的〈金石情〉（1987）。

這些小說中的罹病者皆觸犯文化禁忌，疾病被當成觸犯禁忌後的懲罰，在天譴論的宣判背後可發現，眾人對疾病的「想像」與「定見」，根深蒂固地受到權力的影響，再次彰顯「禁忌契約」強大的約束力。禁忌之所以能夠產生影響力，是因為人類對神鬼、惡兆等不祥事物具有一種共同的、恐懼的心態，權力的力量與意志滲透進迷信的思維中，人們相信神秘力量可支配禍福，只要他們生病，輿論認為那就是天譴降罪的懲罰。人們對禁忌的態度，也會從懷疑轉變成高度的臣服，再次證實疾病是外力介入所促成的身心苦刑；既然懲罰來自於神明或超自然力量，自然具有不可取代的神聖性。也因如此，眾人要求曾傷害死者的人、事神怠慢的女性，盡快回復到「禁忌契約」的規範框架內。此時，罹病者只有透過一連串迎神驅魔懺悔贖罪的治療儀式，才能平息神怒、重獲健康。

從這個角度來看，維護健康與治療疾病一直是人類社會中最重要的問題，為了處理各式疑難雜症，每個社會都會產生出一套醫療體系，一方面分析疾病成因，另一方面幫助罹病者防禦疾病、診治疾病。此類疾病種類相當豐富，有些疾病例如沖煞、犯禁與中邪這些本土疾病，生病的民眾，有時不會到醫院去治療，反而會去請教「民俗醫生」探問病情。本節討論的疾病小說中，「民俗醫生」所產生的功能，遠遠大過於「醫院專業人員」。因為，罹病者或家屬認為西洋醫學以解剖與生物學為知識基礎，根本無法解決他們的問題。美國學者克雷門（Arthur Kleinman）以文化研究角度觀察醫病關係，發展出一套社會醫療系統。他以此模式來思索健康、疾病與治療三者間的關係，認為每個文化涵蓋了三個次醫療系統，分別是以西方理性醫學為主的專業人員、傳統既存的土俗醫生與個人、家庭、社會及社區網絡，密切串聯建立的大眾醫療體系。克雷門以文化的角度，毫不偏頗地肯定各次醫療體系的價值。此三大醫療網雖因專職不同而互有衝突，各持觀點解釋病因、病徵、病程與社會意義，這三大醫療系統始終並存於世，造福世人。〔註80〕

〔註80〕 Arthur Kleinman, *patients and Healers in the Context of Culture：An Exploration*

　　這些「民俗醫生」，就是人們所熟知的乩童、草藥師、赤腳仙、巫師、通靈師、天眼占卜師、陰陽師等，在民俗醫療活動中，佔有無可取代的重要性。他們是擔任治療任務的「民俗醫生」，不論調製方劑或是穿梭幽冥，或是畫符解禁占卜治病，常在俗民生活中扮演起死回生、消災解難的重要角色；他們的重要性，可說是充分運用民俗文化的元素與儀式完成「支持性心理治療」，發揮了實際的功效，「利用這種本土的精神動力學，應運產生一些儀式來執行本土性心理治療」。〔註81〕〈婦人桃花〉中穿梭陰陽界的閻婆仔與助手，他們以超自然力量或是巫術思維，為罹病者解釋病痛發生的原由，這也說明「民俗醫生」的醫病關係，早已成為庶民文化的一部分。「民俗醫生」擔任病人與習俗禁忌的中介者，雖然可能不承認自己進行醫療行為，但若能成功解除罹病者的疾病與煩惱，那就已順利地完成醫療行為，成為名副其實的「本土心理醫生」。

　　作家王拓常以故鄉八斗子為場景，極其戀鄉地描述漁民淳樸迷信的文化，以及危險又困苦的生活。〔註82〕在〈吊人樹〉裡，小說主要討論女性疾病與習俗禁忌的盲點，描述八斗子鎮上舉辦一場祈神廟會，家人藉著廟會幫中邪的女性除病驅魔。臺灣社會與聚落的發展有密切的關係，其中村廟更是這種組織的核心。〔註83〕圍繞在廟會四周的祭祀圈，除具凝聚情感的社會性功能之外，更具有驅魔治病的宗教性功能，早已成為人民生活不可或缺的一部分。只要人們遭逢難以解決的疾病或困厄，都可能依賴祈神廟會的宗教儀式來驅魔。此時，迎神驅魔的儀式既是臺灣敬神畏鬼的習俗，也顯現出漁民獨特的醫病文化。

　　阿蘭瘋病復發後，引起全村人的關注，家人求助聖母得到的指示是：「阿蘭被鬼沖了」。〔註84〕大家根據神明的指示，紛紛猜測阿蘭到底觸犯了什麼「禁忌契約」。阿吉叔揣測阿蘭已成為冤死者的替身，變成異鄉鬼投胎的對象，「外鄉郎死了當想要回到故鄉去，他如果不捉來當替身，怎麼回去？而小孩老是

---

of the Borderland between Anthropology. Berkeley：University of California Press（1980），p 50.

〔註81〕　胡海國：《當代精神醫療》，頁 31。

〔註82〕　山田敬三著、涂翠花：〈作家王拓──當代臺灣文學意見〉，《王拓集》（台北：前衛出版社，2000），頁 256。

〔註83〕　陳其南：《家族與社會》（臺北：聯經出版社，1990），頁 114。

〔註84〕　王拓：〈吊人樹〉，收入郭楓主編《臺灣當代小說精選》第 3 冊。（原載於一九七○年五月號《純文學》）（臺北：新地文學出版，1993），頁 73～91。

喜歡在樹下玩，這實在害人憂心」。〔註85〕實際上，疾病的致病因素甚多，阿吉叔偏相信「鬼沖」是唯一病因，以「驚到」與「中邪」來看待阿蘭的異常病症，顯然受到習俗禁忌講究神鬼之術的影響。此時，知識與權力的關係，更近一步展現在小說當中。眾人受年事已高的阿吉叔影響，一致認爲疾病是惡靈所致，紛紛咒罵起異鄉人；因恐懼、敬畏與震懾相互影響下，紛紛贊同阿吉叔的天道思維，此時眾人已認定「禁忌契約」爲迴避災厄的真理，「對死人我們應該敬畏，否則到時他可以拼生死鬧得你全村不寧靜」。〔註86〕

　　年事甚高的阿吉叔，以智慧長者的身分闡述天道思想，認爲人們只要虔誠地履行禁忌契約——敬神契約，制約者——神明受到感動，自然能夠消災解難。身爲神跡與歷史見證人，阿吉叔認爲廟宇是人神契約的橋樑，阿蘭只要讓神明感受到她虔誠的心意，神明完成驅魔儀式後，阿蘭必能回復往日的健康。他也希望鎮上酬神治病的民俗傳統，以及敬神的價值觀能夠傳承下去，讓年幼的鄉民不再受到鬼神的懲罰。阿旺叔同樣以違背「禁忌契約」批評阿蘭，認爲阿蘭沖煞得病，完全是她觸犯最重要的禁忌——拜神不敬所致。阿旺叔認爲人神要維繫施惠者——受惠者虔敬的契約，認爲阿蘭違背禁忌，沒準備厚禮，當然受到瘋病的懲罰，「好像是說阿蘭的神經發作是她自己作的孽，並不是媽祖故意不保庇他們」。〔註87〕這也顯現鄉民皆以「禁忌契約」的天道觀與宇宙觀，來看待女性的疾病。

　　陳若曦的〈婦人桃花〉描述亡靈以超自然力量，懲罰違背婚約的女性，造成女性病重的故事。全文渲染鄉野傳奇的神秘性，也呈現臺灣醫病文化獨特的宗教觀與宇宙觀。桃花纏綿病榻，病情日益加重，「終日昏昏沉沉，時而喃喃自語，懷疑是鬼魂來惑」。〔註88〕家人認爲桃花沖煞犯禁，便請閭婆仔溝通幽冥，以民俗療法治病。閭婆仔引導副手與桃花進入陰間，死者梁在禾的鬼魂娓娓細訴二人本有婚約，桃花放蕩觸犯人倫大忌，違背童養媳的義務，他因深愛桃花痛苦不堪而自殺。

　　梁在禾憤恨桃花背叛婚約，他要讓桃花受到身體病痛最嚴厲的懲罰。可以看出，降病完全是絕望者的報復行動：「而黑夜長久像白日，難得睡眠安

〔註85〕王拓：〈吊人樹〉，頁75。
〔註86〕王拓：〈吊人樹〉，頁80。
〔註87〕王拓：〈吊人樹〉，頁88。
〔註88〕陳若曦：〈婦人桃花〉，《陳若曦自選集》（原載一九六二年六月《現代文學》
　　　　第14期）。（臺北：聯經出版社，1976），頁163。

穩。……桃花姊她誤我又負我」。〔註89〕身為法力無邊的制約者，他要讓桃花生不如死，以懲罰她的移情別戀、用情不貞。小說從極其普通的愛情糾紛出發，展現桃花夾雜在罪與罰糾葛的內心世界，正因涉及鬼神報應，而讓此件奇人奇事，令人留下極其深刻的印象。

陳若曦另外一篇小說〈灰眼黑貓〉，同樣關注女性疾病與社會禁忌的關聯，透過阿青身為同故事與故事內的敘事者，描述堂姊文姐受黑貓禁忌詛咒悲慘的一生，「在我們鄉下有一個古老的傳說：灰眼的黑貓是厄運的化身，常與死亡同時降臨」。〔註90〕在臺灣習俗中，不但認為黑貓有九條命，還認為神秘的貓兒藏有可怕的邪靈力量。這也說明人們若是不了解動物的習性，就可能產生不祥的聯想，從而創造了「動物禁忌」，「牠們的外型、聲音、生活習性帶有極大的神秘性，便與人所畏懼的鬼神相糾纏，從而具備了獲得禁忌的條件」。〔註91〕就因灰眼黑貓常與人類所迴避的惡事──死亡串聯，所以引發眾人的恐慌，讓一再觸犯黑貓禁忌的文姐受鄉人指責，她的命運從此與動物恐懼、文化偏見、男尊女卑的鄉村惡習緊密糾纏在一起，更因此葬送美好的人生。

最初，只因文姐誕生之際，母親看見灰眼黑貓，從此文姐被當成是不祥之人。從此可見，動物禁忌之所以能建立在社會體系之上，主要是因為生存本身仰賴許多外在的表徵與功能，才能創造屬於人類秩序的特殊氛圍、意義與價值；趨吉避凶的人類經驗，便靠著群體內部信息的交流持續傳遞下去。〔註92〕在社會當中，每個區分凶吉的行動與規則，都可用來分配個人獲得的社會地位與權利。人們畏懼黑貓的因素是複雜的，但總有一種動物，必須承擔「禁忌」的警惕功能。在臺灣民俗當中，毫無疑問的，黑貓具有此項功能。這是因為，貓兒的某些行為模式與人類需要的社會儀式十分相近，在生死、生殖、野性、暴力、慾望與競爭等生物習性，加上了人的權力運作後，把動物身上展現的本性，不論是野性或暴力都闡述成人所畏懼的本能。〔註93〕由歷史可

〔註89〕陳若曦：〈婦人桃花〉，頁 163。

〔註90〕陳若曦：〈灰眼黑貓〉，《陳若曦自選集》（原載一九五九年三月《文學雜誌》第 6 卷。第 1 期）（臺北：聯經出版社，1976），頁 47。

〔註91〕萬建中：《禁忌與中國文化》（北京：人民出版社，2001），頁 139。

〔註92〕彭兆榮：《文學與儀式：文學人類學的一個文化視野》（北京：北京大學出版社，2004），頁 126。

〔註93〕彭兆榮：《文學與儀式：文學人類學的一個文化視野》，頁 126。

見，人類總習於把動物與人分隔開來，但把動物的習性賦予社會意義與道德意義，向來就是人類社會極其普遍的生存契約。也因如此，文姐長大後，徹底體會到社會禁忌的可怕之處。

文姐曾因一時興起，造成黑貓殞命。貓主人厲聲詛咒文姐：「誰害死你呀，你就跟住他吧！啊……你們這些小流氓，哪一個害死他，我咒他，他一定不得好死，他家的人都不得好死，活該絕子絕孫」。〔註94〕從表面上看來，似乎在文姐出嫁後，一一應驗了這些可怕的詛咒。實際上，是人們對禁忌的忌憚之心綑綁人心，反而像劫難一般爆發出來，這是人性當中最可怕的部分。

天眞活潑的文姐嫁到朱家後，「禁忌契約」開始產生最可怕的負面影響。因文姐嫁妝藏著灰眼黑貓，人們迷信它會造成災難，婆婆便憤怒地退回嫁妝，更遷怒於文姐，大家迷信這是一個「喜事轉災」的惡兆。禁忌思維眞正控制人們之後，開始發生一連串不幸的事件，文姐嫁到朱家第二天就病倒了，「文姐發燒了，躺在床上，兩腮燒得腥紅，嘴巴不停地喃喃自語，鬧著要回去」。〔註95〕她的病症看似沖煞所致，坐實貓靈懲罰她的可怕預言。婆家人更名正言順地忽視文姐的疾病，不關心她的痛苦，隔離她這個受詛咒的女人，讓她的病情變得更加嚴重了。

朱西甯的〈金石情〉裡，描述臺灣過去相當流行、也備受歧視的傳染性疾病——韓森病（Hansens Disease；漢生氏病；痲瘋）。只要人們翻看臺灣早期醫療史與歷史紀錄，便可發現痲瘋病人與痲瘋二詞，曾是許多人心中最恐怖的記憶。長期以來，痲瘋成爲令人畏懼的疾病，正如台大教授葉曙所言，還是稱呼譯名「漢生氏病」比較不嚇人。〔註96〕

〈金石情〉裡，金義楨罹患痲瘋，從此獅面般的臉孔，讓他成爲人人口中的天譴之人。小說透過同故事——內故事的敘事，展現罹病者既徬徨無助、又果敢堅忍的治病歷程。在「樂生醫院」拆除，痲瘋病已漸消失的當今，重讀此篇小說無疑具有重要的意義。不但召回「聞痲瘋色變」逝去的流光，更將亘古不變的人性弱點——譴責醜陋的社會群眾心理，做了最全面的紀錄。

罹病者金義楨的痲瘋症狀，是逐次突顯出來的。痲瘋是分枝桿菌所引起的病症，急性症狀發作期的威力相當嚇人。當他手指潰爛，幾乎失去知覺，

〔註94〕陳若曦：〈灰眼黑貓〉，頁47。
〔註95〕陳若曦：〈灰眼黑貓〉，頁47。
〔註96〕葉曙：《最新簡明病理學》，（台北：正中書局，1989），頁164。

發生多次燙傷、切傷意外之後，他才發現此病非同小可。病人的皮膚外部產生病變，陸續出現丘疹與斑疹，除了感覺遲緩之外，皮膚產生結核病般乾酪化的結核反應，這是類結核痲瘋的典型症狀。〔註 97〕更糟的是，病情轉化成「醜惡病」，以驚人的速度繼續蔓延，「直到殷紅的斑疹突然猖獗，顯著的一天一個樣子的惡化，擴大而隆腫，以致於上到臉頰、額頭、鼻樑」。〔註 98〕丘疹與疣疹遍佈全身，常在身體陰涼處出現這樣的病變，尤其是手與臉部出現瀰漫性肥厚的症狀。痲瘋菌傳播迅速，顏面毀壞的程度相當驚人，正當免疫系統併發急性反應症時，猛烈的病情，差點擊倒了這個馳騁沙場不畏生死的軍官。

疾病已留下永久性疤痕，金義楨根本無法遮掩痲瘋症帶來的巨大改變，在生理上與形體上出現嚴重的缺陷。他變得和正常人不一樣，他的病讓他變成文化契約的違背者，成為醜怪、特異、不正常的人；他的臉從此成為一面牆，隔開了他與世人的距離。他雖痊癒了，但桿菌損壞的軀體，就跟七八百個病友一樣，再也無法回到過去的樣貌，「一個人的顏面惡壞到我這樣子，……獅面兔眼、眼瞼內翻外翻、鼻子塌了、顎顴穿洞了、肌肉萎縮的萎縮、手指足趾扭曲的扭曲，斷落的斷落，殘缺的殘缺」。〔註 99〕從他臉上可發現，類結核痲瘋與瘤性痲瘋同時遺留下可怕的後遺症，皮膚更因瀰漫性肥厚而呈現獅面外觀（leonine facies）的樣貌，早已扭曲得不成人形；再加上鼻黏膜炎症造成鼻骨毀壞、鼻樑塌陷，已成為一張破碎殘缺的臉。

金義楨發現痲瘋症造成他外貌形體的改變，更讓他失去「一般」人民所擁有的權利與籌碼，生活也面臨極大的歧視。人們一看到醜陋的樣貌，便拿它當作審判人的工具，總認為毀壞顏面的疾病，是下流人流連娼妓、沉迷不潔的性行為後，尋芳客敗德行為的證據與報應。一般民眾身為嚴屬的「審判者」，卻未審先判，完全不體恤罹病者的苦痛，毫不留情地訕笑病人，就連醫生也不例外，「而醫生瞧透私隱的微笑的目光裡，顯而易見對你的自述清白也斷然不會採信，只差沒有說出口：『當兵的還幹嘛這上頭撇清』！真的是百口莫辯的沉冤」；〔註 100〕「不容我分辯的咬我血不乾淨，有陽性梅毒反應。太過

〔註 97〕葉曙：《最新簡明病理學》，頁 164。
〔註 98〕葉曙：《最新簡明病理學》，頁 164。
〔註 99〕朱西甯：〈金石情〉，《黃粱夢》（臺北：三三書坊，1987），頁 146。
〔註 100〕朱西甯：〈金石情〉，頁 130。

分了，這樣的冤人」。〔註101〕據醫學的研究指出，公共浴場、娼妓和她們所服務的妓院，常是梅毒最常孳生的地方。〔註102〕世人對於性傳染病帶有歧視的眼光，也讓染上梅毒的人，背上道德淪喪的罪名。金義楨沒想到自己怪異的面容，雖從不留心脂粉，竟讓世人錯認他為性病感染者，從此成為違背文化契約的罪犯。就連醫生也粗暴地對待他，他的心理受到莫大的傷害。

最後，終於有醫生澄清他不是染上性病。但當時染上痲瘋，就和染上性病一樣，是個羞恥的疾病，同樣受到羞辱，他依舊成為眾人髮指的對象。「本來這就是一種決不比花柳病稍稍體面一些些的惡疾不是」。〔註103〕除了好友之外，就連醫院的醫生與護士，也深信《利未記》描述的痲瘋症，正是上帝的懲罰，要他懺悔認罪，「包括胡大夫在內的十之八九都是信教的醫生護士所眾口一聲叫我承認的罪惡」。〔註104〕金義楨不願承擔天譴論罪名，為了捍衛自己的尊嚴，激烈地反駁天譴論與原罪的觀點，更無法接受懺悔的要求。

不僅東方社會畏懼、排斥痲瘋病人，西方中世紀時期，也一直認為痲瘋是腐敗社會的象徵。〔註105〕金義楨患上人人聞之色變的痲瘋病，不由分說已成為文化契約的違約者，疾病徹底改變他與社會的關係，他從此失去人民應有的自由與權利。童年時期痲瘋病人的夢魘，加上大眾電影《金石盟》的惡意曲解與恐怖幻想，都加深金義楨的心理負擔。他竟因病被迫離開軍隊，已成為被全世界懲罰、最悲慘的病人。

貳、不敬、不貞與醜陋的審判

在社會的監視下，任何一個社會成員，都依循既定的制度與規則行事；而這些制度與規則，聲稱能維持社會的真理。於是人們看見為了維持秩序，輿論便把一些違背文化契約的人當成罪犯，更習於從外部病徵或行動，判定此人品行與天譴的關係。可以想見，這樣的判決，勢必導致重大的疏漏與謬誤。大眾輿論認定病患皆因違反習俗禁忌而病，這也突顯出疾病與禁忌之間，總存在著某些緊張的關係。特別是女性的中邪、囈語與瘋病，常被認為是「瀆神不敬」、「觸犯聖物」、「不貞」與「失德」的報應；而男性臉上「醜陋」的

〔註101〕朱西甯：〈金石情〉，頁131。
〔註102〕余鳳高：《流行病——猖獗到頹敗》（濟南：山東畫報出版社，2003），頁176。
〔註103〕朱西甯：〈金石情〉，頁139。
〔註104〕朱西甯：〈金石情〉，頁151。
〔註105〕Susan Sontag. *Illness as Metaphor and AIDS and Its Metaphors*.（1990），p58.

腫瘤與惡疣，因觸犯審美大忌，易被當成天譴罪惡，這些例證都說明人們由
於無知與恐懼，習把疾病當成是超自然力量的懲罰。

　　其中，小說觸及了一個值得人們進一步思考的問題，女性疾病顯然與社
會文化、習俗禁忌存在密切的關係。在這些小說中，不但傳遞了父權制度下
的意識形態，也顯示異性戀霸權對女性的強迫與要求，不論在病前或病後，
她們都是輿論／體制「凝視」的對象。所謂的習俗與禁忌，不過就是異性戀
霸權護衛自身優勢的控制工具。女性主義研究者累積多年的研究成果已指證
歷歷，父權社會下所散播的醫學知識，更直接地反映了刻板的性別印象，並
企圖利用醫學知識更進一步完成對女性的社會控制。〔註106〕社會透過層層方
式監視女性，指控她們為失德的女性，很自然地她們成為被談論、被支配與
被治療的對象。而眾人審判女性的方式，更有意或無意地揭露了社會無所不
在的權力架構，清楚地反映父權社會的意識形態。

　　長期以來，文化習俗格外關注女性的身體。這層關注所造成的結果，就
是當女人生病失去理性溝通的能力時，在瘋狂的、中邪的、囈語的症狀中，
她們無法替自己做主，而世人卻按照習俗規範將她們定罪，強勢地以民俗療
法幫她們治病。這些舉動看似是為了幫女性治病，但事實上，輿論卻未必真
正理解她們確實的病況及病因。重要的是，臣服天譴下的疾病論述，根本無
法迴避男尊女卑異性戀霸權的性別盲點，罹病者可能展開懺悔行動彌補罪
惡，或是透過民俗儀式解禁贖罪，最終可能改善病情也可能毫無效用。這些
小說以不同角度，討論超自然「禁忌契約」與「天譴論」間的曖昧關聯。

　　〈吊人樹〉中，阿蘭的瘋病，引起鄉民諸多揣測。鄉民認為她的瘋病，
是觸犯禁忌褻瀆神鬼所引發的懲罰。眾人要求女性擔負家內祭祀等瑣事，阿
蘭肩負敬天祈神的重責大任，阿旺叔指責阿蘭事神不敬是重大的罪行；但矛
盾的地方在於，海生同樣事神怠慢，卻不見阿旺叔的言語責備，顯然人們認
為女子瀆神是有罪的、不潔的，社會規範以嚴厲的方式限制女性、批判女性，
最後還認為天神降罪是極其正當的懲罰。從這些宗教形式可看出，社會對女
性角色存在不合理的束縛與要求。

　　眾人在媽祖生日時敬獻祭禮，企圖透過原始降魔儀式，替阿蘭治病與
贖罪，這是國人熟知的宗教儀式，可見廟會驅邪早已成為全民共同的生活

〔註106〕吳嘉苓：〈性別、醫學與權力〉，《性屬關係──性別與文化、再現》（台北：
　　　　心理出版社，1999），頁376。

經驗。一旦有人逢遇困厄或疾病之「變」，人們為了重獲秩序與福德，祭祀的習慣，立即變成顯性的宗教意識與力量，此層意識更直接喚起眾人深層的集體焦慮。〔註107〕海生擔任弄獅人，不斷在大榕樹下朝拜，眾人咸信此時媽祖正在替阿蘭醫病。海生奮力舞動獅頭，阿旺伯也虔心念著禱辭，神聖的儀式加上虔敬的信徒串聯產生震懾的力量；大家都被瘋狂奇幻的氣氛給催眠了，被鼓動釋放出一切反理性的、獸性的、瘋狂的衝動。此時，宗教的力量撼動在場所有的人。這種宗教性的體驗，是崇尚理性、科學驗證的「主流文化」所無法詮釋的人類經驗，它解除了文明的約束，以「原始的火祭」來對抗邪魔，把人們心中被理性社會壓抑的幻想釋放出來，也滿足了鄉民極其單純的願望。這也說明「集體潛意識」（collective unconscious）就如「殘餘文化」一樣，雖是原始人的生活方式、意識形態和思維傾向，卻通過奇異的方式繼續殘存在現代人身上；讓現代人在突發的事件裡，重新表現出相同崇神敬鬼的心靈。榮格（Carl Gustav Jung）認為，個人潛意識依賴更深一層的集體潛意識而存在。集體潛意識是從遠古時期承繼下來的共同記憶，也是人們史前集體生活的經歷與方式，一般透過原始意象的方式傳承下來，並成為所有人類的共有記憶。即使是不同民族與文化背景，也具有相同的傳說與精神意象，它始終透過原始的形象與人保持溝通。常若松將榮格的集體潛意識理解為「在每一個個體大腦結構中更新的人類演化的整個精神遺產」。〔註108〕集體潛意識更是「包容了從祖先遺傳下來的生命和行為的全部模式」。〔註109〕眾人不由自主地臣服在神秘力量下，一種原始震撼與族群意識，不動聲色地凝聚起來。這也再一次證實，異性戀霸權與「殘餘文化」結合之後，將禮神事鬼畏神懲罰的體系，以及與神對話的方式建構完整，串聯起神秘力量撼動人的肉身經驗，讓庶民不得不打從心裡禮敬遠方的神靈或地下的鬼魂。

　　鄰里中，多數人以為阿蘭的瘋病是中邪所致。實際上透過「故事外聚焦」（exter-focalized）與「故事內聚焦」（enter-focalized）的對照可發現，只有「故

〔註107〕李豐楙：〈命與罪：六十年代臺灣小說中的宗教意識〉，收入《臺灣文學中的社會：五十年來臺灣文學研討會論文集》（台北：文訊雜誌社編印，1996），頁251。
〔註108〕常若松：《人類心靈的神話：榮格的分析心理學》（台北：貓頭鷹出版社，2000），頁131。
〔註109〕常若松：《人類心靈的神話：榮格的分析心理學》，頁131。

事外」敘事，才能橫越時間與空間雙重侷限，引領讀者再現／鳥瞰異鄉人賣藝的場景實況，俯瞰「全景性視域」（a panoramic）與「同時性聚焦」（simultaneous）的場景；觀察到賣藝者見到阿蘭驚詫的神情，又看見阿蘭刻意的閃躲，都可證實賣藝者就是阿蘭深愛的男友，解答了阿蘭生病的原因。若聚焦從屬於（貼近於）人物時，則失去全景性與同時性的可能；將聚焦者的外部位置與內部位置轉換成空間概念，就成為鳥瞰式及有限的觀察者視域。鳥瞰式的視域位置，高於他的感知對象之上，這也是敘述者——聚焦者的標準位置，它能產生全景性視域與同時性聚焦。〔註110〕「故事外聚焦」能掌握到的訊息容量，遠遠大過於阿吉叔與阿旺叔的個人感知。顯然，個人感知受制於人物——聚焦的視野侷限，以及他們根深蒂固的神鬼思想，都錯誤地將阿蘭想像成中邪的病人。

　　不論是阿吉叔或家人阿旺叔，都將瘋狂的責任推給亡靈與阿蘭，只關注超自然力量與神鬼報應之說，因而釀成悲劇。但隱藏的真相，卻是愛人先為阿蘭入獄服刑、後因她客死異鄉，阿蘭見愛人死狀淒厲，無法承受過大的壓力而痛苦病發。只可惜精神病的特徵就在於主體意識的喪失，阿蘭根本無法讓家人了解兩人的秘密，為了這段「本省愛上外省」的愛情，兩個人都發瘋了。「問世間情是何物，直教生死相許」，愛情的迷障讓人執迷、讓人瘋狂，阿蘭的精神疾病是承受不了過度的壓力所致，眾人愚騃未能及時看透二人情事，緊急關注精神病人的異常狀態，最後鑄成枉死的悲劇。情愛糾葛引發的瘋病，卻被誤讀為觸犯「禁忌契約」的懲罰，透過小說人們更進一步反省「殘餘文化」的侷限性與影響，也讓人們思考異性戀制度下的盲目與偏見。

　　對於超自然力量的影響，陳若曦的〈婦人桃花〉顯然可與〈吊人樹〉隱含的「去除民俗迷信、破除疾病迷思」的意圖進行對話。此篇小說是陳若曦早期發表在《現代文學》的作品，跟其他現代派作家相比，所關注的題材既不激進，文體表現也不前衛，反而具有濃厚的鄉土特色。小說透過「觀落陰」的民俗療法，反而對超自然力量「天譴論」的力量與價值，抱持肯定的態度，也賦予民俗療法攘解疾病正面的、積極的意義，可以說是一篇極富鄉土意識的小說佳作。譚楚良認為陳若曦的鄉土作品，「反映臺灣下層民眾生活的作品，因此，它不僅推動了現代主義文學的發展，也在一定程度上促進了臺灣

〔註110〕Shlomith Rimmon-Kenan. *Narrative Fiction：Contemporary Poetics*. London and New York：Routledge（1983），p71～81.

文學對本土意識的確認」，提供詮解陳若曦作品極佳的觀察角度。〔註111〕以小說發展史而言，這篇作品融合新的敘事筆法，來呈現鄉土意識，無疑具有重要的意義。

在〈婦人桃花〉中，民俗儀式的主持人閻婆仔，不讓桃花服用任何藥方，就治癒了她身上的怪病。她的工作就像醫生一樣專業、神聖，以幫助者的身分運用「普渡生死」之方，扭轉桃花惡化的病情。除了療治病人病況之外，她更以中介人的立場，協助建立新人倫契約，修補陰陽兩界的舊恨新仇。一來讓屈死的梁在禾抒發心中的幽憤，二來讓桃花徹底反省自己的失貞舉止，三來釐清了病因的真相、解除致病的危機，促成皆大歡喜的局面，讓失衡的局面，重新回到平衡無缺的狀態。

〈婦人桃花〉描述死者梁在禾，透過「觀落陰」的方式傳達他的憤怒，也重重地審判了失約者桃花的罪狀。死者是最令人恐懼的禁忌，龐大的冤屈與憤怒竟讓死者在往生後，還以強大的力量危害世人，這也是最讓人們恐懼的地方。閻婆仔運用民間道教，搭建起人鬼的橋樑，透過靈媒的引導與解禁，桃花可透過附靈儀式，面對自己的疏失。最後，閻婆仔身為陽冥兩界的翻譯者與調停人，扛起「冤家宜解不宜結」的任務，展開新契約的協商工作。她秉持著傳統文化「虛置鬼神，兼重人事」的原則，重新調和雙方當事人的心願與義務，對懷恨在心的梁在禾展開柔性勸說：「桃花若負你，也是一時差錯，身不由己，看在生死兩地，寬大放過，不要纏她不放」。〔註112〕她提出決議讓桃花補過，桃花允諾將一子一女改成梁姓，延續香煙，以新的人鬼契約修補未履婚約的憾恨。桃花受到懲罰，並認罪補過之後，過不了多久便痊癒了。疾病的消失與痊癒，也意味著禁忌的解除，桃花再次回復到健康平衡的狀態。

〈婦人桃花〉透過「觀落陰」的儀式，宣判桃花的罪狀，罪與罰的審判過程極富警示意義。桃花違背婚約，傷透梁在禾的心固然有錯，但梁在禾輕視桃花的愛也是事實。在桃花改嫁之際，梁在禾看不透情障選擇尋死，桃花卻得背負沉重的道德包袱，也可看見輿論賦予女性沉重的人倫重擔。桃花透過神秘且怪誕的「觀落陰」儀式得到懲罰，同時，也透過此民俗療法得到治療。最後，桃花對梁在禾表露她的愧疚與不安，也同時體會到死者對她的深

〔註111〕譚楚良：《中國現代派文學史論》（上海：新華書店，1996），頁277。
〔註112〕陳若曦：〈婦人桃花〉，《陳若曦自選集》（原載一九六二年六月《現代文學》第14期）。（臺北：聯經出版社，1976），頁160。

情，當桃花認罪時，兩人作了最好的溝通，化解了人倫悲劇與衝突。

　　婆仔主控罪與罰的審判大會，不但解釋桃花的病因，也成功解開桃花的心結。人們難以反駁「觀落陰」的整個過程，全由婆仔主控暗示、催眠，存有許多真實性的疑慮；也可說這根本不是神鬼的天譴案例，而是一場自我譴責的心理治療。因為所有的病因，都是當事人自己想像出來的，自己宣告出來的，靈媒只是順乎當事人的意志，給予釐清與解釋的機會而已。這也說明了民俗療法的詮釋與治療系統，迥異於現代醫學的模式，「巫術治病的解釋體系，其『理論』完全是想像出來的，其『實踐』大多是造假表演的，所以稱之為『虛構』的」。〔註113〕但無論真假如何，當婆仔以梁在禾附身復仇為由，解釋兩人的恩怨情仇，總算得到罹病者的認可，化解心結之後，桃花的病況自然好轉了。

　　最後，新的人鬼契約奠定了，以不完美但合宜的方式解開二人心結，卻也展現了異性戀霸權的意識形態與封建性，再次善用女性最原始、但最有用的能力——生育，讓桃花補過，成全梁家香煙不絕的繁衍理想。這篇小說格外受人注意的部分，在於女性作家利用小說肯定民俗介入人倫的積極作用，卻強化了異性戀霸權一貫以來的意識形態。讀者必須從正反兩個方面探討〈婦人桃花〉的利弊得失，一方面，它提醒禁忌的禁止作用，不但具有約束違法亂紀之人的作用，也具有鞏固社會倫理價值的消極意義。當人們服從「文化契約」，克制言行尊神守禮時，自然可換取與世界相安共處的生活，這既符合大眾的期待，也讓禁止作用產生正面的功能。但全文充斥民俗與鬼神之說，是少數闡述原始思想大肆伸張迷信思維的作品，也沾染濃厚的鬼魅氣氛，黃重添更直指「全文充滿神秘的夢魘氣氛。作者似乎要讀者相信，人鬼真能相通」。〔註114〕〈婦人桃花〉未能跳脫迷信的框架，僅以民俗論民俗，更難以宏觀地看到迷信思想的侷限性；鄭永孝的評論一針見血，「因而主題也就不可避免被圈在純迷信的範疇」。〔註115〕因禁忌契約所產生的效果，除了具有明顯可見的禁止作用外，同時更會加深人們彼此猜忌、懷疑、恐懼與報復的保守心態，這是禁忌契約不可忽略的負面效應，也可能讓這篇小說強化了迷信與封建的思想。

〔註113〕詹鄞鑫：《心智的誤區：巫術與中國巫術文化》（上海：上海教育出版社，2001），頁426。
〔註114〕黃重添：《臺灣長篇小說論》（臺北：稻禾出版社，1992），頁183。
〔註115〕鄭永孝：〈迷信與命運——論陳若曦早期小說的主題〉，《中外文學》7：9（1979），頁48。

以桃花的遭遇而言，尚未成親的她違約失貞，竟招致死者如此大的恨意，故事的警戒意涵令人不寒而慄。換個角度來說，梁在禾以附身與復仇行徑造成桃花病發，宣揚的就是異性戀霸權最擅長的恐怖與懲罰思想；不但不能寬容地看待人事的不圓滿之處，一心懲罰他人的執念，不免製造更多人際衝突。而嚴懲失貞的舉止，說穿了還是為了滿足男性自私的心態，以怨報怨絕非最佳之策。但小說肯定了習俗禁忌所產生的制衡效應，卻沒留心到這樣的倫理框架，便是一再壓抑女性、懲罰女性最可怕的力量。小說對此言論毫無批判，反助長男尊女卑的意識形態，整體而言顯然影響小說整體的評價。平心而論，不論以超自然力量過度干預人事獎懲，進而阻礙人的自主與自律的積極性，都是強化了男尊女卑異性戀機制的控制性，都是討論整體價值無法迴避的問題。

小說選取通俗演義最常慣用的模式——異故事、外故事的聚焦，透過附身者完成審判儀式、襯托警世的教訓。當桃花懺悔之後，再次回復到和諧健康的平衡狀態。葉石濤沒有質疑主題內容，反而特別激賞小說的敘事技巧，認為通篇成功醞釀出詭異神秘的氣氛，加上前後呼應與快速的節奏，能夠巧妙運用意識流深入地掌握人性。〔註116〕陳若曦身為《現代文學》最重要的旗手，她與白先勇、歐陽子、王文興、李歐梵一起戮力實踐《現代文學》的文學宗旨，顯然在〈婦人桃花〉清楚驗證了她初期創作的旨趣。她轉藉「他山之石」，利用現代派的技法，揭露男女主角多層次的心理活動，除了掌握「審判者」審判「被審判者」罪責的意識流轉，更以新穎的形式呈現「觀落陰」的神妙世界，在在令人激賞、驚喜。除以新式技巧刻劃人的神韻，同時不忘重新回顧民俗傳統，具體呈現出饒富神秘的民俗趣味，布滿封建的迷思。她的志向不在完成「破壞傳統的建設工作」，卻能透過新穎的敘事手法，結合極其迷信的題材，呈現出前所未見的民俗奇景。當厲鬼遠離、女子病癒時，讀者們終於「鬆了一口氣」，文末終結於「婦人的病無藥而癒」，簡短的陳述就此結束了人物內心的掙扎與最終審判，讓桃花重新回復到無罪之身。

陳若曦的另一作品〈灰眼黑貓〉裡，輿論深信文姐是受到禁忌懲罰而病倒，夫家人更認為文姐真是可怕的「惡煞」，一人觸犯禁忌，卻害得整個夫家人都成為天譴的對象。婚禮當天朱老爺離奇地喪命，朱家剛辦完喜事連著趕

〔註116〕葉石濤：〈從憧憬、幻滅到徬徨——談陳若曦文學的三個階段〉，《陳若曦集》（原載一九八四年六月十一日到十二日《自立晚報》）（臺北：前衛出版社，1993），頁 244。

辦喪事，一連串的災變都讓新進門的文姐成為代罪羔羊，被認為是「受詛咒的女人」。「鄉裡的人把朱老頭的暴死全推到黑貓身上，他們渲染得那麼恐怖，……朱家的人把一切的不幸全歸之於文姐，……每個人遠遠地避開她，就像她是惡煞附身一般」。〔註117〕她成為人人敵視、惡煞附身的女人之後，不但夫家人冷落她，就連娘家人也刻意疏遠她，讓她過著孤苦無依的生活。

文姐是禁忌習俗的犧牲品，也是傳統婚姻下的犧牲品。夏志清認為陳若曦早期的作品，流連鄉村習俗、文化奇景，「寫的是迷信、落後的舊社會，有些人貧窮、無知，他們的悲劇是個人的，雖然也不免象徵了舊社會的黑暗」。〔註118〕可謂言簡意賅、一語中的。文姐無法反抗父親，把她的婚姻當成交換籌碼，又無法離開蒙昧的鄉里。夫家人自私無知，成為殘害她的「審判者」，她被眾人指責為「凶神惡煞」的女人，對她投以畏懼與嫌惡的眼光，在心力交瘁下她發瘋了，封建勢力與習俗偏見合謀殘害了她的一生。

〈灰眼黑貓〉的鄉里輿論，將文姐身邊發生一切的災難、疾病與死亡，指向黑貓惡靈的報復與神秘詛咒。童年的玩伴阿青感嘆，女性只能成為習俗與封建制度下的犧牲者，朱家人虐人成性、既保守又迷信，朱宅根本是令人窒息的鬼獄，即使沒有黑貓事件，那仍是個折磨女性的深淵、囚禁女人的監獄。小說透過平淡的文字，陳述這些流傳已久的風俗文化所造成的災難，瘋狂的文姐，無疑是文化禁忌下的犧牲者；她無法靠著一己力量反抗整個父權結構與文化偏見，她的悲劇突顯出習俗殘酷吃人的一面，而自私保守、民智未開的人們卻繼續重複這些錯誤。

朱西甯自五○年代即備受矚目，早期作品多因「注重傳統民族生活的精神，民族意識堅強」，有鮮明的表現。〔註119〕又加上「擅寫軍中生活和軍中人物」，而被稱為「軍中作家」。〔註120〕探討發表於八○年代的作品〈金石情〉，可發現不論在批判意識、創作主題與人道關懷，都早已超越「軍中作品」略顯狹窄的內涵，不論是保障社會人權或落實社會正義都具有極其珍貴的價值。小說除了悲憫金義楨的遭遇，闡述社會大眾合力圍剿痲瘋病患的現象，不論殘酷行使懲罰權或以污名、降罪方式罪惡化病患，都暴露傳統文化的偏

〔註117〕陳若曦：〈灰眼黑貓〉，頁 66。
〔註118〕陳若曦：〈灰眼黑貓〉，頁 68。
〔註119〕葉石濤：《臺灣文學史綱》（高雄：文學界雜誌社，1998），頁 98。
〔註120〕古繼堂：《臺灣小說發展史》（台北：文史哲出版社，1996），頁 168。

見；展現了罪犯與懲罰之間牢固的關係，實可作為探討現代權力運作極其適切的一個案例。

痲瘋病徵顯露於外，病人成為可直接辨識的焦點，疾病遺留的病徵，成為辨識善惡的標準。眾人的眼光帶有歧視與敵意，卻讓罹病者深陷殘缺而自卑的情境，「只需要一個凝視，一個監督的凝視，每個人就會在這一凝視的重壓下變得卑微，就會使他成為自身的監視者」。〔註121〕眾人毫不隱藏以鄙夷的眼光羞辱他，社會的仇視目光與敵意，以殘酷的方式淘汰殘病的社會成員；讓痲瘋病人自動消失在社會網路中，躲在社會醫學療養院裡自生自滅，以保持社會完好的假象。金義楨受輿論影響，也變成監視自己，不願再到公共場所去，只想過著自閉幽禁的生活。

最後，金義楨體認到罪惡不在自身，醫學有其發展侷限，加上知識不普及，才助長了眾人譴責論的迷思。世人的盲點忽略一件最重要的事，痲瘋致病的關鍵在於人口稠密、衛生欠佳的環境因素，而非個人的德行，「多數傳染病的傳播，最合宜的環境是人口稠密的擁擠、衛生設備缺乏的戰壕、軍營，居所狹隘壓抑、空氣閉塞不通的家庭」。〔註122〕如果世人能對痲瘋有多一點病理上、病原上的理解，便能多給病人完善的照料，而減少錯誤的、道德的指責。他終於明瞭疾病並不是罪惡，而能嚴厲反駁天譴論，一再中傷他的人格，批判眾人的迷思，但他內心的確有自悔自疚的情緒，這是源自於對父母的不忍之心。他的身體成為眾人攻擊的箭靶，他不願讓父母丟醜而不安愧疚，身體髮膚，受之父母，這是他唯一的罪惡。他不受天譴謬論的迷惑，發出震聾發聵堂堂之語：「病因既不在我的行為，病成這樣子也才構成我的大不孝之罪，則我何罪之有」。〔註123〕金義楨的醒世豪語，頗能發人深思。

金義楨既然無法成為一個合法的人民，便只能成為社會禁忌下的犧牲品。社會大眾恐懼痲瘋病患，可以看出受天譴論與美醜所惑的社會大眾，太依賴視覺或直覺的感官經驗、好惡情感，以至矇蔽人性的良善本質，把痲瘋病人看成戴罪的賤民，逼迫痲瘋病人離群索居、遠離社會。余鳳高指出，痲瘋病人受到歧視，「所有痲瘋病人都被社會看成為『不可接觸的賤

〔註121〕傅柯著、劉北成、楊遠嬰譯：《規訓與懲罰》（台北：桂冠出版社，1992），頁227。
〔註122〕余鳳高：《流行病——猖獗到頹敗》，頁175。
〔註123〕朱西甯：〈金石情〉，《黃梁夢》，頁152。

民』。自然，一部分也可以說是從危害公共衛生的角度考慮」。〔註124〕金義
楨無法阻擋世人的偏見，無法以健康者的身分，踏出療養院之外，享受人
民應有的人權。所幸，樂生療養院是個溫馨的地方，金義楨最後認同佛家
「三世因果，前世業報」的思想，將罪孽歸結於累世父母與冤親債主，反
駁眾人的懲罰論，認同佛家思想化解此世罪孽與懲罰迷思，他重新得到了
安身立命的立足點。

　　小說展現對人性的細膩刻劃，顯示不凡的格局。金義楨一生奉獻給軍戎
生涯，沒想到他的健康也葬送於此。雖說人的際遇難以預料，金義楨顛覆「天
譴論」的審判，不願怨天尤人、詛咒世人，反而積極發揚佛教樂善佈施的精
神，以無私的熱誠幫助新的病人；更希望有朝一日，社會能以平常心寬待每
一個病友，這樣一篇具有社會啓蒙意義的小說，充分闡揚朱西甯創作的一貫
關懷。朱西甯始終留心社會文化面臨的巨變，更利用小說義無反顧地重建文
化的精神、大愛的思想，「無論哪一期的『載道』小說，『道』的表彰雖有隱
性、顯性之別，『道』的内容卻大致不變，都是朝著中國民族文化的發揚、基
督教義的伸張、人生價值失落及重建來申述，而最終則不約而同的匯聚到一
個理想——失樂園的重建」。〔註125〕執信基督教的朱西甯，爲了重建人性的價
值，更超越了基督教義，質疑原始教義的天譴論宣判，已對病人造成具體的
傷害。他強烈批判文化迷思與人性弱點，以堅定的態度，肯定任何一個芸芸
眾生的存在價值，利用病人受難曲來驗證人生大道，都讓雜揉中國儒道禮教
的宗教情懷，更廣闊地闡揚了人間大愛。

　　總結說來，四篇小說都觸及習俗禁忌的影響。〈婦人桃花〉肯定習俗的天
譴禁令的正面影響，也利用習俗治癒婦女疾病，最終強化了社會成員執行習
俗禁忌的決心。比較之下，其他三作反省民俗文化的負面作用，對於針砭禁
忌盲點與抨擊父權霸權有重要的價值。〈灰眼黑貓〉描述禁忌契約所造成的負
面影響，往往助長保守的偏見，約束人們的思想，更容易讓父權社會輕易地
把暴力強加在無辜者身上，產生不可挽回的悲劇。〈吊人樹〉則突顯民眾的民
俗信仰本身的侷限性與盲點。〈金石情〉批判人們履行禁忌的保守意識與自私

〔註124〕余鳳高：《呻吟聲中的思索——人類疾病的背景文化》（濟南：山東畫報出版
　　　　社，1999），頁 159。
〔註125〕張瀛太：《朱西甯小說研究》（台北：國立臺灣大學中國文學研究所八十九學
　　　　年度博士論文，2001），頁 254。

心態，已讓痲瘋病人成爲社會禁忌的犧牲品，人們不可忽略這些作品質疑禁忌具有重大的價值。

第四節　婚姻禁忌者的惡疾詛咒：肺結核與癲癇

壹、婚禁者的疾病：肺癆／癲癇

　　傳統文化對於婚姻大事，向來存有諸多禁忌，同姓情愛與女性斷掌都是無法寬待的禁忌。傳統文化向來禁止男女同姓成婚，也對斷掌女性有些疑慮，認爲有「型剋」之禍。主流文化雖有這些流傳已久的「禁婚令」，也許是愛情太過深刻或是千里姻緣一線牽，人們還是勇於突破社會禁忌執意成婚。鍾理和的〈野茫茫〉（1954）與彭小妍的《斷掌順娘》（1994）裡，描述觸犯婚姻禁忌者的婚姻生活。特別的是，禁忌者一生多與疾病共處，要不是自己成爲罹病者，如〈野茫茫〉主角婚後成爲肺結核患者，就是整個家族成員多病、災、死、難，如《斷掌順娘》裡順娘丈夫病死、兒子罹患癲癇。正因禁忌的身分，常使婚姻禁忌者，必須背負天譴論沉重的罪名。

　　男女婚配向來存在諸多禁忌，從男女交往到男女成婚，都受制於一連串的文化限制，約束著人們的意志與行止；不論是以「刑剋」之命約束女性，或是以避婚方式約束男性，都顯示國人非常看重婚姻大事，更直接以淘汰的方式嚴厲篩選婚配的對象。民間習俗把斜眼與斷掌當成禍水的象徵，斷言這樣的女性，必定命中帶煞刑剋男人，造成無一善終的慘劇。正因人們無法決定外在的特徵，天生的掌紋與斜眼，也就順理成章成爲命定論的依據。外表決定論不但深入民眾生活，更成爲老生常談，助長了觀相術（physiognomy）的偏見，強化外表特徵與內在福德的關聯性。民間習俗雖知斜眼與斷掌等生理特徵不是疾病，但女人一旦有此特徵，卻比身上帶有疾病更具凶險與煞氣。也因如此，具有斷掌、斜眼特徵的女性，無法擁有一般健康人的婚配自由。文化加諸於她們身上的「禁婚令」，宣判她們只要違背禁婚契約就會受到天譴懲罰，還可能爲他人帶來難以想像的疾病與災難。

　　男人的疾病很少被當成天意的懲罰，唯有禁忌者屬之，同姓結婚就是最明顯的婚姻禁忌。輿論向來認爲，同姓結婚不但破壞了社會倫理與價值，還會被貼上背德的標籤，此後成爲全民監視的對象；成婚者若病倒了，輿論會

認為疾病就是不守禮法的天降懲罰。這時，個人的健康與生理狀態，已被賦予非比尋常的道德涵義。

很多人把鍾理和的作品當成自傳小說來讀，如〈貧賤夫妻〉、〈同姓之婚〉、〈野茫茫〉與〈復活〉，都具感情眞摯、純厚深刻的特質。這幾篇小說有個共同的主角，他的感情非常豐富，卻因「同姓之婚」，遭受家人與社會集體的打擊；堅貞的愛情，雖讓他感受到人間摯愛，但他幾乎用掉畢生的力氣去反抗眾人的指責。小說中的靈魂人物，娓娓細訴他的血淚歷史、煩憂與痛苦。這些小說的情節，極大部份都與鍾理和的現實經歷有所重疊，既像小說又似散文的作品，感動了無數讀者的心靈，歷經五十餘年，依然撼動讀者。〈野茫茫〉更是一篇相當感人的自傳作品，描述主角次子立兒的忌日，失責父親柔腸寸斷的悲痛。他不斷深情地呼喊死去的幼子，無以名之的悲酸溢於紙上。

如果鍾理和沒有經歷那場驚天動地的愛情，觸犯人們的禁忌，或許後世讀者便讀不到這些作品，以那麼熱情又神聖的語調歌誦他的愛情、護衛他的婚姻，「從十九歲時就決定要以文學當武器來護衛同姓之戀，並且一生不曾改變」。〔註126〕十九歲那年，鍾理和在家中農場結識鍾台妹，卻因同姓相戀觸犯文化禁忌，而受到眾人歧視。當時人們認爲「同姓之婚」，就是觸犯道德禁忌，所以家人反對他們、鄉里人鄙視他們。他們被當成是禮教的叛逆者，受到最不人道、最不公平的待遇。在惡劣的環境下抵抗多年，二十六歲的鍾理和只好帶領平妹「奔逃」，到原鄉去開創新的人生，這些眞實的經歷，經過虛構的形式改寫，成爲一篇篇動人的篇章，留下與時代和環境對抗的證明。「〈奔逃〉、〈同姓之婚〉和〈貧賤夫妻〉等篇更是爲了青年一代整個『反叛——出走——建立自己的家庭』的過程留下寶貴的紀錄」。〔註127〕1946 年後，鍾理和夫妻回台建立自己家庭，馬上面臨了千夫所指的局面。

同姓婚姻雖未觸犯法律，但長久以來，一直是臺灣文化中不可逾越的戒令。姓氏向來是辨別血統的重要標誌，同姓婚禁原是爲了阻止性關係混亂血親倫理與長幼秩序，歷代法律制度都對同姓婚配訂下極嚴厲的責罰。《禮記·曲禮》：「娶妻不娶同姓，買妾不知其姓則卜之」；《唐律疏義》、《宋刑統》與

〔註126〕余昭玫：《從語言跨越到文學建構——跨語一代小說家研究論文集》（台南：台南市立圖書館，2003），頁 6。

〔註127〕黎湘萍：《臺灣的憂鬱》，頁 57。

《明律例》皆詳列同姓之婚的刑責，查證男女雙方具有血親關係後，處分將更重。男女之防與亂倫禁忌，向來是傳統文化監控最嚴密的關係；即使婚配對象不具血緣關係，但只要有結婚之舉，就會受到責罰。封建社會依賴具體的刑罰與輿論批判，以維持宗法社會的秩序與倫理。由此可見，確認姓氏與族譜，已成為男女成婚嫁娶的重要條件，同姓不婚的禁忌也已成為社會規約，違約者違背社會道德，當然會受到輿論的歧視。

　　在保守的客家庄內，無人關注兩人相愛甚深與私定終身，仍將同姓結婚，看成是亂倫的罪惡，主角憂憤地控訴同姓婚姻禁忌根本是封建遺毒，更氣憤大眾輿論對他的傷害。

> 我們的關係，原是可悲的一種。作為你們的生身父母的我們的結合，
> 只為了名字上頭一個字相同，在由最初的剎那起，便被咒詛著了。
> 彷彿我們在道德上犯了多麼可怕的瀰天大罪，人們都用那使人寒心
> 的罪名加于我們。他們說我們是──牛、畜生、逆子。〔註128〕

兩方族人不具有任何親屬關係，但輿論仍以「道德」因素，批判他們人格、反對他們成婚，他們被貶為各種畜牲成為低等人種，喪失了其他人享有的平等權益，承受世人不公平的對待與羞辱。輿論群起攻之，最可怕之處在於利用「瀰天大罪」的罪名，扣在他們身上。所有人理直氣壯地成為「審判者」，更透過具體的言語懲罰一家人，表達他們的憤怒與鄙視。當幼兒彌月時，主角因感染肺結核而病倒，眾人拿著健康──合德、不健康──失德的標準，認定肺結核是上天對失德者最大的懲罰，「我病了，人們有了抨擊叛逆者的機會。他們私議起來了：天不允許」。〔註129〕人們冷眼旁觀「叛逆者」，正承受著天譴疾病的懲罰。

　　主角不畏耳語守護家庭，卻被結核病給擊倒。結核病是由結核桿菌所引起，當人吸入帶菌者的飛沫顆粒就會受到感染，感染後會造成組織肉芽腫與細胞過敏的反應，典型症狀是：發燒、咳嗽、體重減輕以及喀血。〔註130〕因為肺結核屬於慢性消耗性疾病，主角罹病後體力漸漸衰弱，幾乎失去謀生的能力，必須仰賴妻子照顧他的身體。此後，家中更接二連三的降臨可怕的噩

〔註128〕鍾理和：〈野茫茫〉，《鍾理和全集》（原載於一九五四年《野風》月刊第 69
　　　　期）（臺北：行政院客家委員會出版，2003），頁 150。
〔註129〕鍾理和：〈野茫茫〉，頁 151。
〔註130〕凱雷利（William N. Kelley）著、吳明瑞等譯：《內科學精華》（*Essentials of
　　　　Internal Medicine*）（臺北：合記圖書出版社，1998），頁 759。

運，大兒子因蛀骨癆變成殘廢，外顯刺目的病症，又被當成「天譴論」另一明證。更不幸的是，向來像小獅子一樣健壯的次子，卻因風寒延誤而死。眾人認為一連串的病痛災難，都是上天譴責同姓婚者的明證。

　　彭小妍的《斷掌順娘》中，主角順娘畢生守持家園，堅韌慈愛的性格，樹立了女性的形象；小說也利用順娘斷掌又斜眼的外貌，揭示臺灣社會禁忌的衝突與矛盾。順娘為靈魂人物，小說刻劃陳家從清朝跨越日治至光復年間，三代承傳的家族軼聞與發跡歷史，透過典雅古意的語言，鋪陳家族成員的命運；不論出入民俗禁忌、經緯人倫常理、探索人生慾望，或是紀錄戰爭前後的臺灣歷史與民情典故都頗為可觀。

　　在重男輕女的時代，女性的地位低下，不受到重視，順娘卻能在蹇困環境下，支撐整個家族，守持並壯大家業，悉心庇護五六十名近戚遠親的生活。相較之下，小說中的所有男性角色，不是離家參與征戰，就是與死亡、疾病、墮落為伍，成為家中缺席或被照顧者。《斷掌順娘》猶如一面明鏡，跨越風雨飄搖的時代，更經歷悲歡離合的人間世態，映照出時代遞嬗下百姓生活的面貌，展現女性堅忍不屈的性格，最讓人讚賞。

　　順娘因選買布匹而與烏秋結下姻緣，烏秋對順娘動了感情，從此也改變了順娘的命運。順娘十分賢淑，無奈斜眼斷掌自幼被鄉人認作不祥，臺灣習俗認為斷掌是女命帶煞的徵兆，「相命的說她出生時掌中帶筆，斷掌正是剋夫相，現在想想，不只是剋夫，是剋男人的命」。〔註131〕她和姑姑都是斜眼人，因異於常人被當成「異類」，「她長的就是鬥雞眼啊。你沒聽說過嗎，鬥雞眼的女人天生剋夫命啊」。〔註132〕因面貌特殊，大瓦厝鄉民都把她們看成禁忌的女人。順娘的父親早死，哥哥與弟弟也都早夭，鄰里人以訛傳訛認為家族遺傳特徵是帶煞的凶象，順娘被迫背負剋父剋兄的罪名。社會的禁忌與輿論的指控，造成無人敢幫二十八歲的順娘作媒，大家深信「剋夫剋子」的迷信傳說，她的前半生可說是文化禁忌的犧牲品。

　　值得討論的是，小說裡禁忌的禁制力量，並不是來自於外在輿論的約束，而是契約違禁者的親身體驗。烏秋第一次見到順娘後，便一連病重了兩天，小說隱約暗示，可能因鬼月將臨，造成身體違和。冥冥之中，似乎註定是個不祥的預兆。烏秋對順娘愛慕的情思，讓他心生焦躁，惹來惡夢纏身。龍女

〔註131〕彭小妍：《斷掌順娘》（臺北：麥田出版社，1994），頁43。
〔註132〕彭小妍：《斷掌順娘》，頁43。

點燈尋墓的惡夢驚醒了他，顯夢與墳墓的恐怖意象，顯示潛意識裡被壓抑的衝動與恐懼。他的夢境既是焦慮心情的寫照，也是雙陳聯姻不祥的惡兆，一切都擊中老闆娘「姻緣命定論」的觀點：「人世間要娶什麼樣的媳婦，嫁什麼樣的丈夫，都是命中註定。你有心想娶，就一定有人想嫁，只是緣分未到沒碰上而已。跛手跛腳也是男人，缺鼻缺嘴也是女人」。〔註133〕即使夢兆不祥，橫亙在眼前的就是斷掌與斜眼的禁忌，烏秋還是認為他與順娘有夫妻的緣分，願意違背世俗禁忌娶順娘為妻。

他們未按照傳統禮數擇合生辰八字，也違背了同姓不婚、斷掌不婚、斜眼不婚的各式文化禁忌結為連理。烏秋在入贅順英家三年後死亡，大兒子患了癲癇症、次子終日流連花街柳巷，街頭巷語紛紛謠傳這是命中帶煞、剋夫剋子的順娘，執意成婚所導致的惡果；大家還認為金水的怪病讓他無能享受福德，都是順娘違禁所致。受詛的家運也曾引起童養媳阿菜的猜忌，「據說像她這樣斜眼的女人，天生剋夫剋子。阿菜從未謀面的公公，聽說入贅到陳家和阿母作了三年的夫妻，在金水和金石相繼出生後就被剋死了」。〔註134〕鄉里人雖敬重賢良的順娘，但一致認為陳氏男性之非死即病，必與斷掌斜眼有關，讓順娘再次背負刑剋人命的罪名，阿菜也深信街頭巷尾流傳的習俗刑剋之說。

順娘似乎難逃宿命的擺佈，家族災難坐實了天譴論的猜測，金水不時出現「癲癇」的大發作症狀，輿論當成是違禁的重大懲罰。「癲癇」就是一般俗稱的羊癲瘋，此疾鮮少與遺傳相關，大多因天生腦部發育不正常或是後天遭受重創所致。之所以會抽搐，是因體內異常放電的位置不同，所以會引起暈倒、口吐白沫、抽搐等各式症狀，「病變部位之腦細胞過度放電而引起的反覆性發作」。〔註135〕「癲癇」雖是民間常見的慢性腦部疾病，但因病發之際，罹病者的模樣甚是嚇人：「金水仰面朝天倒下，全身僵硬，四肢抽搐著，原本清秀的臉蛋全然變形走了樣，眼睛暴突，呲牙裂嘴，牙齒格格作響」。〔註136〕「癲癇」最讓人恐懼的，還是罹病者失去意識、全身抽搐的樣子。旁觀者看見全身痙攣痛苦的掙扎，總會焦急地以為罹病者快要喪命。眾人無法了解癲癇病因，總認為是天譴與業障所致，順娘不願意去深究，僅願善盡全力，幫兒子解禁。

〔註133〕彭小妍：《斷掌順娘》，頁43。
〔註134〕彭小妍：《斷掌順娘》，頁43。
〔註135〕路汝斌：《生理・心理・精神病──精神科診所》（台北：宇宙光出版社，1991），頁126。
〔註136〕彭小妍：《斷掌順娘》，頁71。

貳、婚姻禁忌者的審判

　　當輿論一致認為疾病是對違禁者的懲罰時，違約者卻難以反擊輿論的審判。社會百姓願意遵守「天不允許」的禁忌，但禁忌只是人們主觀的想像，它雖不容易被證實，也不容易被駁倒；就算罹病者家裡發生一連串「病、災、死、難」的事故，也無法證實這與「天譴論」有任何因果關聯。意外的災病，是命運展示奧秘的方式，人們看待災病的角度卻顯露了人性的侷限。遵循者藉助「天譴」降病的思想，宣揚「神以病懲治人」的禁忌，甚至傷害違約者的人權尊嚴，都讓人見識到群眾的錯誤與偏見。

　　違背文化禁忌的人除與世人搏鬥外，還得面對內心的無助；正因如此，逼使主角在激憤難抑的情緒裡，衝撞出反「懺悔」與「懺悔」對立的張力，發出最激越的天問與吶喊。林載爵認為楊逵的「抗議」與鍾理和的「隱忍」，是最能代表臺灣文學的兩種精神，因外放的、激烈的勇士楊逵以「抗議」精神，表達對社會公義的不滿，而鍾理和的「隱忍」精神，則代表內斂的、溫厚的、悲天憫人堅毅的類型。〔註137〕林載爵的論見十分允當。在鍾理和的多數作品中，主角對於奚落、嘲笑或誤解的言論，他的確採取「隱忍」寬厚的態度面對，唯獨〈野茫茫〉例外。小說中的主角，為了捍衛家庭的尊嚴與世奮戰，那種激切之語，絕非隱忍二字可以盡訴。

　　主角對世人的批判雖不尖銳，態度卻絕對激昂，以堅定的立場傳達鋼鐵般的意志。他絕對不向腐朽的大眾懺悔，更不會畏懼世俗的審判而低頭。因為，他始終明白「同姓之婚」，其實並無罪過。他極力捍衛不被祝福的純潔愛情，內心卻十分悲苦，只能面對龐大的悲哀，「其悲哀不僅來自有情人無法偕老，更來自於理解了黑暗的封建禮教是如此龐大，純潔的理想只能任其吞噬，無從反抗」。〔註138〕他堅信自己始終站在道德的一方，拒絕向箝制個人自由的世俗大眾「懺悔」，他唯一懺悔的對象是他深愛的家人，為妻與子女帶來的創痛與歧視。他深覺「內疚」，他知道自己是對的，家人也是無辜的。「當然，關於這點，我們是對的，而你們卻是無辜的」。〔註139〕他不停地向家人懺悔，

〔註137〕林載爵：《臺灣文學的兩種精神——楊逵與鍾理和之比較》（台南：台南市立文化中心出版，1996），頁18。

〔註138〕徐國能：〈五○年代臺灣小說〉，《臺灣小說》（台北：國立空中大學，2003），頁81～130，頁114。

〔註139〕鍾理和：〈野茫茫〉，《鍾理和全集》（原載於一九五四年《野風》月刊第69期）（臺北：行政院客家委員會出版，2003），頁150。

怨恨誤判病情，造成幼子早夭，一個自責甚深的父親，一直在暴躁的外表下掩藏痛苦自虐的一面。

實際上，世人迷信身體安康與人倫道德間必然存在因果關聯，實是一大謬誤。主角因失去健康也陷入迷思，他期望家人能以健康的身軀，改變世人的偏見，向世人證實他們婚姻的合法性，「我們想用我們本身的關係，來給他們證明：我們的結合是對的，道德的、健全的，為此，我們不但有需要維持我們的完整性，而且，還須能夠健康地活下去」。〔註140〕自己竟無法藉助「身體的健康」，終結世俗的蜚語批判，也無法藉助「孩子的健康」阻絕耳語附會。他對曖昧不明的天意，激憤地提出吶喊：「果真是天不允許麼？我不相信的，我不相信的」。〔註141〕但天意難測，不相信又能如何。村人理直氣壯地以「天譴論」審判他，而他和妻子早已失去發言的機會，讓他深刻地覺悟到，多災多難的苦命人在病魔纏身之際，繼續保持善良的德行不去憎恨世人，那是一件多麼困難的事情。他不能了解受難的啟示與意義，只能對曖昧不明的天意提出疑問，批判禁忌思維早已阻礙世人的慈悲，更帶給他身心俱疲的創傷。

余鳳高關注肺結核對文化造成的影響，完成《飄零的秋葉——結核病文化史》一書。他觀察契訶夫（Anton Chekhov）前後期風格的轉變，認為生病狀態具體影響他的創作，「是什麼……使作家從『高興快樂無憂無慮的小鳥』變成為『一個無精打采愁眉不展的人』呢？是疾病，是他的肺結核病」。〔註142〕他認為結核病帶來身心不適的症狀，顯然讓肺結核作家寫出細膩憂鬱的文學作品，進一步證實身體狀況具體影響了作家的創造力與風格。向來抱持風格即人格論的文評家，常常關注本身患有疾病的作家，留心他們的創作主題、病理因素與人生經驗的關聯影響。俄國作家果戈里（Nikolay Gogol）生性憂鬱，抑鬱性的精神病困擾他一生，他的作品如批判農奴制度與俄國變態歷史的作品《死靈魂》，還有其他小說詳盡描述小老百姓的焦慮與苦悶，都流露出憂鬱的基調。最能彰顯俄羅斯思想的作品《卡拉馬助夫兄弟們》（*The Brothers Karamazov*），作者杜斯妥也夫斯基（Fyodor Mikhailovich

---

〔註140〕鍾理和：〈野茫茫〉，頁151。
〔註141〕鍾理和：〈野茫茫〉，頁153。
〔註142〕余鳳高：《飄零的秋葉——結核病文化史》（濟南：山東畫報出版社，2004），頁146。

Dostoyevsky）本身有癲癇症，但他仍克服疾病的痛楚，思考東正教徒的信仰歸屬；他的小說既彰顯出社會的矛盾性，更精闢的解剖人性，挖掘靈魂深處自我譴責的絕望之感。英國現代主義作家吳爾芙（Virginia Woolf），受家族抑鬱遺傳與性騷擾影響，幾乎大半生都在對抗憂鬱症的侵擾，她是天生的憂鬱患者，唯一讓她清醒的辦法就是創作。閱讀她的小說如《戴洛威夫人》（*Mrs. Dalloway*）與《歐蘭朵》（*Orlando*）時，的確讓人驚異那絕對是天才與憂鬱靈魂的創造物。其他還有普魯斯特（Marcel Proust）的哮喘病，魯迅的肝病，以及眾多著名的作家，如：感染肺結核的契訶夫（Anton Chekhov）、以及英國最著名的浪漫主義詩人拜倫（Geoge Gordon Byron）、雪萊（Percy Bysshe Shelley）與濟慈（John Keats），三位罹患肺結核的偉大詩人，他們的文學表現，都與身體狀況有緊密的關聯。

　　文學作品向來看重深層的生命體會，痛苦既能成為成就藝術生命的激素，文評家的責任，便是積極闡述每一位作家，獨特的人生經驗與文學體驗，「注重體驗生活痛苦的同時，深刻而慎切地體驗了生命的痛苦，才能寫出那道明那人生的真諦，揭示出生命偉大向力的偉大作品來」。〔註143〕帶病體味人生的鍾理和，在作品中塑造了兩顆孤獨奮鬥的靈魂，他們以最堅貞的愛情成立了「同姓婚」家庭，在千夫所指的環境下，以鋼鐵般堅強的愛情告知世人愛情的真諦。在蹇困與打擊中，他們不因屢受疾病災難的考驗，而放棄德性，反而激發出更神聖的志節守護家園。只可惜天道不明，屢受傷害的「受審判者」，只能哀惋地批判世人以「天譴論」不斷傷害他與他的家庭，〈野茫茫〉委婉控訴積非成是的文化禁忌與偏見，展現文學裡最動人的力量。

　　在《斷掌順娘》裡，順娘的形象非常矛盾，既是受文化禁忌排斥的女性，又被塑造成觀音形象。她賢德仁慈，丈夫烏秋也說她是觀音轉世、慈悲降生，「倒是一座藏在角落的木雕觀音……，這張臉，分明和主母的一模一樣嘛」。〔註144〕「人人都說你是觀音下凡」。〔註145〕幾十年來，輿論暗指她為剋夫剋子剋父剋兄的不祥女人，她默默承受這些指責與懲罰，為履行家務耗去畢生心力，勇敢地撐起陳家產業。正如王德威的觀察，順娘以堅強，回應了世人的疑慮：「順娘固是傳統社會的犧牲，但證諸她堅苦自持的毅力，及創業興家

〔註143〕吳錫民：〈西方文學與疾病再思索〉，《廣西師院學報》1（1996），頁39。
〔註144〕彭小妍：《斷掌順娘》，頁188。
〔註145〕彭小妍：《斷掌順娘》，頁194。

的韌性，儼然對命運的擺佈，作了強勢回應。輾轉感情、倫理、經濟的不同領域，順娘的一生其實有失有得；作爲一個傳統的女性，她未必是永遠的弱者」。〔註146〕正因她沉默與堅忍，更對照出社會輿論的盲目。世人深信「禁忌契約」是不可違背的眞理，除了突顯當時男尊女卑的思想之外，順娘的自我實踐，也超越了性別的侷限，意外地翻轉了「禁忌契約」的警戒效應。「禁忌契約」強調外表特徵與命運間的轉喻關係，雖透過不被質疑的方式流傳下去；但是，像順娘如此堅強的女子，不受到命理所限，她珍惜與丈夫共享的短暫時光，一生都奉獻給婚姻與家人。她以貞靜完美的形象，改變世俗人對刑剋婦人的看法。她完美的品格與美德，得到世人一致的尊崇，反能建構自己的生命主權，開創出最不同凡響的人生格局。

　　金水與順娘有親子關係，世人認爲他是天譴之罪連帶的受過者。他無心於家業，一如其他男性，是一個接受女性照顧的病人。他雖患有難以醫治的殘疾，卻一直受到母親最完整的保護。作爲女家長，順娘最在乎的就是保全子嗣的命脈、維護家庭的完整。順娘留心習俗虔信傳說，爲了幫金水延壽而記取破災之法，運用家大業大的經濟優勢，找到最適合的婚配對象，「決定趕快找一個命大福大的女嬰，給金水作童養媳」。〔註147〕最後，順娘找到命硬的阿茱當她的童養媳，幫助金水延壽。金水一生雖未得到阿茱全部的愛情，卻受到她最大的照顧與幫助，也讓天譴懲罰之說，不再困擾順娘與陳家。

第五節　譴人罪過是／不是正義──以疾病尋找健康

　　透過這些疾病小說可發現，「禁忌契約」顯示了臺灣人民獨特的認知、風土民情與習慣，也突顯出文化的偏見與迷思。大眾輿論把觸犯文化禁忌當成病因，從罹病者身體、語言、行爲、外觀、談吐與性愛傾向揣測人格。大眾輿論、親人、旁觀者、醫療人員看待他們的方式，就像在罹病者身上貼了異常的標籤，進而批判無神論者、外表殊異者、同性戀者與同姓婚者，把他們看成罪惡者或墮落者。輿論的審判與譴責不但造成負面的影響，更直接干擾罹病者就醫的意願，剝奪了罹病者本該擁有的人民權益，造成罹病者偏差的認知，讓病人產生自我否定與厭世情緒，這是譴責論導致最惡劣的後果。雖

〔註146〕王德威：《眾聲喧嘩以後》（台北：麥田出版社，2001），頁177。
〔註147〕彭小妍：《斷掌順娘》，頁193。

然，對疾病的想像與認知無法排除肉身的經驗，但它卻助長了偏見，產生不良的後果。人們要正確地認識疾病，必須突破這些盲點。

正如日籍學者炳谷行人針對疾病的迷思，所提出的意見。他認爲即使在最原始的文化當中，疾病早被賦予了詮釋的意義，當成是神意的或無常的力量。罹病者對疾病的感受可能與醫生、輿論不同，但大眾對疾病的看法，卻往往受偏見所左右。疾病的分類體系自始至終，都與社會制度息息相關，「病是某種分類表、符號論式的體系存在著，這是一種脫離了每個病人的意識而存在著的社會制度」。〔註148〕既然疾病不只牽扯病源與罹病者的感受，更與社會分類與詮釋體系相關，它勢必受制於文化戒律與制度的解釋，並受集體道德所規範，「分類活動又是使社會秩序合法化的主要途徑，不僅加強了社會實在的結構，而且也加強了道德情感的結構」。〔註149〕由此可知判斷疾病最主要的力量，不是病理學書籍，而是文化的分類體系與判斷。

人常藉由分類確定萬物的位置與屬性，不只如此，也常把天、地、人無法達成和諧的沖煞狀態，當成道德品行衡量的參照座標。「天譴論」本身的諸多盲點，以及分類體系背後的文化認知，正是依賴這樣的參照座標，這些禁忌都成爲小說急欲探索與批判的對象。有的小說以眾聲喧嘩歧出之音，證實「疾病並非是觸犯禁忌的惡果」，揭開「殘餘文化」與「主流文化」天譴論之謎，讓禁忌的抽象意義、獨斷性與實際意義能得到更深化的討論。要探索疾病的眞相，只有利用理性思維，拆解「天譴論」的預言，但社會文化與既定習慣卻未必能理性接受，依然在深層意識裡，受到神魔思維的左右，「隨著時代和科學的進步，相信神魔帶來疾病的理論雖然受到一些人的懷疑，但在很多人的深層意識裡，依然不同程度地保留著它所投射的影子」。〔註150〕斥責神鬼論爲原始迷信或是過時，並不能眞正了解「天譴論」背後的文化根源與思想體系。人們反倒該從人與社會的契約關係、交換關係著手，進一步釐清「他譴論」降罪的因由，探索罹病者的違禁行動與禁忌契約的關係，才能得到眞正的解答。

禁忌之所以在社會中具有控制力量，那是因爲禁忌原帶有罪惡的相關概念，附帶了禁止罪惡的思想。禁忌不但是最古老的社會規範，更與其他形式存

〔註148〕炳谷行人著、趙京華譯：《日本現代文學的起源》，頁103。
〔註149〕萬建中：《禁忌與中國文化》（北京：人民出版社，2001），頁7。
〔註150〕余鳳高：《病魔退卻的歷程》，頁10。

在的社會道德規範、行為約束或律法平行發展，一直以來都是維持社會秩序最重要的力量，對人類行為產生深遠的影響。禁忌在早期社會裡產生的控制力極大，影響社會的作用力也大，但在資訊發達、知識充足的現代社會中，人們漸漸減弱了禁忌的恐懼，禁忌與民俗自身產生的效力變得極其有限。〔註151〕雖然，禁忌消失了遠古時期箝制行為的強大威力，人們進入現代文明的生活方式，卻還是無法徹底擺脫它的影響。因為，民俗甚至可以超越身分階級、城鄉差距而依然存在影響力，它早已成為人類的生活方式，隨社會發展而傳承下去。巫術思維與禁忌契約，雖因時代進步、理性教育興盛而漸隱微，它仍生氣勃勃地存在人類生活當中，提醒人們神秘力量的存在。禁忌所展生的禁止效應雖發揮了它的作用，但不可否認地禁止效應也顯示出人們自我設限的愚昧，「同疾病角逐鬥爭的過程中，人類也表現出中古的蒙昧與驚慌」。〔註152〕文學作品持續深入禁忌，探討禁忌之謎與對應之道，並嘗試解釋禁忌、質疑禁忌。

　　小說中的愛滋病、發瘋、羊癲瘋與肺結核等疾病，都被輿論認為是忤逆文化禁忌、觸犯神意的懲罰。輿論診斷這些疾病時，某種程度曲解了因果關係，人們還是可以從「天譴論」的宣判當中，看出疾病本身的違禁性與眾人譴責的指數，遠遠大過其他疾病，它絕對是「他譴」──世人譴責的疾病。在這些疾病背後，代表社會大眾無法通融的某種價值，如《紙婚》、《荒人手記》、〈世紀的病人〉與〈亂色調〉中，描述眾人輿論慣於把同性戀者與天譴罪惡串聯的情況；在〈吊人樹〉、〈灰眼黑貓〉中，眾人囿於禁忌與文化傳統，早習於把發瘋中邪的病症，視為不淨或敬神不誠的懲罰；在〈野茫茫〉裡，鄉人錯認同姓結婚是亂倫的罪惡，最終導致背德者罹患肺結核；在《斷掌順娘》裡，街頭小巷流傳的耳語，認為子嗣身染刑剋的疾病，都是歸咎於外貌殘缺者違禁婚配的惡行。這些小說展現市民百姓的輿論與思想，眾人皆認為異性戀的性關係是乾淨的、神聖的，勤於祭祀者必受神明保護；而男子不娶同姓女，必能趨吉避凶福壽延年；若女子無外貌殘缺，必能福德雙全成就美好姻緣，……在這些老生常談中，顯然認定遵從文化習俗的「守法者」，將不會受到任何疑難雜症疾病的侵擾，一定是個身心健全的健康人。可見大眾輿論對於疾病，賦予了太多道德與懲訓的意涵。

〔註151〕萬建中：《禁忌與中國文化》，頁86。
〔註152〕王予霞：〈西方文學中的疾病與恐懼〉，《外國文學研究》第6期（2003），頁145。

　　此章討論的疾病小說，不約而同強化了「文化契約」的重要性。社會文化對疾病的評價，甚至決定罹病者福禍不一的命運，這也充分說明文化具有強大的影響力，總是透過集體行動產生最強烈的操控，這也是殺一儆百最常利用的恐怖手段。「文化契約」的核心任務可能涉及性傾向、習俗遵守、宗教信仰、婚配選擇等，每一個社會成員註定成為簽約者，只要遵循「文化契約」便能享受互利的關係，完成和諧的社會交易與保護；若是違背「文化契約」則會產生緊張的關係。此時，輿論成為「審判者」，可假託至高無上的神明或以報應論降罪懲處，對罹病者進行嚴厲的審判。

　　即使進入理性科學的時代，大眾仍對各種疾病存在各式臆測與想像，罹病者常是「沉默者」、「缺席者」與「弱者」，成為全民監視與觀察的對象。實際上，找到正確無誤的致病因素，有助於澄清疾病的意義。但疾病不一定由單一因素所引起，要全面理解病因往往是一件龐大的工程，有的病因涉及外在環境因素或是病原侵入，有的則與內在遺傳因素或是行為偏差有關。人們若是帶著偏見去尋找致病因素，根本不能釐清正確的訊息，輿論的偏見，有時成為強奪人命的最大助手。

　　這十篇小說陳述「審判者」審判「被審判者」的罪惡，串聯疾病「受災」的功能，可發現小說中的疾病書寫賦予了特殊的意義：「疾病被『審判者』看成是對『被審判者』的一種懲罰」，認為「被審判者」身上的疾病或引起的疾病與罪惡相關。有些主角在病後，開始「懺悔」自己的罪惡，有些主角批判世人錯誤的審判，有些主角重新發現人生的可貴之處，有些主角在痊癒後獲得重生。這些小說引領人們思考不同文化中的禁忌思維，引起世人恐懼的，不但有巫術思維根深蒂固的殘餘思想，或是參雜佛道宗教的思想，或與猶太基督教懲罰論述有關，或觸及逆神受詛的現世報應，都帶人們進一步思考天譴、命運、功過、懲罰的宗教與天道思想的關聯，深入文化的各式禁忌。不難發現每一雙虎視眈眈的眼睛，這些敵意與歧視的眼光，都成為文化防堵結構的一部分。

　　這些小說探索文化中的禁忌，社會禁忌雖具有維護社會傳統的正面作用，但也產生不少負面作用。因盲從禁忌而輕視人權、傷害病人，反而讓禁忌思維成為助長偏見與歧視最可怕的力量。這種種偏見與歧視是怎麼來的呢？可能與四個因素有關。

　　其一、這些疾病引起了人的美醜判斷。醜陋或扭曲的症狀，逼迫人注意到外在身軀功能、形態的巨大改變，疾病讓病人外觀產生損毀或變異，一來

增加人們對死亡的恐懼，二來醒目的病徵，容易引起不舒服的感受。也可以說，造成顏面損毀嚴重的疾病，像是痲瘋的獅面、愛滋的卡波西氏肉瘤等，都加深了旁觀者死亡的恐懼，甚至引發髒污醜陋的聯想。這雖是人們喜美惡醜的審美直覺，卻是相當普遍的錯覺與謬誤。

其二、人們對未知的疾病所知甚少。人們面對的可能是一個新生疾病，或是不被大眾認識的疾病，或是症狀非常嚇人的疾病，當人們尚未理解傳播途徑與致病因素時，它們容易成為恐懼心理最直接投射的載體，例如愛滋病與癲癇。梁妃儀與蔡篤堅在 2003 年發表〈烏腳病與小兒麻痺症的隱喻在臺灣〉一文中，探討社會大眾看待臺灣本土病例的角度，發現烏腳病症與小兒麻痺症同樣出現肢體傷殘的症狀，但是，社會看待這兩種病人的態度卻大不相同。人們歧視烏腳病患、可憐小兒麻痺症，是因為小兒麻痺症已是一種人盡皆知的世界性疾病，大眾對病因與療法也較為熟悉。但是，烏腳病卻是非常特殊的風土病，甚至尚未證實正確的病因，這也直接造成大眾的恐慌，甚至將病情蔓延的村莊污名化為「魔鬼村」。〔註 153〕

其三，疾病引發的後果非常嚴重。可能是致死的疾病，例如愛滋病。

其四，罹病者的身分本來就具有爭議性。病患被認為是敗德者、被譴責的人，犯的過錯還會禍延子孫，就如〈野茫茫〉的肺結核病患。實際上，小田俊郎所撰述的《臺灣醫學五十年》，探討五十年來臺灣醫學的發展，提到普遍的風土病就有：鼠疫、傷寒、霍亂、天花（痘瘡）、登革熱（斑疹）、赤痢、流行性腦脊髓炎、瘧疾、秋恙蟲等急性傳染病，尚有結核病、癩病、梅毒等，可見日治時期，肺結核就已是十分常見的疾病。根據考證，當時日人控制肺結核此難纏之疾始終力有未逮。雖能抑制病源，已產生具體的影響，但戰後經濟困頓、物資缺乏又加上政府未做好檢疫措施，都造成流行病再度盛行。〔註154〕陳永興撰述的《臺灣醫療發展史》則紀錄下五○年代的醫療情況，「一九五二年的死因統計顯示，近四成的民眾因腸炎、肺炎、結核病等傳染性疾病死亡，環境衛生與衛生習慣不良是主因」。〔註155〕由此可知，欠缺防疫觀念加

〔註153〕梁妃儀與蔡篤堅：〈烏腳病與小兒麻痺症的隱喻〉，《中外文學》31：12（2003），頁 112。

〔註154〕李政益：《疾病、文化與社會變遷──由結核病流行觀點探究二次世界大戰前後的臺灣社會》（台北：台北醫學大學醫學研究所八十九學年度碩士論文，2001），頁 110～114。

〔註155〕陳永興：《臺灣醫療發展史》（臺北：月旦出版社，1997），頁 128。

上不良的生活環境，讓肺結核始終成爲全島流行的傳染病。

罹病者受病痛所擾，更影響了罹病者與社會的交換關係、互動關係。罹病者的變異症狀被認爲違背社會秩序，可見人的生理疾病極易被賦予倫理意義，不論是眾人畏懼與厭惡的關係、世俗不相容的舉止，都成爲文化上的不潔與禁忌，顯露出公眾希冀疾病完成公正懲罰的心態。大眾輿論不依據症狀去研判疾病，而是依據罹病者的社會行爲來定義病徵，以扭曲的觀點評斷愛滋疾病、肺結核與痲瘋，實際上完成了極其殘酷的審判大會，嚴厲批判同性戀者、同姓之婚者與染病的軍人。從「疾病是一種天譴」的隱喻認知背後，以及人們人格化宇宙的思想中，都認定超自然界會干預、管束人的道德品行；但在譴責聲浪中，「天譴論」絕不只爲了強化疾病本身的罪惡性與禁忌性而存在，實際上譴責行爲本身，聯繫到文化對於常態和偏差、正常與異常的看法，更受到強勢文化的權力左右，從疾病所衍生的天譴論思想，本身就是映照文化的顯影片。

這也說明疾病看待不容易脫離集體的因素，要全面理解文化的迷思，不能光是指責謬誤，應思索文化系統的演變過程。「主流文化」、「殘餘文化」與「新興文化」間的擦撞與衝突，牽涉到群體的認知與活動，是任何人都無法掌控的現象。文化隨時代而改動，「殘餘文化」與「新興文化」每天持續與「主流文化」進行衝突不一的交流，想超越「主流文化」的道德評價，重新看待罹病者是件不容易的事情，除非是特殊的案例，例如禁忌思維的警戒效應。社會成員的違禁行動，若引起了不良後果以及社會系統的負面效應或變動，對他人或是整體社會造成傷害，可讓成員承擔他該擔負的職責。但是，個體不願服從「文化契約」，若不傷及他人的自由與權益，輿論也不該傷害他的自由與權益，絕不能以報復的方式進行善惡判決。當代社會過度盲從主控性文化的價值，甘於做個思想與他人一致的單向度（one-dimensionality）的人，將不合理的觀點轉變成爲合理的事證，有時認同大眾排擠同性戀、有時認同禁忌思維與父權思想而貶抑女性，這種種集體性的暴力行動，都是文化內部最可怕的盲點。

人類置身於多元文化之間，唯有仰賴愛與理解才能跨越自身屏障，去認識另外一個活生生的個體。勇於違背社會禁忌的人，願意衝撞、顛覆社會傳統與「文化契約」，有時候帶來的是正面可喜的生機與力量；當然，也可能引起眾人對他的猜忌、誤解與憎恨。罹病者病倒後，生命產生了巨大的變化，《紙

婚》的項、〈金石情〉的金義楨、〈野茫茫〉的肺結核病患都是受病體折磨的凡人，他們被眾人宣判罪證，卻能不抱持著仇視的心態，在人間煉獄之中鍛鍊靈魂的韌度、體驗最深沉的人生。這是文學展現精神世界超越肉體打擊、社會打擊與病毒打擊，最動人的一幕。

　　社會始終需要更多人來關注疾病和傷痛，而不是眾人的曲解與謾罵。小說有時候不是文化的副產品，它本身就是積極創造文化的利器。作家書寫病痛與懲罰的主題，不但能開啟讀者的視野，也能突顯出文化的矛盾與衝突。藉由小說更讓人們理解一個事實，要求每一個社會成員，完全屈從主流文化的價值是件不容易的事，這誘引人們進一步想像，如何保留住良善的核心價值，開拓成員嚮往的自由空間，又能不危害整體文化系統，提供成員與集體之間和諧共生的場域，更為有益的方式可能是兼容並蓄、河納百川。當發生過仇恨傷害與誤解事件後，文學提醒人們只有理性與寬容才能解決對立、阻止歧視、杜絕傷害。違約者在受懲的過程中更了解人生的意義，釐清善惡的價值不在於盲從，只在忠於自己的責任。

第四章　血親情仇與自譴／譴他

第一節　家庭契約：一家之法

家庭是由婚姻或血緣關係組成的親屬團體與組織，也是人類社會中最根本的單位。費孝通認為傳統社會基本的結構是差序格局，即以自我為中心逐漸向外展開擴延關係，也因如此，家庭最重視人倫分際，所謂倫就是：「從自己推出去的和自己發生社會關係的那一群人裡所發生的一輪輪波紋的差序」。〔註1〕人倫重在分別，為了維護家庭的和樂與穩定，詳盡劃分家族成員的權利與義務分配，這就是一家之法——「家庭契約」的基本精神。「家庭契約」不但區分家人上下、尊卑差等的關係，也作了家庭義務與責任的分配。

《中庸》是傳統文化智慧的法典，提出了有德之人實行的五達道之策，在家中嚴守「父慈子孝、兄友弟恭、夫義婦順」的原則。五達道即君臣也、父子也、夫婦也、昆弟也、朋友之交也。達至這五倫關係的準則是：君惠臣忠、父慈子孝、夫義婦順、兄友弟恭、朋友有信。《中庸》以儒教之治描繪家庭的尊卑順序、長幼結構與義務關係，認為家庭成員若能各司其職、善盡己責，必能維持家庭的經濟、繁殖、社教、福利、地位傳授、娛樂、宗教、感情等社會功能。〔註2〕其中，五倫義、順、慈、孝的品德，也是傳統文化最崇尚的價值，雖過度強調了父子關係，太重視財產與權力的父系傳承，卻充分展現了傳統家庭對於夫婦之道、孝道與悌道三者的終極理想。

傳統家庭之所以具有如此完整且眾多的功能，主要是因為血緣關係的牽

〔註1〕費孝通：《鄉土中國》（上海：觀察社，1948），頁26。
〔註2〕黃輝明：〈家庭〉，《社會學新論》（臺北：商務出版社，1993），頁135～136。

制。張樹棟與李秀領的著作《中國婚姻與家庭》，深入探索傳統式家庭的家庭契約，認為家人關係就像鎖鏈般緊密，指出國人一生都要和上下四代人發生八種關係：接受祖父母的隔代撫育、接受父母的哺育、對祖父母的反哺、對父母的反哺、對子女的撫育、對孫子女的隔代撫育、接受子女的反哺、接受孫子女反哺。〔註3〕他們更進一步指出，國人與上下親屬間的關係是雙向運作的義務，就如同建立了一種獨特的保險制度一樣，由家族成員來擔負個體生、老、病、死的一生歷程，這樣的關係最能說明家庭契約的本質，每個家庭成員既負有照顧義務，又享有被照顧的權利。

　　傳統式的親屬是一連串的鎖鏈關係，子女小時候接受父母的養育教誨，長大後反哺回饋父母的養育之恩，這樣的倫理體系不但建立了責任分立的功能，更具體實踐了儒家共享天倫之樂的文化理想，而「聯合家族」的家庭結構，便是最接近理想的典型與建構。漢人家庭與西方家庭不同，明顯具有不同的情感牽繫與責任聯結，人們為了便於區分傳統家庭的類型、成分與結構，以及倫常與族譜傳承的意義，需更進一步把中國式家庭區分為「配偶型家族」、「主幹家族」或「聯合家族」；若強調家庭的團體生活與實際功能時，則可分成「核心家族」、「主幹家族」、「聯合家庭」。〔註4〕但是，一個完整和諧的家庭，必須仰賴家庭成員承擔繁瑣的義務，才能支撐起家庭的功能。以父母——子女的關係而言，當一個父／母親毫無節制地控制女兒、要脅女兒，意味著女兒必須允諾父／母所有任性的要求，當父／母親獲得的權利愈多，便意味著女兒犧牲與失去的權利愈多。但當家庭成員關係失衡時，家族成員便會失去承擔的意願，進而破壞賴以維繫的關係，這也突顯出家中權力失衡的問題。

　　傳統的倫理思想不但牽制血緣關係，對夫妻關係也有諸多約束。夫妻關係不僅是「夫妻之倫」的起點，更是倫理結構的樞紐，具有莊嚴的使命。〔註5〕但受傳統文化與男尊女卑的父權體制影響，社會要求丈夫在外成就理想的事業，在內也擁有絕對的主宰權。他的行動與話語，無一不體現男性階級的利益和價值觀，「話語本身既是權力的產物，也是權力的組成部分」。〔註6〕女

〔註3〕　張樹棟、李秀領：《中國婚姻家庭的嬗變》（臺北：南天書局，1996），頁53。

〔註4〕　陳其南：《家族與社會》（臺北：聯經出版社，1990），頁101。

〔註5〕　曾昭旭：〈中國傳統文化下的婚姻觀〉，《鵝湖》9：1（1993），頁33。

〔註6〕　黃華：《權力，身體與自我——福柯與女性主義文學批評》（北京：北京大學出版社，2005），頁42。

性則被要求聽從男性的意見，以男性利益與權勢爲主遵循「家庭契約」。妻子除了成爲丈夫的支柱，毫無怨言地順服契約之外，「三從四德」亦名正言順地把女性的身分與家庭功能緊緊綑綁，如負責安養、經濟、繁殖、社教、福利、娛樂、祭祀與感情等工作；當女性擔負的家庭義務愈多，卻削減了自身的主體性。

　　女性參與家務等工具性（instrumental）的義務越多，更加貶抑自己的地位。男性在性／政治關係中持續剝削女性、支配女性的位置，父權體制與傳統文化一直護持著這樣的優勢現狀，慣於袒護失責的男性。但當女性自覺到丈夫長期壓抑自己的主體性時，也可能會透過具體的行動反叛家庭契約。首先，她們會透過「對抗話語」（counter discourse）的行動，進一步確認自己的社會角色與家庭地位。克莉絲‧維登（Chris Weedon）在《女性主義實踐與後結構主義理論》（*Feminism Practice and Poststructuralist Theory*）一書特別提及，女性會以直接對立的方式，利用「對抗話語」挑戰主流的權威與知識架構，因而產生新的話語形式，讓過去被壓抑的觀點重新得到評價。〔註7〕當女性歷經各式夫妻衝突之後，反而讓她們覺悟到拋棄「婦順」，彰顯自己意見的重要性，她們不再受限於傳統賢妻的身分，而能善用話語加上各種計謀手段，重新與丈夫協商責任、義務與權利細則。她們認眞思考傳統文化表彰的「婦順」，對她們是否眞正具有利用的價值。當她們了解到文化要求女人「貞順」，無非只是爲了保障男性利益時，她們不會繼續爲了維護表面和諧、守持「婦德」而忍氣吞聲，而會表達自己眞正的主張。如此一來，女性的追求行動，反而可改變失衡的家庭結構。女性從服從「婦順」到拋棄「婦順」之間，可說跨越了一段複雜的人生歷程。

　　此章討論的「家庭契約」具有三層意義，其一層指血親關係，指依賴血源建立的親屬關係，包括：自然血親與法定血親兩種。自然血親出於相同祖先，有血緣聯繫的親屬；法定血親、擬制血親指的是法律認定本無血親，但具有親屬聯繫的關係，如養父養女。〔註8〕其二層意義是指民法規定的家庭法定契約，以及社會文化裡要求父母——子女、夫——妻約定俗成的職責與義務。第三層意義是指「個別性（individual）的家庭契約」，指個別家庭依權力

〔註7〕 Chris Weedon .*Feminist Practice and Poststructuralist Theory*. New York：Oxford（1987），p110.
〔註8〕 丘怡新、李瑞生、蔡宜宏合著：《民法》，頁417。

關係產生的義務分配的契約、允諾。此三者當中，血親與遺傳關係特別密切，可能引發家族性疾病與家族命運的重大影響。此外，從立法機關和執法機關所訂定的法律條款裡，可以看出社會文化對家庭角色的要求。《民法》上對親權提出的要求，包括：父母必須在身分及財產上照顧未成年女子，負擔保護教養、懲戒與法定代理權等職責。〔註9〕此外，針對夫妻關係，《民法》明文規定夫妻負有同居義務、貞操義務、財產分擔、日常代理與扶養直系血親等義務。《民法》是國家與制法者權衡社會條件、民俗、互助需求與家務，為了維持婚姻增進家庭和諧所完成的限制禁令和責任歸屬；法律不但是社會整體意志的表現，除具有社會倫理與習俗基礎外，也是最合乎大眾理性的價值體系。〔註10〕法典的內容既昭告時代的價值，也顯示每個價值觀的普遍性與重要性。

　　除了「家庭契約」具影響力之外，影響家庭最大的莫過於「個別性的家庭契約」。契約的內容，不外乎保障某些家族成員的權利，以及釐清家族成員義務的分配與責任歸屬。此契約關係產生於家庭中，須經雙方同意，為了維護彼此利益而採取的交換。一般而言，依賴雙方的交流與溝通以建立契約，但「個別性的家庭契約」卻常是一個失去平等立場，卻被執行的協議。正因歧異的家庭型態，產生出各式「個別性的家庭契約」，這些契約顯示出家人之間競爭又拮抗的關係，也左右家族成員的權力消長。

　　家庭是個人由小到老生活與成長的據點，國人慣於掩藏家庭私事，在「法不入家門」與「家醜不可外揚」的思想下，也讓家庭成為法律管束不到的灰色地帶，家庭往往成為暴力者施暴、性侵害與衝突四起的場域。家庭成員若忽視「家庭契約」與倫理，或是訂立違背禮法的「個別性家庭契約」，任何違法亂紀的行為將瓦解家庭的功能，造成家庭本身的崩裂。但受傳統文化的影響，國人總難以割斷對家庭的依賴，因失去家園的護衛，就像斬斷個人生命的根源，也遺失了人生最深厚的依傍。這些小說紛紛描寫罹病的人生經驗與感受，病源一致指向失去家庭之愛——扭曲的親子、夫妻的關係，家庭成員間若無法維持平等與和諧狀態，便會壓抑他人產生失衡的關係，也唯有透過病痛的過程與治療階段，成員願意與家人一起協商罪惡的審判過程，罹病者身上的疾病才會喪失懲罰與譴責的意義。

〔註9〕丘怡新、李瑞生、蔡宜宏合著：《民法》，頁473～475。
〔註10〕李清潭：《三稜鏡下的法理學》，頁312。

在這些小說當中，罹病者或人物都因違背「個別性家庭契約」而得到懲罰，疾病與懲罰之間具有重要的關聯。本章探討的疾病具有三重意義，其一、遺傳性疾病就像擺脫不了的原罪；其二、疾病是「罹病者」對「自我」的一種懲罰；其三、疾病是懲罰他人的不二手段，「罹病者」可藉疾病達到譴責他人的目的；或「審判者」利用疾病來懲罰罹病者。統整說來，除遺傳疾病之外，有的疾病也具有懲罰罪惡的意義，但懲罰的對象未必指向罹病者個人，疾病也可成為懲罰失責或失貞的家族成員最有效的利器。有的罹病者擅用權利逃避人倫義務與責任，達到卸責或懲罰他人的功能。有的家族成員對家庭責任漠不關心，透過病的懲罰方式，才恍然大悟認清自己的責任，也體會到實踐責任的重要性。在此，疾病書寫擴充了懲罰指涉的意義與範圍，不但涵蓋認錯、認罪、責怪和定罪之意，也賦予了勒索與報復之意。這些小說藉由衝突、疏離與誤解的家庭關係，藉由懲罰所拋擲出來的問題，絕非演練「善有善報，惡有惡報」單純的道德審判，而是徘徊於血緣原罪、無罪之病、亂倫之罪、卸責之罪與失貞之罪的各式難題中。本章將聚焦於此，探討個別家庭之罪與罰的深層意義。

第二節　惡性的遺傳病：肝癌與精神病

壹、血緣遺傳的疾病：肝癌與精神病

這些小說中出現的疾病都與遺傳因素相關，疾病透過連環套的方式，從親代遺傳到下一代身上。不僅如此，親子之間的命運，也存在相似性與複製性，小說集中探索血緣關係無法清楚解釋的命定論與惡性遺傳。遺傳所產生的影響，不只是親子之間外貌命運的相似，更是遺傳基因與疾病的延續。受親代影響的子代，不是像雙親一樣死於遺傳性疾病，就是體質特殊，容易成為精神病患。本節深入討論陳映真的〈死者〉（1960）與王幼華的〈歡樂人生路〉（1981），兩篇小說中的遺傳疾病。

生物學家達爾文（Charles Darwin）於一八五九年完成的著作《物種起源》（The Origin of Species）裡提出，任何生物都是遵循進化論的原則，依照「適者生存，不適者淘汰」的嚴格機制，而獲得生存的機會。所有生物都必須為了生存而鬥爭，即使是人類也絕無例外。此外，同類生物也因適應環境的能

力不同，而以不同的形式存在、求生。依照此生物學定律，任何物種都應以求生作爲唯一且最高的價值而努力。但令人們不解的是，人類身上常存在各式遺傳疾病與遺傳基因，正在虛耗、減緩或是減低生物本身的競爭性，更直接促成人們死亡，嚴重影響物種延續的大業，莫非這也是順應物競天擇底下，淘汰機制的必然結果。人種優生學、滅族論同樣關心遺傳蘊含的龐大學問，發現親屬之間竟能在樣貌、習性、個性、命運與疾病上，出現各種相似性的關聯，「導致親子間性狀相似的種種生物過程，千百年來一直是人類發展中最神秘、最令人迷惑的問題之一」。〔註11〕遺傳是個難解的奧秘，生物學從生物演化與變異著手，嘗試對人類遺傳提出解釋，最終還是無法完整回答人類對身體病痛、基因繁衍與血親滅族所衍生的困惑。正因遺傳牽連的機制如此龐雜，人們尚未完全理解它的運作之道。

陳映眞的〈死者〉具有濃厚的自然主義的特色，寫出神秘弔詭的遺傳規律，表現可圈可點。作者利用生發三代的淫亂醜聞，媳婦與孫女兒重蹈妻子覆轍，展現血緣基因與神秘因素共同支配的命運，串聯起血緣、疾病、失德與原罪的錯綜關係。除了突顯血緣契約的不可理解性之外，更透過「連環套」方式，曖昧地展現天譴命定的罪惡觀，敷展出詭異又震懾人心的命運圖景。

小說刻意把村莊描述成經生物遺傳學與環境學，聯手打造下「敗德滅族」的墮落之城。男女私通原是不合禮法的慾望，也是不被社會道德容許的偏差行爲，在他鎮必須處以極刑的罪惡，在此庄頭，卻成爲司空見慣的正常情事：「私通的事情，幾乎是家常便飯的事」。〔註12〕鎮上也因淫亂事件頻仍，造成血緣關係異常混亂，甚至無法確認誰是嬰孩的父親。人倫敗壞至此，可謂人間悲劇，但這卻是庄頭裡盛行的家庭契約。

生發是探索遺傳與惡性詛咒最關鍵的人物，他在鎮上可算是異類。他正直、善良、勤勞且杜絕邪淫，可惜卻管束不了失德的妻子，最後妻子淫奔投湖自殺。他耿耿於懷妻子的罪惡、淫亂的故鄉，便毅然帶領後代離開受詛的故鄉。他原不信任命定主義，勇於追求未來，但不管怎麼奮鬥卻失敗了。死前他對「命運」至高無上的主宰力量，有了最深切的體悟。

命運如今在他是一個最最實在的眞理了，否則他的一生的遭遇，都

〔註11〕余鳳高：《解剖刀下的風景》（濟南：山東畫報出版社，2000），頁 256。

〔註12〕陳映眞：〈死者〉，《我的弟弟康雄》（原載一九六〇年十月《筆匯》第 2 卷。第 3 期）（臺北：人間出版社，1995），頁 53。

是無法解釋的：他勞苦終生，終於還落得赤貧如洗；他想建立一個
結實的家庭，如今卻落得家破人亡；他想盡方法逃離故鄉，卻終於
又衰衰敗敗的歸根到故鄉來。而那些敗德的，卻正興旺。〔註13〕

敗德村是備受詛咒的村落，早已沾染污穢與罪惡，生發不能違背命運，只能
臣服其下。鄉村裡的母性／女性既是罪惡者也是造物者，不受禮教約束可自
由選擇性愛對象，此舉也促使後代子孫一生下來似乎就帶著原罪，像她們的
母親一樣敗壞倫常。鎮上的女性縱慾無度，生發一家醜事更是延續三代。生
發的妻子淫奔失責，生發的女兒、林鐘雄的養母始終在男人身邊流浪，媳婦
淫亂、孫女兒秀子尚未成年也胡混敗壞門風。女性犯下色戒，似乎成為代代
相傳命中註定的惡果，在環境的縱容之下，更助長了罪惡的蔓延。

　　除了淫亂的舉止，血緣遺傳契約也讓生發家族造成致命的病症。基因排
列在 DNA 上，人體上所有的遺傳訊息，都是由親代的 DNA 遺傳到子代身上。
正常人具有二十三對染色體，各自從父母親體內繼承二十三個染色體，父母
的基因會直接影響子嗣的顯隱性特徵。父母親的基因與肝癌病源，對生發及
後代的外在特徵、生理功能與適應能力都產生深遠的影響，讓生發親眼目睹
了父親、次子、長子與女兒陸續死於家族性肝癌的悲劇。雖說在一般病例當
中，肝癌常顯示為多因素疾病，基因多半不具有強勢的遺傳性。但肝癌前後
造成八人殞命，顯然基因仍是無法忽略的病因。疾病纏身的生發每次想起惡
疾便悲從中來，臨死前更孤寂地感嘆無一親生子嗣幫他送終。

　　小說中最具有懲罰意義的象徵物，便是禍延三代的致命性肝癌，一雙水腫
的腳，是家人共有的症狀，「『男穿統，女穿裀』你看他那一雙腳。正是他家的
老病呢」。〔註14〕一般說來，肝癌主要出現肝臟疼痛、帶有雜聲或血腹的症狀，
其他伴有體重減輕、食慾不振、腹瀉、黃疸、下肢水腫及腹水的痛苦。〔註15〕
生發一家人除了樣貌相像外，就連死亡的方式也一樣，透過疾病這座神奇的橋
樑，串聯起家族的生者與死者詭譎的命運，「二舅據說也是死於水腫；年前死在
南部的大舅，也是一個腫腫的身體擠進棺材裡，不過醫生倒說是一種肝癌的
病」。〔註16〕肝癌腹水因壓迫下肢靜脈造成水腫，靜脈回流受阻所致。肝癌已奪

〔註13〕陳映真：〈死者〉，《我的弟弟康雄》，頁 54。
〔註14〕陳映真：〈死者〉，頁 48。
〔註15〕威爾森（Jean D. Wilson）著，吳德朗等譯：《哈里遜內科學》中冊，頁 1574
　　　　～1575。
〔註16〕陳映真：〈死者〉，頁 48。

取生發一家四口的性命，不但成為奪命的殺手，更斷絕了後代命脈的繁衍。

　　根據醫學的調查與統計，遺傳並非是家族性肝癌的主因，家族性肝癌主要是因家人飲食習慣、生活方式多半相同，接觸致癌因子的機會也相近所致。大體上說來，同時受遺傳和環境因素影響，才可能造成一家多人罹癌的現象。實驗成果顯示某些缺陷症患者，如罕見的遺傳代謝異常患者，會增加原發性肝癌發生的機率。〔註 17〕生發晚年受肝癌所苦，肝癌奪走生發所有子女的性命，讓他哀痛萬分，生發背負了父親最沉重的包袱；身為人父，無不希冀兒孫各自分家後，能夠開枝散葉繼續繁衍後代子孫。〔註 18〕不料，白髮人送黑髮人，生發歷經多次喪親之痛，不能勘透遺傳疾病所顯現的天道訓示，他以為這是血緣遺傳與地域詛咒的惡性影響，甚至悲觀地認為沒有半點機會可反抗命運，生命的前景，就是毀滅性的結局──死亡。

　　王幼華多年來總是不斷地對夢魘、原罪與瘋狂主題，進行反覆的探詢；小說中總充滿各式疑難雜症，向來注意病態人物的疾病、內在世界的裂變與臺灣文化的亂象，三者之間的曖昧關聯，常對複雜的犯罪性格有驚人的觀察。〈歡樂人生路〉也可看成臺灣版的〈狂人日記〉，罹病者強力控訴他與親代之間的命運／血緣關係，早已宣判他是一個無法反抗、命定的簽約者，必須服從親族遺傳的命運。小說以內心獨白掙脫了敘述距離的限制，讓讀者對病態人物有更親近的認識。成年後的主角，罪證確鑿地指控母親，認為恐怖疾病與失德的行為，早為他埋下精神病灶的種子。

　　〈歡樂人生路〉裡，同樣探討遺傳疾病對後代子孫所造成的負面影響。就如朱雙一觀察到的，小說中的遺傳因素：如體型體質、精神類型、家族病變史，都對主角產生具體的影響，更重要的是精神病的遺傳早已埋下禍根。〔註 19〕彭瑞金也注意到，血液中的遺傳密碼就像原罪，那是主角早被詛咒的命運。〔註 20〕二人都認為血緣的原罪，是影響主角最後墮落敗德的重要因素。若以為〈歡樂人生路〉與〈死者〉只單向論證血緣關係的不可改變性與宿命，那就大大地誤解了小說的旨趣。因〈歡樂人生路〉以精神病患為敘事者展開告

〔註 17〕 李岩、王艷玲：《肝炎防治錦囊》（台北：大作出版社，1999），頁 56。
〔註 18〕 謝繼昌：〈中國家庭的文化與功能〉，漢學研究中心主編《中國家庭及其倫理研討會論文集》（臺北：漢學中心印行，1999），頁 72。
〔註 19〕 朱雙一：〈臺灣社會文化變遷中的心理攝象〉，頁 286。
〔註 20〕 彭瑞金：〈探索的反叛的漂泊者──王幼華的小說世界〉，王幼華著作《王幼華集》，頁 3。

白，主角強力控訴血緣遺傳已造成此生命運毀滅性的影響。敘事過程中，主角／罹病者的「現身說法」，反而呈現出「臆測的家族病變史」與「血緣的魔性想像」，暴露明顯「失真」且武斷的論點。

　　主角早已發現，在他身上，遺傳基因顯示出神奇的複製工程，自己的外貌簡直像極了軟弱不堪的父親，「我的身子很像他，手腳細瘦拉長，鼻子尖挺」。〔註21〕除了外表肖似父親之外，他與母親一樣具有情感異常的體質。他憎恨情緒失控的母親，妖豔放蕩從不順從倫理法紀，切除乳房的母親常哭鬧折磨父親，鄰居都說母親是精神病患，「她常常鬧著脾氣向父親說：『你看我還像個女人嗎』」。〔註22〕在父親死後，母親隨即改嫁，他始終怨恨著生病的、陌生的、發狂的母親。

　　他不想重蹈父親的覆轍，在母親的陰影下斷送生命；他立誓要背叛父母，不再複製他們可悲的人生。他開始拼命健身，以為只要改變外型、離開家人，就能夠走出遺傳契約的影響。為此，他切斷了一切親情的根源。當他失去道德的堅持，墮落當起皮條客，酒店被查封時，他發瘋了。他在精神病院裡接受治療，雖處於瘋狂狀態，卻具有病識感：「我思量著每隔一陣就要發一次病、打人、喊叫，或是抱一抱女人」。〔註23〕他的敘述讓人毛骨悚然，他個人卻相當滿意自己的裝病計劃。他決定長住在精神病院裡，但他的命運，卻永遠也無法逃離血親契約的影響。

貳、血緣＝原罪的審判

　　任何人都必須坦然面對不可解釋的遺傳命定論，為自己找尋生命的意義，包括：因遺傳病死亡的病人、疾病纏身的病人、被家人耽誤的可憐人。他們如果能勇於承擔既有的事實，就可能不被遺傳因素綑綁，可以創造自己不一樣的人生。存在本身有它的限制性，人無法決定自己的家人，更無法決定體質與基因。作為一個獨立的個體，應該勇於面對生命的缺陷，承認生命中無法逃避的遺傳特徵，同時也要永遠承擔家庭責任與現世職責。

　　〈死者〉中的主角生發，一輩子執守父親遺命抵抗邪淫世道與血緣詛咒，不論生為人夫或人父皆謹守大道，恪遵家庭禮法、人倫紀律。在國人習俗中，

〔註21〕王幼華：〈歡樂人生路〉，頁3。
〔註22〕王幼華：〈歡樂人生路〉，頁3。
〔註23〕王幼華：〈歡樂人生路〉，頁26。

父親的遺訓是很重要的家訓，即使死後也跟家族維持三種緊密的關連，其一、死者之死僅是肉體之消亡，他的血脈生生不息，血液將永世流傳給後世子孫；其二，死者成為象徵留存於世上，族譜墓地牌位都留有他的名姓；其三、每年祭祀的儀式，象徵性地讓子執輩與死者歡聚。〔註24〕他珍視父親／死者的遺言，要求女性嚴守家規與婦道，這是杜絕罪惡必須守持的倫理規範，也成為生發最看重的家門契約。

在典型的「主幹家族」中，生發想提醒媳婦名節清譽的重要性，更甚於女性的肉體與生死，「媳婦呀，可千萬不要為我們家做見羞的事情」。〔註25〕生發雖具有家長身分及象徵權威，可惜，未能及時公開宣判此項「家庭契約」，並責令媳婦遵照執守。臨終前生發對天道有所懷疑，不能理解疾病是否是背德村的原罪，或是家族罪惡的懲罰報應。人無法掌控自己的生命，他只能靜靜地接受疾病的考驗；雖無法完成傳宗接代的任務，但他已盡力完成自己的責任，無愧於後代子孫、更無愧於自己。小說雖然瀰漫著迷信讖緯的思想，暗指疾病是背德村莊的懲罰、是家族淫亂世代傳襲的命運；但在神祕的病因底下，罹病者還是不願向命運低頭，以無比頑強的意志對抗不可理解的命運，腳踏實地活在人間。這樣的人生態度，顯然與〈歡樂人生路〉隨波逐流的精神病患完全不同。

〈死者〉的確如林鎮山所言，表現出切換純熟的敘述觀點，透過主要「觀點人物」林鐘雄的意識，加上次要人物生發的自剖，以靈與肉、倫理與慾望的糾葛，把人生還原到求生與死滅的層次。〔註26〕棺材彰顯長者已逝的事實，不管生發是否受到原罪懲罰而死，過世後，媳婦馬上展開新生的生活。她肆無忌憚讓情夫大方出入家宅，她不願意壓抑慾望，服從貞節契約，這也是敗德庄頭早已默許的關係。

生發承受前代親屬的一切，包括外在型態、生理功能與疾病或好或壞的一切影響，無法逃避血緣的詛咒，他已把這樣的命定遺傳，當成是原罪最無情的審判。〈死者〉探索遺傳性疾病，嘗試從懲罰角度思考淫亂的罪惡與詛咒，透過敗德庄頭的守持戒律者——生發，探討倫理契約的矛盾以及遺傳疾病的禍害。整篇小說摻雜受詛思維，增添神祕的氣息，以自然主義高度寫實的筆法，揭露

〔註24〕高丙中：《居住在文化空間裡》（廣州：中山大學出版社，1999），頁486。

〔註25〕陳映真：〈死者〉，頁56。

〔註26〕林鎮山：《臺灣小說與敘事學》，頁246。

人們內心的困惑。小說有意展現性慾的不可克制性與墮落性，雖無暇從歷史衝突或現實矛盾，針對性放縱進行更深入的挖掘；但保守的人們，始終無法超越惡性詛咒的思想來看疾病，再次顯示疾病本身被賦予的倫理意涵。

　　生發一家三代男性盡數死亡，能繁衍命脈的只剩下孫女兒秀子與唯一的男性——養子林鐘雄。林家以領養的方式，延續家族的命脈，便是爲了祖先與子孫，把嗣系繼承下去。〔註 27〕林鐘雄因收養關係才納爲家族一員，他的心境自然跟悲慘守喪的家人有些隔閡。毫無血緣關係的他，以最清醒的眼光觀察著家中的一切，驚訝這個家族盡數死於疾病的命運，也暗自慶幸自己逃過劫難。小說安排一個介乎於內／外身分的家族成員林鐘雄，貼近親臨這場生者與死神搏鬥的場景，當他看見最悽慘的血緣悲劇時，也從一開始的無動於衷，轉而對命運感到無比的震懾與恐懼。血緣關係纏繞著離奇命運的神秘影響，血緣帶有致死因子是不可改變的事實，〈死者〉結束於命定論，小說展現血緣契約不可解釋的神秘性質。

　　〈歡樂人生路〉裡，罹病者認爲自己遺傳了母親的惡性基因，才得了精神病；又沾沾自喜地認爲裝病欺騙了醫生。從他不斷裝病的病態行爲中，早已說明他是個不折不扣的病人。小說透過人物——聚焦，透過不可盡信的敘事者（unreliable narrator）的敘述，控訴血緣與遺傳學的惡性影響，傳達精神病患歸咎於家庭的心境，全文幾乎成了罹病者憤世嫉俗的批母大會。

　　到底精神異常的疾病，是受血緣因素決定、環境因素影響，還是該讓病患承擔自身的責任呢？〈歡樂人生路〉顯然對於這個問題極感興趣。主角認定母親的乳癌是家庭罪惡的來源，身心體質完全遺傳母親卑賤的因子，這是無可逃脫的原罪：「我想今天我有這樣的腦子，魔鬼般迷亂的心，一定是吃了那隻乳房流出來的奶水」；〔註28〕「是嗎，我有什麼罪，那是隻有病有毒的乳房，我毫無選擇的，本能的興奮的吸吮它」。〔註29〕他認爲自己無法抗拒母親給予的一切，而奶水／病毒／基因／罪惡正好透過繁衍、蔓延、佔據了他的肉體心靈，他的罪惡完全是母親所造成。他認爲母親早給他敗壞的基因，他當然無法抵擋巨大的壓力與墮落的召喚，繼而出賣靈魂；他此生的一切錯誤，

〔註27〕謝繼昌：〈中國家族研究的檢討〉，楊國樞、文崇一合編《社會及行爲科學研究的中國化》（臺北：中央研究院民族學研究所，1982），頁 266～267。

〔註28〕王幼華：〈歡樂人生路〉，頁 21。

〔註29〕王幼華：〈歡樂人生路〉，頁 21。

都須由母親這個罪魁禍首來承擔。神秘又具有命定論的遺傳契約，成為他此生逃脫不了的賣身契。

主角無法逃脫身心體質的局限與社會敗壞的影響，最後成為墮落份子：他不但不懺悔，更把一切罪責推到母親身上，可說是個道德淪喪的可憐人。他認為自己根本是家庭與社會的棄兒，此後，便開展「歡樂人生路」，當起酒店皮條客，過著紙醉金迷的生活。他成為無所牽掛的棄兒之後，也喪失道德的堅持犯下惡行，轉而貪圖聲色的享樂。

精神科醫生認為，精神疾病的確受體質因素影響極大，遺傳即是潛在因素之一；這樣看來，〈歡樂人生路〉的罹病者會有病態的傾向，的確有他個人意志不能控制的因素：「精神疾病的一個重要潛在病因是腦功能的脆弱性。把腦生理功能的脆弱性與日常生活壓力的大小，一起考慮為精神疾病的發病病因」。〔註30〕遺傳易造成特殊的體質，通常潛在病人的腦部功能，比一般正常人脆弱，這樣的人具有發病的潛在危險。長期以來主角被雙親冷落，求職不順，又被誣陷，種種負面經驗再加上查封酒店的巨變，一時之間無法承受壓力，造成調適失敗，潛在因素達到發病的閾值就瘋了。他的心理障礙與病態傾向，其實是遺傳與環境因素相互影響的結果。

縱然他身上帶有遺傳的體質，但只要擁有穩定的生活、正確的生活目標、積極的生活態度，潛在病人也可能不會發病。正因他錯誤理解了罪惡與遺傳之間的因果關係，才終日過著詛咒血緣、仇恨血親、疑心孤絕的地獄人生。從他病後的胡言亂語，可以看出，斬斷了愛的聯繫，過著無父無母無依無靠的生活，正是他此生最大的缺憾與痛苦。他視母親為罪惡之源，父親為衰弱之源，對雙親充滿了恨意與敵意，以詛咒自己的方式詮釋命運，當然無法抵抗邪惡的慾望，一步步喪失純真的本性，沉溺在負面情緒成為病態的人。

社會學看待疾病的觀點，自然和醫學大不相同。社會學期望每個個體都能遵守社會秩序、吻合社會的期待，總是依據個人行為，能否吻合社會標準來評量人的價值。一般人健康無虞，或許可以從容地履行社會的職責；但病人的狀況不一，受身體影響極大，可能無法服從社會紀律，就被社會學歸類到偏差的族群裡，被貼上標籤。個人的健康問題未處理好，對社會的影響極大，「個人生病時，就不能承擔日常的社會職責，而且需要別人的照料與協助。……生病與犯罪同屬離軌行為，所不同的是前者為社會所接受，賦予同情，後者則不為社

〔註30〕 胡海國：《當代精神醫療》，頁 107。

會所接受，加以責罰」。〔註31〕正因如此，罹病者若放棄幫助自己，不能早日回到日常的社會職責上，就無法善盡社會功能、履行社會期待，也將成為社會的負擔。

　　在這篇小說中，不願康復的主角，沉溺在偏執的假想世界裡，幻想將永遠待在精神病院，過著離群索居的生活。這樣的思維，不但助長為惡作亂的念頭，更把自己看成是社會異類，這樣的病人很難得到正面的力量，病況也不可能好轉。他根本無心幫助自己重回社會，反而利用恐懼控制自己，以病態的自尊心維持安全感，自甘墮落卻從不內省贖罪。〔註32〕這也說明，社會可以挽救一個誤入歧途的人，或幫助一個精神病患重獲健康；但很難挽救一個自我放棄的人，一個不對生命懷抱希望的人。當他悲觀地建構「寄生蟲的人生腳本」時，當然看不到人生的希望與理想；他的一生已在指責母親、咒罵血緣的罪愆裡虛度殆盡，他讓自己活得像寄生蟲一樣卑微。他的精神疾病是遺傳、生理、心理與社會因素交相影響下的結果，可說是疾病小說中最可悲的一個人物。

　　王幼華利用〈歡樂人生路〉中的罹病者，探索血緣原罪的淵藪，也完成了預設的目的，表露一個激切的社會觀察家，對墮落社會的不滿情緒。王幼華以聚沙成塔的方式，透過主角成長的過程，紀錄工業化發展所引發的社會變動。這樣的變動不但衝擊到文化、家庭與個體，更造成不可逆轉的影響。家人之間失去溫情的聯繫、母子充滿憎恨的情緒、鄉里人只有誤解的冷漠、人際間難有信任的尊重，都讓家庭關係、人際關係與倫理價值徹底瓦解。王幼華細心描繪精神病患背後，除受遺傳因素影響之外，更串聯起臺灣八○年代的歷史巨變，批判社會的動機非常強烈，不僅紀錄了人們身體精神的改變，也紀錄下社會層面的劇烈變動。

第三節　惡母、逆女的心病情結：精神病

壹、女性失責的心病：精神病

　　本節深入探討蘇偉貞的〈背影〉與王幼華的〈健康公寓〉（1983），發現

〔註31〕李沛良：〈醫療衛生〉，《社會學新論》（臺北：商務出版社，1993），頁193。
〔註32〕宗教史或是神學史上的贖罪，指人排除困難與曚蔽狀態透過獻祭與淨化儀式，再次親近神並與神和好的過程。本文不特別強調贖罪的宗教意義，注重的是贖罪者面對自身過錯、勇於承擔的反省過程。

兩篇小說都以篇名作為反諷，探索家庭成員之間複雜的愛恨情仇。〈背影〉與朱自清知名散文〈背影〉同名，雖同樣觸及親情關係，卻深入描摹邪惡、病態與瘋狂的母親背影，探索惡劣的母女關係。〈健康公寓〉裡面則住滿各式病人，更有因詛咒與自譴而病倒的人物。兩篇小說都藉著疾病突顯出母女的衝突，這些人物不是藉著失控的精神疾病，來解決心理或更複雜的家庭問題；就是因傷害家人良心不安，繼而產生精神疾病。這兩篇小說以特殊的角度思索疾病，顯然認為家族成員的精神疾病，與失衡的家族關係和病人的情緒有密切的關係。

　　自古以來，母愛即是作家最常描寫的題材。中國女性作家在二〇年代五四前後，都喜歡歌誦母性光輝；臺灣作家無論在戰前或戰後，就連男性作家也喜歡歌誦母親的偉大。但男女作家展現的若是母女相見齟的情結，人們才赫然發現在聖潔慈祥的母愛之外，母親與女兒間也可能出現緊張對立的關係。在父親缺席的寡母關係當中，母女並未因身為弱勢性別而特別親近，或受父權文化壓力下轉而彼此認同，反而深入刻劃母女怨恨交織的關係，直接摧毀了母女之間一定美好諧和的想像。這兩篇小說，寫出了母性血緣取代了父系傳統，奠立了母女相依的生活傳奇與女性夢魘。

　　佛洛伊德在《性學三論》與《性愛與文明》裡，對人性的發展作了系統的描述。他認為嬰兒與母親的關係，在最初時呈現親密共生的狀態；但當女兒進入文明體系中，便改變了與母親依偎的關係。在「陽具欽羨」（penis envy）的心理上，把憤怒焦慮的情緒投射在母親身上，轉而認同並慕戀父親，佛洛伊德認為這是女性進入異性戀世界的必經路程。〔註33〕女兒要追求獨立，必須在意識上脫離母親、並確認自己與母親間的界限，勢必把母親當成必須棄絕的對象，只有怨母的心境才能幫助女兒擁有健康的心靈，這也是女性進入文明社會的必經過程。佛洛伊德從母親的功能性來探討母女關係，他認為母女關係初期維持的愛戀關係，最終會因女兒的嫉妒不安，而讓家庭內充滿敵意與衝突。由此可見，母女成為休戚與共的命運共同體是如此不容易，而讓充滿失衡的家庭關係淪為行禮如儀、執行日常功能的場所，親人間的相處，如同居、飲食、經濟扶持與情感交流，早已變成沉重的負擔。

　　不過，從人格發展理論可發現，佛洛伊德非常貶抑女性，根深蒂固存在

〔註33〕佛洛伊德（Siegmund Freud）著，林克明譯：《性學三論 愛情心理學》（*Drei Abhandlunqen zur Sexualtheorie*）（台北：志文出版社，1990），頁 114。

著身體／性別的偏見。他以陽具及其所象徵的男權文化做為社會唯一的價值，強化陽具理論所導致的缺陷極易辨明，「佛洛伊德的嬰孩論述，聚焦於父親之於文明世界提昇，全然枉顧母親（女性）曾經手操人類生殺大權的事實」。〔註 34〕探討這兩篇小說時，顯示的女性形象不是正面的，卻無法簡化小說為貶抑女性的論述，因為這樣的小說，從另外一種面向，刻劃了女性的面貌。無論母親是出於嫉妒不安而憎恨女兒，或是女兒違背孝義棄絕母親，都讓家庭成為製造病人的溫床。小說細膩揭露家庭的秘密——惡母怨女、逆女畏母的心結，顯示母女間的衝突不但持續上演，透過症狀，更顯示親人間懸而未解的愛恨情仇。

蘇偉貞的〈背影〉中，母親違背了社會對於妻職、母職的既定想像，凸顯出一個令人震驚的母親樣本，更匯聚精神病人各種最令人頭痛的症狀。她是個殘害女兒的母親、折磨丈夫的妻子，憎恨男性／老公、憎恨親情、憎恨血緣／女兒，幾乎已經到令人匪夷所思的地步，她以暴力方式割斷所有人倫關係，大大地顛覆人們對妻母身分的想像。她完全不關心婚姻關係裡的義務與責任，從女兒周中涵就讀小學時，她就不斷地離家出走，違反家庭聯繫的基石，強力毀壞家庭的關係，也讓家庭的功能趨於瓦解。

她是一個難以讓人窺透的精神病患，二十年來家人始終不了解她逃離母職、厭棄妻職的真正因素，家人為她付出畢生感情，但她卻憎恨如此。她自私地背叛家庭契約，不願履行任何母職義務，更不願付出情感，她仇視家人，讓二人受到很大的傷害，「妳仇視爸爸所以仇視他的小孩。妳攻擊他，希望他有回應，但是爸爸早放棄了反應，他沒有心情」。〔註 35〕女兒認為母親對男性／父親／父權結構似乎有種敵意與深仇大恨，父親卻隱忍母親的攻擊，讓母親權力不正常地擴張，錯誤的婚姻關係又影響到血緣關係，繼而殘害了女兒的一生。雖說精神病患的任何行為，都有值得辨識的特殊意義，但對於旁觀者女兒而言，母親的疾病與內心真是個難以瞭解的謎。母親一直表現出憎恨婚姻的態度，卻又反對父親終止婚約的提議，「他曾經試著和妳談離婚，尚未談到主題，妳就先哭開了」。〔註 36〕母親對婚姻既憤怒又依賴持續搖擺的態

〔註 34〕張佩珍：《臺灣當代女性文學中的母女關係探討》（嘉義：南華大學文學研究所碩士論文，2001），頁 17。
〔註 35〕蘇偉貞：〈背影〉，《熱的絕滅》（臺北：洪範出版社，1992），頁 41。
〔註 36〕蘇偉貞：〈背影〉，頁 41。

度，明確地顯示女性身爲文化「他者」的衝突，她既不願放棄自己的權利，順從文化成爲一個討好家人的理想女性，卻也不敢脫離婚姻去追求眞正的自我，切合女性主義理論家對於女性的擔憂，「她對自身資源的開發也就越少，因此就越不敢肯定自己是主體」。〔註37〕也因如此，他們三人既無法建構一個健全家庭，又無法拆散，父女兩人只能維繫著家庭有名無實的空殼。

周中涵的母親精神病發時就像是個瘋婦，不是冷血地像陌生人一般，就是不斷地以暴力傷害他人，「不是說你鬧自殺就是攻擊他人使之受傷」。〔註38〕她撒謊、編派罪名、偷吃別人的藥、罵人、毒打看護，即使服用鎮定劑也不見得能穩定情緒，她對家人給予的關愛完全無動於衷。醫生認爲她的症狀非常嚴重，「醫生診斷妳患的是情感性精神病」。〔註39〕「那就是說妳內心指控我和爸爸耽誤了你」。〔註40〕情感性精神病如憂鬱症與或躁鬱症，基本上是情感出現極度障礙的病症，病患常常因情緒變化，而出現異常的思想及行爲。最令女兒痛苦的，莫過於母親指控她與父親殘害她的健康，像對待仇人一樣憎惡她，女兒耗費青春照顧母親，卻換來母親的憎恨與怨尤。

母親的病況和離家的舉動一樣，都是一個反映思想的行爲，這套病態的防禦系統支配她整個人格、影響她整個人生之後，更完完全全成爲她獨特的生活方式。存在主義哲學家向來最關注受情緒影響、焦慮不安的意識狀態，因焦慮不安與恐懼存在根本上的差異，「恐懼是有某種特定的對象（如恐懼槍彈、恐懼車禍），而焦慮是沒有特定的對象（如怖慄黑暗，怖慄孤獨）」。〔註41〕二十年來她持續出現焦慮不安的失控情緒，的確呈現出沒有具體對象的樣態。焦慮不安的情緒狀態，充分展露了人生內在的不穩定感，雖無法具體說明何種外在因素導致她的症狀，但她的病因難以排除外在因素的影響。

女兒照料母親、觀察母親，更控訴母親失職的罪惡。她憎恨母親未能善盡職責，還敢說謊編派罪名。病後母親妄想丈夫不忠，直接反映出她內心的不安全感，過偏的意念（overvalued idea）一直以爲自己病得很重，表現出精神病患的典型症狀。她幻想、杜撰了「虛假的家庭狀況」：認爲丈夫失貞對不

〔註37〕 西蒙・波娃、（Simone de Beauvoir）、陶鐵柱譯：《第二性》（The Second Sex），頁283。

〔註38〕 蘇偉貞：〈背影〉，頁37。

〔註39〕 陳珠璋編著：《功能性精神病》，頁136。

〔註40〕 蘇偉貞：〈背影〉，頁36。

〔註41〕 陳鼓應：《存在主義增訂本》（台北：臺灣商務印書館，1999），頁22。

起她、女兒不是她親生的、家人殘害她，既然她是個感情的受害者，她當然可以理直氣壯地報復。從這個幻想腳本不難看出，精神病患最大的癥狀便是指鹿為馬、歪曲事實。母親以瘋婦惡母的形象，不斷傷害女兒的感情，〈背影〉令人怵目驚心，將文學史上的母親形象進行一次顛覆性的改寫。

另外一篇小說同樣描述緊張、衝突的母女關係，是王幼華的〈健康公寓〉。〈健康公寓〉描述各式各樣小奸小惡、偶有罪惡感的人物，刻劃母女關係最深刻的就屬白順珠一家。白母癱瘓只好與女兒女婿共住，事奉病弱的母親本是孝義，但女兒和女婿卻以怠慢的方式對待白母，白母感嘆孝道不存，從此成為咒罵女兒的怨母。

顯然，這篇小說刻意突顯後工業文明所衍生的種種巨變，最明顯之處便在於家庭倫理的崩解；利益取向已成為極其普遍的社會心理，透過親子關係的動搖，小說進一步描繪、反映或省思人們物質生活與精神生活的景況。〔註42〕女婿白英雄握有家中權威，完全以經濟利益估量親子關係，以錢的多寡來衡量五倫的價值，「將來子女父母間的關係會更趨冷淡，何必為他們付出這麼大的心血呢」。〔註43〕當衡量收益的重利思想滲透進人倫契約時，白順珠不但不反抗丈夫霸道又自私的作為，竟與丈夫一同譴責母親，是自取的報應，「要是我是她，還不如死了好」。〔註44〕白順珠對待母親雖不像丈夫那樣無情，但她絕對是一個違背孝義的失責女兒，更犯下不孝不義的罪名。

小說除了反映後工業文明異化疏離的景況，也對母女關係與人性有深入的探索。當白母過世半年後，白順珠突然病倒了，她意識到虐待母親是個不容寬恕的罪惡，沉重的負罪感讓她精神症狀漸趨嚴重。她害怕母親過世前的屬言詛咒會應驗，覺得自己是傷害母親、違逆孝道的逆女，常夢到母親滿臉血腥追逐著她，「嗚、嗚，她罵我不孝，說我恨她，她滿臉都是血……」。〔註45〕開始出現失眠、夢魘、精神不濟、幻覺等等的精神病症。她的病況十分不穩定，不敢睡覺、精神又恍惚，生活秩序因此大亂。實際上，她的失眠與焦慮病症就像良心的懲罰，她向母親懺悔，想與重修舊好，卻已無法贖罪，更害怕她化為厲鬼來尋仇。

〔註42〕朱雙一：《近二十年臺灣文學流脈》（廈門：廈門大學出版社，1999），頁 311。
〔註43〕王幼華：〈健康公寓〉，《狂者的告白》（原載於一八八一年《中外文學》）（臺北：晨星出版社，1985），頁 195。
〔註44〕王幼華：〈健康公寓〉，頁 192。
〔註45〕王幼華：〈健康公寓〉，頁 192。

貳、孝／逆女的審判

　　孝順事母的女兒與違逆母親的女兒，都受到母親的責罰，她們已不再是慈愛的母親，而是憎恨女兒的惡母與怨母，以強大的力量審判女兒的罪狀。蘇偉貞的〈背影〉與王幼華的〈健康公寓〉，都對母女複雜心理做了細膩的描摹。這時，惡母的精神疾病是一種「利己譴他」的控制手段，逆女的精神疾病則是作惡多端、違背孝敬「超我」懲罰「自我」的後果。母親心裡最可怕自私的念頭竟是怨恨女兒，作家書寫出母親的潛意識慾望──審判女兒，潛藏難以釐清的恨女動機，女性內在積壓的怨恨力量著實驚人。

　　母女之間重複發生的齟齬、衝突，長年相伴的摩擦鑄下心理的創傷，著實拆解了理想母親的神話。疾病彰顯出母女間的對立與衝突，以及母女肖似且詭譎的關係，透過病痛的方式顯示難解的矛盾與創傷。不管憤恨的母親是否有正當的理由怨恨女兒，以病折磨孝順的女兒或是詛咒報復失責的女兒，女兒都將承擔這樣的親情衝突。心理學家克萊恩（Melanie Klein）認為，母女之間未能化解衝突與緊張的關係，是因為母親無法成為滿足自己的完美母親時，女兒便會把一切仇恨情緒指向母親，認為母親是戰慄驚悚的巫婆而傷害或摧毀她。〔註46〕不再模範的母親，早就不是女兒心中的女神與典範，更可能是她們心中厭惡或恐懼的魔鬼。

　　〈背影〉中對於罪惡與懲罰，有最精采的心理探索。母親總認為自己是婚姻下的犧牲者，利用疾病向不知情的人們告狀，指控丈夫與女兒拖累她的一生，「可以想像的，我和爸爸成了最大的罪人，因為我們的存在讓妳自我折磨，是我們妨礙了妳成為健全人格的人」。〔註47〕母親把生病的責任全推卸到他人身上，從她的指控可看出，她刻意違背傳統文化的家庭契約，不願傳承親善慈愛的母女關係，以破壞的方式反叛她的社會職責。此後，更把違背妻職與母職的焦慮投射到他人身上，讓女兒承擔代罪羔羊的罪名。本因心理衝突所引發的疾病，她卻向外宣稱完全是被「家人所害」。由此觀之，母親為了自我防禦歪曲事實，指控女兒的罪狀，以換取他人的同情心外，最終目的更在於強調自己弱者的身分，更把女兒當成父權體系的同路人，不斷壓榨自己。此時，對母親來說，女兒已成為壓迫她的人。在「疾病」此保護傘下，二十

〔註46〕Anna Freud and Melanie Klein, Karen Horney. *Mothering Psychologysis-Helene Deutsch*. London：Penguin Books（1992），p233.

〔註47〕蘇偉貞：〈背影〉，頁42。

年來母親享用生病的特權，理直氣壯地中斷人倫與家庭職責，逃避自己的社會角色與身分，她早習於躲到正常人的世界之外，紀律鬆弛的疾病世界內，逼迫家人承受她的控制，多年來維持病態的家庭關係。

瘋狂母親不願成為家庭的守護者，卻一再犧牲女兒的幸福，最終女兒離家出走，人們看見強勢母親一意孤行解除家庭契約，最終「眾叛親離」的下場。周中涵只能離開家庭，終止家庭契約的約束，在想像裡完成了「弒母」的願望，在死亡假想裡宣洩憤怒、得到滿足。一個等待母愛卻受盡創傷的女孩，終於學會防禦與抵抗的方式，那就是不再對家人付出任何的感情。女兒之所以如此痛苦，是因深層的恨母情緒中，掩藏著對母親濃重的愛，她始終渴望得到母愛的慰藉。也只有等到母親過世，她料理完母親後事，母女相見讎的戲碼落幕，結束兩代恩怨後，她才能真正得到解放，開始追尋她自己的幸福。

〈背影〉表面上彰顯孝女對失責母親強烈的批判，卻透過瘋狂病人的瘋言瘋語，以潛對話的方式，質問婚姻制度的合法性與約束性。克萊茵認為婚姻與母職制度，不但全面佔領女性的私我空間，對母親的苛刻要求更成為幽禁母親的可怕束縛。〔註 48〕從母親對男性／女兒不明的深仇大恨，輾轉洩露了婚姻的可怕之處，這樣的深淵，逼使女人不得不躲進病裡尋求自利之法，她的病態逼使人們進一步思考母女彼此仇恨的起因。疾病讓母親「失去人的行為能力」，但她卻安於在病床上耗盡一生，這也說明正常女性妻職／母職的重擔，正是她最想要逃避與丟棄的包袱。

偏激的意念正好顯示她內心的情感障礙，潛意識裡透露她對失責仍感到愧疚，才會躲到症狀裡逃離各式責難，這是一個病態母親的表演把戲，上演「以病懲罰他人」的戲碼。一般人雖可能因體質或腦內激素、傳導物質分泌異常等病理因素，干擾病人的情緒導致精神病，但某個程度而言，病患也必須為自己的疾病承擔一些責任。因精神疾病實與病人的性格、人生態度息息相關，父權社會所造成的壓力也許是導致衝突與精神疾病的起因，她的恨夫與對母職的憤恨，凸顯出她對整體環境的敵意。

綜觀蘇偉貞的小說，可發現她筆下的女性形象極其鮮明。值得注意的是，她特別獨鍾顛覆慈愛形象的病態母親，在〈背影〉之外，〈長亭〉、〈大夢〉、〈有

〔註 48〕 Anna Freud and Melanie Klein, Karen Horney. *Mothering Psychologysis-Helene Deutsch*, p224.

緣千里〉與《沉默之島》皆對病態母親有極其深入的描繪。〔註49〕在〈背影〉中，母親雖是家庭契約的背叛者，她的瘋狂，是最讓人畏懼的恐怖特質。她之所以像自我凌虐般生活，最根本的原因在於她對自己的性別充滿厭惡。也因如此，女兒對她來說既是她的化身，又是另外一個人，她惡意地詛咒她的女兒，覺得女兒的出生是一種罪過，希望女兒像自己一樣成為受害者，那種心境就好像是把自己受苦的命運強加在女兒身上，讓她嚐嚐苦頭：「對我很有用的，對你也會很有用；我就是這麼長大的，你應當分享我的命運」。〔註50〕在不斷虐待女兒的行動下，潛藏著她不甘犧牲的病態心結，不也顯示了父權體制產生的可怕影響。在同性相殘的心理作用下，母親強勢地訂立新的家庭契約，只有她能控制家人，他人別想以妻職或母職來約束她。她迴避自我譴責，更成功以責罵他人的策略，把罪惡轉嫁到他人身上，在病中擺脫母職的束縛，也讓她失去女兒的愛，永遠得不到她的寬恕。她利用情感性障礙如願地完成了逃家的目的，疾病雖是逃避衝突最便利的方式，卻無法解決父權文化懸而未解的任何問題。她長期住院，不願意對家人付出情感，這個家庭早已名存實亡。她有意識地以「病」向世界抗議，甚至懲罰最關心她、孝順她的女兒，但她最後一無所獲，甚至無人為她送終。這篇小說透過女兒的自述，讓人看見一個病態母親，最自私可怕的心靈世界。

王幼華偏愛描寫社會底下，社會的畸零病態份子的瘋狂行徑。在《廣澤地》、〈龍鳳海灘考古記〉、〈超人阿Ａ〉、〈花枝亂流〉、〈狂徒〉與〈健康公寓〉等故事場景，幾乎全成為醫院診療間，展示各式各樣的病患面貌。朱雙一進而歸納，認為充斥在作品中的人，多是一群絕望者、失戀者、空虛者、孤獨者、寂寞困頓者、癔病患者、精神分裂患者、犯罪者、報復狂、精神萎縮者、人格異化者、單相思者、妄想症患者、懷疑論者、自毀自殺者等形象。〔註51〕這些病狀描寫不單純只是陳述病例，更賦予疾病複雜的隱喻涵義。王幼華以病態窺透人性，展現獨特的創作觀與道德關懷。〈健康公寓〉利用白先生的陽萎症狀，以病症突顯喪失男性霸權、道德萎弱與陽萎間的複雜關聯；李教授的兒子李明是個精神病患，一個跛腳的精神病患常出入於健康公寓內，小說

〔註49〕周淑嬪：《蘇偉貞小說研究——以女性觀照與眷村題材為主》（台北：臺灣師範大學國文研究所八十九學年度碩士論文，2001），頁30～39。
〔註50〕西蒙·波娃、陶鐵柱譯：《第二性》，頁480；蘇偉貞：〈背影〉，頁37。
〔註51〕朱雙一：《戰後臺灣新世代文學論》（台北：揚智出版社，2002），頁284～285。

充斥著各式病態的人物。這些帶有痙攣、躁鬱、焦慮、去勢恐慌與瘋狂的病人，都以病症顯示出了他們扭曲的性格，以及不為人知的私人秘密。這幾篇作品，都帶有公寓導遊、人性導覽的旨趣。

　　如此說來，王幼華的小說可說是狡詐人性的現形記。〈健康公寓〉同樣描述怨母恨女的情結，再次顯現他對罪惡的偏愛。南風社區雖名為健康公寓，但上上下下卻住著一群不甚健康的人。彭瑞金談論這些病態人物，立論頗為公允，「在一棟名為健康，其實藏污納垢、積累了種種敗德醜行的四層公寓裡的八戶人家，沒有一個人的品德是『健康』的」。〔註52〕王幼華巧筆勾勒眾生圖像，把各家門牌號碼作為標題，引領讀者穿越層層公寓，瀏覽幽微複雜的人性，篇名早已流露強烈的嘲諷意圖。作者早指明家庭成為這些人物藏污納垢、疾病增生與培養罪犯的地方，完成逆女飽受罪惡譴責的人性報告書。這些人失去了仁愛、慈孝與寬容良好品行，不可能成為健康的人，王幼華透過疾病指出根深蒂固的病灶，比一般作家更能洞察家庭扮演的重要功能。

　　儒家思想「以孝治天下」，將不孝作為十惡之首。白順珠自知違背孝道傷害母親，卻行為乖張從不以為意。在彼此仇恨的母女關係裡，白順珠傷害母親，而母親詛咒的面容也沒饒過她，成為她畏懼的夢魘，心虛不安地瀕臨崩潰，「可是她說我們討厭她，希望她早死，折磨她」。〔註53〕女兒犯下的罪惡，終要受到最嚴厲的懲罰。她不該順從丈夫而違反孝義，她的恐懼和良心，正以巨大的歉疚感懲罰她。最後，在精神渙散的狀況下，看見母親復仇的身影而昏倒。白順珠犯的過錯，雖能逃過法律上的制裁，但無法逃過良心的譴責。因為，她傷害的是她的母親，曾賜與她生命的人。疾病觸發親情最深切的呼喚，她的痛苦可說是人子最真實的歉疚。

　　〈健康公寓〉透過狀似零亂的佈局，透過窺視的攝影機，按照門牌號碼，從一樓浮光掠影地掃描到四樓；除了引導世人的目光凝視之外，更刻意利用「無焦點、無秩序的聚焦」，來往穿梭各樓公寓。〔註54〕仰賴這樣的敘事方式，成功地完成豐富的都市浮士繪剪影。小說在敘事上，引薦人物出場的方式也很特別，既自然，又具有效果，「人物出來了，他們之間的關係在介紹完後，

〔註52〕彭瑞金：〈透視現代人的生活遠景〉，《狂者的告白》（臺北：晨星出版社，1985），頁265。

〔註53〕王幼華：〈健康公寓〉，頁192。

〔註54〕張深秀訪談：〈有亂石巨川訪問記——小說家王幼華訪問記〉，《狂者的告白》（臺北：晨星出版社，1985），頁274。

跟著發展出來」。〔註55〕最後鏡頭停留在 C 號住宅前，不動聲色地進入白家母女恩仇錄，也由母女關係敷展出罪與罰的深度涵義。

綜合兩篇小說，都細膩地展現母親怨恨女兒、女兒怨恨母親的心態。〈背影〉透過人物——聚焦以及女兒的錄音，彰顯母親的罪責；〈健康公寓〉則以女兒的自譴，引出道德問題。這些衝突提醒人們，這絕不只是母女之間的衝突問題，而是橫亙在母親與女兒之中，持續發揮影響力的父權文化必然導致的後果。實際上，不論是書寫惡母或逆女的精神病症，都展現出女性空間的壓力與無奈；彼此仇怨的母女關係，再一次聲明女兒與母親的衝突，不過是父權文化中注定被操弄的方式。〔註56〕這些小說也讓人們進一步反思，在父權文化底下母親與女兒類似的命運，這樣的關係卻不見得增進女兒對母親的認同，反倒增加兩人間的衝突；母親成為女性成長時不可取代的參照點，女兒卻得透過一連串怨恨母親的情緒，在建構自我的過程中，才開始認識母親。〔註 57〕這樣的小說，引導世人深思，人們最後可能像白順珠一樣，透過矛盾——辨證的過程，自母親消失後，才開始認同母親、憐惜母親，卻發覺自己早已犯下傷害母親的罪惡；也可能像周中涵一樣，自始自終憎恨母親違背母職、妻職，以拒絕認同母親的方式，從徹底反叛母親，完成女性認同的歷程。

第四節　亂倫女子的病症：慢性失眠症

壹、孝女／魔女的病症：失眠

在陳雪的《惡魔的女兒》裡，曾被父親性侵害的女孩，內心背負著沉重的童年創傷，因內疚自譴產生了慢性失眠的症狀。她初到醫院時，打扮性感，故作輕鬆地提到父親侵害她的事情，都顯示出掩藏秘密的痛苦。她的心理醫生利用專業的知識與耐性，一步步突破心防，不僅治療好她的失眠症狀，也從旁輔助她一一拼湊出性侵事件的真相，更讓她放棄「失敗者」的觀點，重拾健康的態度面對人生。

家庭關係是由家族成員共同維持而來的，父母除了賜予子女生命，還須

〔註55〕張深秀訪談：〈有亂石巨川訪問記——小說家王幼華訪問記〉，頁 277。
〔註56〕 Adrienne Rich. *Of Woman Born*. New York：Norton（1986），p220.
〔註57〕 劉惠琴：〈青少女在母女關係中的個體化模式〉，《中華心理衛生學刊》12：4（2000），頁 87。

給予子女更多的關愛與幫助，為他們創造既安穩又健全的安全堡壘，孩子才能在健全的環境裡，體會幸福與安全的感受。不幸的是，孩子誕生在不健全的家庭中，即使發生父母傷害子女的事件，身為受害者，孩子還是願意繼續忍受這種關係。因為，年幼的他們，最害怕父母斷絕親子關係，孩子無力改變不平等的局面，只能消極地接受命運。受到創傷的孩童，在不健全的環境下成長，身心都受到劇烈的影響。其中，父親侵害女兒的亂倫事件，不但會造成孩子內心的創傷，還可能導致內在性格的扭曲，更可能造成終身的困擾與疾病。

　　亂倫事件絕不只牽涉到性行為而已，更牽涉性身體、性心理與性文化的豐富意義。從遺傳學的角度而言，近親性交的禁忌，是為了杜絕近親繁殖的惡果，防止遺傳衍生各種災禍。亂倫迴避不只是生物學的擔憂，更牽涉到複雜的文化秩序與道德看待。人們知道身體向來被社會當作約束個體的工具，被賦予多層社會意義，「要麼是生產性工具，要麼是生殖性工具」。〔註58〕而身體的各個部位，都具有私密的功能與性質，失當與過度的性器官接觸更涉及倫理道德的重大禁忌。一般社會對性始終抱持戒慎恐懼的態度，這也說明社會對每個成員的性身分早有固定的論見，社會文化與法律嚴格的約束每個人的性舉動，違背性愛法則的性：如亂倫、人獸交、S／M（施／虐癖）被認為違反道德，性常成為衡量人品與道德意識的工具。

　　人類學家李維史陀（Levi-Strauss）研究原始社會時，發現亂倫禁忌可說是人類社會中的道德倫理與象徵秩序，最無法通融且不可逾越的法則。佛洛伊德在研究文化與亂倫關聯的著作《圖騰與禁忌》（Totem and Taboo）中，反覆談論到禁忌與強迫性精神病人外在表現的相似性，認為他們都被一種不可抗拒的力量所掌控，他從病例中嘗試作出結論：「禁忌之所以容易被轉換或延伸，反應出一種心理作用的過程，與潛在慾望有關，這是一種在潛意識中佔著優勢的心理作用之過程」。〔註59〕佛洛伊德認為亂倫禁忌和弒父戀母情結都起源於史前事件，近親相姦更是史前社會或人類集體心理的衝動與願望，說明亂倫行為是人類基本的慾望與原欲滿足。正因如此，只有透過外在強迫與內部威脅才能達到禁制的效果。這也解開禁忌與本能衝動存在著難以化解的衝突，人類世界需要仰賴更強大的力量，透過內部箝制與外部責罰才能維持人倫秩序。

〔註58〕汪民安：《身體的文化政治學》（開封：河南大學出版社，2004），頁1。
〔註59〕Siegmund Freud. *Totem and Taboo*. New York：Prometheus Books（2000），p53.

　　不論在現代社會或是原始社會，對亂倫的畏懼是相當一致的。近親性交成為文明社會裡的重大禁忌，現代社會則透過最嚴厲的文化約束、輿論譴責與法律，嚴禁人們與親屬發生性行為與性接觸。國內法律早明文禁止，父母與孩子之間或兄弟姐妹間發生任何性關係，個體逾越了倫理位置與親屬身分，便會受到社會強力的制裁，這也迫使每個家族成員必須強行區隔家族情感與性關係，在性慾與親情中作出最合適的選擇。毫無疑問的，近親性交的性愛行為被稱作亂倫、被賦予罪責，此項禁令已成為人類遵行的習俗，甚至成為人們必服從的法律，更深化成為當代人類的共同心理以及社會文化的禁忌，最後讓人在情感上，產生近親性交的厭惡感。〔註60〕

　　正因亂倫禁忌是如此戒律森嚴、無可違背，所以《惡魔的女兒》中，遭受父親侵害的女兒，背負著亂倫的罪名而痛不欲生，只能自我放逐過著行屍走肉的生活。小說首章引錄俄國作家杜斯妥也夫斯基的小說《地下室手記》（*Notes From the Underground*）的內容：

> 每一個人都有一些回憶是他不會告訴任何人的，除了告訴他的朋
> 友。還有其他的事，是他連朋友都不會講的，他只會對自己說，秘
> 密的說。一個人還有一些事，是連他自己也不敢講的，每一個正派
> 的人都有相當數量的這種事，深藏在某處。對於有關自己的事，人
> 必定要撒謊。〔註61〕

就是亂倫如此震驚人倫的禁忌，才讓方亭亭守著這個天大的秘密，活在自己的陰暗秘室無法脫身。權力的類型極多，但與性侵害、性暴力相關的，絕對與施暴者意圖「掌控支配權」脫離不了關係。方父不是拿刀脅迫或怒言恐嚇女兒，而是以性命為由欺騙女兒就範，由這樣的性侵害行動可發現，施暴者方父為了渴求施展權力與貪圖性慾滿足，便把自己的性享受建立在幼女身上，早已傷害了幼女的人權與心靈。他的作為顯示了他的心理，他徹底否認受害者／女兒的生命主體，一再支配、傷害受害者的身體，把她幼齡的身體當作性器，犯下不斷攻擊、侵略他人對身體與性的保護權的罪惡。〔註62〕年僅十歲的亭亭不解性事，卻因為畏懼父親死亡而順從他的命令，她把孝道順

〔註60〕佘向軍：〈「血親戀」情結與「亂倫」禁忌〉，《理論與創作》3（1997），頁58。
〔註61〕陳雪：《惡魔的女兒》（臺北：聯合文學出版社，1999），頁214。
〔註62〕凱西‧溫格勒（Cathy Winkler），羅燦英譯：〈強暴是社會性謀殺〉，收入顧燕
　　　翎、鄭至慧主編《女性主義經典》（台北：女書出版社，1999），頁218～221。

敬當成是人子的義務，不敢質疑父親行爲。她最大的痛苦在於，年幼的她始終深信父親「家庭主義」式的謊言，父親做任何事情都是爲了愛她、不會傷害她，最後她終於了解「父不父、女不女」的性關係，雖是她允諾的家庭契約，卻也是觸犯世俗禁忌的最大罪惡，她徘徊在禁忌與家庭契約中痛苦不堪。實際上父親根本是假仁愛之名包裹慾望之實，把她的身體當作性的工具，成爲殘害幼女精神與心理的惡魔，他的施暴徹底毀滅了她的存在價值。

父親惡魔的形象，終身侵擾方亭亭的身心，對她的人生造成無可彌補的傷害。她曾多次出入醫院就診，疾病纏身的她受盡失眠之苦，甚至嚴重干擾生活作息，「我的情況是晚上幾乎完全無法入睡……可是你的身體會向你報復，先是精神衰弱，然後是耳鳴，幻聽，然後吃不下任何東西，記憶力減退，全身每處都痛，完全無法思考……」〔註63〕失眠帶來的後遺症，讓她精神無法集中，無法成爲一個早起的上班族，也無法到學校上課。她自我解嘲，連睡覺能力都失去，註定成爲永遠的「失敗者」。方亭亭不但長期失眠，更常因幻聽、幻覺差點發生意外。

多次進出醫院的方亭亭，對自己的身體狀況有一套假想與臆測：

> 我剛來的時候，一直以爲你會幫我找出我得了什麼病，我以爲當你知道我被性虐待、知道我聽不見、長期失眠、還有自殺傾向、濫交、幻聽、臉部痙攣這些現象你會馬上宣佈說我是得了「歇斯底里症」、「妄想症」、「憂鬱症」、「精神分裂症」或者說我是「身體化異常症」、「邊緣人格異常症」、「被虐待人格異常」要不然就是「多重人格異常症」之類的……看醫生不就是要知道自己得了什麼病嗎。〔註64〕

現代醫學挾帶著實證主義與解剖學的優勢，把罹病者看成是解剖台上的客體，認爲疾病可經過「看見」與「檢查」，成爲一個可掌握、可檢視的研究對象。亭亭就診時就曾陷入病名的迷思，想藉著病名一一指認自己的變態與病態之處，這正是傅柯針對「現代醫學」的知識體系所提出的疑慮。傅柯重新把人的「身體」放在一個最重要的位置上，觀察、思索身體被銘寫、被改造、被治療與被鍛鍊的歷史，對疾病與現代醫學提出許多極富衝擊性的批判。〔註65〕他撰述《瘋狂與文明》（*Madness & Civilization*），開頭明言「我

〔註63〕陳雪：《惡魔的女兒》，頁 14。
〔註64〕陳雪：《惡魔的女兒》，頁 214。
〔註65〕汪民安：《福柯的界線》（北京：中國社會科學出版社，2002），頁 182。

們必須重寫瘋狂另一種形式的歷史」。他認爲精神病的治療不單純是醫療行爲，而是由現代知識體系、社會機構與國家制度的權力共同決定何謂正常的界限。他鼓勵人們從理性與非理性對立的框架中解放，關注不同時期疾病迥異的指涉與知識範疇，由此掌握瘋狂／疾病、異常／正常的意義，找出權力與知識論述所造成的影響，人們或可把他的學術主張擴大爲「我們必須重寫疾病的另一種形式的歷史」。

精神醫生診斷亭亭的病情，發現失眠與失聰的症狀下，掩藏著被壓抑的記憶內容。醫生發覺她對睡眠產生敵意、防備和恐懼心，顯然性傷害已造成沉重的心理負擔。她內心責備自己不該與父親發生性關係，父親總是趁她入睡時侵犯她，讓她始終恐懼睡眠，失眠症狀可以說是道德施行監控所造成的制約反應與後遺症，喚回所有性侵亂倫的記憶，「被情境所制約的慣性清醒，過去失眠所身處的情境中各種刺激與訊息，都有可能造成條件制約反應」。〔註66〕她恐懼睡眠、厭惡睡眠，是因爲她內心既在意森嚴的文化禁忌，又痛恨父女性關係，對亂倫事實懷著深層的罪惡感。她指責自己不該與父親發生性關係，更不該控制不了衝動的反應，道德上的衝突與焦慮啓動了防禦機制與自虐機制，「超我」以道德自虐的方式懲罰自己；幻覺以症狀提醒她的罪惡，疾病不只是性侵害的陰影，更是童年創傷的傷痕與自我指責的痛楚。

陳雪運用診療間的對話，加上亭亭第一人稱的敘述，不須任何中介，更能輕易地從現實場景過渡到想像情境，充分展現失眠女孩獨特的生存體驗，這也成爲小說敘事的一大特色，具有豐富的涵義。徐岱評論大陸作家陳染，注意到她的小說幾乎全採自述體的敘事，呈現出「讓世界看我」的強勢姿態，敘事者千篇一律展現獨特的心路歷程，集中展現女性生命體驗特殊的價值傾向。〔註67〕本文認爲陳雪的敘事方式，極近似陳染所採取的敘事策略，同樣以極其私人化的敘述，探索女性自身的價值以及人類精神的家園。

敘事者的自我自述，不只呈現慢性失眠者半夢半醒的說話邏輯，還彰顯出心神不寧難以信服他人的心智狀態，更具體暴露失去家園女子的孤寂與痛楚。亭亭早認定自己是社會律法的背德者，習於自棄、自厭，身心出現巨大

〔註66〕李明濱、李宇宙：《精神官能症之行爲治療》（台北：健康世界雜誌社，1991），頁 154。
〔註67〕徐岱：《邊緣敘事——二十世紀中國女性小說個案批評》（上海：新華書店，2002），頁 327～331。

的裂變，人生也產生全面的影響。她刻意刪改性侵事件的記憶，她依從父親的契約建構自身的形象，譴責自己是戀父的變態女孩，「是我自願的，喜歡父女亂倫的愛」。〔註68〕只有確認自己是魔女，性從此變調成爲她探勘人際親疏關係的方式，才不會把性傷害事件定位成強暴者／加害者的關係，那就不需要動搖父親像上帝一般尊崇的地位，可以繼續隱瞞恐怖的眞相。在亭亭自我放逐、自甘墮落的生活方式底下，掩藏了無法明說的秘密，更壓抑了她因亂倫而受罰的痛苦心境。

貳、惡女無罪的審判

　　《惡魔的女兒》裡，方亭亭觸犯亂倫禁忌，受罪惡感所困，成爲一個疾病纏身的女子。她在日記裡大膽質疑惡魔父親的罪責，最終確認「罪不在我」、「我沒有錯」，爲自己除罪。她認清疾病的意義，不再背負亂倫的重擔之後，她開始指控父親的罪責。

　　陳雪在此作中，慣用的仍是早期創作虛實相間、難辨虛實的書寫，顯露懺情與療傷自苦的掙扎，「訴說的是重新詮釋過去、療傷止痛的後現代歷史觀」。〔註69〕小說特意透過門診會談與病人手記的章節安排，把長篇小說完整地病例化，顛覆了傳統以醫者爲主導的思維模式，讓患者方亭亭運用手記達至自我治療的目的，以病歷／病例小說陳述家族亂倫事件的深遠影響。〔註70〕禁忌的強度影響疾病的嚴重性，禁忌越大，身心所受的衝擊與影響也愈大。亂倫是社會嚴防的重大禁忌，也成爲方亭亭心口上的重擔。

　　方亭亭獨自承受最痛苦的精神折磨時，家人與愛人卻無法成爲她的幫助者，只有精神科醫生助她克服心魔，小說完整地紀錄了醫師與方亭亭，在醫療診間裡的對話與病歷檔案。亭亭書寫的私密札記，特別之處在於她刻意採用不同的敘事人稱敘述侵害事件，這也顯示回溯童年記憶時，她凝視創痛時所選擇的距離。在十三份手記當中，手記一、二、三、五利用敘事者「我」來描述，手記四使用「她」與「我」共同陳述；手記六、七交叉著二十六歲「成年方亭亭」與「年幼方亭亭」的對話。這顯示她仍無法克服內心障礙，在陳述童年亂倫場景時，只能把自己的經歷對象化爲「她的經歷」，刻意保持

〔註68〕陳雪：《惡魔的女兒》，頁123。
〔註69〕劉亮雅：《慾望更衣室》，頁93～94。
〔註70〕李欣倫：《戰後臺灣疾病書寫》（台北：大安出版社，2005）。

距離才能完成敘述。在第八次會談時，醫生特別詢問她手記七以第三人稱發言的小女孩：「她是誰」，「你難道不知道這個小女孩就是你自己嗎」，〔註71〕亭亭答：「她就是那個小女孩」，「我知道，但是我沒辦法，她在那個地方我到達不了」。〔註72〕只有把自己當作旁觀者，她才能在隔絕的保護傘下陳述童年。一直到第十三則手記，她才真正克服心理障礙以決斷口吻宣佈：「我沒有錯」，透過不斷地書寫與自我挖掘，歷經重重的阻隔與漫長的過程，終於把經歷性侵的小女孩與成長的自己，整合成一個完整的人。

在亭亭身上，人們清楚看見了一個受創病人的複雜心理，她的防禦機制把痛苦的經驗埋藏到潛意識裡，潛意識內的創痛雖受到控制，仍試圖打破各種控制途徑浮現出來。最後，她終於了解性侵事件與潛意識的關聯，釐清童年創傷的真相，除去變態／病態／不正常／戀父情節／性氾濫女子等加諸在自己身上的所有標籤，把被言說／被治療的身分轉變成言說／治療的主體，通過一連串的心理／敘事治療過程，言說真正的自我，展開自我敘事與敘事治療的行程，「自我闡釋、修整、統合，甚至高度自我『凝視』的行動」。〔註73〕她受到精神醫生的鼓舞，知道唯有自己才是幫助自己最關鍵的人物：「治療：就是問清你要改變哪個部分，要有決心面對自己的內在。心理治療其實是一種合作關係」。〔註74〕信件就是亭亭自立更生、自我成長的紀錄。她勇敢面對問題，解決裹足不前的心結、卸除不必要的罪惡感，不再自虐自傷自暴自棄，衝突化解之後，失眠症狀也不藥而癒，不再出現幻聽幻覺的困擾了。她從來不曾真正地感受到健康的快樂與真實的存在感，找回自我價值與尊嚴後，她變得活潑更有自信了。

亭亭為了維持家庭和諧而犧牲自己，她聽從父親指令，是因為她深愛父親，願意犧牲自己換取家庭的完整，這是家庭悲劇也是最難杜絕的問題。五倫價值始終強調孝敬與服從的重要性，更強化了父——女失衡的關係，乖順的幼女必須透過服從來證明孝義，當然促成悲劇發生。方父犯下惡行，但家人卻縱容他的行為並試圖為他脫罪，這也說明社會不論強化孝順感恩的價值，或是刻意為家人掩飾罪行，或是助長男性家長的威權，都讓男性成為家中的施暴者，在「法不入家門」的慣例下逍遙法外。

〔註71〕陳雪：《惡魔的女兒》，頁71。
〔註72〕陳雪：《惡魔的女兒》，頁71。
〔註73〕李宇宙：〈疾病的敘事與書寫〉，《中外文學》31：12（2003），頁65。
〔註74〕陳雪：《惡魔的女兒》，頁71。

　　方父踰越人倫界線施展家長霸權，把女兒當成性慾伴侶，犯下最大的錯誤。事實上，強暴與性侵害舉動不但不是男權社會的特例現象，反而是以男性爲中心的社會文化與社會規範下必然的產物，它是父權社會的常態現象。〔註75〕法律與輿論看待這樣的亂倫事件，通常只注意到受害者身上的性傷害問題，或關注法律刑責的歸屬，卻忽略其他更重要的複雜面向。德國心理治療師海寧格（Bert Hellinger）長期進行個案研究，對亂倫現象做了一個言簡意賅的總結：「亂倫的責任是屬於大人，這是絕對清楚的，但是，是小孩付出了那個代價，那就是家庭系統運作的方式」。〔註76〕海寧格向來反對，將他的個案研究與觀察報告當成理論看待；但他的治療體系，基本上呈現出一套完整的思想，最顯著的觀點便是把家庭想像理解成一個脣齒相依、禍福相倚，牽一絲而動全網的完整體系：「我們除了身爲孩子夫妻和父母的角色以外，也與一些親戚分享共同的命運——無論是發生在家族成員身上的事情，或是家族成員所做的任何事情，不管好壞，都會關係到我們，也會關係到其他所有成員。整個家族在一起形成了一個團體，分享共同的命運」。〔註77〕方亭亭雖未得到家庭成員公平的對待，但她歷經病痛、疾病治療與自我整合的過程，已得到亂倫事件的真相。父親惡意利用她的純真更藉此傷害她，她不明白深愛家人，竟得付出如此慘烈的代價。透過生病自譴和病痛過程，她才知道家庭系統與內在道德早已混亂不堪。「父不父，女不女」的性關係是最大的錯誤，她必須以最勇敢的方式去指認罪惡的癥結，唯有辨識癥結、修正錯誤，才能復原家庭應有的功能與秩序，找到自己安身立命的位置。她曾痛苦迷惘，最後明瞭父親必須負起亂倫的責任，便不再背負沉重的罪責。原生家庭雖然毀壞她「生」的慾望與健康，可幸的是，她在醫生身上得到大愛與親情的補償。在家庭關係以外，一個沒有血親關係、負責的醫生，成爲支持亭亭重生的最大力量，也讓她重新發現人類良善淳厚的良好德性。

　　《惡魔的女兒》不預設美好的假象，卻具有成長小說正面積極的元素，

〔註75〕劉毓秀：《女性主義經典》（臺北：女書出版社，1999），頁227。

〔註76〕海寧格以結構的觀點，解釋家庭成員的心理障礙與疾病時，自然特別關注結構內部失衡的問題。特別感謝東華大學博士班江佩珍，提供海寧格的相關書籍與資訊。

〔註77〕海寧格（Bert Hellinger）著、谷紳·韋伯（Gunthard Weber）、韓特包曼（Hunter Beaumont）著，周鼎文譯：《家族星座治療》（*Love's Hidden Symmetry*）（台北：張老師文化，2001），頁219。

是陳雪探索亂倫問題、關注心靈成長最富深度的代表作。這本小說的整體價值，在於以私語化敘述呈現無意識人格的發展，更細微地捕捉到後現代氛圍下，受親情與性傷害下的女性心靈世界。進一步探索作者的意圖，發現她把一個極易炒作的通俗社會議題——亂倫禁忌，透過大膽誠懇的方式，挖掘出最嚴肅的社會意義。以病例小說與札記呈現童年的創傷，這樣的敘事方式最為單純，結構完整地呈現亂倫受害者負罪苦磨的心境，透過良好的醫病關係，讓主角尋找到自我價值的人生歷練，頗富啓示意義。此外，它是驗證「敘事治療」理論最好的文學範本，更是處理內在創傷、童年陰影與家族傷害最撼動人心的作品。

以「敘事治療」的角度而言，陳雪完成《惡魔的女兒》的意義，十分接近黃錦樹對宋澤萊創作歷程的總結與觀察。黃錦樹把梳宋澤萊的作者自述、小說文本與創作中，發現小說自然流露不得不然的內在趨力，他尖銳地指出宋澤萊慣把創傷對象化為嬰屍、惡靈、戀屍癖大法官的命名行動，已經充分利用文學「災難的創造」之筆完成「巨大悲慘形象的命名」。宋澤萊只有不斷透過「命名」過程才能釋放自身，創作就像是他此生難逃的宿命：「實際上創傷和家庭、歷史的因果關聯是回顧與建構的。它首先是脅迫心靈的『一種巨大悲慘的形象』，那是創傷的症狀，凝聚——移置了太多渾沌的所指，它需要不斷的命名和解釋以釋放自身」。〔註78〕陳雪亦是如此，承擔太多傷痛經歷，只能不斷指認戕害內心的各式創傷，從而發現療癒的希望，他們的創作一再指引人們勇敢戰勝生命的憂傷。

陳雪在小說中主要關切的對象，雖然不是大時代的變動與民族傷痕，而是私語敘述發言者亭亭的青春創傷。〔註79〕作家以極其私人化的創傷書寫，除了披露原生家庭愛恨情結之外，更展現出九〇年代女性文學性別／文體／身體三者合一的獨有體驗與女性慾望。小說毫無顧忌地坦露家族秘辛和內心慾望，露骨地談論性愛經驗與耽溺，以「身體寫作」的方式觸犯禁忌，展開創傷領域探索的新面貌。某種程度而言，也對自我「未被符碼化過的肉體」，進行新的探索與挖掘：「女性自我情感隱密的坦露化書寫和『描寫軀體』中，

〔註78〕黃錦樹：《謊言或眞理的技藝》（台北：麥田出版社，2003），頁330。

〔註79〕陳建忠：〈私語敘事與性別政治——陳雪與陳染的「私小說」比較研究〉，收入國立中興大學中國文學系主編《2005台中學研討會——文采風流論文集》（臺中：台中文化局，2004），頁161。

得到進一步的驗證和極致性的發揮，……在這種對自我『未被符碼化過的肉體』的寫真式講述中，女作家們或意在展示女性對自我的新的發現與感受」。
〔註80〕不論是為當代文壇提供相當精采的好小說，或堂而皇之以叛逆反叛男權文化，絕不容忽視小說中豐沛的感染力與生命韌度。不論言說女性的傷痛、身體、感情、情緒或潛意識秘密，再一次證明女性的言語就是一次言語的創造、世界的創造，不但活化了文字固有的指涉，更提供了全新的心理境界。她在《惡魔的女兒》〈後記〉自述：

> 謝謝陳登義醫師，因為他的協助與鼓勵使我逐漸恢復信心與健康，終於能再次提筆寫作。……就像寫作救了我一樣，我一直深信一本好的小說一定會在某個特定的時刻拯救了某個孤寂的靈魂，……我讓自己在閱讀死亡以及書寫死亡的過程中，活了下來。會不會也有某個人在某個深夜裡讀了我的小說而免去了死呢。〔註81〕

就是這樣純粹又迫切的動機，讓陳雪完成了一篇篇深入挖掘內在傷痕的小說。也許是傷痕太過疼痛、太過怵目驚心，以致於讓她在短短幾年當中，以三本小說三種不同的角度試探或碰觸童年傷痕的記憶。也許是她太執著於「回望」的姿態，而讓她的語言往返今昔呈現出鮮明的個人特色，從敘述過往，而找到復活的可能性，「似乎作家的回憶做了語言的附著物，隨著那些語詞的生動登場，被悠遠時間所屏蔽的現實情景開始復活」。〔註82〕閱讀陳雪的小說可發現，她的語言不只是表意的符號，更是她用來證實自己存在價值、安置她的感情的重要方式。進一步闡述陳雪小說「莫忘過去、頻頻回望」的動機與意義，可發現作家陳雪不無吞吐地讓人物通過拼湊／補綴／探索／詮釋童年記憶的碎片，透過書寫讓人物陳述她與病為伍的存在價值，在虛實交錯的小說世界與現實人生裡，讓「亂倫」事件被曝光、被重視，完成「罪不在我」的宣判，狡獪地靠近又脫逸於她的現實身分，虛構／揭露了令人膽寒的家族秘辛，在虛構虛掩的修辭中，坦承渴望被認同的心境下，是脆弱的無以復加的感情。她之所以一而再再而三書寫「自傳」性歷史，顯然不容易解決的情結持續困擾她，她必須一再反覆地去指認、碰觸，不斷試探自己是否已從創

〔註80〕吳培顯：《當代小說敘事話語範式初探》（長沙：湖南師範大學出版社，2003），頁301。

〔註81〕陳雪：《惡魔的女兒》，頁230～231。

〔註82〕李有亮：《給男人命名──二○世紀女性文學中男權批判意識的流變》（北京：社會科學文獻出版社，2005），頁271。

傷中成長、痊癒。正如創傷治療專家茱蒂斯‧赫曼（Judith Lewis Herman）在
《創傷與復原》（*Trauma and Recovery*）一書中提及：

> 面對天然災害或天譴時，見證者很容易同情被害者。但是當創傷事
> 件是出自人為時，見證者將會陷入被害者與加害者之間的衝突。維
> 持中立是不可能的，見證者一定得選擇立場。情況會誘使旁觀者選
> 擇加害者的立場。加害者只要求旁觀者袖手旁觀，一般人也都希望
> 眼不見為淨。相反的，被害者卻要求旁觀者去分擔他們的痛苦，要
> 求行動、參與並且（對創傷事件加以）記憶。〔註83〕

小說是虛構敘事的成品，小說導引讀者以貼近的角度，釐清亂倫事件的罪責
歸屬之外，還運用札記的密語修辭進一步要求／期望讀者，以憐憫同情的眼
光看待受虐者，最好是進一步認同精神科醫生——參與者的觀點，不再指責
受虐者／方亭亭混亂的性關係、不再質疑她的品德、不再放大她的過錯，能
去理解創傷受害者的心靈，真正了解她的愛與夢想。這也是諮商師建議的正
確態度，徹底認識受害者的處境，接受她的真實面貌，「接觸到當事人的真實、
還他們本來的面目」。〔註84〕對於陳雪而言，書寫疾病不只為了描摹他人的、
族群的、集體的創傷，寫作更像是一個指認自己創傷「治療生命的過程」，以
「疾病的苦痛」完成「指認創傷」的巨大工程。雖然，她一而再再而三回溯
創傷之源，發現修補創傷的不可能性與遲滯性，最終仍肯定書寫是面對創傷
唯一可行的方式。

第五節　怨婦譴他的病症：感冒、失憶與癱瘓

壹、怨婦／莽夫的病症：感冒、失憶與癱瘓

這些疾病小說的人物，出現了感冒、阿茲海默症、頭暈與心理因素引起
的癱瘓病症。有些原發性疾病的病因不明，但多數人生病都與情緒有關。當
人處身於失衡的家庭關係中，情緒失控連帶會影響身心失衡，很容易破壞和
諧狀態而罹病。這些小說的罹病者多半是女性，以下探討四篇小說：分別是

〔註83〕 朱蒂斯‧赫曼（Judith Lewis Herman）著，楊大和譯：《創傷與復原》（*Trauma
and recovery*）（台北：時報文化出版社，1995），頁5。
〔註84〕 張碧琴：〈真實與謊言——對亂倫生還者二度創傷工作之歷程〉，《中華心理衛
生學刊》11：1（1998），頁35。

林海音（林含英）的〈燭〉、蘇偉貞的〈從前，有一個公主和一個王子〉（以下簡稱〈從〉）（1987）、袁瓊瓊的〈燒〉（1984）、平路的〈血色鄉關〉（2002）。

　　夫妻關係是家庭建立的基礎，法律規定夫妻經過合法的結婚儀式後，便能組成「家庭」，家庭作為「永久共同生活為目的而同居之親屬團體」，夫妻關係連帶產生互助安養等倫理規範和行為準則。完好的婚姻關係，應該建立在「不侵犯別人也不被人侵犯」的契約上，男女雙方各自擔負權利與義務，能同時維持利己與利他的平衡關係。可惜的是，「個別性家庭契約」卻常違反女性成員的利益，成為不平等的約束。父權體制透過「看不見的統治」，以異性戀的婚姻機制掩護個別化霸權。〔註 85〕反而讓契約的履行之處──家庭，成為父權體制稱霸的場域。男性在家中，始終握有控管一切的力量，如畢恆達在《找尋空間的女人》一書的觀察：

> 住宅空間是父權體制實踐的基地，它具體地型塑社會的性別關係。
> 隨著要求全面改革〈民法親屬篇〉中「妻以夫之住所為住所」等條
> 文的呼聲，父權住宅空間的分配使用與維持，也應該加以徹底挑戰，
> 並將之轉化成為解放婦女的基地。〔註 86〕

女性愛家也顧家，對家庭總有「剪不斷，理還亂」的情感。「一個人的房間」絕不是她們心目中的「家」，只有丈夫存在的地方，才讓住宅充滿「家」的溫情。無奈，在丈夫主控的家庭裡，不是婦女解放的基地，也不是婦女歡樂的天堂，她們被迫扮演沉默噤聲的角色，服從並接受丈夫的指令與安排。在「妻以夫之住所為住所」的思想裡，家庭成為彰顯以夫為尊意識形態的最佳場域，在「男尊女卑」的觀念之下，夫妻之間幾乎憑著控制與被控制的關係來維持婚姻。可巧的是，疾病就像是「期待正切的甘霖」一樣，提供女性實現夢想的機會。她們藉病顛覆了丈夫建立的家中律法，也徹底擾亂了控制──被控制既有的失衡狀態。

　　這些小說裡的疾病，不論是感冒、腿傷、頭暈與「阿茲海默症」等，懲罰的對象都一致指向丈夫，夫妻之間深厚的感情已漸漸消失，取而代之的是濃重的煙硝味以及猜忌盤算。顯然，夫妻雙方都再也無法從婚姻關係中，得到愛的渴望、利益與滿足。小說中的疾病，幾乎成為妻子完成願望、獲取愛的手段與工具，最後妻子更利用疾病達到控制他人、譴責他人或傷害他人的

〔註85〕張娟芬：《姊妹「戲」牆》（臺北：聯合文學出版社，1998），頁 49。
〔註86〕畢恆達：《找尋空間的女人》（臺北：張老師月刊，1996），頁 58。

目的。此時，妻子成爲「審判者」，利用自己或丈夫的病懲罰失責或失貞的「被審判者」——丈夫，在這類疾病小說當中，疾病的出現造成權力關係的翻轉，連帶促成從屬關係的易位，直接改動了家庭的秩序。女性藉由疾病翻轉服從與被限制的命運，成爲契約的制約者與發言人，由女性頒布主導的「個別性家庭契約」，一方面讓女性掌握到權力的滋味，同時也讓高高在上的男性嚐到苦頭。這些女性作家書寫疾病，一致把疾病當成要脅男性的武器，病除了是一種懲罰，還可以是一種抗議、勒索與報復，女性作家有志一同地，把疾病賦予了控訴的意味與批判精神。這些小說利用女性的怨懟憤怒，揭露社會文化對女性的鉗制，女性不願妥協的固執姿態，正可與守護傳統價值的言情小說《庭院深深》正面交鋒。

林海音的〈燭〉曾被葉石濤評爲：「題材可怕卻技巧完美的作品」。〔註87〕題材之所以可怕，是因小說正面突顯夫爲妻綱的父權社會，傳統文化與父權體制決定了所有女性的命運。身爲家庭中的大婦，表面上遵循了傳統的慣例——幫丈夫納妾，但是無人知道大婦內心極爲痛苦；可怕之處在於小說顯現了女性在社會文化擠壓下，不得不病態、扭曲的心境，精準地掌握女性的精神樣貌以及作繭自縛的痛楚。

韓夫人是「婦順」價值的尊崇者與實踐者。在講究階級分立、家族和諧的時代，她同樣要求自己以大體爲念，必須成就寬容謙順的婦德。「寬大是她那個出身的大家小姐應有的態度，何況娶姨奶奶對於啓福只是遲早的事情」。〔註88〕當時納妾是普遍的文化慣例，甚至已是婦女公認的「家庭契約」。社會輿論不指責丈夫失貞，相反的，阻礙納妾的婦女明顯違背婦德，反而會受到輿論強烈的批判。封建禮教是如此殘酷與虛僞，導致韓夫人也認定輔佐丈夫納妾是元配必盡的義務，爲了扮演大眾期待的社會角色——賢淑寬容的大婦，也爲了家庭和諧，不能免俗地她僞裝寬容以搏得讚譽。但天經地義的納妾制度，卻猶如無情的雙面刃；正室的身分，讓她在人前人後只能隱忍痛苦，齊邦媛解析得非常透徹：「揮掃過處，血淚紛紛。不僅做妾的女子屈辱終生，宛轉悲泣；奉賢慧婦德之名放棄一生幸福的『正室』實在更悲慘」。〔註89〕

〔註87〕葉石濤：《臺灣鄉土作家論集》（臺北：遠景出版公司，1981），頁267。
〔註88〕林海音：〈燭〉，《燭芯》（臺北：純文學出版，1981），頁53。
〔註89〕齊邦媛：《千年之淚》（台北：爾雅出版社，1990），頁114。

舊時代女性因無法自主，只能依附男性，婚姻成為主宰一生禍福命運的關鍵。小說細膩展現封建制度的強大壓力，甚至已達扭曲人性的悲境。〔註90〕夫婦受制度所迫，不能有任何妒恨情緒，小說將韓夫人受制於體制、失去丈夫的妒恨心境刻劃的入木三分，最後終因氣憤未抒、情緒低落而鬱結成疾，「或許她真是躺得太久，想得太多，吃得太少的緣故，有一天她竟然眼前發黑，說了聲我暈，就暈過去了」。〔註91〕她因身體衰弱而昏倒，之後裝病以「喊暈」作為與家人對抗及對話的話語。她一方面藉著不良於行，不讓秋姑娘進房；另一方面，她故意裝病，讓丈夫不得不到床前來探望她。折磨丈夫、秋姑娘與自己數年之後，真的成為一個「真正的病人」，腿部功能漸漸萎縮退化成癱瘓。

被王文興譽為「深通世故，熟諳人情」的袁瓊瓊，是締造八○年代女性文學熱潮與奇蹟的作家之一，她最善以清冷的眼光探觸婚戀主題。〔註92〕在臺灣文壇，習以「張腔」來論就袁瓊瓊的文學風格，一直認為她是承續張愛玲瑣碎政治的代表性作家，尤其是〈燒〉這篇小說，處處可見張愛玲最鍾愛描寫的畸形人生與變態人性，更藉病態巧妙地展現人性的真相。〔註93〕

在〈燒〉這篇小說裡，陳述夫妻爭奪控制權的可怕衝突，袁瓊瓊的確顯露與張愛玲近似的文學品味，擅於利用意外，強而有力地達成「解構通俗小說」的最終旨趣。莊宜文的解析，說得非常清楚：「不像其他的女性作家為了積極融入男性主導的主流傳統因而發展出一種自我否定的意識，張愛玲與袁瓊瓊選擇了正面處理『女性』文類，以及無可避免的必須處理該文類所屬的特定意識形態」。〔註94〕她刻意以言情的抒情筆調，冷靜地展現男女廝殺的衝突與紛爭，早已注定她不會諂媚世人，更不會虛假地編織浪漫婚姻的幻夢。小說特意呈現遺孀喪夫後的心境，捕捉她悲傷、孤苦、平靜、哀絕、喜悅又興奮，令人匪夷所思的感情，充分達到刺穿婚戀幻夢、揭露人性真相的目的。袁瓊瓊花了極大篇幅，描述雷清肇的屍體與死亡情景，正如小說早已佻達的

〔註90〕樊洛平：《當代臺灣女性小說史論》（台北：臺灣商務印書館，2006），頁81。

〔註91〕林海音：〈燭〉，頁56。

〔註92〕王文興：〈人情練達即文章——評《自己的天空》〉，收入《聯合報六十九年度短篇小說獎作品集》（臺北：聯經出版社，1982），頁93。

〔註93〕朱雙一：《近二十年臺灣文學流脈》，頁287。

〔註94〕莊宜文：《張愛玲的文學投影——臺、港、滬三地張派小說研究》（台北：私立東吳大學中國文學研究所八十九學年度博士論文，2001），頁173。

暗示，雷清肇生前若是個體恤愛妻的丈夫，他就不會有如此驚世駭俗的遭遇，更不會在病況危急之際毫無尊嚴地死去。顯然，妻子殺夫的兇殘念頭與舉止，絕對與長期壓抑的變態心理息息相關。

在〈燒〉這篇小說裡，展示了婚姻生活最世俗的一面。夫妻之間若不能棄械投降，就只能玉石俱焚，展露現代人沒有安全感，只想在婚姻中牢牢控制對方的變態心理。安桃與雷清肇的婚姻不甚幸福，安桃個性倔強，一心想要成為婚姻中的主控者，清肇完全失去自己的自由，所有行動都受安桃一手掌控，「與清肇有關的每個人都知道他繫著一根長度有限的繩索，只能在一定的範圍裡活動，安桃把他的時間扣得死死的，他不可能到更遠的地方去」。〔註95〕女性主動出擊控制男性，男性卻願意接受男弱女強的關係，清肇的承諾讓安桃無後顧之憂，但安桃卻不因此而得到心靈的解放，反以更強勢的方式執行契約。表面上兩人建立了「清肇必須受安桃管束」的契約，安桃以歇斯底里的哭鬧懲罰清肇違約，逼得清肇只好不斷地忍讓，「清肇不斷的承諾、發誓，決心不再讓任何意外耽擱他了」。〔註96〕清肇以忍讓與承諾維持兩人的婚姻關係。

清肇後來違背了原有的契約，「他不再理會她的規則、她的時間表」。〔註97〕完全不在乎安桃哭鬧的懲罰，原有的契約已失去實際管束的功能。丈夫從此掌握異性戀慾望法則的優勢，想盡辦法甚至藉助暴力，突顯男性的權力與力量；更進一步以具體行動「壓制住」他的女人，把妻子變成順服的弱女。從此以後，他確實掌握家中所有的主控權。兩人漸漸產生了新的關係，安桃想盡辦法阻止自己挑戰「丈夫的控制欲」，丈夫則是無所不用其極地「故意激起安桃的控制欲」。安桃順服丈夫卻又急思反叛，已成婚姻生活中兩人共同的樂趣與試驗。

當清肇發燒後，家中的秩序起了重大轉化。一向高傲的丈夫，得了流感後顯得異常虛弱，終於給了安桃控制丈夫的機會。一般「流感病毒」所引起的呼吸道感染，根本不是什麼嚴重的病症。發病初期全身性的症狀雖然嚴重，出現高燒、寒顫、頭痛、肌肉酸痛、關節痛、倦怠、食慾不振與眼睛發紅的現象，但只要防止病情惡化或出現併發症，一般人都能恢復原有的抵抗力。清肇發燒

〔註95〕袁瓊瓊：〈燒〉，《滄桑》（臺北：洪範書店，1991），頁81。
〔註96〕袁瓊瓊：〈燒〉，頁81。
〔註97〕袁瓊瓊：〈燒〉，頁80。

到四十度近於昏迷，「他有點近於半昏迷狀態，一直睡著，渾身是均勻的熱」。
〔註98〕顯然併發症已出現，但安桃不關心丈夫的痛苦，竟讓他持續發燒（體溫
超過 39 度以上）四天以上，「他沒辦法起床上廁所。……因爲體力消耗，那陷
著的眼眶、眼皮把眼珠覆了大半，倒像惺忪思睡的神情」。〔註99〕孤傲的清肇在
生死垂危之際，向妻子提出就醫懇求，安桃沉浸在控制丈夫的快樂當中，十四
天後清肇安靜的死去。人死於流感眞令人意外，毫無疑問安桃犯下不救助他人
之罪的嫌疑。她以強勢的方式反抗丈夫，重新修改兩人的家庭契約，利用殺機
四起的疾病控制，辨證兩性之間永恆夾纏愛與死的衝突對峙。

　　蘇偉貞的〈從前〉裡，探討家庭主婦感冒後的病況與心情。情節緊扣主
角子慧感冒的歷程與心境變化。巧的是，她的病情又牽動丈夫李定的情緒，
整個家庭幾乎連成一張情緒起伏網，以病情發展呈現夫妻緊張的關係，相當
別致有趣。蘇偉貞藉著疾病突顯小說核心主題：夫妻關係就像溫度計一樣，
隨著心情變化而跳動，時而滾燙燥熱、時而降至冰點。

　　子慧與李定婚前就已定下結婚協議，「李定堅持要她辭掉工作當專職主
婦，做一個有心情聽先生抱怨工作的妻子，不需要她到外面受氣」。〔註 100〕
婚後子慧履行約定，每日待在家裡料理家務，但婚姻生活讓她愈來愈苦惱。
她覺得丈夫像是她的上司，以安全爲由，掌控她一切形蹤。這樣的婚姻，就
像許多異性戀習以爲常的方式，婚姻制度把男性變成名正言順的統治者，更
把好端端的一個人，變成主控性勝過一切的「男人」。〔註 101〕丈夫把夫妻關係
變成主僕關係、控制者和被控制者的關係，她想要擺脫這種束縛。

　　但當子慧感冒後，向來井然有序的家庭出現巨變。病倒當天她昏睡多時，
「熱度竄得老高，紅著一雙眼，兩頰也是紅紅的」。〔註102〕醫生診斷爲：「流
行性感冒」。〔註103〕她發著燒、有咳嗽症狀，「開始重咳嗽，先是悶咳」。〔註
104〕流行性感冒是病毒性病原入侵，所引起的呼吸道症狀，病勢雖比一般感冒
來得兇猛，但只要稍事休息便可痊癒。子慧情緒低落、心情鬱結，休養了五

〔註98〕袁瓊瓊：〈燒〉，頁 82～83。

〔註99〕袁瓊瓊：〈燒〉，頁 84。

〔註100〕蘇偉貞：〈從前，有一個公主和一個王子〉，《離家出走》（臺北：洪範書店，
　　　　1990），頁 117。

〔註101〕張娟芬：《姊妹「戲」牆》，頁 49。

〔註102〕蘇偉貞：〈從前，有一個公主和一個王子〉，頁 114。

〔註103〕蘇偉貞：〈從前，有一個公主和一個王子〉，頁 115。

〔註104〕蘇偉貞：〈從前，有一個公主和一個王子〉，頁 118。

天不但高燒未退、抵抗力也尚未恢復，就連咳嗽也變得更嚴重了。病中的她心情鬱結，因她最需要的不是藥物，而是丈夫的關懷。她想徹底地解決家庭契約，卻驚慌地發現即使生病了，丈夫竟還語帶嚴厲地威脅她：「你再任性下去，遲早會死掉」。〔註105〕兩人起初爭執不休，最後丈夫軟化後答應她的請求，心病解開之後，感冒也痊癒了。

平路的〈血色鄉關〉，同樣以疾病鋪陳女性怨夫的主題。小說描述老七前後性格、人格的重大改變，絕對與她的婚姻密約息息相關。平路擅長以家庭故事，嘲諷男性國族記憶／歷史的虛妄之處，家／國敘事的交軌與辯證向來是她最擅長的創作主題。早期作品〈十二月八日槍響時〉與〈玉米田之死〉等早已針對男性國族認同與兩性政治提出極其尖銳的批判。〔註106〕在新世紀之初，平路又發現到，以家庭政治突顯國族歷史間永遠陳述不盡的衝突與糾葛，進一步展現政治變局下國人的複雜處境。這次她選擇了懷舊又保守的男性與生病卻叛逆的女性充當男女主角，以他們的視界呈現歷史論述歧異的樣貌。依然關注家國政治，卻以更鮮明的女性意識，批判男性中心主義的虛妄理想與愛國大夢。

女主角老七在發病前，是個嫁夫隨夫非常傳統的女性。異性戀的婚姻制度，把她變成一個甘於聽命的被統治者，變成一個真正「小鳥依人」。她敬重曾任情報員的丈夫，把丈夫參與警備總部的功勳，當成自己此生最重要最榮耀的事務，為了討好丈夫，她熟記一切功勳歷史，「老七記性特別好，告訴老七的事情，好像資料入庫，不用擔心出錯。許多事他跟老七說一遍，怕的是日後自己搞糊塗了，兩腳一伸全部死無對證。多少年對答如流的日子，夫妻變得很有默契」。〔註107〕老七敬重丈夫的方式，讓丈夫錯認她對國家、軍紀、歷史與軍隊，有強烈的認同感。

在和諧的表面下，情報員暗藏對妻子的警戒心。他強制要求妻子，必須遵守他的契約——保守所有機密，「先逼迫老七起手發誓，我們這行的誓約，寧死不屈，寧可吞毒藥也不會出賣同志。他還不忘嚇唬老七，行有行規，制裁叛徒的時候，即使親如夫妻，並不會法外施恩」。〔註108〕一般夫妻間的允諾，

〔註105〕蘇偉貞：〈從前，有一個公主和一個王子〉，頁118。
〔註106〕梅家玲：《性別還是家國？》（台北：麥田出版社，2004），頁229。
〔註107〕平路：〈血色鄉關〉，收入陳義芝編選《八十九年文學選》（原載於二○○二年八月九日至十七日《中國時報》）（臺北：九歌出版社，2001），頁214。
〔註108〕平路：〈血色鄉關〉，頁215。

極少透過這樣鄭重立誓的方式，情報員卻把軍中效忠的儀式搬入婚姻，顯示他決不寬待的決心，恫嚇的效應頗爲嚇人。情報員身爲制約者，夫妻履行契約讓他感到安全，但此契約卻明顯約束了老七的自由。爲了成爲幫夫的好妻子，滿足戰士緬懷昔日容光的好勝心，她完全順服丈夫的要求，一再保證自己的忠誠，以安撫丈夫被害妄想的傷痕。她爲了維繫婚姻，只好接受丈夫的控制。

但當國共對峙、時勢造英雄的時代已逝去，老七因病失智失憶後，反而成爲不受丈夫控制的自由人。她改寫了家中的秘密約定，也改動了一直以來她與丈夫建立的關係。老七罹患「阿茲海默症」（Alzheimer's Disease），此爲老年人易罹患的疾病，主由腦部器質性病變所引起。一般認爲老人罹患遺忘症，是因腦內主宰記憶的海馬丘體變成硬塊，這種器官老化與病變的現象，會造成神經傳導障礙，連帶觸發記憶的喪失。一般腦部系統在正常運作下，都能促使腦細胞物質的傳遞功能。大腦與人的記憶、認知功能、神經系統、心理機制都有密切關聯，此疾病除受器質老化的因素外，也不排除心理因素的影響。這也說明，老七的遺忘症不單是老化的問題，與她長久壓抑的心理狀況也甚有關聯。

老七的遺忘症，讓她喪失照顧自己的能力，「日常的事情記不住，這三兩年，老妻漸漸沒辦法照顧自己」。〔註109〕腦部發生病變的病人，最大的困擾就是生活受到全面的影響。她除了失去判斷能力，會誤食金幣、喝掉墨水，記憶力也出現問題。「阿茲海默症」最令人擔憂的症狀也出現了，甚至連「認識人物、地點、時間」的基本能力都喪失掉。〔註110〕病中老七改變了對丈夫的態度，最令丈夫津津樂道的溫順特質，與過人一等的記憶專長，在病後全化爲烏有，她在病後徹底違背「個別性的家庭契約」。這樣看來，過去那個討好丈夫、受其控制的妻子，更像是個僞裝成功的女性，「老七的順從是出自心底？或者只是女人的另一種放棄」。〔註111〕老七生病後，破壞了家內的關係，疾病正毫不留情地揭開家庭政治／國族政治的美滿假象與騙局。

貳、男人的審判

這些疾病小說都有一個共同之處，就是女性都把疾病當成懲罰男性的手

〔註109〕平路：〈血色鄉關〉，頁202。
〔註110〕胡海國：《當代精神醫療》，頁142～145。
〔註111〕平路：〈血色鄉關〉，頁222。

段。不論病況如何，女性都能善用「疾病之利益」或透過哀兵政策，經過勒索、間接的、順水推舟的方式，將「遭受疾病折磨的病體」當成是籌碼，把自己變成一個無辜、可憐的受害者之後，刺激男性／丈夫的關注與罪惡感，達到懲罰的目的。小說書寫的是人性，利用疾病懲罰「被審判者」，開發了疾病的另一項作用。此時，「原發性」疾病經過偽裝與改造，把疾病的負面影響轉化為利己效應，達到「譴他」的目的。罹病者若是男性，女性亦善用利用男性的疾病，把它轉化成罪行的懲罰。在這些小說當中，藉著疾病反突顯兩性關係的衝突，也可能看見夫妻以激烈的手段爭奪控制權。這些小說書寫疾病，更進一步揭露家庭契約裡暗藏不露的殺機與危機，以及罪與罰的特殊意義。除了突顯女性心事外，也閃現人性陰鷙與恐怖的一面。

女人的疾病，就像是心情風向球或心理指示劑一樣，清楚地反映低落與不滿的情緒。此外，疾病更成為控制他人行動的獨門絕活，藉病建立了折磨與懲罰的溝通方式。疾病不只反映身體違和，更藉著疾病突顯家庭存在的缺憾與衝突，疾病不語自明地顯示，女人身心早已處於不平衡的狀態。但握有權力的男性，卻忽略了女性的憤怒與憂傷。疾病的出現提示人們：這些問題決不只是疾病的問題，也不只是女性的問題而已，它嚴正地反映出女性的問題就是社會的問題。

林海音的〈燭〉描述韓夫人失去丈夫情愛，將受傷害的感情與疾病當籌碼，不斷勒索丈夫的感情。飽受創傷的韓夫人，以疾病當作「感情勒索」方式攪亂三角關係，從受害者變成控制者、審判者，從而扭轉了過往的狀態建立新秩序。秋姑娘以「幫助者」的身分不辭辛勞地看顧她，但她卻蓄意裝病，以傷害自己的方式阻止痊癒，可說是個不折不扣的「加害者」。韓夫人利用裝病掩飾內心的脆弱，雖能換來丈夫短暫的關懷，真正留給自己的不過是痛苦的空虛與惆悵，還有一個終身擺脫不了的病體。

韓夫人表面上溫厚，內心卻是千瘡百孔、極度不滿，在社會慣例與龐大的輿論下，她利用裝病乞求照顧的「新家庭契約」，順理成章地折磨二人，「如果她聽見啟福從衙門回來，不到她的房間來，而逕往對面房去的時候，她會喊頭暈的」。〔註112〕她成功地利用苦肉計建立三人互動契約，秋姑娘與啟福因理虧而有罪惡感，總縱容韓夫人的鬧病舉止。韓夫人以病報復了憎恨的秋姑娘，也懲罰了丈夫的失貞。但身體就在「加害者」——自己蓄意毀壞下惡化，

〔註112〕林海音：〈燭〉，頁58。

成為「新家庭契約」的犧牲者。她親手葬送了自己的健康與青春，秋姑娘與啓福更彷彿是囚禁的犯人，雖享受歡快的光陰，卻飽受罪惡感折磨。她看似成功地懲罰了失貞的二人，實際上內心痛苦不堪。啓福對她只有家屬間基本的關懷之情，她根本要不回丈夫最熱烈的感情。最後留下自我摧折的病體獨活於世，結束三人間最磨人的「家庭契約」。

丈夫死去之後，韓夫人與季康、美珍、鑫鑫共組折衷家庭，她仍繼續裝病騙取兒孫的關心，「這是一個長年的病人，在不生不死的情況下，這家人已經習慣了她的病痛。或者可以說，久而久之，她的病痛似乎不是病痛，而是一種生活方式了」。〔註113〕韓夫人身上的疾病，當然不是小兒麻痺症，而是心因性（psychogenic）疾病所導致的腿部癱瘓。但她的心病不是她個人的問題，也不是單純是女性自虐的問題，而是社會文化與婚姻體制的整體問題。過去，人們總認為小說中的「人性」是重點所在，強調女性的記恨心理、小詭計、善妒與仇恨情緒都是個人特異的性格所致。〔註114〕實際上，這些負面的個性不是天性作怪，實際追究起來，這絕不只是女性的問題，而是社會壓抑女性所造成的悲劇。

林海音以溫婉的筆調，描繪「封建社會『一夫多妻』制的腐朽與罪惡」。〔註115〕在新舊時代之交，像韓夫人這樣的女性受困在婚姻中，女性被迫承擔不合情理的感情壓力，卻還要求她們不得嫉妒、不得憎恨、不得吵鬧，嚴格要求婦德的社會與文化根本就是一種集體的暴力，受害者只能獨自承擔揪心的痛苦與屈辱。囚禁在婚姻牢籠的女性喪失自覺，在找不出其他的出路時，只能以病態的方式虐待自己、懲罰他人。因為，她們擺脫不了身分與命運的雙重枷鎖，「舊家庭裡幾乎沒有愛情只有婚姻，……『身分』就像牢籠，嚴格限制牢囚的活動，牢囚動作再大，也出不了籠子的範圍。由於牢籠鎖得太緊，以致於女性之間並沒有肉體上的格鬥，只有精神上的自虐，及虐他（虐待其他的女人）」。〔註116〕韓夫人裝病的行徑雖然可議，這絕不是解決之道，但她的處境無奈，不能離開人人誇讚的婦德美名，更無法反抗她的時代。身為弱

〔註113〕林海音：〈燭〉，頁48。
〔註114〕周蕾：《婦女與中國現代性——東西方之間閱讀記》（台北：麥田出版股份有限公司，1995），頁227。
〔註115〕黃重添：《臺灣長篇小說論》，頁74。
〔註116〕陳瓊婷：〈論林海音婚姻與愛情小說中的女性意識〉，《弘光學報》33（1999），頁242。

者，只能拿肉體作爲賭注，不論是虐人或是自虐，女人的命運竟是如此的可悲。

〈燭〉據林海音的女兒作家夏祖麗所述，寫的是林海音老同學傅太太的親身經歷。〔註 117〕作爲五六〇年代最有實力的女作家，林海音向來關注女性問題，她的小說被譽爲「一部半封建半殖民地中國的婦女婚姻史」。〔註 118〕她的小說敘述細膩，幾乎寫盡女性的婚姻悲劇。這篇小說透過家庭衍生的問題告訴人們，家庭問題是社會問題的縮影；韓夫人的癱瘓不只是身體出問題，更牽涉到複雜的女性處境，更具體地反映一夫多妻衍生的許多性別壓抑與感情衝突。人們不應該忽視這些女性的遭遇，更不該淡化問題的嚴重性，不該以私人化的方式處理女性的問題；她的受苦經歷顯示整個大環境根本不尊重女性的意志，而文化慣例與體制更決定了她的命運，這是檢討天經地義男尊女卑「家庭契約」──一夫多妻所引發的影響，最值得深思的部分。

袁瓊瓊的〈燒〉裡，安桃透過囚禁控制丈夫，達到懲罰丈夫的目的。孤傲的清肇成爲不良於行的罹病者，只能接受妻子的擺佈。當夫妻關係翻轉變成控制者／被控制者、給予者／被給予者、醫者／病人時，平日威嚇的丈夫，就像弱勢病人，竟然帶給安桃如此大的滿足與快樂，「病人像個無機體似的不動，任她擺佈」。〔註 119〕她終於成爲控制者，可以全盤掌控丈夫，恢復她夢寐以求的婚姻模式。安桃藉著疾病之助，再次讓丈夫回歸到她的「家庭契約」裡，讓丈夫遍嚐「受控」與「受苦」的滋味。安桃使勁維持變形的控制關係，雖然不想逼死清肇，最後卻導致慘劇發生。

清肇過去像是個冷酷的君王，病中卻流露慚愧悔意。妻子以見死不救的方式懲罰他，在死亡催逼之際，清肇縱聲大哭起來。或許，死前的病痛折磨，都不及妻子見死不救的傷痛更催磨人心。死的威脅讓丈夫顯得異常卑微，妻子原可以成爲幫助丈夫新生的上帝，也可成爲坐視丈夫死亡的惡鬼，她仍舊鐵了心坐視丈夫的死狀。丈夫死亡，但她成爲笑著迎接新生的女人。

清肇病前總是違背她的家庭契約、破壞她的家庭夢想，她找不到一個有效的方式得以控制／掌握他。對於失去自信的女人而言，疾病正是她此生最

〔註 117〕夏祖麗：〈重讀母親的小說〉，收入林海音《燭芯》（台北：純文學出版社，1981），頁 3。
〔註 118〕黃重添：《臺灣長篇小說論》，頁 72。
〔註 119〕袁瓊瓊：〈燒〉，頁 73。

大的幫手，心裡期待丈夫能永不痊癒，這種自私可議的心態助長了惡行，也
成為小說中最為可議的部分。袁瓊瓊的小說一再複製這些淒厲陰森的鬼話，
寫盡那些在自我枷鎖裡自我囚禁也囚禁他人，令人聞之色變的女性眾生像，
安桃也成為其中形象鮮明最有鬼氣的女性。小說以恐怖的方式演繹女性心中
嚮往的家庭契約，也把受傷婦女最狠心寡情的一面，赤裸裸地突顯了出來。

　　安桃為了控制丈夫，幾乎犯下預謀害人與謀殺親夫的罪行。這則婚姻寓
言裡，安桃的心理動機與行動著實觸發人們省思；夫妻二人不願花時間進行
良好平等的溝通，反而各懷鬼胎不斷挖空心思奪取主控權，但過度的權力欲
望已產生衝突與危險。安桃一心想成為家庭裡的制約者與主控者，當權力發
揮作用的時候，卻讓被宰制者——男性備感痛苦，行使權力的人卻完全不明
瞭權力的傷害。當丈夫以暴力與權勢宣示他的地位時，再一次讓人們看見了
權力的本質及負面效應。

　　小說安排安桃以最消極的懲罰行動施展女性權力，的確顯露出袁瓊瓊處
理兩性戰爭時，獨樹一格的冷靜與幽默風格，「袁瓊瓊則可說是一個異數，她
那明快、幽默的風格，打破了一貫以來女作家給人的拘謹形象。此外，她筆
下多有反抗男權的女性，隱藏在那幽默語調背後的，是對男性的挖苦、作弄」。
〔註120〕男性終於死於女性的「控制」之下，以子之矛攻子之盾，以諷刺且沈
重的方式將了父權一軍。婦人早知自己必成為寡婦，還是選擇讓丈夫病死。
當女性以殺人形式來展現愛意時，讓小說展現極其恐怖的批判力道。平靜狀
若無事的女子，面對屍首時毫無懼怕、毫無罪惡，就是這種「即使如此，也
在所不惜」的倔強，令人感到毛骨悚然。婚姻的現實竟是如此荒謬，女人竟
要以「癱瘓男人」的「控制」方式，才能得到女人要的愛情與撫慰。完成懲
罰復仇任務之後，她不再是心中有恨的怨女了，而是圍困在家庭牢籠裡自認
為幸福無比的女人。〈燒〉藉著恐怖份子的恐怖形式，以顛覆倫理的方式完成
女性的慾望、建構女性的家園，相當值得反思。

　　〈從前〉裡，子慧生病後違背家庭契約，生活作息全都脫離日常軌道。
丈夫看見她咳得越來越嚴重，還以對抗話語反擊譏諷：「你也不必用這種方式
報仇吧，我當然心裡有數」。〔註121〕丈夫知悉子慧利用疾病報仇，以久病不癒

〔註120〕李仕芬：〈重讀母親的小說〉，《女性觀照下的男性》（台北：聯合文學出版社，
　　　　2000），頁 159。
〔註121〕蘇偉貞：〈從前，有一個公主和一個王子〉，頁 126。

來懲罰他的控制，她故意缺席，讓家庭功能停擺，他認為子慧根本就是無理取鬧。顯然，他已發現了妻子的憤怒，挑明反諷裝病的舉動非常任性。此時，懲罰丈夫的子慧雖氣急敗壞，但也發覺丈夫從惡化的關係中看穿她的心思，接收到她的情緒了。

子慧病中檢視自己的婚姻，發現讓人窒息的家庭就是她的病因。她憎恨丈夫主控的家庭，根本是一個專制的王朝，更像是散佈病菌、導致病變的可怕空間，「反正我一個人在家，像細菌在隔離室，不斷的繁殖，直到變成一種病」。〔註122〕她決意毀棄丈夫的約定，訂立新契約，要求丈夫把她的人身自由權利交還給她。丈夫衡量家庭已失序多時，子慧的態度也甚為堅決，便允諾讓子慧外出工作。最後，疾病幫了子慧大忙，讓整個家庭重新得到新生的平衡關係。

發燒雖是外來病原侵入所造成的病症，但它與罹病者的情緒也甚有關聯，疾病甚至可作為衡量情緒的指標。如此一來，〈從前〉裡的感冒症狀除引起身體不適之外，還被賦予了正面的功能。疾病充當探測計，家庭成員可以藉此釋放出對家人的敵意，「每一溫度最後經由憤怒冷卻，再隨時升起。婚姻根本也是一支溫度計，想想妻子的作用，不過就是李定量情緒所用」。〔註123〕疾病具有積極的意義，反而能夠以非直接的抗議方式，表露家族成員無法正面言說的心理衝突與家庭期待。以疾病表露心跡，雖然不是一個最好的方式，但避免掉太過劇烈或暴力的衝突，也能達到釋放壓力、緩解衝突的目的。

〈從前〉以童話般的篇名，諷刺女性對婚姻不實的想像。丈夫對「妻子不須外出工作」的婚姻契約，有頗為動聽的說辭，認為妻子不必受他人掌控。但對照他們的婚姻生活，這樣的甜言蜜語真像是諷刺之語。子慧在病中使出撒手鐧提出新契約，對自己來說正是個學習機會；她不能凡事都依從丈夫的想法，應該像婚前一樣保有旺盛的魅力與活力。只有如此，婚姻才不會像佈滿致病因子的病菌室一樣，才算真正圓滿達成譴責丈夫的最終目的。

〈血色鄉關〉裡，老七藉病卸下賢妻的重擔，懲罰丈夫失貞的惡行，同時也高聲地反駁巨型（grend）歷史的正當性。病後她不再忍受冤屈，以對抗話語毫不遮掩地怒罵丈夫，更可怕的是，老七竟然知悉丈夫的偷情醜事，「『背

〔註122〕蘇偉貞：〈從前，有一個公主和一個王子〉，頁128。
〔註123〕蘇偉貞：〈從前，有一個公主和一個王子〉，頁123。

著我你在家裡搞』老七敲著茶几繼續喊：『鳳珠的事，以爲我不知道』」。〔註
124〕一個失憶症病人，幽森、赤裸地掀開丈夫犯下的醜事，此時的她跟正常女
人一樣醋勁大發、憤怒異常。丈夫發現妻子懲罰他失貞的越矩行動，不單純
是失憶症病人的胡言亂語，還故意破壞他的英雄神話，已犯下罪無可恕的罪
行。丈夫口中的造神論述，一直以來都是家中唯一的眞理與神話。但今非昔
比，在偉人殞落神話崩解的時代，不再有人迷信偉大神聖的家國論述，這些
言談只成爲歷史論述的一部份，僅能當作記憶與虛構的遊戲，沒有人能捕捉
到歷史的全貌。〔註 125〕平路聰敏地顯示參與歷史的經驗與記憶雖具有紀實
性，但口述歷史也具有文本性，難逃虛構的可能。小說意在引領讀者進一步
思索，歷史見證人的論述常隨時代而演變，它的存在作爲歷史的補充，已成
爲虛構想像與扭曲的文本。〔註 126〕歷史形成的過程同樣受到歷史環境、政治
經濟與國際情勢種種條件的影響，各種歷史文本自然受到不一的評價。小說
利用夫妻的衝突突顯家國想像的虛妄之處，再次展現平路對後現代敘事的敏
銳態度，始終留心權力或知識左右歷史論述複雜的後現代狀況。

　　依此來看，老七犯下最大的錯誤在於，她不但挑戰了家庭契約與遊戲規
則，更抱持去歷史化的觀點，否認臺灣主體與國共內戰的關聯；不但顛覆了男
性樹立下具有主體性的歷史意識，更漠視中國征戰的歷史，更忤逆了國民黨英
雄奠下的軍務神話與傳統。她不接受支配，勢必成爲男性霸權／國族主義合力
消滅的恐怖份子。從〈血色鄉關〉裡也可發現，平路一直擅於從歷史題材中，
利用與眾不同的角度探討人性。南方朔注意平路一九九四年完成長篇小說《行
道天涯》，認爲平路在此作當中，展現「殖民主義論述」、「後殖民論述」重塑
歷史的民族使命，以第三世界知識份子的視野建立了具有主體性的歷史意識，
同時加入同情的角度，還原偉人最眞實的人性，展現歷史與人性的縱深面。〔註
127〕女性的反叛卻引來致命的殺機，情節轉趨凶險。情報員從一個戀家愛妻的
體貼丈夫，變成陰煞冷靜的復仇者，歷史的血案提醒他：「一個情報員若無法

〔註124〕平路：〈血色鄉關〉，頁 222。
〔註125〕約翰‧列區（John Lechte）著‧王志弘、劉亞蘭、郭貞伶譯：《當代五十大師》。
　　　　（高雄：復文書局，2000），頁 413。
〔註126〕廖炳惠：《回顧現代——後現代與後殖民論文集》（台北：麥田出版股份有限
　　　　公司，1994），頁 39。
〔註127〕南方朔：〈重塑革命者的血肉與心情——從馬奎茲迷宮中的將軍到平路的《行
　　　　道天涯》〉，《聯合文學》11：6（1995），頁 157。

控制他的妻子」，將成爲此生最大的致命傷。他確認老七是污衊聖徒的叛徒之後，當按密約誓辭「親如夫妻，並不會法外施恩」，狠心殺死妻子。

在履行密約與違背密約之間，夫妻雙方都精於算計。顯然，小說賦予生病的軀體多重涵義，她既是陰鬱被壓抑的身體，也曾是習於順從的客體，更是彰顯自己意志的主體。從她刻意以遺忘拋棄／踐踏／蔑視國家戰爭與神話，這多重意旨都把「老七的病體」投射成衝突交鋒的場域。在疾病引發的記憶與遺忘之間，竟牽扯到複雜的兩性政治，以及性政治背後爭奪歷史發言權的致死衝突。這不禁讓人們深思，古今中外一直把將政治、軍事、知識、歷史及學術劃歸於男性獨擅的領域，總是等待男性書寫創造治國平天下的豐功偉業，很自然的把黨國歷史都當成是男性獨有的領域，而受到輕賤的家庭問題或情愛問題，就劃爲女性私有領域；這樣的劃分不但粗淺無義，更顯示了尊男抑女的態度，成爲世代相傳的文化建構，這種建構背後隱藏著權力的分配與性別的歧視，必須接受嚴厲的審判。小說曖昧的陳述，只有生病的女性才能重拾女性主體，說出自己的憤怒與批判。可惜的是，女性主體直接威脅了男性主體與國家神話，而男性歷史與虛假神話若要繼續活存下去，就必須消滅女性的主體，小說對兩性政治提出的尖銳思索，令人震撼。這篇小說可說是敷陳家庭關係、彰顯兩性衝突、辨證國族想像、控訴男性暴力、反省戰爭後遺症最令人耳目一新的小說。

第六章　瘋狂守貞的統治者：久不退燒的熱病

壹、愛之使者的疾病：熱病

瓊瑤（陳喆）小說《庭院深深》（1969）裡，將含煙山莊裡既神秘又瘋狂的病人，塑造成文藝愛情小說的情人典型。癡情俊帥的男主角柏霈文，錯認愛妻章含煙香消玉殞，他自責甚深，此後成爲徘迴於山莊的病人。終年未癒的疾病，連繫著內疚情緒與內心意志，更爲了銘記永不褪色的愛情，以十年的自譴歲月紀念愛妻。當含煙再次出現在生命中，他的病況更嚴重了，激動瘋狂幾乎成了歇斯底里的病人。

瓊瑤極的言情小說向來極具抒情韻味，塑造了相當多個性鮮明的人物，《庭院深深》裡的柏霈文就是令人難以忘卻的鮮明人物。他是含煙山莊的一

個怪人，身上有著不可思議的爆發力，表達愛情的方式是相當決斷的、任性的、甚至有些歇斯底里的狂暴。他那自以爲是的深情、專擅獨行的狂熱，固然是他迷人的性情，同時也暴露出偏執的缺陷。他對章含煙一見鍾情，認爲她比任何事物都重要，愛情勝於親情的態度，也造成日後婚姻的波折。他以爲神聖的愛情可以克服世俗偏見，當他結婚後，卻又在狂熱的愛裡，隱藏著瘋狂的猜忌心。在柏母多方阻撓、愛情受到考驗之時，又顯示出性格裡陰沉黑暗、欠缺自信的一面。

柏霈文對章含煙一見鍾情，身爲愛之使者，他首先驚奇於章含煙的柔美，後來愛上她孤高的品德，更加憐惜出淤泥而不染的高潔。他專情的立下婚約，允諾要幫她償還債務，並給她最美麗的家園、最幸福的婚姻。他承諾要愛她一生一世，希臘神話裡的永世承諾，就是他的保證與允諾：「尤莉特西和她的愛人奧菲厄斯。他們是一對不怕波折的愛侶，我們也是」。〔註128〕在瓊瑤所刻劃的愛情世界中，戀人們總能看到對方良善的本性與品格，而能突破門戶之見而成婚，讓人體會情感的高貴之處，是如此接近神性的美好。

在小說當中，阻絕二人愛情的加害者，除了孤女章含煙坎坷的命運之外，就屬柏母與愛琳。柏霈文與章含煙成婚，觸犯尊卑不婚、良賤不婚的習俗。柏母主控柏家大權，她執信門當戶對、封建舊習，自然排斥章含煙煙花女子的身世。柏母代表的是世俗的觀點，她否定婚姻的崇高性與浪漫性，批判愛情置上；柏霈文卻昧於事實聽信讒言，誤認含煙失貞，背棄愛情盟約。丈夫突然毀棄婚姻契約，章含煙痛徹心扉，在萬念俱灰之下，她悲痛地離開含煙山莊。

柏霈文讀完愛妻的日記，驚覺自己才是愛情契約的背叛者，深深傷害了最愛的女人，他因內疚和悲憤而病倒。他違背了結婚時情深意重的諾言，應當受到最嚴厲的懲罰，「神靈在前，天地共鑒，如果有一天我虧付了妳，天罰我，罰我進十八層地獄」。〔註129〕所以，這十年來他既瘋又病，活在自譴的地獄世界裡，從一個憤怒的愚者變成智者，了解章含煙含冤莫白的心境後，陷溺在既瘋又病的自譴歷程，「霈文不吃不喝不睡，日日夜夜，他就像個瘋子一樣，……接著，霈文就大病一場，發高熱，昏迷了好幾天，……那時候，我

〔註128〕瓊瑤：《庭院深深》（臺北：皇冠出版社，1969），頁226。
〔註129〕瓊瑤：《庭院深深》，頁230。

們都以為他要精神失常了」。〔註130〕柏霈文自譴自責，不成瘋魔不成活的他，拖著久病未癒的病體，日復一日進行他的懺情告白。此時，疾病是真理昭彰的天譴，更是莽夫謝罪的懺悔自譴。

柏霈文以懺悔之姿，十年如一日地負罪自譴。當瘋狂憔悴的他，得知方絲瑩就是含煙之後，只希望含煙能夠寬恕他的罪過，「原諒我！原諒我！這十年，我已經受夠了，你知道嗎？每一天我都在悔恨中度過」。〔註131〕柏霈文深情哀告，有生之年必將利用一切方式向她贖罪。在懲罰罪惡的過程中，柏霈文真正體會了愛情的深度與韌度。他坦承過去不解章含煙動天地、泣鬼神的愛，根本是個睜眼瞎子，正因如此，他又瘋又病似鬼似魅，更在大火之中灼瞎雙眼，此缺／病的描述無疑具有隱喻涵義。柏霈文刻意不去治療眼疾，以殘缺補償妻子的冤屈，懲罰違背婚約剛愎自負、有眼無珠的自己，決意以永世的黑暗，懲罰自己的罪孽。柏霈文向章含煙坦陳十年贖罪的心境：「妳知道嗎？我拒絕接受眼睛的開刀治療，只是為了懲罰我自己，我應該瞎眼！誰叫我十年前就瞎了眼？」〔註132〕十年來，柏霈文已成為人們口中陰森山莊裡的幽靈。

只有曾經瞎過的眼睛，才懂得如何辨認真情。小說中朦蔽愛情的景況，多次與眼睛意象串聯，彰顯「失明」迷障早已阻隔愛侶的真情。柏霈文需要章含煙，她不只是他的靈魂伴侶，更是他的靈魂之窗；只有在心靈之眼恢復光明時，柏霈文才了解章含煙深厚且神聖的愛情。含煙的愛，啟發他對愛情的信任感。這部言情小說以浪漫愛情，提供世人戀愛的希望。誠如瓊瑤自己的自白，愛情小說所敷陳的人間世界，愛情與親情或倫理總充滿各式衝突，但無論如何，愛人永遠不會背叛愛情。〔註133〕正因如此，愛情小說不但有最世俗、最市儈的價值觀，也讓人看見人性中永不向命運低頭，永不妥協捍衛愛情的神聖性。

貳、忠貞者無罪的審判

《庭院深深》裡，章含煙仍是愛的使者，不是復仇女神，再次確定她

〔註130〕瓊瑤：《庭院深深》，頁297。
〔註131〕瓊瑤：《庭院深深》，頁286。
〔註132〕瓊瑤：《庭院深深》，頁102。
〔註133〕瓊瑤：《庭院深深》，頁221。

為宜室宜家的賢德女子。她獻身於愛情的崇高理念，對女兒與愛人的深情與關愛，讓她成功地回到社會秩序裡，以賢貞品德得到大家對她的認同。柏霈文與章含煙決絕的個性一致，小說成功突顯他們強大的自尊與自卑心，也引發兩人劇烈的衝突。小說塑造愛情與親情的衝突頗有張力，亦藉此呈現社會文化的盲點。但美中不足的是，小說以虎頭蛇尾的方式解決對立的衝突，仍以羅曼蒂克的愛情修辭，瓦解欠債復仇與還債報償的關係，讓柏霈文與章含煙泯除前嫌，共同建立新的契約與家庭。原本充滿恐怖傳說的陰森山莊，隨著女主人出現之後，負罪自懲的病人痊癒了，含煙山莊重新成為愛的山莊。

實際上，含煙回到山莊的最初動機，除了照顧女兒之外就是為了復仇。當她見了女兒與丈夫之後，便失去加害者的身分，仍是良善敦厚的含煙。她並無意報復柏家，更不想傷害柏霈文的妻子愛琳，她依然陷溺在情愛當中，即使失去一切也在所不惜，犧牲與忍耐就是她的特質。等到霈文吻了章含煙之後，故事便一路往和解的路線前行。

柏霈文經過一次次瘋狂自殘，為了示愛，幾乎成了情緒不穩的病人，也彰顯出愛情的神奇力量。經過多次的考驗，柏霈文最終平息章含煙倔強的心，章含煙留下與家人團圓；孤女章含煙終於得到一生追求的夢想和家園，一個深愛她的丈夫和一個可愛的女兒。最後二人找回互信的基礎，重新回到婚姻關係，破鏡重圓訂立新的契約，達成一個美滿的結局。

瓊瑤善於塑造戀愛的神話，充分運用愛情誘人的元素，以各式人倫衝突創造出引人入勝的愛情故事，「『出人意表之外，又在情理之中』的傳統故事構成方式，但又能推陳出新，開闢自己的新天地」。〔註134〕她的言情小說具有通俗小說的功能，除了傳揚感情忠貞、品德純善的價值外，也哀憫出身貧困、不能守身如玉的女性之悲酸命運。小說刻意安排「門不當」、「戶不對」的男女，突破世俗偏見而相戀，滿足世人愛情至上的渴望；但兩人的愛情，是以激進革命的姿態，反叛世俗良賤不婚的蒙昧，化解階級偏見當然具有正面的意義。柏霈文之所以能任性地剛愎自用、霸道專制，讓敘述者或是人物以美化的角度讚賞他的癡情，不斷強調他挾著豪門莊園的經濟優勢，卻能不嫌貧愛富的純真理想，這就顯露出通俗小說的共同盲

〔註134〕黨鴻樞：〈通俗文學的三重奏——瓊瑤、亦舒、梁鳳儀言情小說系列略論〉，《西北師大學報》（社會科學版），33：1（1996），頁67。

點，讓言情小說與功利世界始終夾雜曖昧不明的關係。小說最後還是以輕
描淡寫的逃避方式，回歸傳統的婚姻體制解決兩人衝突，再次顯現了女性
羅曼史作者習於遵循不可違逆的敘事框架，「女性羅曼史作者在通俗／大眾
小說中宣示其意識形態的能力」。〔註 135〕也因小說關懷面向始終太過狹
窄，雖批判了封建制度或社會結構的戕害，卻無法針對弊病提出深思，顯
示作家思想內涵的膚淺與保守。〔註 136〕另外，林芳玫也認為瓊瑤小說雖點
出社會文化的弊病，但是她所採取的回應之道卻是虛幻不實的。〔註 137〕她
的論見相當精確，因小說把抗議的目標指向個別人物如柏母的惡行，卻不
批判整個社會制度。最後仁慈的女主角再以愛與寬容，極其私人化的方式
解決所有的人我衝突，這也是瓊瑤小說，向來最令人詬病的保守性與妥協
性。

　　即使柏霈文又瘋又狂、陰晴不定的君王性格，就是父權社會最令人反
感的男性形象；卻因他的深情與守貞，章含煙選擇原諒他、接受他，甚至
認為沒有這樣深厚的、具有掠奪性的愛，她便無法證明自己價值，從而顯
露了女性對於愛情存在深刻的焦慮與迷思。在愛情至上的大旗下，柏霈文
的囂張跋扈、任性妄為的舉止雖受疾病懲罰，但受傷最深的章含煙還是原
諒了他。很明顯的，只要男人願意「為愛守貞」，女人就可原諒男性專擅自
私的行徑。通俗小說還是囿限於傳統思想，不斷表彰「為愛守貞」的神聖
與不可取代的價值。

　　最後，羅曼蒂克又深刻動人的愛情，仍是消解債權仇恨唯一的方式。章
含煙突破世俗婚姻禁忌，願意盡棄前嫌與柏霈文建立一個完整的家庭，孤女
終於苦盡甘來，得到美好的婚姻，滿足了世人作夢的渴望，「它既可以給那些
厭膩平淡的人以刺激，也可以給那些不滿足於誤解、衝突、鬥爭的人以安慰，
從而贏得許多對愛情充滿幻想，又希望愛情得之不易，充滿激情浪漫的少男、
少女的青睞」。〔註 138〕小說以完美的結局，讓兩個「為愛守貞」的人再次和解。
章含煙悉心的照顧「瞎了眼」的柏霈文，讓他在愛裡重新感受到安全感，通

〔註 135〕林燿德：《敏感地帶——探索小說的意識真象》（臺北：駱駝出版社，1996），
　　　　　頁 156。
〔註 136〕樊洛平：《當代臺灣女性小說史論》，頁 320。
〔註 137〕林芳玫：《解讀瓊瑤愛情王國》（臺北：時報文化出版社，1994），頁 262。
〔註 138〕謝晚晴：〈論瓊瑤小說對中國古典文學和傳統文化的影響〉，《嘉應大學學報》
　　　　　5（1997），頁 44。

過層層試驗，自讉的心理殘缺者，因勇於承擔罪責，最後成爲愛的戰士。無論如何，小說以封建舊勢力試煉愛情的力量，最終以堅貞的愛情，讓男女主角通過世俗的磨練，以一貫傳統的方式，表彰愛情的無上價值，仍是紹繼溫柔敦厚亙古不衰的詩教和傳統。

第七節　以愛挽救病態的家園——以疾病尋找健康

這些疾病小說正好提供一個觀察視角，從旁論證罹病者的失志墮落與苦痛弱病，都與失去「身心堡壘」——家庭的愛與溫情息息相關。過去人們總認爲維繫親子、夫妻關係，最重要的是善盡撫養與互助功能。實際上，在撫養與互助功能之上，更重要的是感情聯絡的功能。失去家人的愛與聯繫，所有人都會成爲無所適從的迷惘者，無法找到此生安身立命的依歸。也因如此，罹病者或人物可藉由疾病關照與病痛折磨中，重新沈思自己的存在的價值，重新體會自身與家庭的緊密關聯。

家庭是社會最重要的生產和消費單位，更是親愛關係與人倫價值的溫床。這些小說所顯示的夫妻關係與契約，顯示出時代變化下的家庭新風貌。但疾病小說出現的家庭情景，不再是完美無缺的家庭樂園，家族觀念與親屬關係與時俱進，已從傳統的家庭主義式的家庭，過渡到半家庭主義式家庭，再進展成現代社會裡的個人主義式家庭。〔註 139〕親屬是以父母親子關係或夫妻配偶爲聯絡中心，所構成的血族或姻誼集團。〔註 140〕社會變遷以及家庭制度的變革，都對家庭倫理的觀念與規範產生了根本的影響。家庭型態的改變，當然深深地左右家庭成員間的關係。新的功能馬上取代舊的目標，家庭呈現出新的需要與新的關係。以個人主義式的家庭爲例，孤立的結構不再依靠外援的幫助，家庭幾乎完全依賴夫妻之間的默契與協定。

過去儒家思想精心塑造的家庭結構與文化工程，將夫妻貞愛、母慈女順、父慈子孝、女性貞順視爲重要且美善的價值，這些小說進一步探討這些倫理價值的意義與內涵。但以家爲尊的家族主義早已降低影響力，家庭變更爲陪伴、競爭、經濟、同居與同食的功能，且出現諸多失衡的關係與新型態，取而代之的是更多的衝突與煩惱。家族成員一心追求的家庭關係，卻是現實生

〔註 139〕黃輝明：〈家庭〉，《社會學新論》頁 146。
〔註 140〕丘怡新、李瑞生、蔡宜宏合著：《民法》，頁 417。

活中無法達成的願望，失去家人的愛已成主角普遍的焦慮。

因家庭關係並非建立在經濟利益上，牽扯了多重利益與複雜的情感。這些疾病小說所描述的契約內容，往往並非父母壓榨子女、夫宰制妻如此單純的關係。這些小說提醒人們，法律形式總不例外地，向世人展現人類行為規範的最低底線，而婚姻法與民法親屬篇等法令，都以懲處細則、懲治違法者來鞏固家庭倫理。但法律規定是一回事，法律之外、家園之內，遍佈各式「個別性的家庭契約」的衝突，在法律之外，人們找到其他懲罰的力量代替法律行使審判。

本章所討論的小說中，疾病與人的過失及罪惡仍有密切關聯。原發性的疾病可能是審判，但疾病也可被當成審判的工具，懲罰觸犯契約的背約者。值得注意的是，疾病在此處不但具有自我懲罰的意義，也可能成為控制他人的工具。圍繞在繁複的關係裡，疾病不再只具有自我譴責的涵義，在此，疾病書寫更擴充了懲罰指涉的意義與範圍，不但涵蓋認錯、認罪、責怪和定罪之意，也賦予了勒索與報復之意。藉著疾病以控制他人的一系列小說，說明人與親屬之間失去法律或強而有力的裁示力量時，人也可利用自己的方式扮演上帝與「審判者」，以疾病達到威嚇懲罰他人的目的。

綜合以上所論，可發現這些小說中的疾病書寫賦予兩個特殊的意義：其一「疾病是『主角』對『自我』的一種懲罰」；其二「疾病是『罹病者』或『審判者』懲罰『被審判者』的手段」。這類小說以「違反良心的犯罪」或「以病懲罰犯罪」，探討家庭所產生的種種衝突與矛盾。

這些疾病具有自我譴責與譴責他人的涵義，梳理症狀的來源、目的與意義，的確能夠幫助人們更了解疾病與人我間的關係。有些罹病者身體上的疾病，如感冒、頭暈、精神病或是失憶，為家屬增添了很多麻煩，也影響了家中秩序。雖是如此，罹病者仍視生病為轉機，是搏得最大利益的不二手段。就連佛洛伊德也承認，不論是逃避親情壓力或是以病作為勒索方式，罹病者逃入疾病也是人之常情、可以理解的心態，「事實上，就某些精神病而言，就連醫生也不得不承認，用精神病來解決衝突乃是一種最無害、最能為社會所容許的方式」。〔註141〕當罹病者以病態的方式表達憤怒與悲傷，甚至犧牲健康來換取其他價值時，絕不可忽略在病態心理背後，突顯出隱而不察的文化病因。

〔註141〕Sigmund Freud. *Introductory Lectures on Psychoanalysis*.（1973），p429.

　　女人在社會與家中長期處於「他者」的位置，對自己的處境甚有警覺，必須奪得權力，才能反轉被壓抑的位置。生病正好提供一個絕佳的機會，足以讓女性以「對抗話語」徹底挑戰男權優勢，不讓男性獨大的話語佔據家庭，「話語本身既是權力的產物，也是權力的組成部分。權力的施展，一方面不斷創造新的話語；另一方面新話語也會導致、加固某種權力，或是削弱、對抗這種權力」。〔註142〕只要讓女性爭取到機會，她便會善用權力，利用話語與病體合力抵抗男性權力。

　　家庭是女性情感與理想的重要歸宿，卻常是男性施展霸權的地方。這些疾病小說透過夫妻關係與親屬關係，以疾病驗證家庭此狹窄空間綑綁女性的真相。女性的人生緊密地與家庭串聯，所有的行動皆受家人所限。反過頭來，閉鎖的空間也限制了女性的意識與行動。哪裡有痛苦呻吟的人，那裡就是文學關注的對象。〈背影〉裡詳盡描述被母親耽誤一生的女兒，內心的痛苦與掙扎；《庭院深深》裡，柏霈文懲罰自己，曾深深傷害愛妻；《惡魔的女兒》裡，懲罰自己而夜夜失眠的女兒；〈歡樂人生路〉裡，受遺傳影響自毀前程的男子，這些故事提醒人們，疾病不只反映個人軀體健康的問題，更與罹病者的婚姻、家族歷史與生俱來的血親，存在難以脫離的關係。

　　這些疾病小說再次證明，家族成員各有不可混亂的位置與功能，這與個人健康、命運、人生價值息息相關。小說出現各式疾病，不約而同觸及了血緣遺傳、家庭結構、父權體制與性別政治千絲萬縷的關係。這些小說揭露受遺傳病所困，或是不健全、不完滿的家庭底下，罹病者與主角獨特的人生體會。當家庭功能瓦解後，家庭成員得不到愛與關懷，家人關係不是變得生疏，就是存在破壞性的關係，必然衍生各式身心障礙。這些疾病故事就像是家族演義，也像是寓言，它們反覆提醒，只要家庭成員願意重新找出平衡的方式，恢復家庭功能的正常運作；那麼，罪人可以彌補過失，疾病也可能痊癒。

　　人雖獨立於宇宙間，但極多時候是與家庭相依牽制的，家庭牽繫著每個人的生命律動。當主角成為家庭契約的履約者，卻可能是世俗價值的背約者，從而加深了個人與家庭成員間的鴻溝。小說以病拋擲出問題，探索家庭責任的重要性與複雜性；在「個別性的家庭契約」裡，不平衡的夫妻關係、親子關係當然引發家人衝突，勢必引起反動。當家庭重新進行權力分配時，可讓

〔註142〕黃華：《權力，身體與自我——福柯與女性主義文學批評》，頁42。

家庭系統產生新生的力量。這些小說提出犀利又尖銳的警語，以更宏觀的視野，透過疾病的自譴與譴他涵義，探勘人的責任與人性。疾病是文學裡的隱語評點，也是罪行的審判。疾病不但揭露罹病者生存的處境，也揭露了審判的嚴肅意義，這不也道盡俗諺「家家有本難念的經」的箇中難處。

第五章　個體的虧欠與自譴

第一節　私人的允諾與債務：私人契約

　　法理學明定契約的規範：「契約當事人須至少為二人，蓋契約須雙方意思表示之合致，始能成立，故一人不得與其自己為合意行為」。〔註 1〕強調契約就是兩個以上、獨立對等的當事人之間的允諾。一般契約常依內容與執行上的差異，將私人契約與公約區分開來，公約內容涉及個人與公意之間的權利與義務關係，政府可透過行政法的權力，以強制力執行契約的內容。私人契約涉及私人之間的關係，在不違反國家法律的前提下，一般政府不會干涉私人契約的內容。此章節所討論的小說中，罹病者皆因「私人契約」（private contract）而生病，本文的「私人契約」即私法契約，或名為個別性契約，意指完全對等的個人之間，通過自由談判方式所締結的協定。

　　從法理學的觀點來看，契約依據民法所強調的私法自治與個體利益的原則，作為法律條文剩餘的存在，可說是為私法留下了可供協議的自治空間。狹義的契約，可說是附加「債」的協議，「債並不單純指我們日常生活中所言的欠債還錢的金錢之債，而是指因一定的權利義務關係把當事人連結在一起的一條無形的鎖鏈」。〔註 2〕美國法學學者麥克尼爾則認為，契約的前提是承諾，而承諾牽涉到未來的交易，牽涉了五大因素：

〔註 1〕楊楨、呂光編著：《英美契約法概論》（台北：天工書局，1981），頁 4。
〔註 2〕蔣先福：《契約文明：法制文明的源與流》，頁 10。

1、承諾者的意願

2、受諾者的意願

3、爲約束未來的選擇當下做的決定

4、交流

5、可預測的互惠〔註3〕

從這五個因素出發，他進一步對允諾（promise）下定義：「於當下溝通從事可預期並具互惠性質的承諾交易」。〔註4〕雙方立下能夠規劃未來、維持溝通的允諾，就是「個別性契約」的本質。麥克尼爾認爲大部分學者的契約定義都太狹窄，他認爲契約的效用與關係都是廣泛的：「我認爲，所謂契約，團體之間的關係可以不多不少由未來交易的企劃呈現出」。〔註5〕他主張將契約理解成「未來交易的企劃」，是所有「當事人」所建立的關係，關注契約在社會運作中實際產生的效用，並注意簽定契約的行爲，除涉及物品交易外，更牽扯各種紛繁複雜的人我「關係」。而此人我「關係」所涉及的範疇，遠超越民事、行政範疇，具有全面且直接的經濟影響力。

因此，以承諾爲基礎的「個別性契約」僅是一種理論論述，因任何交易發生後，自然會涉及到諸多社會因素介入，不可能只牽涉到契約當事人。因交易值得信賴，本身就有約定俗成的習慣、道德和法律等制度規範作爲後盾。本文「私人契約」，特別集中探索當事人因債權與債務關係所形成的契約，特別是本文前三章「政治契約」、「文化契約」與「家庭契約」之外的契約形式，全因允諾而締結下的私人關係。「私人契約」特別強調「債」的協議性，可看見人與人間因共同目的或對象而締結關係，「締約的動因，並且也因此成爲人們行爲的動因，增強人的活動的目的性與方向性」。〔註6〕從本章節所討論的疾病小說可發現，人與人之間往往從最單純的允諾建立起契約，也因權利與義務關係的建立與延伸，進而改變了人我相處模式與利益。契約的建立跟完成影響與他人的交往，也可能造成惡化的衝突。

「私人契約」不但牽涉到二人的利益與權益，更串聯起雙方的命運。主角可能因違背「私人契約」，而做了藐視法紀，犯下殺人、傷人、失德、安於

〔註3〕Ian R. MacNeil. *The New Social Contract：An Inquiry into Modern Contractual Relations*. New Haven：Yale University Press（1980），p7.

〔註4〕Ian R. MacNeil, p7.

〔註5〕Ian R. MacNeil, p4.

〔註6〕蔣先福：《契約文明：法制文明的源與流》，頁10。

享受的行動後成為病人。顯然此類小說最重要的涵義，仍在罪惡的懲罰上。在此類小說當中，簽訂「私人契約」成為情節的中心，不但直接牽涉到經濟利益，更與個人的存在意義與理想追求息息相關，也是推動故事最重要的組成部分。主角之所以罹病，並非違法受到「私人契約」懲罰所致，都是由於違背「私人契約」，違背良心才引發出各式疾病。

更值得說明的，「私人契約」的內容，雖經當事人雙方協商自立，但無法排除其他社會關係如影隨形的介入與影響。「私人契約」的執行，更涉及其他契約的相互關係與衝突，履行「私人契約」可能意味著毀棄其他契約，或是違背另一種關係與責任。任何人都必須不斷地和「政治契約」、「文化契約」、「家庭契約」與「私人契約」斡旋、交涉、交易，這也說明人生處境的為難之處，必須選擇最重要的人生價值，做出合於輕重緩急的抉擇。總而言之，履行「契約」不只牽涉到任務的執行而已，更觸及道德的選擇問題，主角違背「私人契約」，卻在生病後才發現行為失當，從而更加明瞭人生的真理。

此類小說當中，出現相當一致的發病規律與發病公式。「私人契約」雖未直接逼瘋病人，卻是不可推卻的病源。當重大的人我衝突引發人的良心衝突時，「自我」與「超我」的衝突，直接誘發病灶促成疾病降臨。「自我」與「超我」的劇烈爭鬥，就是自我懲罰最常見的形式，「『超我』作為一種內部建構而對『自我』行使懲罰的說法，以及道德受虐傾向，即把『自我』施加的痛苦說成是出於一種『自我』懲罰的說法」。〔註7〕在人的精神結構當中，「自我」是「本我」和客觀世界打交道的重要媒介，「自我」可控制本能衝動，為獲得更大的滿足而採取應變方式，但實際上，當「自我」依照「現實原則」做出違背良心的舉止，超我就會譴責自我而感到罪惡感與羞愧，「罪惡感是自我與超我之間的衝突的表現」。〔註8〕超我是內心不可能停止的道德壓力，罪惡感仍是人的道德意識最重要的自律反應。它影響人的作為、情緒、心理狀態甚至健康甚鉅，最直接的影響就是造成主角生病。

透過疾病思考「私人契約」，發現這些人物簽訂「私人契約」之後，因違約繼而出現夢魘或各式疾病，這些小說都觸及善惡對錯的判決，也呈現了人

〔註7〕 Karen Horney. *The Neurotic Personality of Our Time*. New York：Norton and Company（1964），p176.

〔註8〕 Sigmund Freud. *New Introductory Lectures on Psychoanalysis*. New York：Penguin（1973），p92.

物內心掙扎與現實兩難的處境。這些疾病向人們展現人性最繁複的面貌，審判可說是明辨善惡、決定主題最重要的依據。大部分小說肯定良心的作用、重新確認道德的意義；有些小說質疑社會公義的可能性，突顯人心的焦慮與不安；有的小說探索善惡價值的相對性而非絕對性。平心而論，依契約的性質論斷這些人物，有的主角根本沒有重大的道德缺失，卻自譴傷己，承受了過重的心理重擔；有些人違背良心傷人害人，得到疾病的懲罰。

　　整體而言，這些小說以病爲警戒，回應一個重要的問題。除闡釋惡行必有惡報之外，過高的道德意識也將葬送人生幸福，指出道德意識本身可能造成過大的傷害性。主角違背「私人契約」，良心以壓倒性的勝利姿態，影響著、支配著主角的心理，最後產生各式疾病症狀與痛苦處境，從中也可看見異常豐富的人性剖面圖。此時，人的悔罪、認罪的行動，也成爲疾病小說極富意義的書寫。

第二節　「正義」者的疾病：性妄想與熱病

壹、女權英雄／模範市民的症狀：性妄想與熱病

　　本節小說的主角原是正義守法的人，一個是爭取男女平權的女權英雄，一個是品德過人的模範市民，他們爲了堅持心中的正義，不顧一切地觸犯公司戒令或國家法律，以具體行動糾正社會不公平的現象，卻受到疾病的懲罰。本節討論李喬的小說〈恐男症〉（1983）與東年（陳順賢）的長篇小說《模範市民》（1988），並深入討論他們身上的性妄想症與感冒引發的倫理意義與諷刺意涵。

　　本節小說的主角爲了糾正不公平的正義，選擇違反「私人契約」。他們爲維護自己及更多人的自尊與權利，透過螳臂擋車或暴力的方式，以違背契約來實踐理想；但用錯了方式，不可能得到良好的結果。他們爲了「終止不義」的「私人契約」悍然摧毀舊約，扭轉成他們要的「正義」的局面，雖觸犯社群或社會約定，但抒發了他們心中的怨氣與不平之聲，他們更像是生錯時代的犧牲者。他們藉違背契約來表達抗議，有的公然蔑視不公的法令，有的殺人終止帶有屈辱意味的契約，雖引人非議但值得深究。

　　這些小說安排的最大衝突點，在於主角以具體行動反對「私人契約」。表

面上似乎藉由疾病，懲罰了主角偏離軌道的言行。但實際上，透過敘述所建立的價值判斷，不見得全然站在批判角度上審判他們，這樣的安排讓小說充滿豐富的涵義。小說暗指主角身為「行動者」，雖似「叛變者」，但社會往往最需要有這樣的違約者、犧牲者，才能對照社會的缺失，呈現出他們存在的積極意義。

　　李喬的〈恐男症〉中，誇張地描述一場怪異的疾病——陽具幻想症，把楊世芬的生活攪得大亂，從此成為她的難言之痛。疾病雖肇始於一場職場衝突，但疾病也是楊世芬的人格特質、理想信念、人權意識與女性意識，處處牴觸社會所造成的窘境。楊世芬與公司三十多位女性職員一樣，進入公司時被迫簽訂「女性婚後不得任職」的合約書，為了待在公司，她只好隱藏已婚身分。經理發現她違約要她立即離職，「你要不要看看自己簽下的同意書？全國都一樣，女性職員婚後一律『自動辭職』，你憑什麼想要破例」。〔註9〕一般公司組織都依賴契約，來維持工作分配與內部秩序，同意書僅保障未婚女性的工作權利與經濟利益，此條款透過契約形式確定下來後，也就代表著它具有執法的正當性與公信力。

　　雖然同意書剝奪已婚婦女的工作權，卻被大眾視為合理的約定，因其他公司也有此歧視女性的法規，顯然漠視婦女福利已成為全國最普遍的契約。職員有履行契約的義務，經理要求楊世芬離職雖於法有據，但站在法律的角度而言，楊世芬倒不見得是個不守規約的違法者。一般所謂的「機關」就是「法人團體」，也就是依「法人」設立目的而存在的組織。楊世芬所服務的公司，主要以經營公司、銀行業務為設立目的，基本上就是個「法人團體」。因《民法》規定：「法人於法令限制內，有享受權利、負擔義務之能力。但專屬於自然人之權利義務，不在此限」。〔註10〕公司行號屬於「法人」機構，「法人」施行的契約牴觸《民法》保障自然人權利的規定時，自然失效。但受限於文化風氣與約定俗成的影響，女性意識尚未啟蒙，社會文化、父權體制與資本主義三者合盟控制女性勞動力，私營機構明顯存在性別歧視的現象。女性婚後無法成為名正言順的職業婦女，不平等的現狀卻被合法的制度延續下來，楊世芬螳臂擋車根本無法鬆動整個體制。

〔註9〕李喬：〈恐男症〉，《李喬短篇小說精選輯》（原載於一九八三年《聯合副刊》九月九日）（臺北：自立晚報出版社，2000），頁146。
〔註10〕丘怡新、李瑞生、蔡宜宏合著：《民法》，頁35。

　　楊世芬反對公司拿「女性婚後不得任職」的合約懲罰她，她大聲抗辯契約的不義之處，積極爭取自己的權益，對照其他女性的沉默，她顯然是公司裡最勇敢的一位女性。男性主管不動聲色拿出契約書，捲成圓筒狀拋到她桌上，提醒她八年前簽約的事實。楊世芬意識到「鐵證如山」的威脅性時，身體與心理卻突然發生急遽的變化，眼中的契約書，卻突然變成男性陽具，嚇得她尖叫一聲就昏過去了。此後，她患上了奇怪的陽具幻想症，過著如坐針氈的生活。

　　她患上陰莖妄想症，不論什麼時候，所有的念頭都能繞到陰莖上去。她看見更衣、如廁、漱口的丈夫，觸目所見全變成丈夫陽具的鬼影，這讓她時時處在驚嚇的狀態，「從此，只要目擊木棍、竹條、鏟柄、膠棒、筷子、鋼筆、電筒、日光燈管、機車把手、擀麵杖等，她無論如何努力，都無法不想起男人的那話兒」。〔註11〕受疾病所擾，最後她也不得不歸罪於自己：「我一定是一個淫娃，一個魔鬼；不是幻覺幻象，也非外界刺激，是我本性上的問題」。〔註12〕她認定自己是個邪惡且罪惡的女人，便以消極的方式避開丈夫，甚至再也無法享受魚水之歡。只因她妄想的對象是男性性器，便得承擔道德污穢的種種罪名，即使丈夫背叛她，她心如刀割卻毫無慍意，她譴責生病的自己，卻原諒丈夫失貞的罪惡。

　　《模範市民》裡，死者張進德的高利貸帳冊裡，紀錄了張進德生前所有的債務契約，也讓資本社會、金錢流通建立起的人際關係一覽無遺，具體呈現他的人際生活與社交圈。小說巧妙地利用債務，具體刻劃出晚期資本主義社會資本／剝削關係，人們被物慾囚禁心靈與肉體，但道德精神與英雄原慾卻無處容身的都市社會。〔註13〕警方根據借據循線追蹤可疑的人犯，不論是有感情或債務契約的關係人，全跟死者有金錢上的往來。張進德原來是個為德不卒、用情不專、姦淫女人的惡棍。警方最終找出廖本群有兩筆借據，透過抽絲剝繭的問案過程，一步步釐清廖本群殺人的內幕與真相。

　　小說運用純熟的心理描寫，突顯憤世嫉俗的知識份子，原抱著救贖世人的淑世理想，最後卻透過反社會的殺人行動來追求正義，充分表現出知識份

〔註11〕李喬：〈恐男症〉，頁154。
〔註12〕李喬：〈恐男症〉，頁154。
〔註13〕莊秀美：《東年小說的追尋主題與終極關懷》（台中：中興大學九十二學年度碩士論文，2004），頁116。

子徘徊於善惡邊緣的衝突性格。廖本群前後經歷了四個層次的劇烈衝突，此四個層次的衝突，賦予作品更深的道德層次與意義。起初，他認為張進德是社會最典型的投機份子，氣憤他壞事做盡，卻不用受到任何制裁；想與同學保持距離，卻因金錢借貸關係而被迫來往，「我也不過是借過兩次錢，都是三兩千而已」。〔註14〕廖本群絕望地發現社會已經失去公正的正義，沒有半點是非公理，想依靠社會的力量維持正義，根本是不可能的事情。

　　他以一個假設性問題詢問三哥：「如果你把他（張進德）殺了，用他的財富去做一些正經事，那麼以法律價值和道德價值來評斷，究竟你的行為是善是惡」。〔註15〕可見他腦中早有「殺不義之人，行正義之事」的行兇動機，這是他面臨第一層次的自我衝突。起初，他不確定該不該透過邪惡的工具與手段，達到美善的目的。當他決定以善與正義為唯一宗旨，便決定要「一刀砍下去」，終結張進德的性命與罪惡。

　　廖本群決意要撕毀私人契約時，就決定了他的命運，他將進一步完成心中「以惡為工具，實踐善行的目的」。張進德依然以債務人的身分，戲謔嘲弄廖本群，那種以錢買人的輕賤態度，再度激怒廖本群。張進德不反省自己敗德的言行，竟然大言不慚地教訓起守德者，「可憐哪，廖本群，在我所有的朋友中，你非常特別，你有別人所無法明白的理想，嗯，有良心，但是這也正是你的弱點，對於別人來說那是沒有用的，你的良心值不到一塊錢，是不是」。〔註16〕張進德嘲笑廖本群，只是個有理想、無行動，被社會瞧不起的無用之人。品德敗壞的張進德，竟膽敢指責他是「一個無用的人」，這真是「模範市民」的悲哀。廖本群一直是個以極高道德要求自我的人，張進德的惡語成為最致命的催命符，煽動廖本群第二層次的自我衝突。憤怒與屈辱的情緒，助長了廖本群「謀殺同學，行使正義」的念頭。廖本群透過暴力教訓張進德的不義行止，懲罰他貪婪與驕傲的行徑，債權人死亡當然促使合約終止，終結了倆人的債務關係。

　　廖本群長期失業，感嘆這個道德敗壞的社會，從未給過他合理且平等的機會，覺得殺死羞辱他的人、蔑視道德的社會敗類，完全是個正當的行為。他的思想開始充滿卡謬的「無辜原則」，虛無地認為既無上帝，也就沒

〔註14〕東年：《模範市民》（臺北：聯經出版社，1988），頁135。
〔註15〕東年：《模範市民》，頁135。
〔註16〕東年：《模範市民》，頁36。

有絕對的道德原則，可以判決每個人的行動。〔註17〕但他畢竟殺了人，又竊取張進德的三萬塊錢，內心非常惶恐與不安，「但是我總會贖罪的，我日後的所作所為，總能夠抵罪的」。〔註18〕他為了安撫自己的罪惡感，想起了贖罪的念頭。

　　東年描寫廖本群內心的衝突，絕非只蒼白地感嘆知識份子的無能為力，而是處身在時代的脈絡下、現實的衝突上、人際的紛爭中，探索知識份子感時憂國的失落與憂鬱。此篇小說殷殷切切回應的，仍是東年早期作品一貫關心的主題——「在轉換的時空裡迷失的心靈」。此是東年於一九七七年出版第一本小說集《落雨的小鎮》扉頁的標題，兩本小說都指向同一個主題，在物換星移的工業時代底下，探索人類精神衰亡的樣態與過程，兩書同樣對人類精神，提出一次警鐘式的警告。殺人是最怵目驚心的行動，同時也是最令人不安的場景安排；東年把存在的焦慮與急迫，透過「殺不義之人」突顯出來，殺人的暴力情節直接透露了他的目的，「這是對生命本身最激烈的扣問，形成他相當別致的暴力美學的設計」。〔註19〕他以最怵目驚心的殺人行動、最尖銳的對立方式，追問轉型社會的混亂成因，「尖銳的處理方式全出之於他內在的感覺，並非蓄意為之，而是情勢使然」。〔註20〕他筆下的殺人惡事絕非孤立事件，亦非單純的私慾，而是絕望地聲明人我關係已決裂至此。廖本群的殺人行動，顯然與知識份子的普遍失落息息相關，「所陷的社會關係方式，如壓制、不公平、強迫的依賴和挫折所產生的敵視」。〔註21〕他們找不到安身立命的位置，更找不到推心置腹的朋友。

　　廖本群背叛了行善避惡的價值，為了驅趕不時造訪的罪惡感，他一心將自己鍛鍊成鋼鐵般強悍的人，「如果我有罪惡的感覺，哪怕是一點點，那麼我就不配稱為一個有理想的人」。〔註22〕他否認因殺人而淪為罪惡者，更把集體價值的代言者——良心的罪惡感壓制下來。他在殺人後改寫道德與正義的意義，既要征服罪惡感，也要毀壞過去所有的道德原則，才能創造「反社會」的「理想人」的價值標準。

〔註17〕劉昌元：《文學中的哲學思想》（臺北：聯經出版社，2002），頁95。
〔註18〕東年：《模範市民》，頁39。
〔註19〕林慶文：《當代臺灣小說的宗教性關懷》（台中：東海大學八十九學年度中國文學研究所博士論文，2001），頁130。
〔註20〕司馬中原：〈魔境——談東年的作品〉，《中華文藝》116（1970），頁34。
〔註21〕東年：《模範市民》，頁246。
〔註22〕東年：《模範市民》，頁39。

像那些殺人不眨眼的惡棍，他們第一次的時候必定也是無法控制自
己的想像和情緒，忍不住會胡思亂想，會發抖，因為他們對於自己
仍然懷有希望，所以有罪惡感……我為什麼不把這個雞蛋摔成一塌
糊塗……那我就再沒什麼可珍惜的。〔註23〕

「超我」的良心緊緊束縛著他，通過罪惡感與羞愧心阻止惡念滋長，提醒廖本
群回到「良心的正道」上。他卻強力反抗良心的提醒，不讓自己陷入「超我」
控制的局面，他強化了「反社會」的意識，抗拒良知的警訊、放棄道德的堅持、
否認不安的來源，他安撫自己既已成為社會棄兒、惡棍與罪犯，再也無法回到
正常社會了，便應當遵循「惡棍」的應世法則──毀壞所有規矩。在此階段廖
本群的「自我」已經傾斜，向罪惡抗爭的道德力量已變得渺小。

良心？呃，良心，我必須承認吧，我並不覺得太大的不安，真可悲
啊，我的良心每天都在淡化了，加速淡化了，當然，良心是一種不
同於社會現實的傳統，很具體也很真實，但是只能夠在夢境中存在，
無論如何是它自己淡化了，我是無能為力的。〔註24〕

廖本群本是一個端正言行的人，當他得知遺留的兇刀，成為老伯枉死的工具
後，殺掉張進德的犯罪感，加上老伯無辜枉亡的負罪感，讓他背負罪加一等
的重擔，更促使他產生此生已盡的絕望感。他讓慾望支配他的行動，此後更
乖離了社會法則與良心，不斷合理化自己殺人嫖妓的行為，變成一個認同罪
惡的人。他的良心並未消失，但已漸漸喪失原有的警戒功能，小說巨細靡遺
描述一個自律甚嚴的知識份子，成為一個罪犯的心理過程；從一個替天行道、
憤世嫉俗的衛道者，變成一心脫罪的法外之徒。

　　東年顯然認為宜蘭青年廖本群相當具有「模範」的意義，他成功詮釋了
當代人類的精神危機，小說多採人物──聚焦的方式，主觀地呈現靈魂人物
──廖本群的觀點，巨細靡遺地呈現他從預謀殺人到殺人脫罪、生病、心悸、
認罪一連串迭盪起伏的心理過程。

　　《模範市民》對疾病的描述雖不多，卻具有無可取代的重要功能與意義，
以病充分驗證知識份子的道德危機。廖本群殺人後，因情緒緊張、受寒而病，
殺人當晚就開始出現感冒症狀，「我看我是感冒了」。〔註25〕病中他遭逢最劇

〔註23〕東年：《模範市民》，頁50。
〔註24〕東年：《模範市民》，頁61。
〔註25〕東年：《模範市民》，頁48。

烈的心理衝突，已徹底離開健康人／正常人的生活，此後他夜夜失眠做惡夢，
惡夢侵擾他的心神，他幾乎以為自己已精神失常了，「我想我的根本問題是：
是精神失常吧」。〔註26〕好來屋大廈兩條人命都與他有關，不論是夢到警察或
死者拿著鋼刀索命，恐懼經過夢的運作與改裝，都讓精神耗弱的他更加痛苦。
一再發作的惡夢提醒自己，健康規律的生活隨著德行一起消失了，廖本群已
成為司法追查的頭號嫌疑犯。

　　廖本群在人群前，強作鎮定偽裝成一個道德無損的正常人，內心裡卻充
滿激烈的衝突。他的靈魂戰慄不安，仍顯示他有悔過自新的可能，「我睡不著
覺，要不然就做惡夢，如論如何，我忘不掉任何東西，一切不愉快的回憶都
在我腦子裡累積，使我的靈魂戰慄不安，精神混亂……我是病了，至少我正
在發燒，嗯，我還是睡吧，或許這場感冒使我能夠多睡一些，而少做惡夢」。
〔註27〕高燒是人體對抗感染很重要的防禦機制，廖本群從生理學推出道德的
意涵，把道德問題變成一次理性的辯論。

> 我為什麼不這麼想呢，死去的是德性和理想，而不是我，邪惡的是
> 德性和理想，而不是我，我是無辜的，呃，是無罪的，是應該活下
> 去的，對於一個正常的世俗的人來說，那種嚴肅的德性和偉大的理
> 想是根本不可能發生的，是空幻的或者是惡夢，而我做了惡夢，那
> 些德性、理想、攝影師、糟老頭乃是惡夢中的幻象，現在他們都不
> 存在了，我就要夢醒了，我病得好，像是做著噩夢發了高燒，嗯，
> 感冒是很容易痊癒的。〔註28〕

小說至此，已把廖本群當成探索社會暴力與正義懲罰的關鍵人物，他既反映
出社會精神官能症的集體病徵，更呈現後現代虛無耗盡的人心病變。〔註29〕
他無法自拔，沉溺在為己脫罪的推論，疾病未癒、精神又混亂；廖本群仍持
續想著罪與罰、病與發燒的問題。他不斷鼓勵自己從複雜的道德束縛解脫，
此時，他不再高舉自己存在的價值，僅希望好好活著。知識份子犯罪後的處
境，竟是如此荒涼又卑屈，他亦得為錯誤的行徑付出慘痛的代價。

〔註26〕東年：《模範市民》，頁 68。
〔註27〕東年：《模範市民》，頁 102。
〔註28〕東年：《模範市民》，頁 109。
〔註29〕莊秀美：《東年小說的追尋主題與終極關懷》，頁 116。

貳、違法者與殺人犯的審判

這些小說提醒人們，主角無視於社會的法律與期望，侵犯他人權利或公司規定，犯人／違約者以犯罪或紊亂法紀的行動彰顯「正義使者」的身分，刻意達到與社會孤立又與群眾隔離的目的。他們違法的行為不一，可能重至殺人或是輕至違紀。最後，他們都因紊亂法紀而受到審判。最後他們服法，這卻未必是個佳音。因為，他們雖受到審判，但正義卻未必得到彰顯，他們原初想要彰顯的正義，也依然蒙塵。

李喬的〈恐男症〉裡，楊世芬為了追求自己的事業與理想，公然違背公司的契約。沒想到違背契約後，除遭受男性羞辱外，身心也受到巨大的懲罰。她觸目所見，紛湧而至的全是男人的陽具，「傲岸粗壯，霸氣十足——那男人的性器」。〔註30〕她被陽具重重包圍，卻她從未享受到慾望滿足或感官歡愉。她認為陽具就是肉慾、色情，意味著骯髒與下流的慾望，那是尚未昇華的動物性欲望。這個怪病讓她快要崩潰，幾乎攪亂所有秩序，更為她個人帶來無盡的災難。

楊世芬曾嘗試各種方式治療，沒想到完全無效。她本來勇於爭取自身利益，經過疾病的折磨，已向現實投降。小說透過反諷的方式，以「性器妄想症」懲罰楊世芬的罪行，讓她陷入被陽具包圍，被男性文化圍剿的懲罰當中，「她跌入由淡紅淡褐色那個東西砌成的牢獄當中」。〔註31〕透過女性的疾病，揭露無處不在的男性暴力與傷害。

實際上，同意書就是剝奪女性權益的一個惡法。它明顯歧視女性，只保護公司與男性利益，顯然彰顯男尊女卑意識形態下的產物，此契約卻可執行多年，依然保有它的效力，可說明社會文化早習於歧視女性。楊世芬為爭取工作權與男性搏鬥，甚至敢違背合約書與公司對決、向男性上司宣戰，她的抗議行動是一個正義的行動，卻被當成是一個違法亂紀的惡行。女性同事雖讚許她的行為，卻也不敢效法她，這也說明走在時代前哨的女性，勢必承受更多不友善的傷害。但女性就像其他弱勢族群一樣，要追求自己的權利，只能透過違紀行徑才能引起注意，她必須勇敢揪出體制的錯誤，抨擊既有契約的不合理處。唯有違法亂紀的行徑，才能藉由否定不法契約的「不義」，來彰顯正義。

〔註30〕李喬：〈恐男症〉，頁154。
〔註31〕李喬：〈恐男症〉，頁160。

　　很可惜的，女英雄楊世芬終因疾病，終止她的奮鬥歷程。小說選擇誇張的疾病，呈現楊世芬的處境具有重要的涵義，人們可從心理學的陽具崇拜找到解答。不論是佛洛伊德或是拉康（Jacques Lacan）都將男性的生殖器官——陽具，當成文化象徵體系的優位意符（the privileged signifier）來看待，陽具的整體與單一性，以及「男性」象徵高等的、完美的特質，兩者結合奠定男性屹立不搖的權威地位。男性價值在生物學之外，更被社會無限上綱成為唯一的意義與秩序，此後男性勢力更是千方百計鞏固男性至上的利益。拉康學說裡的「超驗的能指」，就是指以男性價值為中心的菲勒斯批評（Phallic criticism），它是絕對肯定男性價值，維持社會特權的一種批評態度。〔註 32〕當社會仍以男性本位來評論女性時，女性當然被貶抑第二性的次等人種。

　　楊世芬身為被迫害者，卻還承擔自己的罪惡、懺悔自己的罪孽，在既無奈又無助的情況下內化男性／迫害者的價值判斷，坦承自己是十惡不赦的罪魁禍首；殊不知此幻想症，是男性權力經教育與宣導作用所致。「超我」的懲罰向來涉及對罪惡的指認，「超我」是外在權威與道德內化的標準，世人皆臣服於菲勒斯底信條下。楊世芬雖身為敢於反抗的女英雄，卻也難逃長期教育下「超我」自我監視的壓力，而社會規範對於女性的鉗制，莫此為甚。小說藉由反諷的對象——由男性陽具、男性宰制權、男性暴力與父權文化，共同建立起歧視女性、厭惡女性的社會，指明陽具幻影無法輕易消滅，也早已寫下女性與父權文化的征戰，單打獨鬥的女子總將失敗的寓言。小說不以正面批判的方式控訴父權壓迫，改以誇張的性病憐憫受盡折磨的女性，暗批陽具中心無所不在的魅影，著實害人不淺。

　　楊世芬是個身心異常的病人，因症狀牽涉到性幻想，讓她自陳已成羞於啟齒的病人，「我這情形屬於哪一種病？喔。我總覺得自己好可恥好骯髒，不過，有時候又覺得，我，好可憐，好無辜」。〔註 33〕她恥於言說自己的病症，故意把病情講得像陳述他人故事一樣，最終，羞愧地承認罪疚。可惜，她無法意識到潛意識同樣在懲罰自己，一個時代與文化的禁制，竟可由外而內掌控人的情緒與疾病。楊世芬處境與懺悔之詞都極為可憐，作者本該賦予小說災難性苦痛該渲染的同情心，不料，卻因刻意採取諷刺修辭，突兀地展現社

〔註32〕康正果：《女權主義與文學》（北京：中國社會科學出版社，1994），頁 64～65。
〔註33〕李喬：〈恐男症〉，頁 160。

會的失誤與盲點,「透過諷刺,事物的不合理的方面可以更加明顯地暴露出來」。〔註34〕本該痛懲的男性,竟可高枕無憂享盡權勢,反倒讓可憐無辜的女性受盡疾病的折磨。小說刻意利用病的慘狀,誇大諷刺的效應,從矛盾的、錯誤的懲罰關係導致可笑/恥的疾病,結局更突顯出悖論與荒謬感。利用這樣的修辭技法,疾病在此處,自然無法召喚出高度的憐憫與恐懼情緒,反因病症太誇張怪異,而爆出獨特的喜感。李喬成功地利用反諷筆法,突出父權文化可怕的影響力,以反向方式刺激讀者有所感發。

　　菲勒斯中心樹立的陽物崇拜,從生物學的優等論進展到「文化優等論」、「能力優等論」的層次,再進入到職場透過公司契約,全面鞏固了男性的特權。李喬的〈恐男症〉以反諷方式,將佛洛伊德、拉康精神分析學裡的陽具崇拜理論、厭女症(misogyny)誇張運用,在楊世芬身上展現出令人發噱的誇張病症——恐男症、恐陽具症,藉以突顯男性霸權的無所不在,令人發噱的情節寓寄豐富的社會批判,是不可多得極富批判意識的幽默佳作。

　　東年的長篇小說《模範市民》,在精神上紹繼杜斯妥也夫斯基小說《罪與罰》(Crime And Punishment)中,對人性深沉的叩問,改寫了二十世紀資本主義社會下的道德反省,可說是別出心裁的台版《罪與罰》。在題材與情節上,《模範市民》延續《罪與罰》的諸多元素與結構,複製《罪與罰》的故事線與主要情節,故事聚焦於一位道德青年,自許替天行道,殺了一個敗德的人(敗德的人跟他有直接的債權關係)→遇上一位身世雖不清白,但是體貼善良的女性(愛與慈悲的女人跟他有直接的金錢關係)→一位聰敏的警官監視他,介入查案→青年被逮捕歸案,依序完成結構完整的心理犯罪小說。《模範市民》拿掉《罪與罰》原欲闡發的俄羅斯神學與原罪精神,加入當代窘迫的精神危機,討論失去信仰與正義的人們,該如何以肉身去面對「上帝不存在的世界,人類能做什麼呢」的殘酷問題。小說描寫徬徨的人心,具有強大的震撼力。昔日正直富有道德感的青年,成為今日不法之徒,探索青年日益沉淪的精神面貌,更凸顯整個社會躁鬱盲動的危機。《模範市民》失卻《罪與罰》撼動人心的贖罪過程,也失去自救的的精神信仰,不但哀絕,更像世紀末的人性悼亡書。

　　在近幾十年來,臺灣一躍為金權至上的現代社會,社會風氣默許各種形式存在的罪惡,社會不但縱容錯誤的價值,更失去了審判罪惡的力量,這些

〔註34〕龐守英:《新時期小說文體論》(濟南:山東大學出版社,1997),頁 179。

混亂促發東年更進一步思索這個沉重的議題。在東年陰冷的筆鋒之下，他揭露了臺灣社會黑暗又殘酷的處境，「這是一個新的時代，有些舊的事物能夠換上新裝和新的事物一起走入新的世界，而有的被歷史的尾巴掃進垃圾堆」。〔註35〕大部分的人，對當成「垃圾」的東西是毫無感覺的，他卻對這些令他痛心的議題耿耿於懷。他藉由人的生存環境與精神危機，揭露「人性」的「價值」被棄置的真相。正如季季所觀察到的，他的小說從不顯示陷溺的情感與過度的感傷，但在自抑的文筆下，寓寄了沉重的感發，「儘管他以瀟脫的姿態執筆為文，但處處都看得出痛苦的遺痕」。〔註36〕

東年在《模範市民》中，塑造廖本群是一個帶有正直本性的人，卻以最極端的方式終結社會的不義。他雖未必有驚世駭俗、暴虐嗜血的想法，卻因偏離正道，強化惡念的立論，讓小說產生了震懾的效果。他受疾病所擾，病後才對良知道德產生敬畏的態度，良心仍透過最直接的肉體與精神恐嚇，讓他無法忽視道德審判的存在。他受精神壓力所苦，但疾病的懲罰尚未啟發他懺悔覺悟，他仍積極探求逃避罪責的可能性。

每個個體在社會當中，可能因不服從社會的決策而捍衛自己的道德觀。有評論者認為，《模範市民》反映了作家社會意識的重大轉變，東年不再贊成知識份子與俗眾繼續對立，而要求所有人一同探索社會共同依循的規範，回歸司法層面進行善惡的審判，最終提出「尊重社會秩序與法律的訴求」。〔註37〕事實上，小說藉由法官審判廖本群，表達出社會需要公平審議機制的功能與需要，更進一步藉此突顯法律作為最高正義標準的意義與價值。但法官在法庭上鏗鏘有力的論見，卻在廖本群沉默不語及驚人的短語中，被劇烈地動搖了，這也是小說多音共陳的具體展示。

整個法庭中，透過公開辯護的方式澄清命案真相，法官向廖本群闡述「議論（argument）審判」與法庭判罪的依準。「議論理論」是當代法學理論當中，位居主導地位的理論。它產生於德國，影響力卻超出德語系國家。它的理論基礎是通過議論解決法律問題，可以防止法官太過恣意的行為，努力目標便

〔註35〕 東年：〈大海是我的故鄉〉，《失蹤的太平洋 3 號》（臺北：聯合文學出版社，1998），頁 8。

〔註36〕 季季：〈一個孤立而擺盪的小社會──評東年的《賊》〉，《書評書目》77（1979），頁 38。

〔註37〕 簡淑玲：《東年小說研究──以善惡主題思想為主》（新竹：國立清華大學九十二學年度碩士論文，2004），頁 43。

是「試圖在各種價值理論、情緒主義、決斷主義及不可認知的倫理之間，根據道德開拓第三條道路」。〔註38〕「議論理論」可讓法務人員，對於事務本身進行正確的討論與評判。它可說是一種理性證明的理論，也是一個合理性討論的理論。〔註39〕

> 自由心證和罪疑唯輕是刑事訴訟程序規則上兩個重要原則，自由心證並不是字義上的任意判斷，是指證據之證明力由法律自由判斷，換句話說是基於事實的調查，經由直接公開的審理，以及當事人的言詞辯論程序，所獲得的心證而做判斷，法官從事判斷並非漫無限制或憑空臆斷這樣完全自由，而是受到經驗和邏輯論理的規範和檢驗。〔註40〕

對於法律的釋義者——法官而言，他依據條文判定被告罪行，只有一個目的：維護正義；他必須參佐法的解釋、立法者意思、當事人意圖、利益考量、道德判斷與社會文化等全體因素，進行最合理公正的判決。審判既是一個事實與議論、此時與彼時的推論過程，同時也須對案件進行完整的把握。檢察官聲明執法者的任務就是找出罪犯、定出罪行，所以，「邏輯論理性演繹」的合理性判斷與「經驗性判斷」同等重要，因執法人員的任務，便是替混亂的世界提供一個可供依準的公道。一個人做了殺人的舉動，必須透過合理的審判給予適切的制裁，才可讓世間的所有行為有所憑據，「法律條文理論上實際上都可以使俗人的世界免於混亂，可以使我們這種人免於虛無。……你是個意於積極入世的人，但是你無視現實的存在，也無意接受現實法律的規範，如果是你殺了那個人，那麼那是你的虛無的結果」。〔註41〕

　法官審判廖本群的場景，也是探索「罪與罰」最富戲劇性的場景。辯護律師質問社會整體環境如此惡劣，迫使知識份子處於尷尬的處境，既無法參與上層政治社會的運作，又無法與一般市民分享經濟成果，知識份子普遍落寞寡歡，思想怎麼可能不虛無。他請求庭上衡量廖本群過人的才識與品德，在「道德價值高於法律價值」的立場，體諒被告的精神狀況給他自新的機會。檢察官反駁：「法律價值絕對與道德價值不衝突」，〔註42〕理直氣壯地陳述他

〔註38〕　劉士國主編：《法解釋的基本問題》（濟南：山東人民出版社，2003），頁3。
〔註39〕　劉士國主編：《法解釋的基本問題》，頁1～17。
〔註40〕　東年：《模範市民》，頁192～193。
〔註41〕　東年：《模範市民》，頁197。
〔註42〕　東年：《模範市民》，頁212。

的判罪解釋：「知識份子必須尊重法律，才能有更高的精神氣度」，〔註43〕再次聲明判決的正當性，保持緘默的廖本群此時竟激動大喊：「我殺了那個人」，正面承認殺人的罪行。

審判場景的安排相當具有戲劇性，檢察官還是突破了廖本群心理的防線，「『你認罪了』，審判長大聲喊道。『是的』，廖本群像是自言自語的説：『我是有罪的，對於我自己我是有罪的』……知識份子的暴力乃是整個社會虛無的結果，我殺了人」。〔註44〕判罪的戲劇性安排，也將讀者帶入廖本群最後一個層次的自我衝突。最後審判不但襯托出廖本群的性格，也引發知識份子內在最深層的衝突與激辯；雖看不到他低聲懺悔或卑屈悔罪，他把行兇的動機、對象與目的，從他憎恨的高中同學擴大到整個社會，更嚴詞批判亂世的包庇。他雖認罪但不悔罪，而是痛批社會的墮落，指出社會真正的可怕之處，在於他們不再珍視道德與正義。

功利社會下每個人卻只爲私利而活，理直氣壯地犯下罪惡而不自省，當然引起衛道者的憤慨。社會裡充滿了寡廉鮮恥的惡徒，坐享富貴令人髮指，張進德是典型的資本主義投機份子，他輕賤任何一個努力追求道德和夢想的人。廖家三兄弟放任妻子欺凌母親，最後棄置母親餓死母親。廖本群以德行抵抗積非成是的社會，當衛道者「放下良知、立地成賊」時，必然成爲混亂社會的另一亂源。透過廖本群的控訴與認罪，讓人驚愕竟是性格、命運與踐踏知識份子的社會，三者合謀的龐大力量將他推向殺人的黑暗深淵。

在最後一刻廖本群的認罪舉動，並未抵銷他那令人不安的反社會性格。廖本群雖技巧地迴避涉案問題，卻還是流露了自己的道德主張。他抗辯自己的所有行動、人生理念與目的，均符合法律精神——善的要義，「就算我是你所想的虛無的人，我想的也不過去撲滅這世上的罪惡，和法律的目的是相同的」。〔註45〕他認爲自己不是罪犯，更不是暴徒，只是覺得合法的制度與普遍的正義，都是錯誤的正義；他挺身而出，將糾正社會的正義與不足，透過自己的方式完成撲滅罪惡、伸張正義的目的。

廖本群的疾病是內在良心的懲罰，提醒他永遠不可違背不可殺人、犯戒的集體道德，必須對行善懲惡的價值觀，保持始終如一的崇敬心，即使身在

〔註43〕 東年：《模範市民》，頁212。
〔註44〕 東年：《模範市民》，頁212。
〔註45〕 東年：《模範市民》，頁212。

亂世亦當如此。因爲他殺掉的不只是一個不義之人，也殺掉了他自身憐憫慈善的人性，那是他在世上最引以爲傲的人格。小說以陰鬱低沉的語調，表現廖本群犯罪前後，四個縱深層次的衝突與道德焦慮，敘事意圖與主題涵義直至最後才彰顯出來。廖本群低鬱的自言自語，訴盡善惡掙扎的焦慮，讀者從中窺見良心與惡念、天使與魔鬼的戰爭，當觸犯最大禁令——殺人之後，他任由惡念擺佈，順應惡念嫁禍、栽贓、取財、召妓、說謊，甚至已到無法自制的地步。殺人行徑也顯示出他個性裡殘酷的一面，他不僅違背「私人債務契約」而殺人，更因觸犯「公共秩序」、「法律規定」與「善良民俗」的罪責，必須受到懲罰。當行惡的意念越來越強時，廖本群喪失了自我精神的最後堡壘，精神生命的依歸也蕩然無存，只剩下苟活的願望。

　　廖本群在生病時，曾對人性進入更深層的思索。恨意與強烈的反社會傾向，逼使他一步步走向迷失的境地，也展現出人性混亂的一面。雖然，陳大勝與廖本群都認爲，殺掉惡人是符合正義原則的報復行徑，殺了陳進德這個狡詐、敗德、自私的人，不會引起太多人的同情與憐憫。但最重要的是，不論殺人的動機爲何，任何人都沒有權利扮演審判者。法院的審判行動提醒世人，法律透過懲惡手法達成威懾目的，只有國家、政府與完整的法律機制具有審判的權利，任何人絕不能扮演「審判者」，任意侵犯與剝奪他人生命。每一個人民都受民法保障，因侵犯他人生命權利絕對是最大的惡行，必須接受法律制裁。

　　從這篇小說可以看出，東年不以淺薄平面的角度批判罪惡、思考罪惡。相反的，他透過溫和的叛逆者「模範市民」的犯罪，狠狠地批判時代的價值觀，讓讀者注意到違約者的困惑與處境。有評論者認爲全文語言粗糙、議論過多，影響作品的價值。〔註46〕小說雖有議論過多的明顯缺失，但細心地披露殺人者徘徊在罪與罰的心境，既有社會觀察家的犀利與冷靜，又有理性主義者所沒有的寬厚，飽涵矛盾的張力，可將缺點淡化。小說刻意揀選知識份子墮落的題材，充斥在主角心中的虛無思想，已否決社會一切正面的意義，更否認了知識份子存在的價值，可說是對當代社會提出最嚴肅的呼告。此作對現時社會的冷靜批判，讀來令人膽戰心驚。殺人者的瘖啞與憤怒對照社會的墮落，不免讓人掩卷嘆息。

〔註46〕黃重添：《臺灣長篇小說論》，頁19。

第三節　失德者的疾病：陽萎、夢魘與精神分裂

壹、債務者的疾病：陽萎、夢魘與精神分裂

　　這些小說出現的症狀，多半是心理因素引發的夢魘、動物恐懼症（Zoophobia）與陽萎，疾病都是主角／罹病者道德缺損的懲罰。病人罹病的時間點不大相同，多半在症狀顯現之後，才漸漸得知染病的病因。本節深入討論李喬〈昨日水蛭〉（1977）、水晶（楊沂）〈愛的凌遲〉（1963）、東方白（林文德）〈□□〉（1964）三篇小說。

　　本章節所討論的小說，都因「私人契約」牽扯出各式人際關係，「私人契約」原有它的「債務本旨」，意即「債務人應依債務本旨，向債權人或有受領權人為清償」。〔註47〕所以，締結契約不只是法律行為，更是一個信守承諾的道德行為。「私人契約」涉及了債務問題，債務人清償債務的方式相當複雜，也與債務關係息息相關。這些小說中的主角，都因違背「私人契約」的行為，造成「超我」的壓力與懲罰，陷入衝突而衍生疾病。這些小說強調良心的作用，都指明了身體與道德的一元關係，透過自體完成審判與刑罰。「超我」會經由「自我」去壓抑「本我」的衝動，不斷以內疚和犯罪感糾正違反道德的行為，個體的良心，實具有自我審判最重要的意義。疾病透過否定的方式，提醒罹病者／主角已違背真理，精神疾病與夢魘能夠提示真理的位置與方向。也因如此，「疾病是一種懲罰」成為小說精心佈局的重要主旨。

　　也因如此，這些小說可看成是現世報或倫理劇。透過疾病的形式，呈現對往日之「罪」的「懲罰」，再一次演練「良心存在你心中，它是行動的監視人」的主題。良心的作用，在故事新編、奪胎換骨的詮釋下，賦予了時代的新意，肯定良心亙久不變的影響力。良心可以定義「犯罪」或判定「犯罪」，完全具有自明性，人的行為若觸犯良心，這種行為勢必就是犯罪、就是錯誤。根據這個定義，這些小說改變了人們對於犯罪的表面看法，不管外界如何評斷人的行為，只要良心譴責了自我，就形同犯罪。

　　小說透過懲罰方式，利用疾病來證實罪與真理的存在，也因如此，此類小說的角色功能相當一致。小說的「主角」因「違約」後成為罹病者，主角總因違背「私人契約」，繼而引發疾病。犯罪後發瘋或出現精神病狀，突顯良

〔註47〕施啟揚：《契約的訂定與履行》，頁6。

心的影響力,甚至可能超過法律判罪的痛苦。這些小說重新提醒一個真理,人既逃離不了人際關係的外在束縛,也逃離不了良心的內在審判。因為,人犯下的所有罪惡,不論時隔多久,必定受到良知的指責。

李喬的〈昨日水蛭〉描述醫學院的施道憐教授,是一個認真教學的好老師。年輕時期就是一位非常優秀的醫學院學生,卻老被同學取笑是只知讀書、不知情愛的書呆子。他在聯誼時,邂逅生命中的女煞星——方莉美後,生命就像被詛咒一樣,方莉美從此成為他的債權人,一生難以或忘的名字。

三十年前,施道憐參加野餐,同學卻嘲弄他是陽萎、同性戀。施道憐氣急敗壞,焦慮地向美麗佳人方莉美,證明自己性能力很正常,急於提出澄清,「我可以證明……」。〔註48〕在浪漫的情境下,方莉美來不及進一步確認男人的意圖,就接受了吻,陶醉在浪漫又溫情的想像裡。

無奈,雙方以為這是對方允許的吻,但完成浪漫之吻後,竟然發現這是一個建立在錯誤認知上的允諾。女方無法掌握男方進一步行動的真正意圖,只是一味期待讓她感動的示愛行動,顯然兩人對親吻行為有不同的認知。方莉美沒料到施道憐未徵求她的允諾,竟破壞兩人的默契,為了證明自己既解風情、情慾也正常,還準備進一步示範解剖行動,竟對方莉美做出怪異的舉動,「把方擁在懷裡,而後吻方,方不答應,他還是依心裡的預定程序進行。方一直反抗。他想起自己胸袋裡帶有解剖刀」。〔註49〕他怪異的舉止,嚇得方莉美反抗尖叫,最後為了躲避眾人責罰,逃到池水邊,引來大批水蛭吸附。

施道憐觸犯人倫分際,做出傷害他人的醜事,後成為社會版上的一大醜聞。學校對敗壞校風的施道憐,做出最嚴厲的懲罰,退學事件成為施道憐個人歷史上,難以抹除的一枚污點與恥辱。雖施道憐日後成為醫學院的名師,但他忐忑不安擔心別人揭醜,昨日水蛭已成為此生難忘的道德污點,永遠也躲不過良心的譴責,「他沒法躲避自己」。〔註50〕水蛭與恐怖的記憶自此深埋,成為「動物恐懼症」患者;平日沒意識到內在的恐懼,隱形的病症卻開始逐漸蠶食他的生活。

不論在意識層或是潛意識層,隱形的病症持續支配著施道憐的生活。只

〔註48〕李喬:〈昨日水蛭〉,《李喬集》(原載於一九七七年《臺灣文藝》五十六期)(臺北:前衛出版社,1993),頁179。
〔註49〕李喬:〈昨日水蛭〉,頁180。
〔註50〕李喬:〈昨日水蛭〉,頁181。

要他和妻子歡愛時，會不由自主地想到方莉美豐潤的胴體以及無數水蛭，因害怕與緊張造成性功能障礙。這讓他在妻子面前無法展現男性雄風，「新婚一個月左右，他就完全『不能』了」。〔註51〕他平日最怕水蛭，會嚇得暈倒，「嗯——我是怕水蛭，是一種 Phobia 吧」。〔註52〕他的反應就是心理學上「動物恐懼症」的典型症狀。水蛭的「動物恐懼症」造成陽萎，顯然多年前的心理隱疾尚未真正地得到解決，導致夫妻親密的性愛享受，卻成為最痛苦的懲罰，「我是卑賤的傢伙！我是下流污穢的傢伙！我是可笑的淫棍，一生一世都要受懲罰」。〔註53〕人的記憶常隨時間而淡忘，但特殊事件反而成為心理的「情結」，造成反常的現象與持續的影響。多年前侵犯的醜事，就像夢魘一般緊緊威脅著他，水蛭成為痛苦記憶的一部分，成為影響他情緒的「刺痛點」，總能成功誘發他的創傷痛楚。在他的認知體系裡，水蛭向來與制止的意念與行動——解剖方莉美串聯在一起，水蛭成為一個對抗不了的深層恐懼，這也說明創傷性的心理疾病，往往不是造成身體上具體的傷害，而是心理的恐懼。

　　水晶的〈愛的凌遲〉以背叛愛人的罪惡探討人性，小說描述小荃與宗侃原是一對兩小無猜的情侶；但宗侃病倒之後，也讓兩人的情感橫生波折。宗侃是一個溫柔敦厚的人，臥病在床時，小荃背著宗侃跟亞陶約會，小荃藉由玩樂體驗奔放的生命力，另一方面也逃避宗侃生病所帶來的沉重壓力。

　　如果把愛戀關係比附成一種關係性契約，它們同樣強調當事人對彼此的「合意行為」與「允諾」。在愛戀關係裡的兩個人，對於愛情有些共識與交流，總為了增進彼此的關係而設定未來計畫，或與對方有些允諾和協定；只有透過對等的權利與義務關係，才能連結兩人關係增進緊密性。宗侃生病五個多月後，小荃開始跟亞陶約會。小荃三心兩意的態度，違背「愛情契約」的忠貞原則，她每次帶著「背叛者」的心情到醫院探望宗侃，「見著宗侃，你滿面羞慚，滿身的不潔」。〔註54〕她覺得自己是個愛情的叛徒，一個不再純真的戀人，在不安的情緒之下，卻夾雜著更矛盾的心情。她討厭宗侃像個記掛生死的老人，她怨宗侃的疾病耽誤她的青春。

〔註51〕 李喬：〈昨日水蛭〉，頁 188。
〔註52〕 李喬：〈昨日水蛭〉，頁 173。
〔註53〕 李喬：〈昨日水蛭〉，頁 174。
〔註54〕 水晶：〈愛的凌遲〉，《沒有臉的人》（原載於一九六三年四月《現代文學》）（臺北：爾雅文學出版社，1985），頁 17。

　　通常愛情建立在互惠與互信對等關係裡，才能維持它純粹的密度與長度。也因如此，捨己爲人或犧牲奉獻、不依賴利益交易而延續的愛情，特別值得歌誦。因爲，大部分人的愛情關係常仰賴互惠原則，很難達到那樣的境界。小荃發現自己對於愛情甚或是人生信念，還有其他燒灼的渴望，不想承擔死亡陰沉的重擔，「未成年人只想爲一種理想榮耀的死，成年人但求爲一種目的卑微的活。你今年二十五歲了，已經到達爲一種目的求卑微的活的年紀。然而跟亞陶在一起，你只有想到榮耀的死，你不想死，你害怕到極點」。〔註55〕自私是人類所有罪惡的源頭，小荃自私地只想依從快樂原則，得到當下的感官享受與情感滿足；她無法心平氣和地面對宗侃病重，甚至可能死亡的諸多議題，對病人與愛人，她缺少一種憐憫惻隱之情。她選擇擁抱年輕男子的熱情與朝氣，雖良心不安，她依舊無法對宗侃忠誠。

　　罪惡者最後受到良心責罰而病倒，她在病床上企圖幫自己脫罪，一相情願地認爲疾病及糾纏她的惡夢，全是男友宗侃借助神秘力量，對她施予的懲罰。她把降病源頭指向死者／報復者宗侃，「爲什麼我卻病了呢？而且病得那麼兇，那麼你是不原諒我了」。〔註56〕她認爲疾病就是宗侃的復仇行動，她害怕「法網恢恢，疏而不漏」天理報應的裁決，已經降臨在她身上。在道義職責與愛欲享受的衝突中，王鳳姐、李瓶姐都選擇了愛欲享受，但淫亂的王鳳姐、李瓶姐最後也因不安於世、離棄倫理，受到現世最大的詛咒與責罰。小荃不曾正視自己內心深層的焦慮與恐懼，卻將疾病怪罪在往生的男友身上，飽受夢魘驚嚇與疾病摧殘的她，病的越來越重。

　　病人病得越久，進行自我梳理、自我反省的過程就越長，她幾乎讓自己深陷在審判的煉獄當中。她被「抽愛情稅」的夢魘嚇醒時，受到極度驚嚇後，從此鬱鬱寡歡地活在自己的世界裡。故事內聚焦故意透過人物—聚焦的方式展現女孩的眼光，她注視著醫院、看護金小姐的社交活動、窗前的花朵，眼前的世界充滿無限的生機；但對她而言，她卻逃不開束縛她的夢魘，外在世界的喧鬧彷彿與她無關。小荃無法欺騙自己，當宗侃臥病之際，她如何「眞心換絕情」地踐踏他的癡情；正因她曾如此邪惡，想到宗侃過去所受的委屈，才會引發內心深層的衝突，造成身心失調的局面。此時的疾病，既是自我衝突也是自我凌虐，「顯得那樣蒼白、昏眩、怠倦、憔悴、脆弱又狼狽，自我凌

<hr />

〔註55〕水晶：〈愛的凌遲〉，頁14。
〔註56〕水晶：〈愛的凌遲〉，頁11～12。

虐過後的影子完全映現出來了」。〔註57〕病中她十分虛弱，這場夢魘將她置於審判台上，逼她面對過去的罪惡。

東方白的〈□□〉利用一連串的「私人契約」，交疊敷陳人與人之間的奇妙際遇與命運。小說中最重要的兩個男性人物，都因「墮胎契約」成為關係人；「墮胎契約」就像一條無形的鎖鏈，圈限住所有與契約相關的當事人。為了「墮胎」失敗，女子枉死，牽扯出複雜的罪責歸屬。小說刻意透過「墮胎契約」，讓人們看到急於脫罪的自私人性，也可看見最寬容慈悲的善良人性，以及受罪惡感所擾，最後焦慮發狂的道德人性。〈□□〉選材特別，單刀直入探索人間最灰暗的議題，闡述人們面對生死大忌所作出的選擇，最能呈現真實的人性與道德，無疑是一篇啓人深思的作品。

〈□□〉描述一個醫學院婦產科六年級的學生，當他得知自己罹患肝癌時，遇到陌生女孩的求助。學生義無反顧地幫助她，充當她的情人和「墮胎契約」的保證人，陪女孩進入一家不合法的私人診所進行墮胎手術。當醫生要求當事人，都須簽訂「墮胎同意書」，除了進行流產手術的女方之外，另外一個關係人——讓女方懷孕的男性也須簽名，「那麼我們現在就填保證書」。〔註58〕「墮胎同意書」的設計，原是希望共同創造胎兒的兩人，經過協商與討論過程後，一致達成共識完成「墮胎手術」。二人簽定院方準備的「墮胎契約」，也意味著同意醫生動手術；醫生也將尊重病患意願履行合約內容，透過手術終止胚胎的生命權，完成「人工流產」的任務。「墮胎契約」規範了雙邊義務與責任，身為執刀醫生有責任幫助懷胎女性解決痛苦與難題。他安撫女孩，緩解她在道德上的疑慮與恐懼，「『這不是你的錯』……許多比你年輕，也有結婚過的太太們都來找過我。我願意為一些可憐的女人服務」。〔註59〕他要女孩不須背負太多道德的負擔，認為墮胎不是個罪惡或背德的行為，而是身不由己的選擇。

學生簽署同意書後，在三人的共識下確認了墮胎手術／契約的有效性，契約生效讓三人間衍生責任或義務上的對等關係。醫生在牙醫診所改裝的簡陋診間，為女孩進行手術，女孩卻因失血過多最終慘死。女孩的死，引發學

〔註57〕水晶：〈愛的凌遲〉，頁15。
〔註58〕東方白：〈□□〉，《東方寓言》（原載於一九六四年六月《現代文學》第21期）（台北：爾雅書局，1985），頁60。
〔註59〕東方白：〈□□〉，《東方寓言》，頁56。

生和醫生的爭執，同時更動了雙方的關係，讓兩位重新進入契約商議的階段，討論新的契約內容。醫生因墮胎的疏失導致女性死亡，已觸犯了刑法第二百八十九條第二項罪責，依法可處六月以上五年以下有期徒刑。但他不願到警察局自首面對罪責，只想以錢財掩飾過錯。他希望學生能贊同他的新契約，「我希望在我們之間建立一種默契，我可以付出代價」。〔註60〕他要學生沉默，由他全權處理屍體及善後事宜。為了掩藏罪行，他犯下更大的惡行，他將女孩丟棄在河裡。學生發現醫生棄屍後，內心非常痛苦，心生不忍救了自殺的醫生，願意履行醫生更動的「私人契約」。他履約的理由是：「我不願再看見上帝的笑容」。〔註61〕從女孩死亡之後，學生意識到自己的絕症與女孩的枉死，都是上帝一連串不懷好意的考驗；當他知道自己活不了一年時，他不懂生命契約、命運契約與死亡契約到底有何意義。在他生命中的最後幾個月，女孩死亡了，他深切地體會到命運契約的未明性與人為契約的束縛毒害。人與命運、人與上帝、人與死亡之間的因果關係到底是怎麼一回事，他不能勘透，也不能明白。他懷疑世間正義的執行者與審判者，那個至高無上的神根本不存在。

　　學生拋下獎善懲惡的善惡法則，掩藏醫生的罪行替他頂罪；醫生雖因此逃離「法律的制裁」，卻永遠無法擺脫「良心的審判」，最後成為精神分裂者。醫生之所以精神異常，是因醫療行為本身涉及攸關人命的工作，救人醫病不但是醫生的天職與義務，更須對自己有更高的道德要求。即使發生醫療過失，造成病人死亡的重大意外，也應該勇敢承擔責任接受懲處，這是身為醫者無法逃避的責任。醫生卻錯認只要學生不說出真相，便可高枕無憂，逃避這場災禍；沒想到良心卻發揮作用，指責自己棄屍的罪惡，「他從那少女的屍體被發覺之後，便開始感到不安，他一直恐懼那醫科學生會說出他的名字，不久他便患上精神分裂症」。〔註62〕良心攜帶了集體價值包括法律的震懾效應，他對自己的罪行，卻尚未產生真正的罪疚感，尚未觸發更深層的反省。他發瘋以後，不斷重複幾個行動；他到投屍的河邊呆坐，翻遍報紙又亂灑錢，可以看出一日未得到「法律上應有的懲罰」，他內心便無法得到「真正的寧靜」。他的灑錢行動，只是一再複製他「利益交易」的邏輯，希望逃過法網的追捕，

〔註60〕東方白：〈□□〉，《東方寓言》，頁74。
〔註61〕東方白：〈□□〉，《東方寓言》，頁82。
〔註62〕東方白：〈□□〉，《東方寓言》，頁82。

這全是心理引起的病態投射。直到警察把他當成精神病患抓進警局裡，他才坦承罪行。

學生允諾不說出「墮胎契約」的真相，醫生卻無法因此成為無罪之身，因「超我」的懲罰影響了身體與精神，發病就是良心的懲罰。無拘束的身體雖看似自由，但心理早被囚鎖，像犯人般根本無法逃脫良心的制裁。他坦白地說出棄屍的真相：「在淡水河發生的女屍案是他一個人幹的，那少女是他親自扔進河裡」。〔註63〕直到此時，他才正面坦承罪行、祈求警察降罪於他，讓他承擔應有的懲罰。只可惜警察未能從心理的、精神病學的角度，破解精神病患的「真言」，更未能進一步了解反常行為下，犯人真正的動機。

醫生最後送到精神病院接受治療，這樣的結果也說明，為了隱藏犯罪所做的任何掩飾行動都是無用的，僅能躲過外在法律的懲罰。實際上，人永遠離不開緊緊相隨良心的譴責。學生得了肝癌過世，突顯絕症的荒謬性與不可理解性；醫生得了精神分裂症，成為自譴論的最佳展示者。兩人以不同的際遇，演示疾病的意義。

貳、惡有「病」報的審判

這些小說描述的疾病，都是罪惡者「惡有惡報」最終的報應。小說透過人的無知、自私、殘酷、疏離感、焦慮、恐懼與墮落層面，探討人類的罪惡，也從這些罪惡進一步深論，即使做了傷害人或是有損於道德的事情，人很難主動察覺到本性惡劣之處；只有等到疾病出現後，病痛與痛苦的感受才促使他們反省與認罪，意識到承擔罪責的重要性。這些小說就像是倫理劇一樣，重新提醒人們罪惡與懲罰的連鎖關係，只有當罪惡者受到懲處之後，才能重建內心的秩序，重新回復平衡的狀態。

〈昨日水蛭〉裡，施道憐多年來受到疾病的懲罰，早已自責為人間罪人。他沒料到，「復仇者」最後會以具體的行動，懲罰他三十年前所犯下的罪惡。方莉美重新提起多年前的醜事：「準醫生執刀施暴，女學生校園驚魂」，以「債權人」與「復仇者」身分現身要求「債務人」與「施虐者」清償債務。方莉美要施道憐遵行她所制定的私人契約內容——高抬貴手、護航保子，償還他應負擔的義務。施道憐感到不寒而慄，「閣下與區區乃多年故識，請念舊誼，放姜生一馬。往日種種，今日種種，在此不提，只請相

〔註63〕東方白：〈□□〉，《東方寓言》，頁82。

助亦自助……」。〔註64〕懇求信函用詞非常強勢,雖意在求助,卻更近要脅。他們交易的籌碼,是把施道憐對方莉美的虧欠轉移到姜生身上,利用施道憐最害怕的「醜事秘辛」,交換「債權相關人的學業」。施道憐思忖自己雖非故意傷人,卻也犯下過失,抱著贖罪與結算欠款的念頭,昧著良心讓學生姜生過關。

施道憐履約讓姜生過關之後,按照「債權人」在契約上明白寫著「往日種種,今日種種,在此不提」,兩人恩怨應因交易達成而解除債務;沒想到方莉美還不滿意,執意再次護航。他覺得「債權人」要求太過,拒絕再次出賣人格換取安頓,造成談判破裂。他平日最怕水蛭,但不願再受到要脅,他將水蛭當成是他的仇敵,毫不留情撲殺九十多條無辜的水蛭。

最後,他在半醉半醒的狀態下,瘋狂地幻想出水蛭主人、水蛭進行復仇的局面,透過外化的方式,把對復仇者/方莉美/水蛭的恐懼,全發洩在水蛭身上。水蛭主人象徵性地完成對施道憐的審判,「『你有罪!滔天大罪』!『是的』。他冷靜地回答。『你逃不掉的,哪怕上天入地』。『我知道』。『你認罪嗎』?『我認』。他說。他全身反而不再抖索。『我們要你的狗命』。『好的』」。〔註65〕在水蛭主人的審判下,施道憐終於承認所有罪狀並接受懲罰,為了年少的錯事,他像一個見不得光的罪人,躲藏三十多年。他俯首認罪之後,積壓多年的心理障礙瞬時化解開來。索命的水蛭消失了,「償命契約」也跟著解約而消失了。這是一篇頗富趣味的心理小說,從罪惡感與「動物恐懼」當中,彰顯內心恐懼的源頭來自人心,「說明人心的執著、恐懼,都是由個人的幻想、錯覺所產生」。〔註66〕只要他承認並接受懲處,便能得到心靈真正的自由。他勇敢承擔罪責,以幫助者的身分成功幫助自己重生。

水晶的〈愛的凌遲〉裡,在小說結尾之處,內心獨白展現最直接的意識流動,是小荃內心一個人的戰爭最真實的紀錄。小荃被夢魘糾纏,流氓凶狠勒索的影像,伴隨著恐怖的情緒重回她的夢裡。惡夢驚醒後,她神志混亂、意念齊萌,以獨白的方式進行一場內部審判。最後她發現,抽愛情稅的無賴只是短期的介入與強奪者,真正「抽愛情稅」、讓愛人宗侃消耗、枯萎與筋疲力盡的就是自己。夢的潛在意義已浮出檯面,她在夢中利用置換審判了自己,指桑罵槐的方式釋放了罪疚感。

〔註64〕李喬:〈昨日水蛭〉,頁184。
〔註65〕李喬:〈昨日水蛭〉,頁189。
〔註66〕陳玉玲編選:《臺灣文學讀本(一)》(台北:玉山社,2000),頁179。

　　此時，小荃經歷了生病與被棄的歷程，已漸能理解病中宗侃的心情，對人生有更深刻的體驗。她的反省體現在審判自己的罪惡上，敘事主體分裂成審判者與被審判者，主體意識與潛意識交戰的語言既是激切的詰問也是答辯，主語變換產生自我矛盾的效果，不妨以高行健的一段文字，說明主語與認知的緊密關聯，「進入到內心獨白或交流的時候，潛意識也通過語言人稱的變化流露出來。人稱，同人的潛意識有很多聯繫，這自我的認知離不開人稱。一旦要表述，便得歸於人稱上。話語之所以體現為人稱，即主語是誰？背後隱藏的是認知角度」。〔註67〕主體分裂為第一人稱主語與第二人稱的交雜互詰，匠心獨運的巧置安排，清楚體現同一個事件，主／客體的不同認知。

　　小說透過自由聯想，呈現「自我」的衝突對話，十分適合說明小荃內心浮動的意念，披露大量意識與潛意識的材料。

> 一個抽愛情稅的無賴之徒，怎麼又想起他來，宗侃付了他十塊錢稅金，數目不大，比起他付給你的稅金來，他付給你的愛情稅是整個生命，一個抽愛情稅的女騙子，掃帚星，白虎星，哦，請你別這樣罵我，別別別別，我還要罵，宗侃的愛情生命在沒動手術前早結束了，是你用刻毒尖銳的話鋒，一刀刀割死的，而且你聽任他的傷口流血，也不用傷口縫合一下，你說過一句抱歉對不起的話沒有，你說過沒有，你說你說我唉喲，宗侃你饒了我吧，我承認對不起你，在生前用無情的話刺傷你的心，愛的凌虐，愛的凌遲，哈哈哈哈。
>
> 〔註68〕

長達四頁篇幅的「胡思亂想」，展示現代派小說暴露人性最常使用的技巧就是內心獨白，「直接內心獨白是將人物的意識直接展示給讀者，作者一般不介入，也無假設的聽眾」。〔註69〕交錯第一二人稱的指稱詞，披露女性自責又自憐的複雜思緒。其中，女孩被一分為二，「我」指的是女孩的主體感知，「你」是經外化的投射者、自言自語的對象物，「我」嚴詞審判「被審判者」——薄情寡恩的你。審判過程既譴責自己，又急著為自己脫罪，除將心理衝突表現得淋漓盡致之外，也精準地的剖析了人性。此段落具有重要的功能，展現了女孩耿耿於懷的懺悔，以及精神上的無邊痛苦。

〔註67〕 高行健：《沒有主義》（台北：聯經出版社，2001），頁295～296。
〔註68〕 水晶：〈愛的凌遲〉，頁23～24。
〔註69〕 夏濟安：〈致讀者〉，《文學雜誌》6：1（1981），頁204。

　　水晶是六〇年代崛起的重要作家，他的作品大多廣泛採用意識流、暗示與象徵的手法完成，用以烘托人類自相矛盾的存在處境，刻劃人性相當引人入勝。他常與白先勇、王文興、陳若曦、歐陽子一同被稱之為現代派作家，在探勘人性的深度上表現亮眼，「臺灣現代派作家打破和否定五〇年代反共文學，注重描寫人與人性、人的內心世界及其複雜性」。〔註70〕〈愛的凌遲〉雖簡短，卻準確地觸及到人性的複雜面向，回應西方存在主義哲學最關切的重要議題。人性慾望的騷動、對死亡的抗拒與無知、追逐慾望而來的負罪感、旁觀苦痛的人性，我與你的爭辯既能保持各自觀點，又能保持聯繫；只有通過敘事視點的巧妙切換，才能具體呈現小荃生病後灰敗的心境，她不再是個高高在上、自私麻木的人了。水晶寫出無法向上攀升的人性與失落，最令人嘆服。

　　顯然，小荃熱烈的新戀情，只是一段無疾而終的短暫戀曲，她卻為此犧牲她最親近的情人。此時，她才重新體會出宗侃愛情裡內斂的一面，深深地向他懺悔。小說透過敘事視點的切換，精準地捕捉到女孩良心的不安與責罵，成功地表現出主角內心的衝突性，交錯成為一篇「一個人的戰爭」。自譴字句仍佔多數，呈現小荃受到良心責備而痛苦的心態，「愛到最後，互相殺伐，心字成灰」。〔註71〕此時，她的精神症狀有加重的趨勢，恍惚以為自己快要死了，沉鬱的心情更趨陰暗，「死在手術台上，死是什麼滋味，宗侃會告訴你，……醜惡的意象，死的象徵」。〔註72〕但值得進一步說明的是，水晶肯定不是為了翻奇求新，才設計這些散亂不堪的語言；而是認為只有透過認知切換與凌亂跳躍的語言，才能如實傳達出內心零碎的狀態，這完全是小荃牴觸良心後真實的心理感受。小說模擬良心不安對立搏鬥的實況，不但具體展示出人物的心理重擔，也充分顯示出「心中有警總」、良心最強大的作用。那不安的聲音既是道德權威的聲音，亦是一個容許自我陳述、自我答辯的聲音，充分展現現代派小說的特質，如實地呈現潛意識與意識交錯盲動的慾望，透過既飄忽又清楚的方式，具體捕捉了人的精神面貌與思想衝突。水晶的〈愛的凌遲〉是體現罪與罰相當完整的一篇小說，它具有心理小說的優點，創造出合乎病況的文學語言，抽絲剝繭地釐清人心最幽微的思緒，相當生動活潑。

〔註70〕譚楚良：《中國現代派文學史論》，頁 277。
〔註71〕水晶：〈愛的凌遲〉，頁 23。
〔註72〕水晶：〈愛的凌遲〉，頁 23。

　　疾病小說中所謂正義的審判，是指罪惡者遭受的懲罰與他犯下的罪惡相符。以分配的正義而言，正義者未得到合理的報答以及罪惡者未受到應得的懲罰，兩者都讓人失落與難過；前者令人感到冤屈與痛惜，後者讓人感到氣憤與怨怒。東方白的〈□□〉精心敷陳違約者受罰、善良者也受罰的故事，毫無疑問這是讓人哀歎的結局。兩名契約關係人受到司法名不符實的審判，小說對司法、對命運、對真理提出尖銳的疑問，以錯愕的結局回應人生難解的議題。

　　東方白透過兩個人的抉擇，探索醫療倫理與道德的價值。最後，醫生無法逃過良心的審判，一輩子背負道德的重擔，過著瘋狂相伴、出入精神病院、閒盪河邊的日子。疾病與受苦形式，反而彌補了他的錯誤，同時對照出代罪羔羊──醫學院學生仁人之心的崇高性，小說顯然透過學生的契約實踐，敷衍人生的大道。

　　當女孩手術失敗而慘叫時，學生曾心痛流下溫熱的眼淚，「他發覺他在流淚，但一個六年級的醫科學生竟會為一個手術病患的痛苦流淚──這念頭令他覺得可恥」。〔註73〕實際上，他不該為自己的天性悲憫、看重生命而感到自卑可恥。站在苦難與痛處面前，像醫生一樣麻木、沒有任何憐憫心的人太多了；可貴的是他仍保有一顆純良的心，那是他的天性柔軟仁慈之處。正因為學生對人類的痛苦，有如此深切的感受，歐陽子據此認為：小說名為〈□□〉，雖為無題之意，但更具有無語問蒼天的涵義，也暗示人類的悲苦，實在沒有任何文字能夠完整表達。〔註74〕

　　學生答應女孩提出的「私人契約」，但他對「墮胎」有著非常犀利的看法：「我並不以為墮落是一種不道德的罪行，與其叫女人去自殺，墮胎要道德得多」。〔註75〕他以醫學院學生的身分將墮胎除罪化，消除女孩的罪惡感，認為犧牲胎兒也是無可奈何的事情。

> 每年總有幾個女學生由她們的男朋友帶來我們的醫院要求墮胎，我
> 們不得不為她們服務；雖然那也一樣是犯法的……為什麼人要訂出
> 這樣愚蠢的法律來束縛自己？誰製造出這種違反生物自然定律的道

〔註73〕東方白：〈□□〉，頁 66。
〔註74〕歐陽子：〈□□簡介〉，《現代文學小說選集》（台北：爾雅出版社，1997），頁
　　　　204～205。
〔註75〕東方白：〈□□〉，頁 57。

德?那是上帝的錯，上帝在每秒每秒鐘爲人類製造悲劇。〔註76〕
學生替女孩脫罪，認爲終止胚胎生命的關鍵人物——醫生也無罪，因爲他們
爲了幫助痛苦的女性，不該讓他們承擔任何罪孽。同樣身爲醫生，他了解醫
生的苦衷；但不能原諒醫生草菅人命、殘忍卸責的作風。他在醫生身上，看
到最可怕的弱點，那是只想掩飾罪行最自私的人性。學生後來相信要得到公
平的「正義倫理」，必須透過實際行動去追求，他爲了彌補人世的缺憾、成全
可能的善行決定幫醫生頂罪，更絕望地認爲所做過的一切事情都是無用的：
「這些事情對於別人是沒有意義的（對我何嘗不是）」。〔註77〕他的高貴情操，
雖保全人間最珍貴的價值，卻不見得值得後人讚許、肯定。

墮胎的女孩因失血而死，醫生明顯牽涉到醫療疏失與人爲錯誤，他必須
自己承擔業務過失的罪責。他與學生間的「私人契約」，內容牽涉到隱瞞墮胎
與死亡秘密，學生應該讓醫生自首，接受法律公正客觀的審判。但他卻選擇
履行保護醫生的承諾：寬待他違法執業、動刀失責、急救疏失、棄屍、恐嚇
傷人等罪行。站在倫理學觀點，他的代罪行動已經違反最重要原則——不可
爲善而作惡、目的不能替方法作辯護，他的舉措明顯違背分配的正義原則，
也紊亂社會的紀律。基於鞏固社會的正義，他不該履行私人契約，因爲這個
違反社會道德的契約是不具任何約束力的，「一般法律原則——『一切國家都
宣告違反道德的（違反善良風俗的）契約是沒有約束力的』原則——而得到
認可」。〔註78〕學生不該掩藏醫生造成的罪惡，雖然，他的代罪行爲體現了人
世的大愛，著眼於功利主義希望造福更多病人；站在追求「最大可能的善」
的目標上，願意給醫生一個重生的機會，要醫生履行救世的契約，他願意犧
牲自己換取他的重生。從他的行動可知，他不只是一個道德的勇者，更是一
個深愛世人的仁者。

學生的代罪行動引發評論者的關注，他憐憫女孩、代醫生受罰、承擔他
的罪過，自己卻得不到任何慰問；他以深愛世人的方式，表達他對世間的不
捨與眷戀。無怪乎歐陽子認爲，學生深刻感受到人類的痛苦，表現出基督背
負十字架的悲憫胸懷，再現代罪羔羊的精神。〔註79〕呂興昌亦言，學生救活

〔註76〕東方白：〈□□〉，頁59。
〔註77〕東方白：〈□□〉，頁86。
〔註78〕張文彬：《論私法對國際法的影響》（北京：法律出版社，1996），頁179。
〔註79〕歐陽子：〈□□簡介〉，頁205。

醫生這個惡人已具有過人的慈悲，「而且還願意為這樣的『惡人』承擔刑罰，其所表現的精神視野，早已深具宗教情操的境界了」。〔註80〕但兩位學者都忽略了，學生願意為醫生背負罪責，是因為他和醫生及其他實習醫生一樣，都曾造成「意外致死」重大的罪惡，過去同學曾帶著女友請他開刀，他也曾失手，他經歷過墮胎醫生的那種痛苦。這也逼使人們承認婦產科醫生的職責，除了幫人接生與分擔婦人病痛之外，還包括解除懷胎婦女的痛苦，並真正認清墮胎這個工作的危險性。學生看過太多病人死亡，他哀憫每次意外喪生的人命。但意外發生後，醫生不是萬能的上帝，無法挽回一條生命，他了解醫生的不安。學生只期望醫生能戒慎恐懼，永遠提醒自己生命的神聖性，謹記醫技、醫德與醫護安全的重要任務。

　　學生始終不明瞭降臨在他身上的肝癌，具有什麼樣的天啟與意義。他只知道世上有這麼多的疾苦與病痛，他能做的不多，為了捍衛他內心的最高價值，他寧願選擇最孤獨的一條道路。他放棄一般道德者要求的正義原則，不要求獲得公正且公平的對待，他根本超越了世間的善惡評定。他的一生只留下幾頁日記，敘述者留下像填空一般的空白□□，以最素樸的評論作結。顯然作者認為那是最珍貴的人生體驗與秘密，足以證實學生短暫卻輝煌的生命；至少確定學生身為萬物之靈，在人生的道德義務上進行的深沉體悟。

第四節　迷失者的疾病：瘋狂與萎弱

壹、理想者之疾：瘋狂與萎弱

　　這些小說的疾病，都與個人的罪惡感有密切關聯。能承擔崇高使命的人，通常對自我的要求也高，人們不願意輕易放棄超我人格中的「自我理想」，所以比一般人過得艱辛、沉重。兩篇小說中的女性，都因曾經放棄了理想或是遺忘了志向，而發瘋或是病倒，因無法承擔巨大罪惡導致疾病。本節討論王幼華小說《廣澤地》（1987）與陳映真小說〈山路〉（1983），討論兩位女子的遠大理想與病況。

　　小說中的兩位女性都是自我要求較高的人，帶有理想主義的知識份子，她們不理會混亂的社會，只希望透過自我鞭策達成超我人格。佛洛伊德在《精

〔註80〕呂興昌：〈走出痛苦的寓言〉，《東方白集》（台北：前衛出版社，2001），頁280。

神分析引論新講》裡提到：「附帶說明超我另外一個重要的功能。它代表了自我理想，而自我用它來衡量自己，鞭策自己，實現自己對完美的追求」。〔註81〕「超我」仰賴「自我理想」與良心的交互作用，所以能在父母教育和社會集體控制下，不斷強化人們對善的崇高價值與惡的懲罰效應，督促人類建立社會道德的規範。在人類文化發展史上，宗教與道德意識對於族群的「自我理想」扮演相當大的作用。〔註82〕「超我」可說是人類發展的文化遺產與社會性的意識。

　　實際上，社會的進步與文明的進程，都與律己甚嚴的理想者息息相關。梅老師與蔡千惠都抱持著理想主義，一生共同的理想就是仿效心中的「英雄」，把生命奉獻給大愛與大德；也因她們的仁慈與奉獻，她們成為人們眼中道德的典範、效法的楷模。可惜，當她們無法達到極高的道德標準時，也違背了她們與英雄間的「私人契約」；過重的道德包袱、過高的道德理想——「超我」不停譴責她們。在罪意識不斷地增強下，她們獨自承受痛苦而病倒，時時陷在罪惡感的折磨當中。這類小說透過疾病告訴人們，任何人都不可能十全十美，即使充滿道德理想、自我要求甚高的知識份子也不例外。但是，人的罪惡感只顯示出人的侷限與不足，未必就是罪無可恕的罪過。人須分辨善惡之外，更須認清自己的罪惡感來源，了解自我能力的侷限，若以此觀點去思考知識份子的精神與疾病，亦可對人性獲得更多的理解。

　　王幼華在《廣澤地》中著意刻劃的城鎮，就像是臺灣社會的縮影；作家企圖在小說中強調，在混雜的時代與環境，真正的真實與真正的價值都令人質疑、困惑。〔註83〕在豐滿社區裡，形形色色的人物展現偷盜、欺騙、通姦、傷人各式罪惡的型態，蕭浩的兒子蕭貞則，終日在街頭逞兇鬥狠；阿麻為了三個孩子出賣肉體，牧師難抑情慾，成為背叛神職的門徒；女老師犯下通姦罪行發瘋。呈現了通姦者、偷盜者、謀殺者、狡詐者、無賴，在市鎮裡穿梭過活的面向，小說透過敘述者——聚焦方式，以隱藏攝影機的模式，紀錄下這一群人身陷罪惡的生活百態。

　　小說首章，透過青年蘇清淡的眼光呈現豐滿社區的樣貌，蘇清淡認為社

〔註81〕 Sigmund Freud.*New Introductory Lectures on Psychoanalysis.*（1973）, p96.
〔註82〕 高宣揚：《佛洛伊德主義》（台北：遠流出版社，1993），頁114～115。
〔註83〕 吳怡慧：《王幼華小說研究》（嘉義：南華大學文學研究所九十二學年度碩士論文，2004），頁111。

區人就像虫子一般低劣卑微，「那些虫子彷彿就像他所認識的人們一樣，美好的是太少了，拿虫子來和人們比喻似乎覺得不倫不類，但它們和他們的特質是那麼容易為人所辨認的」。〔註84〕他把虫和人類並置，顯然認為不論在性或是道德的部分，人性是低劣的、獸性的，顯示墮落與敗壞。《廣澤地》對於罪惡，抱持著根深蒂固的三種想法。

其一、人皆有罪，再神聖高潔的人都有不為人知的罪行，如小說中最具有淑世精神的李神父與梅老師亦然。

其二、人有深重的罪行，是因環境本身就充滿罪惡、助長罪惡。

其三、人的罪孽與惡的本能超乎想像。

正因強調人性之惡，整篇小說幾乎採小鎮導覽的方式，瀏覽每個人物的外在行為，證實一個怵目驚心的事實，沒有一個人不是罪人。梅老師在發病前，社區人士一致公認她為「廣澤地」最有德行的人。坎坷的身世，沒讓她成為墮落的人；相反的，她淬勵自己以犧牲的精神幫助窮苦人家。她希冀自己成為一個信仰天主、無私奉獻的人，天主無疑就是啟發她「自我理想」的「聖者」。她虔誠信奉與天主之間的「人神契約」，「人神契約」也成為她精神上最大的支柱。

人神契約可追溯至西方宗教性的「契約」。摩西時代「十誡」以不同角度闡述各式人神盟約，新約時期產生新的啟示法，是耶穌及其門徒公佈的福音。這些契約不但比一般人為的法定契約具約束力，且更具神聖性，教徒普遍相信這些法則便是神的旨意，「因這些法在神造人時已深刻於人心內，是自然法的表面化、文字化而已」。〔註85〕當天主派遣祂的聖子耶穌來到人間，要人們信祂而得救；人們在善與惡、光明與黑暗之間只要依尋契約，便能追隨天主，經文可說是人神尋求緊密關係的一種盟約與啟示。《聖經》以一系列的道德律，指示教徒人生的方向與行為的規範。除了賞罰戒律之外，經文也極度要求內在對神的敬畏心，如果懷疑真理不信任天主的愛，人們會受到懲罰；只有身心靈禮讚天主的人，能夠得到喜樂的獎賞。教義不僅囊括天主啟示的律法，更成為天主和祂的子民締結的盟約。

梅老師因信天主而得救，不活在自怨自艾的悲愁裡，在神的指引下，她

〔註84〕 王幼華：《廣澤地》（一九八七年三月二十三日連載於《自立晚報》）（臺北：尚書出版社，1989），頁14。

〔註85〕 曾仰如：《倫理哲學》（台北：商務書局，1985），頁211。

懂得犧牲與奉獻的真意與力量。她受基督教義的啟迪，強烈的道德感與犧牲奉獻的精神，讓她成為城鎮的聖人，「在福音班是個領導型的人物，善意熱心勤於禱告勇於奉獻。直到今天，她仍然是個毫不吝惜的奉獻者」。〔註86〕她關心孩子的就讀問題，總是不分貴賤地幫助貧苦人士，是眾人眼中的愛心媽媽，也是最了不起的好老師。當梅老師真誠地履行「人神契約」時，她是一個人人尊敬的知識份子。

她悲天憫人、心懷慈悲，也總有不完美的一面。自從她介入黃律師的家庭後，內心陷入痛苦的掙扎，體驗過慾望的滿足之後，她再也無法像《貞潔的花朵》貞潔的修女一樣，追求貞潔無瑕與神合一的完美境界。她知道慾望的根源，來自於父愛的空缺：「厚重威武的身體，成熟安穩的態度，冷靜的頭腦，是一個十足的父親。是她渴望中的男人典型，出生以來無法擺脫的夢魘」。〔註87〕她在黃律師身上投射了愛慾情感，更投射了父親威武的形象。連宗教戒令與道德自律都無法阻止她內心的渴望，她成為愛慾的俘虜，「她害怕、驚恐，所執信的宗教光芒在鞭打她，道德良知的聲音像針一樣在刺痛她，她害怕那光芒，它太強烈，她習慣潮濕黑暗」。〔註88〕她希望履行天主的「人神契約」，抑制慾望，成為一個虔誠的教徒；卻無法自拔地陷入愛慾的感動，已失去身體與心靈的貞潔，春情勃發的她動搖了對天主的崇敬心。

基督教義總是不斷強調罪的重量與意義，對梅老師而言，體驗過愛情滋味後，神聖的「自我理想」已成為酷刑，她無法繼續維持去欲近聖的品行。她知道介入他人家庭是罪惡，應該回到人倫正途上，但受本能驅策的愛戀衝動，總反抗著崇高的人神契約，「她在和天主的道德律抗拒者、掙扎著」。〔註89〕她眷戀著歡愛的感受，又時時感到罪惡，無法順利解決道德與慾望的衝突，超我的壓力與譴責的聲音只讓她更痛苦，「梅子自責是一個下賤的女人，真是無可救藥的罪人，內心充滿淫惡的種子」。〔註90〕她憎恨別人當她是聖人，她認為自己是罪人，最後引發精神異常導致瘋病與苦痛。

梅老師陷入焦躁煩鬱的情緒已多時，加上失眠三天，廣澤地飄來古怪的香氣，在香氣的刺激下她發病了。她把內心所有惡毒的想法，透過傷人的舉

〔註86〕王幼華：《廣澤地》，頁30。
〔註87〕王幼華：《廣澤地》，頁51。
〔註88〕王幼華：《廣澤地》，頁52。
〔註89〕王幼華：《廣澤地》，頁30。
〔註90〕王幼華：《廣澤地》，頁52。

止——傾洩而出，成爲一個最自私的批評者，最後竟做出脫衣的瘋狂的舉動。她引發校園騷亂，最後校長下達命令，要她接受治療，「還是送她到精神科去看好了，要強迫她治療」。〔註91〕大家一致認爲，因父親過世、被繼父強暴、母親拋棄，加上沒得到名份，梅老師受到刺激才發瘋了。

神父身爲教義的詮釋者，負責疏通天主與犯錯子民間的鴻溝。他積極讓世人認清自己犯下的罪惡，但在懲罰與救贖之間，他常有力不從心之感。他知道梅老師因違背「人神契約」承受良心懲罰的苦刑，但他心裡覺得她不須向上帝懺悔、也不須有罪惡感，因慾望和愛情是人的天性，「她的行爲並不可恥，也不是極大的罪惡，不需要天主的救贖、原諒，她爲了天主行了極多的善，神也不該懲罰」。〔註92〕他寬待背叛教義的梅老師，因自己曾是迷路的羔羊、墮落的信徒，更和梅老師一樣，曾爲愛慾衝突而精神崩潰。

小說藉由梅老師與神父縱情離道的命運，透過交錯與平行論述，敷衍靈肉掙扎的複雜難題，巧妙地將阿麻、神父與梅老師三人命運連結起來。三人同樣面對慾望的衝突與考驗，都須在靈與肉、罪與罰上備受煎熬，「廣澤地」像是「慾望城池」考驗他們的選擇。

> 你犯罪了，你背叛了道德，……你的良心良知在哪裡呢，沒有羞恥
> 心嗎，害了多少人，爲什麼還是去做這樣的事呢，天主會原諒你嗎，
> 你這個罪人，天主降禍，會懲罰不義的人，地獄的熱火正在等著你，
> 它會把你燒焦考爛，你犯罪了。可憐的迷途羔羊，懺悔吧。〔註93〕

梅老師因重大罪惡感而生病，卻在病中領略人性複雜的面貌。眾人不再認爲她是神聖的老師，讓她產生更多負面的念頭，「我是屬於沼澤的，不屬於陽光的世界」。〔註94〕病中的她放棄「自我理想」，只想跟豐滿社區所有人一樣。小說描述她自我放棄的歷程，頗讓人嘆息。

陳映眞的〈山路〉裡，蔡千惠背負著沉重的理想，一直督促自己成爲愛國青年的追隨者。李國坤與黃貞柏兩個熱血青年，成爲少女蔡千惠心中的「眞正英雄」，激發蔡千惠對「自我理想」的追求，他們的左翼思想和革命藍圖激發蔡千惠的奉獻精神，「講您們的理想；講著我們中國的幸福和光明的遠景」。

〔註91〕王幼華：《廣澤地》，頁77。
〔註92〕王幼華：《廣澤地》，頁31。
〔註93〕王幼華：《廣澤地》，頁50。
〔註94〕王幼華：《廣澤地》，頁89。

〔註95〕當時政局驚險，朝不保夕，她心裡敬佩未婚夫黃貞柏爲了國家大業，毅然放下兒女私情。黃貞柏無法與她成婚，她不但不怨恨他，反而相當諒解他緩婚的決定：「爲了廣泛的勤勞者眞實的幸福，每日賭著生命的危險，所以決定暫時擱置我們兩家提出的訂婚之議」。〔註96〕他們要她超越自我，毫無私心地去愛世人，她把革命理想當成三人履行的契約，更立誓實踐這個熱情救世的允諾，「我堅決地知道，我要做一個能教您信賴，能爲您和國坤大哥那樣的人，喫進人間的苦難而不稍悔的妻子」。〔註97〕甚至在關係人一個已死、另一位監禁的情況下，她都沒有遺忘這些失效的契約。這個契約，不但牽繫了左翼少女的初戀情懷，更成爲她的人生理想與重要信仰。

蔡千惠從未想過敗壞的政治與脆弱的人性，竟讓自己成爲陷害未婚夫的罪人。一九五三年政治氣氛低沉，國內逮補革命分子活動日熾。蔡千惠的父母爲保住漢廷性命，只好洩漏李國坤與黃貞柏的行蹤，最後造成李被殺、黃被判監禁的悲劇，連帶造成兩個家庭的苦難。蔡家背棄雖有罪惡，卻也顯示出暴政底下人人自危的恐懼本性，突顯五〇年代政治屠殺的恐怖氛圍。蔡千惠變成「背叛者」的妹妹，她決定以贖罪者身分替家人贖罪，「我必須贖回我們家族的罪愆」，〔註98〕「我來你們家，是爲了喫苦的」。〔註99〕除了愛國的契約之外，她冒充爲李國坤的未婚妻，對李家人承諾新的契約關係。李國坤爲家國而死，她願意替他完成人子的孝道，並心無旁騖地實踐贖罪的終身契約，「付出我能付出的一切生命的、精神的和筋肉的力量，爲了那勇於爲勤勞者的幸福打碎自己的人，而打碎我自己」。〔註100〕她以幾近自虐的方式贖罪，似乎只有透過極度疲憊與自虐勞動，才能洗刷家人的罪孽。

她從報上得知政府釋放叛亂犯，其中包括黃貞柏，她傷心地痛哭，過不了幾天就病倒了，「伊逐漸地吃得甚少，而直到半個月後，伊就臥病不起，整個的人，彷彿在忽然間老衰了」。〔註101〕她不願意向家人或是醫生，陳述她的

〔註95〕陳映眞：〈山路〉，《鈴鐺花》（原載一九八三年八月《文季》第3期）（臺北：人間出版社，1995），頁61。
〔註96〕陳映眞：〈山路〉，頁61。
〔註97〕陳映眞：〈山路〉，頁62。
〔註98〕陳映眞：〈山路〉，頁63。
〔註99〕陳映眞：〈山路〉，頁54。
〔註100〕陳映眞：〈山路〉，頁63。
〔註101〕陳映眞：〈山路〉，頁42。

病況與心情，一直到死後，秘密信件才披露了病況的眞相。

特赦新聞揭開多年前的私人契約，指證歷歷譴責自己毀約的罪惡。政府雖然釋放黃貞柏，對蔡千惠而言，卻像把她關入大牢一樣。她看到過去爲國家拋頭顱灑熱血的人，建立無產階級新社會的願景成爲幻夢一場，她發現兩岸政府對待革命者一樣殘酷無情，她的內心揪心刺痛：「讀著中國大陸的一些變化，……我只關心：如果大陸的革命墮落了，國坤大哥的赴死，和長久的囚錮，會不會終於成爲比死、比半生囚禁更爲殘酷的徒然」。〔註 102〕她哀矜地感受到過去的革命分子，已經成爲時代、政治與文明的犧牲品了；而自己卻像一般百姓一樣，完全遺忘了政治受難者的犧牲，開始墮落迷失享受著資本主義的成果。

就像犯人自首一般，她在內心深處進行愧疚不安的自白與懺悔；當外在環境沒法繼續滿足她自願受苦的需求時，她就病倒了。她身爲簽約者，對自己違約的懲罰竟是如此深重，蔡千惠的提問令人膽戰心驚，「這樣，我們這樣子的生活，妥當嗎」。〔註 103〕她選擇的懲罰自己，用的竟是放棄生命如此決絕的方式。她病倒後不斷自責，開始不吃不喝抵抗治療、放棄生命，就連醫生也發現她的求死慾望非常強烈，「我工作將近二十年了，很少見過像那樣完全失去生的意念的病人」。〔註 104〕蔡千惠早已失去活著的意志與尊嚴，疾病只是順勢成爲懲罰自己的替代工具。

陳映眞塑造了一個令人過目難忘的傳奇人物蔡千惠，她是「私人契約」裡最富有理想性格的人物，也以最決絕的方式安排死亡。家人與主治醫生無法成爲幫助者治癒她的心病，阻止她異常厭世的念頭，眾人只能看著她漸漸萎弱而死：「醫學無法解釋的緩慢的衰竭中死去」。〔註 105〕死因乍見頗富懸疑性，卻在指名交給黃貞柏的信件裡，以緩慢抒情的筆調坦露了眞相，也釐清人費解的病因與一生的契約。

貳、迷失者的懲罰

這些罹病者生病了，皆因自己未能達成高遠的志向而自責，疾病既是審

〔註 102〕陳映眞：〈山路〉，頁 64。
〔註 103〕陳映眞：〈山路〉，頁 54。
〔註 104〕陳映眞：〈山路〉，頁 55。
〔註 105〕陳映眞：〈山路〉，頁 60。

判，也是自我懲罰。《廣澤地》暗示沼澤型地區，它連接陸地與海洋，呈現出獨特的沼澤型文化。不論是地域性質或是文化特色，都與臺灣的特殊性相符，顯示了多重文化的衝撞、扦格與衝突。

> 沼澤地處海陸交會處，潮流拍擊陸地，崖岸犬牙交互，由此比擬臺灣歷史上，多種文化的對話、衝突或融合，使原有的「大陸型」與「海洋型」兩種文化的靜態摹寫，得到動態的極佳比喻；另一方面，沼澤的污濁渾沌卻也是孕育旺盛生機的地母意象，人依此地而得生養、吸吮斯土之乳汁，註定污穢罪性遺傳之必然，即他的原罪觀念有多少帶著自然的社會的命定這層意味，因此瘋狂病態的書寫便顯得是無所遁逃的悲運了。〔註106〕

當梅老師因愛慾而放棄內心的信仰——基督的「人神契約」後，伴隨著基督而建立的道德基礎也隨之隱滅。梅老師致病的關鍵在於，如果她的戀情不引起道德意識的反對，她就不會生病。佛洛伊德研究精神病症，特別強調人因愛慾本能與「自我」衝突而造成精神困擾，「精神分析明顯區分了性本能和自我本能，儘管這種區分上有種種異議，但它的立意顯然不是主張精神病起源於性慾，而是認為精神病起源於自我與性慾之間的衝突」。〔註107〕對梅老師而言，愛慾衝動一直支配她的愛情，但避免痛苦的本能與獲得快樂的本能同樣重要，這就引發了無可避免的身心衝突。她是一個律己甚嚴的人，沒法接受自己做出紊亂人倫的舉動，也可以說，如果梅老師不拿過高的道德標準要求自己，就不會引起道德的衝突與反對，也不會發生精神病症。病中她斷然宣判自己的罪證，是破壞「人神契約」的淫亂者，「誰說我是天使，我是魔鬼，我會害人——我又是天使，又是魔鬼，我會做最好的人，也會做最壞的人」。〔註108〕透過疾病與瘋狂，她要世人看清她真正的面目。

《廣澤地》透過一個女性教徒的墮落罹病，揭露每個人內心的衝突，永遠在自我與他者、耶穌與群眾、神性與魔性、道與肉身、寬大與自私、理想與慾望之間進行拉扯。人們經歷魔性的「激情」後「受難」的過程，以疾病具體展現當代人的精神困惑與痛楚，極具震撼力。最後，王幼華把梅老師的病源，從自我衝突、失歡家庭指向腐敗的社會，他細心描繪疾病帶來的精神

〔註106〕王幼華：《廣澤地》，頁161。
〔註107〕Sigmund Freud.*New Introductory Lectures on Psychoanalysis.*（1973），p396.
〔註108〕王幼華：《廣澤地》，頁74。

折磨時，同時完成了臺灣文化的總體檢報告。小說中充斥各式罪名，更用來宣判臺灣人民偏離正軌惡劣成性的罪狀。不論是〈歡樂人生路〉裡的男子、〈健康公寓〉的白順珠與《廣澤地》的梅老師都是精神病患，不僅是性格因素造成他們的疾病，疾病更與社會文化密切相關；重要的是他們的遭遇不是特例，而是具有普遍性的寫照，「支撐王幼華小說世界的，就是這些形形色色的人格自我分裂者心理變態者，作者顯然認爲他們在現代臺灣社會中具有極大的普遍性」。〔註109〕這些小說直指王幼華創作意圖，從個人的道德焦慮擴大到懷疑自己的血緣，更進一步斬釘截鐵地放棄社會、逃避社會，完成罹病者扭曲心態的完整寫照。

王幼華大量書寫人的罪惡，追究病灶來源，他認定敗壞的血統與紛亂的社會皆難辭其咎，共同促成罪惡的誕生。他首先肯定命定論是人們逃不了的業障，更進一步否定社會具有敦風化俗的功能，不但揚棄宗教家悲憫的情懷，也拒絕像社會學家一般提出拯救文化心靈的方針，都讓他的小說充滿絕望的氣息。彭瑞金認爲王幼華對原罪情有獨鍾，卻拒絕悲憫，反而成爲作品的創意與特色，「王幼華挺立於八零年代臺灣小說界的另一個主要質素，應該是他執著於對生命原罪的探索。這種近乎宗教家的情懷卻找不到宗教信仰痕跡的執著，是頗具創意的」。〔註110〕正因王幼華有這樣的新意，所以不願塑造一個美麗的幻景、一個能讓罪惡者改變罪惡的契機，即使安排了如神父、梅老師這樣富有道德自覺的人物，也無法承擔救贖自我的職責，更遑論大無畏地承擔救贖世人的重責。作家一以貫之的殘酷，反而讓罪惡得到最深刻的展現，通篇小說佈滿罪惡、瘋狂與死病的黯淡，「『死病』的氣息……，瘋狂似乎便成了存在的一種祝福，因其可以免去道德訓斥與規範」。〔註111〕過去人人尊敬的老師，變成今日的精神病患，顯現了作家何其絕望的觀點，曾經迷失的人們失去任何救贖的可能。

只探討人的罪惡與懲罰，完全不論救贖，造就王幼華小說中獨有的結局。王幼華爲了突顯道德或情慾的衝突，以罹病作爲推動故事的動力，從無病進入到失衡的狀態，他的小說驗證疾病具有懲罰自我的意義。罹病者若限於錯誤的認知，無法進一步認識病痛、思考存在，更無法從罹病經驗中得到成長。

〔註109〕朱雙一：〈臺灣社會文化變遷中的心理攝象〉，頁285。

〔註110〕彭瑞金：〈透視現代人的生活遠景〉，《狂者的告白》（臺北：晨星出版社，1985），頁267。

〔註111〕林慶文：《當代臺灣小說的宗教性關懷》，頁146。

如此一來，罹病者無法眞正成爲衝突之後補救缺憾的協調者，更無法跳脫健康／失常人、罪人／無辜者對立的身分，找到新的身分走向新的平衡，仍讓罹病者停留在瘋病癡傻的狀態成爲社會棄兒。關於罪惡的描寫，停留在棄絕的層次上，依舊無力改變整體環境。這樣的安排，也讓作者精心描繪的罪惡文學，停留在諷刺與悲歎的層次，未能拓展出更超越的人生視野。

愛戀性慾的衝動，是人類基本的生命能量，雖不像不吃、不喝、不睡可直接影響人的生死，仍讓人聽從它的支配，換取短暫的滿足。過度與踰矩的愛慾，會引人犯罪，更是宗教與戒律強力消除的對象。正因它無法消除，以根深蒂固的方式存在，反而成爲人們無法忽視的層面。梅老師違背上帝旨意，也違背人倫律法，她把自己當成罪犯，當然陷入痛苦的深淵。實際上，盲從經文的指引，不可能帶來智識的覺醒。神父歷經罪惡與懲罰的修行過程，正是一個最好的例證，「我們愛神，神其實是誰也不知道的，我在和神的戒律角力，其實就是和不可知的世界角力，……沒有人可以自認爲自己的道路是最好最正確的，自己所尋找到的道路就是最後的眞理，把他身後那條美麗的路遮掩掉」。〔註112〕因罪的源頭，往往就在自身身上。

梅老師曾經違背「人神契約」，質疑上帝的功能與存在，也惡化了她與上帝締結的關係。但是，只要她願意思索她與基督、道德、他人間的關係，眞正面對自己的弱點，哪怕是最邪惡且不易掌握的衝動，那才是她最接近神的時刻。她重新認識自己、整合自己之後，所認識的上帝與教義不再是空泛的存在，迷途的羔羊最後也許回到天主的身邊，也許找到其他的信仰。知識份子和所有凡人一樣，都有墮落與迷路的時候，墮落的經驗可幫助他們從黑暗中摸索光亮重拾正道。無論如何，她都不該再壓抑自我，將理想與慾望裂分成對立的兩半，而應該學會整合自己，不再迷失後，她必能成就更完整的人生。瘋狂的梅老師很可能從靈肉衝突與犯戒懲罰中，眞正地體會天主／人生的眞意。

陳映眞的〈山路〉哩，安排蔡千惠死亡，是個既浪漫又震撼的情節。她與未婚夫曾共許革命愛國的契約，卻也因這個未竟的契約，讓她決定放棄生命，倉卒地終結自己的一生，「她經歷了追求、信仰、遺忘而又自譴三段人生歷程」。〔註113〕小說透過她的遭遇，見證臺灣從極權到民主這段艱困歷史。臺

〔註112〕王幼華：《廣澤地》，頁137。
〔註113〕白少帆、王玉斌、張恆春、武治純：《現代臺灣文學史》（瀋陽：遼寧大學出版社，1987），頁624。

灣人民直到八○年代，才眞正開始享有富裕與自由的生活。蔡千惠卻對此民主成果感到罪惡，更失去與家人共享的歡樂的心情，不能不說是個悲慘的結局。

蔡千惠放棄醫治的行動，更突顯出她獨特的人格背後，履行革命者的「私人契約」之複雜性。人所追求的內在意義與終極目標，往往都從更高的美善標準而來。她與未婚夫定下的「私人契約」，爲了國人的幸福與百姓而奮鬥，都是爲了成就更美好的善行。也因如此，當她達不到美好的善行時，隨之而來的懲罰，也突顯了在她心裡這份「私人契約」，具有不可取代的神聖性。陳映眞塑造蔡千惠時，賦予了她相當浪漫高貴的情操，觸及了臺灣威權時期的歷史傷痕，也寫出了革命者的愛國情操，「他的小說，既具『社會檔案』的寫實模式，也揉合了殉道者的浪漫激情」。〔註114〕蔡千惠爲了贖罪，終身奉獻給李家老小，毅然承擔了最艱鉅的道德責任。她實踐償契約的方式，不只是不畏生死，走進人人走避的政治犯家庭，還包括侍奉李家老小、照顧乞食嬸的病、像男人一樣勞力工作，一心栽培李國木就讀大學、幾乎完全獻身給這個赤貧殘破的家庭。她還不忘記時時履行李國坤與黃貞柏的精神理想——人應有的活法而奮鬥，爲故鄉人、爲勞動者奉獻熱切且正直的一生。

蔡千惠的「私人契約」與兩位革命者息息相關，可說是一心追求的「自我理想」，也成爲她內在道德的最堅強的信念典範。雖然，李國坤與黃貞柏無法想像她爲理想付出如此大的犧牲，她完全不在乎外在名份，只在乎「私人契約」至善的責任與信念。這也說明，眞正的殉道者從不爲自己爭取榮譽，而是因爲強大的信仰，讓她可以承受龐大的痛苦，「他準備去死或承受痛苦是因爲它的信仰。人們要他放棄信仰，但他拒絕放棄，由於拒絕，他受到懲罰」。〔註115〕蔡千惠始終記得陪伴著黃貞柏，在三十年前走在前往桃鎭彎彎曲曲的山路上，內心脹滿了奇異的情思與熱情，那是混雜了少女初戀與崇敬信仰的豐盈感受。她認爲毫不拒斥私有財產與物慾享樂，便是向資本主義靠攏，更是革命信念墮落的象徵，徹底違背了李國坤與黃貞柏的遠志。「被資本主義馴

〔註114〕劉紹銘：〈陳映眞的心路歷程〉，《文學的思考者》（原載一九八四年七月《九十年代月刊》）（台北：人間出版社，1988），頁34。

〔註115〕本文認爲英國著名的法官丹寧（Alfred Thompson Denning）談及殉道者所發的感言，十分符合蔡千惠的人格。丹寧（Alfred Thompson Denning）著，劉庸安、張弘譯：《法律的界碑》（*Landmarks in The Law*）（北京：法律出版社，1999），頁105。

化飼養」已成爲時代大潮，根本無法達成「私人契約」社會主義建國的終極
目標，這讓蔡千惠異常痛苦。小說成功地寫出了大時代下理想主義者的幻滅，
她愈在意革命的理想，對於自己苟且的態度就愈自責，內心的譴責就愈強烈。

蔡千惠認爲自己背叛革命，不斷自責讓她病況加劇，決定以身殉道。如
王德威所言，陳映眞刻劃蔡千惠等人的犧牲奉獻理想，「幾乎有『聖徒列傳』
式的況味，但悼亡傷逝的感觸，在在揮之不去」。〔註116〕蔡千惠已成爲文學史
上最浪漫的人物之一，她爲他人的福祉已犧牲的夠多了，不該再背負罪惡者
的包袱，也不該再以聖者過高的理想譴責自己，讓自己背負痛苦，正如龍應
台所言：「人難道是爲了革命的美感、『壯烈』感而革命嗎？溫飽的生活並不
可恥」。〔註117〕溫飽的生活的確不可恥，但她是個背負崇高的「聖之使者」，
對於自己違背畢生的理想當然耿耿於懷。

蔡千惠毅然以病懲罰自己，並以死結束「失敗」的自己，利用死亡表達
對債權人黃貞柏的歉疚之情。在陳映眞的小說中，常常可見到這樣的罹病者，
在「混亂之境」中，存有「不忍之心」的人，「不可能實踐的理想」壓垮了他
們。蔡千惠看著兩岸混亂的局勢，自願受死承擔罪孽，錢江潮指出，小說的
悲劇，指出了這是無法憑藉個人力量扭轉的諷刺結局，「寫出了這一個涵蓋全
中國的時代大悲劇，……以聖者精神受刑處死的正直光明磊落的青年們，所
追求的竟是一個墮落的恐怖的共產制度，不是比受刑處死更殘酷嗎」。〔註118〕
陳映眞以抒情筆觸哀惋這些罹病者，憐惜他們都是時代的受害者、是政治的
犧牲品、是理想的殉道者，蔡千惠的一生就像〈喔！蘇珊娜〉所述：「他們用
夢支撐著生活，追求著早已經從這世界上失落或早已被人類謀殺、酷刑、囚
禁和問吊的理想」。〔註119〕就因爲她不放棄理想，也揚棄不了對眞理的渴求，
所以心裡格外的痛苦。

此時，蔡千惠實際上也用了最沉重的方式——決意死亡，輾轉告知黃貞
柏「背叛者的妹妹」此身分的重擔，是永遠也卸不下、也償還不了的罪疚；
更以死突顯出「被資本主義馴化飼養」的罪惡性。如此說來，知識份子沉重

〔註116〕王德威：《眾聲喧嘩以後》（台北：麥田出版社，2001），頁188。

〔註117〕龍應台：《龍應台評小說》（台北：爾雅出版社，1985），頁65。

〔註118〕錢江潮：〈「山路」讀後隨想〉，《文學的思考者》（原載一九八三四年三月《中
　　　　華雜誌》248期）（台北：人間出版社，1988），頁43。

〔註119〕陳映眞：〈哦！蘇珊娜〉，《唐倩的喜劇》（原載一九六六年九月《幼獅文藝》
　　　　第153期）臺北：人間出版社，1995），頁61。

的使命感，受歷史時代所限將永遠不能實現。她任勞任怨的前半生，以犧牲折磨換取自我肯定的價值；但當環境好轉時，「去聖已遠」的哀嘆，卻以疾病阻擋自己享受遲來的幸福，她終究還是認爲沒有比失去高貴品德與理想更羞愧的事情，選擇以最純淨的方式了結生命。陳映眞談到〈山路〉的創作動機時提到：「寫了『鈴鐺花』和『山路』，對於臺灣歷史的五〇年代初葉，提出反省的思索，對當時人們的夢想、鬥爭和幻滅、對當時條件下的人所藉以生活的信念和在嚴酷的考驗下人的倫理和理念，帶著嚴肅的檢討心」。〔註 120〕小說以富庶的八〇年代對照蒼白卻懷抱夢想的五〇年代，紀錄下暴虐血腥的時代，曾激發人們對自由眞切的渴望。那些純潔正直的心靈，永遠提醒人們不該放棄永恆的夢想，閃現著無比耀眼的光芒。

第五節　藉病約束義務與權利——以疾病尋找健康

　　這些小說讓人們看到自我超越與自我迷失的過程，這兩個過程，前者令人驚心動魄，讓人具體感受到人的超越性與無可限制性；後者讓人徒呼負負，警覺到人身的有限性。人的心理是由理性、情感、潛意識與思想層次相互發揮作用所建造的世界，當人觸犯良心法則，「自我」與「超我」就會出現緊張的衝突與矛盾。此時，內心失去平衡，心靈會受到苦刑的懲罰，愈是具有反省能力的人，就愈能感知「過於敏感的良心」。她們敏銳地發現自己跨越道德的界線，立即有著痛苦難過的感受。也因如此，透過她們的自譴與疾病，可以看見道德者自虐的人性。她們認定自己罪孽深重而沉溺於苦刑；實際上，她們的罪刑未必深重，而是她們斷定自己有罪的那種嚴屬性，拘束了她們，也造成不可彌補的遺憾。她們的疾病，正是揭開人性道德負擔最重要的鑰匙。

　　透過這些小說可發現，人的行爲不論是遵循道德還是違反道德，是惡行還是善行，除了遵行外在的戒律之外，人只能對自己的良心負責。這些小說細膩地捕捉到現代臺灣變動的社經概況，外在的整體環境雖影響人際關係與道德紀律，人們不看重友愛、誠實、仁慈、勇氣與正直等良好的德行，正義與博愛僅成爲少數道德者堅持的品格。雖是如此，人們做了違背良心的事，疾病仍以最大的痛苦向人們展現：道德眞正的意義。超我是社會價值的攜帶

〔註 120〕陳映眞：〈凝視白色的五〇年代初葉——《山路》自序〉，《鞭子和提燈》（台北：人間出版社，1988），頁 35。

者，卻不因時局混亂喪失揚善懲惡的功能，疾病可說是「超我」、「自我」衝突下的產物。這些小說以疾病懲罰失德的罪惡者，也再一次引導人們思索罪惡與懲罰的問題。

在這些「私人關係」中，有各式各項的契約內容。人因契約獲利，也因簽訂契約而產生關係與煩惱，觸發人們進一步思考契約所帶來的改變與影響。實際上，人與人的契約關係建立之後，雖然可以計算出交易的經濟效應。但是，人和人因交易互動所產生的關係，遠非如此簡單，常常產生難以估量的後果。這些契約，原是在平等的關係下，當事人的允諾；但實際上，契約關係建立後，卻難以維繫自由平等的關係，此間權利與義務關係的分配，反而成為引發致命衝突的關鍵。這些小說，將契約所引發的衝突與道德掙扎具體顯現出來。

過去，法理學上的契約論，都太強調經濟利益或法律刑責，反而忽略了契約所造成的人文影響與效應。現代契約重視人的價值、講究人我和諧的關係，現代契約的誕生，可當作是一個對照，提醒人們一個契約所串聯的人際關係，及其最重要的價值。現代契約強調：

> 平等觀念、權利觀念、自由意志觀念、等價有償觀念、協作觀念、
> 義務責任觀念、誠實信用觀念以及公平競爭觀念、契約神聖觀念和
> 法律約束觀念等等，已與現代契約觀念發生了全面和本質的聯繫，
> 構成現代契約觀念的十大要素。〔註121〕

現代契約所正視的各種價值，正是人際關係裡不可缺少的價值，卻經常是私人關係忽視的價值。道義的行動是人人應實踐的正路，也是應遵守的生活準則。但是，人卻常因為私慾，不去尊重契約當事人的感受，造成契約關係失衡。小說中所描述的「私人契約」，往往陳述種種「侵犯他人權利」、「傷害他人價值」的情況，不論是藐視人的尊嚴、剝奪人的權利、傷害他人情感、傷害他人身體保護權等的情況，可發現契約關係人僭越了契約的身分，做出令人不悅的行為。他們不全是奸險人物，但卻傷害了他人的權益，他們犯下的錯誤，會引發關係人的報復或自我譴責。契約引發的人我對決與善惡衝突，絕對值得細部討論。

總結以上所述，可發現這七篇小說中的疾病書寫賦予特殊的意義：「疾病

〔註121〕李仁玉、劉凱湘合著：《契約觀念與秩序創新》（北京：中國社會出版社，1993），
　　　　頁180。

是『主角』對『自我』的一種懲罰」。這類小說以「違反良心的犯罪」，碰觸了正義者的反叛、背德者的罪惡，也討論到知識份子的迷失與負罪感。正因如此多元，它們把人我之間引發的罪惡與懲罰焦點，重新放回個人的良心上。罹病者承受身體的病痛，這種備受煎熬的過程，可讓個人徹底地反省德行的疏失。這些小說透過疾病書寫，顯示只有透過徹底的悔罪儀式，罹病者才能從中釐清人生的責任與義務，彌補他人的傷害，也只有明辨是非才可能重獲健康。

第六章 結 論

　　一個民族或全體人類常在共同的生活歷程中，培養了相同的思想、理想、生活態度與感情，人們卻必須透過特殊的方式，才能窺探到這些思想與情感更為深層繁複的樣貌。社會學家雖能幫助人們客觀地呈現社會文化的模型，但文學卻以象徵／隱喻的方式，向人們描述了一個民族的心聲或人類共同的文化理想，滿足了對存在本身的困惑與想像。〔註1〕本文藉助契約理論詮釋文學作品的涵義，顯示作者覺察或未覺察到的疾病現象與人生真理，從表層故事、深層結構到人物的隱密心理深入探索懲罰的思維。現在看來，雖有些小說受時代所限，對疾病存有偏頗的認知，但重讀這樣的作品仍具有重要的價值，因它們保留住人類文化與想像的紀錄。總體而言，疾病雖對人的身心造成傷害，但疾病絕不只有負面功能，某種程度而言，它們更像是增進人類適應社會能力的殘酷考驗，通過試驗可幫助人們更堅韌茁壯，更能了解人生的意義。

　　由前幾章內容可見，疾病常與懲罰涵義息息相關，從而顯示了一個重大的主題——疾病被賦予了「否定」的意義。本論文所討論的小說，不約而同觸及了這個問題：疾病顯示出重要的訊息，「人們『否定』各種『違反』價值框架的人們的『行動』」。正因疾病引來人們的否定與譴責，不僅讓此類小說觸及疾病的生理學與生物學意義，更從疾病所附加的否定涵義，從而突顯出道德價值的核心意義，更進一步探索人們常有的偏見、禁忌與罪責感。小說混雜著道德衝突引發的各式歧見，也因此探索「懲罰」此議題，格外具有批判性與建設性。

〔註1〕李亦園：〈總序一　從文化看文學〉，收入葉舒憲主編《文學與治療》（北京：社會科學文獻出版社，1999），頁5～6。

　　本文認爲這些疾病小說可具有兩層重要的意義，其一是贊成審判，其二是反對審判。不論贊成或反對，這些小說無不藉人我關係突出道德難題，更提醒人們行爲道德的重要性，及責任的不可違背性，顯露了文學最不可被取代的重要價值——人道主義，「人道主義，又譯人文主義，是人們關於倫理學與道德實踐的重要問題——人的地位、權利、能力、價值、尊嚴等所堅持的一種主張」。〔註 2〕人道主義關注人享有不可剝奪的天賦權利，也關注不可出讓的人格、不可踐踏的尊嚴。因爲，身爲人本身就是目的，不能成爲奪取任何對象的手段。在此大前提之下，人的尊嚴與人格被提高到最高的價值，不容許以各種議價的方式交易或出讓。作家利用疾病重申人道主義的理想，只有尊重人格才能帶來眞正的健康與內心的平和。雖然人道主義的理想不易實踐，但唯有認識人的侷限性才可突破侷限、超越侷限，從超越限制中彰顯人的價值。由此而論，人道主義的理想不是束之高閣的幻夢，而是爲了成就更高道德美善的具體實踐。

　　在本論文第二章所討論的幾篇小說，作者皆藉著疾病批判國家機器成爲控制百姓的力量，認爲黨政軍特制度崇尚戰爭、崇拜武力，助長殺生與殘暴之心，根本抹煞人的本性，這些小說關注在政治強權底下百姓備受摧折的痛苦。在第三章「文化契約」所討論的幾篇小說，雖有支持、固守迷信禁忌等保守價值的聲音，但批判同性戀歧視、質疑迷信禁忌、控訴醜化痲瘋病患、同情同姓結婚的觀點則更爲堅決；不但尖銳反駁天譴論的裁決，更正本清源，以理性態度釐清各種疾病的病理知識，破解世人的迷思：原來「愛滋」起於「非安全性行爲」的病毒傳染，而「情感性精神病」好發於情緒失控，而非「中邪」，「肺結核」因被結核桿菌感染造成體質虛弱，「痲瘋」常見於人多稠密處，這些疾病實與天譴無關。這些小說質疑人云亦云、執信偏見的「天譴論」，認爲「天譴論」根本是以錯誤的因果論指責病人，這些小說藉由疾病來譴責社會的無知與盲目，反省不合理的社會文化，極富有仁道精神。

　　本文也發現疾病小說具有第二層意義，顯示人們反對世人對病人進行任何形式的審判，甚至於透過更激烈的方式，藉著審判「『眾人審判病人』」的行動來表達批判的意圖。當疾病與懲罰論掛勾時，便意味著輿論大眾依舊以譴責的眼光看待罹病者。古希臘時期，人們認爲男性間出現性欲或愛慕關係，是件極其自然的事情，但到了十九世紀時，唯美主義代表作家王爾德（Oscar

---

〔註 2〕　楊方：《第四條思路》（長沙：湖南大學出版社，2003），頁 96。

Wilde）卻因同性戀情必須坐牢服刑，同性性愛被世人認作是犯罪、不道德的行為。到了二十世紀時，心理學得到突飛猛進的發展，同樣的行為又受到不同的待遇，同性的性愛親密的行為（homosexual）被精神醫學診斷為病態行為，成為需要矯治的心理疾病。人們發現醫學體系雖擁有最多的發言及論述權威，但面對同性戀現象或其他社會現象時，自身也時常無法維持客觀中立的觀點，反而反映出社會文化貶抑同性戀此種社會常模的偏見，有時還更進一步強化了性別系統的常模論點。〔註3〕一直要等到 1974 年，美國精神醫學才把同性戀一詞從精神醫學診斷手冊中除名，要求以平等的態度對待同性戀族群。〔註4〕關於中國近三千年來的同性戀歷史，可參考劉達臨撰述的《同性戀性史》一書。此書以社會學的角度，探索中國同性戀的性史與文化。人們回溯歷史，可以發現人們至今無法尊重愛滋病患，最主要的原因是許多人仍歧視同性戀，雖然，這種歧視的眼光已慢慢改變。不論人權論述、同志論述與性別論述紛紛提出除罪化與除病化的觀點，說服世人接受同性戀為正常人的正常情慾，呼籲世人尊重同戀戀者的自主選擇。現今尊重並保障同性戀者的權益，已成為民主社會的義務之一，因所有的社會公民都需學習尊重他人的生命與尊嚴，「在過去，攻擊異端是替天行道，但到了現在，容忍異己成為了基本道德之一」。〔註5〕而尊重他人的性愛與權利，也是每個人民必須學習的基礎道德，接受與尊重異／同性戀者及其文化，已成為現代社會最符合社會公義與人民權益的思想。以容忍異己與尊重他人的立場看來，每個人都具有價值，不應受到任何差別待遇，這是民主時代追求平權的最大要義。〔註6〕換言之，尊重同姓婚者、體恤病痛者也是展現人道尊重的必要舉措。這些小說立基於人道主義，反對譴責或歧視少數的「他者」，拒絕再拿「懲罰罪惡」之名審判任何病患。

　　實際上，不論秉持著人道主義關注生命疾苦，或是堅持行善懲惡的觀點，都不該再讓「愛滋病患」等其他罹病者，承擔「天譴」如此重大的污名。當社會賦予疾病特殊的意義，懲罰的隱喻造成負面效應時，人們該做的是即時

〔註3〕吳嘉苓：〈性別、醫學與權力〉，頁374。
〔註4〕林麗雲：〈自厭性同性戀者的治療〉，《中國人的同性戀》（臺北：張老師出版社，1991），頁37。
〔註5〕陳特：《倫理學釋論》。（陳特 1994：158）。
〔註6〕王雅各：〈同志平權運動〉，《性屬關係——性別與文化、再現》（台北：心理出版社，1999），頁229。

破解文化內部的迷思，對疾病進行正本清源的說明，「對疾病進行『去神秘化』工作，破譯疾病的特殊文化內涵」。〔註 7〕當錯誤的認知阻止人們建構理性的知識體系時，必須加強病理學的知識，以修正的角度認識疾病與人們的偏見，這才是替罹病者「除罪」的方法。只有透過振聾發聵的覺醒，當疾病不再成為恥辱的印記時，罹病者才能卸除道德上的壓力，真正享受應有的人權。

在第四章裡，這些小說突顯出「孝順」、「貞節」、「婦順」等傳統價值的優點與盲點，揭露家庭成員利用約定俗成的倫理義務束縛人們，施展控制與暴力的內幕。這些小說彰顯出一個事實，母女、父女與夫妻之間若無法建立平等尊重的關係，不去解決女性內心備受壓抑的處境，勢必造成女性罹患各種病症。這些小說特別同情家庭成員的犧牲與痛苦，特別以女性的症狀來揭露不平等的性別政治。

在第五章裡，這些小說重申人道精神的重要性。任何人在群體相依的關係裡，都可自由追求慾望或喜好，完成自己的工作、理想；但人的行動必須受到權利與義務的約束，個人的自由絕不可能無限上綱，更不可剝奪或侵擾他人自由。小說強調個人權利與自由的約束性，提醒世人不該為了迴避懲罰而自掘墳墓，應該基於愛生護生、推己及人的心理，完成利他的偉大宏願。

在這些小說當中，有一類小說特別重視精神疾病的描述，而精神疾病的產生顯然與良心有關。良心產生的自譴作用雖是人類普同的經驗，在二十五篇小說當中，利用疾病的災難化模式，便是為了強調由「懺悔」所顯示出的真理與價值。良心的審判雖使人動輒得咎，但過重的道德重擔，有時反而讓人承受如影隨形的壓力，過高的道德要求甚至能置人於死，這個結果也提醒了人們，肉體的折磨縱然是種難受的折磨，但揮之不去的負罪感緊緊束縛著心靈，那種煎熬才讓人失去自由的感受，這是違背道德後，精神必須承擔最痛苦的懲罰。雖是如此，這些小說卻一致肯定負罪感的作用，堅信只有悔過遷善才能得到心靈上真正的自由。顯然認為，人們不論對真理與正義充滿多少困惑，卻無法棄置道德於不顧。文學再次肯定了道德所賦予的價值，它並未消失，仍具體而微的產生影響。文學始終不願放棄，對混亂的世界提出最誠懇的呼告。

人的罪惡感對全人類與社會整體，到底有何具體的貢獻？佛洛伊德似乎從反面回應了這個問題。他在《文明及其不滿》(*Civilization and Its Discontents*)

〔註 7〕王予霞：《蘇珊・桑塔格縱論》（北京：民族出版社，2004），頁 229。

說明文明付出的代價，就是負罪感的增強，最後導致幸福的喪失。由此可見，人的罪意識，讓人重視到自己存在的重要性，他成為整體文明的一部分，有義務的牽扯、有應盡的職責、有承諾的關係和認同的渴望。當他意識到罪意識時，便也體認到社會組織與義務責任的重要與不可取代性。

本文介紹的這幾篇自譴型的小說，一致肯定人的品行、良心、罪惡感與身體間的緊密關聯，特別標舉出是非、羞惡、惻隱的道德意識。某種程度而言，也強調身體體現心性、心性形著身體的身體觀，彰顯的是傳統文化一直以來深信的心性身體合一的一元論觀點。〔註8〕疾病所顯現的精神危機，恰如其分地反映了內心的衝突，以強烈的方式表達人們不被理解的苦衷、難以兩全的掙扎。這些小說不厭其煩強調的，仍是傳統文化不敢須臾或忘的道德追求，誠如錢穆先生所言，道德精神仍是人們積極追求的理想境地，這一種道德精神，是國人內心追求的一種做人的理想標準，是人們向前爭取到達的一種理想人格。〔註9〕人們受困於現實無法達至理想的境界，但道德理想與精神焦慮仍可成為向上攀升的力量，鼓舞世人從世俗中超脫。

大體上，這些小說對知錯能改的人性抱持著肯定的態度，人們也許曾經違背道義做錯事，但不會因犯錯，便全面否定人的價值。這些精神疾病雖造成不少的痛苦，但小說也討論到精神疾病可能帶來的正面影響。罹病者的悔悟力量，可以助人改過與重生，當人開始進行補救缺損的行動時，便有機會改善失衡的狀態重新融入集體社會。這樣的結果正好說明，敏銳的身體可以幫助世人以更好的方式與世共存，知過能改者定是世上最能參透生命之道的人。

這些小說不斷強調良心與道德意識的重要性，自然也引起人們對道德哲學的好奇心。倫理學家最常站在功利或效應角度談論罪惡懲罰的效應，古代希臘人認為人生的目的是幸福主義（eudemonism）或是快樂主義（hedonism），後世功利主義者如洛克（John Locke）、邊沁（Jeremy Bentham）也多半從利己或利他的角度，強調依良心指示，可獲得快樂與利益的價值。功利主義者對於道德狀態常有這樣的描述，凡做完後會覺得快樂、安心的行動，就是正當、善的行為；相反的，若是完成了行動，得到害處的痛苦與不幸，此行為就是

〔註 8〕 楊儒賓：《儒家身體觀》（台北：中研院文哲所籌備處，2003），頁 8。
〔註 9〕 錢穆：〈中國歷史上的道德精神〉，《道德倫理的理論與實踐》（台北：中國文化復興運動推行委員會，1982），頁 132。

不正當的、是惡的行爲。可見從心裡的快樂狀態，一併探索了良心的作用：「快樂主義與其他道德標準（如正義原則、德行主義）協調一致。他們把快樂主義改造成爲最大幸福主義（應被理解爲以盡可能多的相關者的盡可能多的快樂爲道德評判標準），並輔之以文明利己主義」。〔註10〕後人也因爲功利主義切合人性的需求，讓幸福主義廣泛地流傳，幾乎擴展成普世的倫理。人們深信只要能完成導致幸福與快樂感受的行爲，此行爲便算是合乎道德的準則。從這些小說可以看出，它們一致同意行善能帶來最多的善、最大的利益以及好運，包括：健康的身體以及安祥和樂的心靈；行惡則會導致災難，造成重大損失，例如損失掉健康與平靜的生活。這些小說透過疾病的書寫，繼承的仍是崇善抑惡的傳統，深信所有人的良心都具有辨識善惡的能力，良心不安所引發的「身心痛苦」，就是最富教訓意味的審判。小說嚴密遵循著「行善懲惡」的大原則，認爲行善不會產生惡果、惡行也不會產生善果，即使主角多半具有身不由己的苦衷，終因無法行善避惡而必須受罰。這些小說不斷透過懲罰的過程提醒人們，人的關係網絡與道德責任是如此複雜，也因如此，傷人、害人、殺人的行動雖顯示人的命定侷限，但人們終將守護著自己道德而有所作爲，堅守人性的道德底線絕對是必要的行爲。

　　依本文研究成果可發現，疾病書寫除與道德意識密切相關，也涉及病人、病因、診治系統、人格、醫病關係、醫療倫理、他人看待、政局發展與社會文化多個層次，除了展現傳統文化對疾病的既定想像之外，天譴論與鬼神思想也顯露文化獨有的天道思想與身體制約。本文從「疾病是一種懲罰」的隱喻中，深入闡釋疾病文本獨特的人格論與善惡論，發現疾病被賦予「天譴」意義時，有的小說偏強調「身心二元論」，把疾病當作純粹的對象物，進而否決原始天道與懲罰的思想，以企圖保障病患的權益。當疾病賦予「自譴」意義時，小說反而強調「身心一元論」，極爲看重道德意識的自我審判過程。不論是「身心二元論」或是「身心一元論」，都嘗試著從道德的角度，探索人生最重要的價值。

　　這些小說雖關注多種疾病的衍生，但最重要的焦點還是匯聚在人身上，人才是闡釋義理最重要的核心。小說集中描述罹病者罹病受災的經驗，顯然藉著疾病描寫社會衝突與心靈創傷，也讓「疾病」的「形式」據實地體現出創傷的內容與意義。罹病者受到折磨的身體，某種程度而言，已讓身體變成

〔註10〕楊方：《第四條思路》，頁106。

一種符號，變爲探索社會症狀與文化病徵的符號，「都是尋求一種面對臺灣社會文化或是歷史敘事碎片以身體化的方式所展現之症狀的方法論。」〔註 11〕透過林海音的〈燭〉，人們看見病態裝病者內心的悲酸；翻閱水晶〈愛的凌遲〉，人們了解到悔罪過程竟是如此痛苦；欣賞陳映眞的〈山路〉，人們釐清左翼女性慢性自殺的眞相；研讀陳若曦的《紙婚》，人們反省對愛滋病的恐懼與偏見；探討陳雪的《惡魔的女兒》，人們驚覺童年創傷竟能造成終身難癒的疾病。這些小說精采地「展現」「疾病文本」形式即意義最不可忽略的價值。這些病症既是病患痛苦的經驗，更是展示痛苦經驗最不能被取代的形式；它本是即是傷痛，更是表達傷痛最清楚透徹的形式。如此來理解疾病，便可知悉這些作家不斷地回到疾病場景來描寫痛苦，透過重溯面對創傷與原點，就是希望透過敘事文體，將症狀內部的病灶與痛楚被世人看見。

　　本文發現每個作家皆透過各種情境描寫疾病，關注臺灣或全人類獨特的政治歷史、文化禁忌、家庭倫理與道德缺損，可說是兼容並蓄，不僅掌握了變動中的文化，更敏銳地指認出時代性，以最適宜的形式保留住變動的態勢，都讓這些小說成爲最能掌握文化動態和再現經驗、情境想像的社會文本，更成爲建構與反省人類文化的重要功臣。不論描寫什麼疾病，作家都相當一致地關注人們與社經社會的衝突，深入思索人性與人道精神的眞正價值。有些作品顯然受主題先行的影響，削弱了深刻性與複雜度，但能超越時代侷限的作品，才能展現出既動人又啓人深思的力量，〈燭〉、〈愛的凌遲〉、〈山路〉、《惡魔的女兒》與《紙婚》無疑是其中的代表佳作，具有不可忽略的美學價值與歷史意義。本文旨在挖掘懲罰論背後的心理模式，並反省疾病的成因，在臺灣文學、人文醫學與疾病論述上完成一個頗具新意的研究。筆者也希望以研究成果爲基礎，繼續探討其他疾病文本的隱喻涵義，相信必能擴展對疾病的認識，也期望更多的學者，能一起加入隱喻解密的工程。

〔註11〕劉紀蕙：《心的變異：現代性的精神形式》（臺北：麥田出版，2004），頁 89。

附　錄

壹、普羅普三十一個敘事功能

1. 離家（absentation）家人離家出走
2. 禁令（interdiction）對主角公佈禁令
3. 違禁（violation）違反禁令
4. 偵查（reconnaissance）加害者進行試探
5. 獲得情報（delivery）加害者獲得情報
6. 圈套（trickery）加害者欺騙
7. 依從（complicity）主角受騙幫助加害者
8. 罪行（villainy）加害者傷害或侵犯家庭的某一成員
9. 仲介（mediation）主角接到請求和命令，他被允許或被派遣出發
10. 開始、回應（beginning, counteraction）尋求主角同意或做出回應
11. 出發（departune）主角離家出發
12. 施與者的第一個功能（the first function of the donor）主角接受考驗、質問、攻擊，它們構成主角接受魔法或助手的條件
13. 主角的反應（the hero's reaction）主角對施與者的行為做出反應
14. 提供或接受一件具有魔法的器物（provision or receipt of a magical agent）主角得一具有魔法的器物
15. 兩個國家間的空間轉移指引（spatial fransference between two kingdoms, guidance）主角被轉移、放逐到他尋找的對象那裡
16. 鬥爭（struggle）主角與加害者鬥爭

17. 印記、標誌（branding, marking）主角被留下某種標誌
18. 勝利（victory）加害者被打敗
19. 彌補欠缺（liquidation of misfortune or lack）最後的災禍或欠缺被補足
20. 歸家（return）主角凱旋歸來
21. 追趕，追逐（pursuit, chase）主角被追逐
22. 營救（rescue）主角從追逐者手中獲救
23. 未被辨認出的到達（unrecognized arrival）主角隱姓埋名，到達家鄉或到另外一個國度
24. 無理要求（unfounded claims）假主角提出無理要求
25. 困難的任務（difficult task）交給主角困難任務
26. 解決（solution）完成任務
27. 承認（recognition）洩漏主角身分
28. 揭露（exposure）假主角或加害者被揭露
29. 美化（transfiguration）主角獲新外表
30. 懲罰（punishment）加害者遭懲罰
31. 結婚（wedding）主角結婚或登上王位

貳、本文小說中的三十個敘事功能

1. 簽約　主角簽訂契約
2. 履約　主角履行契約、完成任務、接受考驗
3. 違約　主角違背契約、背叛任務、逃避考驗
4. 聯盟　主角投入新任務與新團體
5. 回家　主角回到家園
6. 受挫　主角受到挫折與變動
7. 得戀　主角邂逅同／異性得到愛情
8. 受災　主角／罹病者承受病痛帶來的災難（聽聞消息、看到某事物、進行某些行動後、受到某些改變後，主角／罹病者承受病痛帶來的災難）
9. 逃避　主角不願面對真相
10. 誘發　類似情境誘使主角重複某一個行動
11. 治療　罹病者就診接受治療、參與儀式治療

12. 記憶　主角從不知到知道、從遺忘到憶起往事

13. 溯源　主角想起童年

14. 領悟　主角對發生的事情提出初步看法

15. 請求　主角／罹病者提出要求

16. 抉擇　主角面臨猶豫與衝突的決定

17. 考驗　幫助者助情況好轉或加害者助情況惡化

18. 抗爭　主角／罹病者與加害者抗爭

19. 盤算　嚴密區隔他人／自我確定仇恨關係或是親愛關係

20. 脫離　主角離開他的工作

21. 立誓　主角欲實踐計畫

22. 矇蔽　主角與幫助者交惡

23. 算帳　加害者找上門來

24. 審判　審判者審判被審判者之罪

25. 懺悔　主角／罹病者思考、談論、懺悔自己的過失

26. 敘述　主角敘述狀況並尋求改變

27. 創新　主角／罹病者獲得新生活

28. 整合　主角／罹病者被帶離

29. 平反　幫助者離開、加害者留下

30. 彌補　加害者得到東西

參、「罪惡的懲罰型」小說的敘事模式

一、以政治契約而言

（一）當罹病者，為「民眾」時（原型契約）

若 X 違背政治契約→Y 必須懲罰 X→X 違背政治契約，X 遭受 Y 的身心傷害→X 是違約者，被 Y 懲罰、自譴是罪人（附註：產生虛弱或戰爭創傷後遺症。Y 是紅衛兵或街委會。病例：〈春遲〉、〈風景舊曾諳〉）

（二）當罹病者，為「軍獄黨政人員」或「紅衛兵」時（連綴型契約）

若 X 違背政治契約→Y 必須懲罰 X→X 履行政治契約，違背良心法則→X 被良心懲罰、自譴是罪人（附註：產生幻覺與精神病。Y 是上司。病例：〈六月裏的玫瑰花〉、〈賀大哥〉、〈文書〉、〈最後夜車〉、〈鄉村的教師〉與〈夜霧〉）

二、以文化契約而言

（一）當罹病者，為「男同性戀」或「軍人」時（原型契約）

例一：真實情況

若 X 違背健康防護契約→Y 必須懲罰 X→X 違背健康防護契約→X 是違約者被 Y 懲罰，得傳染病（附註：感染傳染病：愛滋病與痲瘋病；Y 為病原。病例：《紙婚》、〈亂色調〉、〈世紀的病人〉、〈金石情〉與《荒人手記》）

例二：真實情況

若 X 違背文化契約→Y 必須懲罰 X→X 違背文化契約→X 是背德者被 Y 懲罰，他譴之罪（附註：愛滋病與痲瘋病；Y 為大眾輿論。病例：《紙婚》、〈亂色調〉、〈世紀的病人〉與《荒人手記》）

例三：錯誤揣測

若 X 違背文化契約→Y 必須懲罰 X→X 違背文化契約→X 是背德者被 Y 懲罰，天譴之罪（附註：愛滋病與痲瘋病；Y 為天主。病例：《紙婚》、〈亂色調〉、〈世紀的病人〉與《荒人手記》）

（二）當罹病者，為「瀆神女性」（原型契約）

例一：真實情況

若 X 違背私人契約→Y 必須懲罰 X→X 違背私人契約→Y 為懲罰 X 而自殺，X 承受 Y 的心理傷害、自譴是罪人（附註：精神病；Y 為允諾終身的人。病例：〈吊人樹〉）

例二：錯誤揣測

若 X 違背文化契約→Y 必須懲罰 X→X 違背文化契約→X 是瀆神或附魔者，被 Y 或 Z 懲罰，天譴之罪（附註：中邪；Y 為神明、Z 為邪靈。病例：〈吊人樹〉）

（三）當罹病者，為「觸犯文化禁忌者」（原型契約）

若 X 違背文化契約→Y 必須懲罰 X→X 違背文化契約→X 是違約者被 Y 懲罰，天譴之罪（附註：中邪與發瘋；Y 為神明與超自然力量。病例：〈婦人桃花〉、〈灰眼黑貓〉）

（四）當罹病者，為「觸犯婚姻禁忌者」（原型契約）

例一：真實情況

若 X 違背健康防護契約→Y 必須懲罰 X→X 違背健康防護契約→X 是違約者，被 Y 懲罰（附註：肺結核。Y 為病原。病例：〈野茫茫〉）

例二：錯誤揣測

若 X 違背文化契約→Y 必須懲罰 X→X 違背文化契約→X 是違約者，被 Y 懲罰，天譴之罪（附註：肺結核。Y 為神明。病例：〈野茫茫〉）

（五）當主角，為「觸犯婚姻禁忌者」與「罹病者的母親」（變形契約）

例一：輿論揣測

若 X 違背文化契約→Y 必須懲罰 X→X 違背文化契約→Y 懲罰 X 剋夫剋子，A 受 X 影響被 Y 懲罰罹病，XAZ 皆受天譴

（附註：A 得了癲癇、Z 不明原因死亡；Y 為神明；Z 為丈夫、A 為兒子。病例：《斷掌順娘》）

三、以家庭契約而言

（一）當罹病者，為「家族遺傳病的後代」（變形契約）

若 X 違背家庭契約→Y 必須懲罰 X→X 不可能違背血親契約，X 遵循 Y 的遺傳契約，遺傳疾病就是血緣原罪（附註：家族遺傳肝癌；Y 是雙親基因。病例：〈死者〉）

（二）當罹病者，為「家族遺傳病的後代」（變形契約）

若 X 違背家庭契約→Y 必須懲罰 X→X 不可能違背血親契約，X 遵循 Y 的遺傳契約，X 違背文化契約、違背法律，難以逃離遺傳疾病血緣原罪影響（附註：家族遺傳精神病；Y 是雙親基因。病例：〈歡樂人生路〉）

（三）當罹病者，為「亂倫的女兒」（連綴型契約）

若 X 違背家庭契約→Y 必須懲罰 X→X 履行家庭契約、違背文化禁忌、違背良心法則→X 自譴被良心懲罰（附註：失眠、幻聽等精神病，自殺性人格。病例：《惡魔的女兒》）

（四）當罹病者，為「逆母的女兒」或「失責的丈夫」（連綴型契約）

若 X 違背家庭契約→Y 必須懲罰 X→X 違背家庭契約、違背良心法則→X 被 Y 懲罰、X 被良心懲罰（附註：失眠、昏厥、迫害妄想、發燒等精神病。Y 為逆女之母、莽夫之妻。病例：〈健康公寓〉與《庭院深深》）

（五）當罹病者，為「復仇的妻子」（變形契約＋連綴契約）

若 X 違背家庭契約→Y 必須懲罰 X→X 遵守家庭契約，Y 無法懲罰 X，但 X 生病；X 氣 Y 不遵守家庭契約→X 以病懲罰 Y（附註：腿病惡化為癱瘓；感冒加重。Y 為失責的丈夫。病例：〈燭〉、〈從前，有一個公主和一個王子〉）

（六）當罹病者，為「失責的丈夫」（變型契約）

若 X 違背家庭契約→Y 必須懲罰 X→X 違背家庭契約，Y 以 X 的疾病來懲罰 X→X 死亡（附註：X 因感冒未癒而喪命。Y 為妻子。病例：〈燒〉）

四、以私人契約而言

（一）當罹病者，為「失職職員」或「失德男子」時（原型契約＋連綴契約）

若 X 違背私人契約→Y 必須懲罰 X→X 違背私人契約，X 遭受 Y 身心懲罰、X 受良心法則懲罰→X 受他譴自譴而罹病（附註：恐懼男性陽具症；動物恐懼症；陽萎。Y 約會女子或男性上司。病例：〈恐男症〉、〈昨日水蛭〉）

（二）當罹病者，為「觸犯法律者」時（原型契約）

若 X 違背私人契約→Y 必須懲罰 X→X 違背私人契約，Y 無法懲罰 X（Y 已死），X 遭受文化契約、法律懲戒、良心法則懲罰→X 自譴病倒（附註：精神病。Y 是債權人或契約關係人。例：《模範市民》、〈□□〉）

（三）當罹病者，為「觸犯天道者」時（連綴契約）

若 X 違背天道契約→Y 必須懲罰 X→X 違背天道契約，Y 懲罰 X，X 遭受天道懲戒、良心法則懲罰→X 遭天譴而亡（附註：惡臭症與幻覺。Y 是神明。病例：〈抗暴的打貓市〉）

（四）當罹病者，為「失信的知識份子」時（變形契約）

若 X 違背私人契約→Y 不會懲罰 X→X 違背私人契約，Y 不會也無法懲罰 X（Y 已死），X 遭受良心法則懲罰→X 自譴病倒（附註：精神病。Y 是革命者。病例：〈山路〉）

（五）當罹病者，為「觸犯感情禁忌者」時（變形契約）

若 X 違背人神契約→Y 必須懲罰 X→X 違背人神契約，Y 不懲罰 X，X 遭受良心法則懲罰→X 自譴病倒（附註：精神病。Y 為天主。病例：《廣澤地》）

肆、第二章 「國家機器的宰制與自譴」出現的敘事功能

本章探討「政治契約」所引發的衝突與疾病，九篇疾病小說常顯示近似的敘事模式，除〈春遲〉、〈風景就曾語〉兩篇小說維持「罪惡的懲罰」的「原型契約」敘事，突顯違背「政治契約」遭受恐怖懲罰的意義，大部分都顯示為「連綴型契約」，探討履行「政治契約」後導致良心譴責的特殊意義。在疾

病書寫出現的三十個敘事功能中，這些小說中出現以下二十三個功能，各自
具有重要的意義。簡述如下：

1、簽約　制約者與主角／簽約者訂立契約

2、履約　主角履行契約、完成任務、接受考驗

3、違約　主角違背契約、背叛任務、逃避考驗

4、回家　主角回到家園

5、受挫　主角受到挫折與變動

6、得戀　主角邂逅異／同性得到愛情

7、受災　主角／罹病者承受病痛帶來的災難（聽聞消息、看到某事物、
　　　　進行某些行動後、受到某些改變後，主角／罹病者承受病痛帶
　　　　來的災難）

8、逃避　主角不願面對真相

9、誘發　類似情境誘使主角重複某一個行動

10、治療　罹病者就診接受治療、參與儀式治療

11、記憶　主角從不知到知道、從遺忘到憶起往事

12、考驗　幫助者助情況好轉或加害者助情況惡化

13、抗爭　主角／罹病者與加害者抗爭

14、盤算　主角嚴密區隔他人／自我確定仇恨關係或是親愛關係

15、脫離　主角離開他的領域

16、立誓　主角欲實踐計畫

17、矇蔽　主角與幫助者交惡

18、算帳　加害者找上門來

19、審判　審判者審判被審判者之罪

20、懺悔　主角／罹病者思考、談論、懺悔自己的過失

21、敘述　主角敘述狀況並尋求改變

22、創新　主角獲得新生活

23、整合　主角被帶離

　　每一篇小說主角受到政治力控制，為了得到社會交換利益而有「訂立契
約」的行動，a.人民加入軍隊徵兵組織（〈六月裏的玫瑰花〉、〈賀大哥〉）、b.
獄吏擔任國家司法機關的一員（〈文書〉）、c.青年在文革期間加入紅衛兵組織
（〈最後夜車〉）、d.特務人員參與國家機密組織（〈夜霧〉）、e.主角配合文革時

期國家的政策行動（〈春遲〉），f.主角遵照國民黨指示擔任特務（〈抗暴的打貓市〉）；本文把這些行動定名爲「制約者與主角訂立契約」，確立爲第一個功能「簽約」。

在故事中反覆出現主角爲了履行政治契約，而做出種種行動，a.當軍人遵從上級指示誅殺敵軍（〈鄉村的教師〉、〈賀大哥〉與〈六月裏的玫瑰花〉）、b.獄吏遵照命令處決人犯（〈文書〉）、c.紅衛兵履行主席指示展開批鬥行動（〈最後夜車〉）、d.特務人員接受任務審訊黨外人士（〈夜霧〉），e.主角協助國民黨軍隊誅殺人民（〈抗暴的打貓市〉），本文把這些行動定名爲「履行契約、完成任務、接受考驗」，此爲第二個功能「履約」。

少數主角做出觸犯政治契約的行動，a.主角違反政策做出褻瀆女性的舉動（〈春遲〉）、b.主角未阻止家人遷台，自己已違反政治的禁令（〈風景舊曾諳〉），把這些行動歸結於「主角違背契約、背叛任務、逃避考驗」的第三個功能「違約」。在本章所討論的小說當中，黨政軍民都因違背／履行「政治契約」後，讓疾病出現罪與罰的意義，其中，違背／履行「政治契約」可說是影響小說發展最重要的因素，當黨政軍民做了違背／履行「政治契約」的舉動之後，就會引發後續巨大的變化。

有的主角有「回到家園」的行動，a.參與越戰後回到家中（〈賀大哥〉），b.參與戰爭後從婆羅洲回到家中（〈鄉村的教師〉），定名爲第四個功能「回家」。

有的主角依循「政治契約」後受到挫折與變動，a.主角實行教育改造計畫卻受到挫折（〈鄉村的教師〉）、b.主角受到隊友的指控受到挫折（〈賀大哥〉），可歸結爲第五個功能「受挫」。

有的小說當中，主角得到了珍貴的戀情，a.主角得到了善解人意的妻子，享受被照顧的生活（〈文書〉、〈夜霧〉）；b.主角得到心靈的伴侶與眞正的愛情（〈六月裏的玫瑰花〉），可見第六個功能「得戀」亦是不可忽略的重點。

此外，描寫主角罹病是小說中最重要的部分，主角皆因「聽聞消息、看到某事物、進行某些行動後、受到某些改變」而讓「主角」成爲「罹病者」，a.主角聽聞情人戰亂倖存的身世隨即病倒，身心承受莫大的痛苦（〈六月裏的玫瑰花〉）、b.主角聽到妻子政治受難者的身分、看到害怕的貓而受災罹病，身心承受莫大的痛苦（〈文書〉）、c.主角看到同袍的懺悔書病倒，身心承受莫大的痛苦（〈賀大哥〉）、d.主角受到竹子穿刺的刺激而罹病，身心承受莫大的痛苦（〈風景舊曾諳〉）、e.主角受到恐嚇而罹病，身心承受莫大的痛苦（〈春遲〉）、

f.主角聽聞黨外份子平反消息而罹病，身心承受莫大的痛苦（〈夜霧〉），g.主角殘害同胞之後，就意識不清看見「紅蝙蝠船」的幻影（〈抗暴的打貓市〉），總結說來，以上行動皆能突顯第七個功能「受災」的重要性。

當「主角」成爲「罹病者」後，拒絕面對事實的眞相，a.主角不願告訴妻子實情，反而把心理因素引起頭痛當成是「腦癌」的藉口，以「治療頭痛病症」的行動來「逃避」事實（〈夜霧〉），b.主角害怕看見貓，他以爲不看見貓，就不會發生不幸的事情，他以逃避掩蓋殺人的罪惡（〈文書〉），都歸屬第八個功能「逃避」。

主角若處身在類似情境下，會重複同一個動作，a.主角一看到害怕的貓就會驚慌逃走（〈文書〉）、b.主角一想到某件事情就頭痛（〈最後夜車〉），c.主角每次看見「紅蝙蝠船」，就會神智不清地跳上船（〈抗暴的打貓市〉），都可歸屬第九個功能「誘發」。

罹病者就診接受治療，a.主角聽從親友的意見選擇中醫治療，到中醫診所去接受醫生針灸（〈最後夜車〉），b.主角聽從家人意見接受西醫治療，到醫院去接受心理醫生的治療（〈夜霧〉、〈賀大哥〉與〈六月裏的玫瑰花〉），都歸屬第十個功能「治療」。

主角「從不知到知道、從遺忘到憶起往事」，漸漸想起已經遺忘的事蹟，a.主角想起自己曾參與文革的批鬥活動（〈最後夜車〉）、b.主角想起自己曾拷問、陷害黨外人士（〈夜霧〉），c.主角想起過往殺人的行動與場景（〈文書〉），這是第十一個功能「記憶」。

有些人物協助主角尋求對象或幫助「罹病者」痊癒，是助狀況好轉的「幫助者」；有些人物造成主角生病、阻止「罹病者」痊癒，是傷害主角促狀況惡化的「加害者」，a.在情人與醫生悉心照顧下，主角病情痊癒得相當快速（〈六月裏的玫瑰花〉）；b.在女兒的感情勸說之下，主角病情好轉（〈春遲〉）；c.得到醫生細心的安慰，主角病況漸漸穩定（〈賀大哥〉）；d.在鄉里鄰居的仇視與敵意下，主角心生恐懼而病倒（〈鄉村的教師〉）；e.妻子政治受難者的身分，讓主角心生愧疚與妄想而病情加重（〈文書〉），這些舉動具有第十二個功能「考驗」人物，能分辨出人物具有「幫助者」或「加害者」的身分。

主角爲保護自我需「與加害者抗爭」，a.主角反駁「加害者」「助紂爲虐」的罪名，幫自己辯駁（〈夜霧〉），此爲第十三個功能「抗爭」。

主角進一步盤算他人與自我，到底是仇恨關係或是親愛關係，a.主角以行

動感謝情人，認為自己得到真愛（〈六月裏的玫瑰花〉）；b.主角感激女兒的臨危幫助（〈春遲〉）；c.主角感謝醫生的治療行動，幫助他的病情好轉（〈賀大哥〉）；d.鄉里鄰居成為「加害者」，他們的仇視與敵意讓主角心生恐懼而病倒（〈鄉村的教師〉）；e.主角畏懼妻子政治受難者的身分，也怕妻子養的貓，兩者都讓他精神焦慮不安（〈文書〉），f.主角認為醫生和妻子都是復仇者的同夥，遲早對他不利，以上主角的種種行動都可歸結出第十四個功能「盤算」。

主角「脫離」他熟悉的領域，a.主角離開熟悉的美國到達陌生地臺灣（〈賀大哥〉），此為第十五個功能「脫離」。

有些主角「立誓」實踐新的人生計畫，a.主角此後只為愛人而參與戰事（〈六月裏的玫瑰花〉），b.主角接受臺灣女孩的鼓勵，期待迎接新生計畫（〈最後夜車〉），此行動都完成了第十六個功能「立誓」。

有的主角受到「矇蔽」無法看清事實，a.妻子是主角的親密愛人，主角卻疑心她與醫生都是傷害他的人，無法安心地接受治療（〈夜霧〉），這是第十七個功能「矇蔽」。

有的主角認為「加害者」一定會來「算帳」，a.主角認為冤死的復仇者來找他索命（〈文書〉），b.主角認為仇人會趁其不意找他復仇（〈夜霧〉），這是第十八個功能「算帳」。

最重要的是「審判」，「審判」帶有指認錯誤、停止惡行、處置罪行的行動，「審判者」審判「被審判者」是每篇小說都可見到的行動，a.市街委及鄰里審判主角輕薄女性違反黨紀的罪行，造成主角病倒（〈春遲〉），b.主角的親人為反革命份子，紅衛兵以嚴刑峻罰審判他造成「木質化」病症（〈風景舊曾諳〉），c.主角受自我良心的審判而痛苦不已，造成主角憂鬱症病倒（〈六月裏的玫瑰花〉）、d.、主角受自我良心的審判而痛苦不已，造成主角自殺身亡（〈夜霧〉）、e.主角受自我良心的審判而痛苦不已，主角精神分裂想斬斷過去所有的關係（〈賀大哥〉）、f.主角受自我良心的審判而痛苦不已，造成主角因贖罪而喪生（〈最後夜車〉）、g.主角受自我良心的審判而痛苦不已，造成主角因瘋狂而鑄下殺妻之憾（〈文書〉）、h.主角受自我良心的審判而痛苦不已，造成主角恐懼內疚而自殺（〈鄉村的教師〉），i.主角死於惡臭症，死後老天繼續顯靈懲罰他的罪惡，讓他承受屍骨無存永世的凌遲（〈抗暴的打貓市〉）；都足以說明第十九個功能「審判」，無疑是詮釋小說罪與罰主旨最重要的行動。

有的主角／罹病者思考、談論、懺悔自己的過失，a.主角指責自己過錯並真心懺悔（〈六月裏的玫瑰花〉），這是第二十個功能「懺悔」。

有的主角敘述自身狀況並尋求改變，a.主角向愛人敘述自己的新計畫（〈六月裏的玫瑰花〉），b.主角向家人陳述回歸故鄉的想法（〈風景舊曾諳〉），這是第二十一個功能「敘述」。

有的主角病癒後獲得新的生活，a.主角痊癒後與女性的關係更爲親密（〈春遲〉），這是第二十二個功能「創新」。

最後有的主角被帶離原有生活圈，a.家人提醒主角的眞實身分，並把他帶離臺灣（〈賀大哥〉），這是第二十三個功能「整合」。

伍、第三章　「文化的禁忌與天／他譴」出現的敘事功能

本章所討論的十篇疾病小說中常顯示近似的敘事模式，不論是正面肯定「文化契約」所帶來的約束性，或否定「文化契約」所造成的傷害性，大部分都遵循「原型契約」的敘事，討論違反「文化契約」後遭受「罪惡的懲罰」之特殊意義。在疾病書寫出現的三十個敘事功能當中，十篇小說出現了以下十七個功能，各自具有重要的意義。簡述如下：

1、簽約　制約者與主角／簽約者訂立契約
2、違約　主角違背契約、背叛任務、逃避考驗
3、聯盟　主角投入新任務與新團體
4、受挫　主角受到挫折與變動
5、得戀　邂逅異／同性得到愛情
6、受災　主角／罹病者承受病痛帶來的災難（聽聞消息、看到某事物、進行某些行動後、受到某些改變後，主角／罹病者承受病痛帶來的災難）
7、治療　罹病者就診接受治療、參與儀式治療
8、領悟　主角對發生的事情提出初步看法
9、考驗　幫助者助情況好轉或加害者助情況惡化
10、抗爭　主角／罹病者與加害者抗爭
11、盤算　主角嚴密區隔他人／自我確定仇恨關係或是親愛關係
12、脫離　主角離開他的工作
13、立誓　主角欲實踐計畫
14、審判　審判者審判被審判者之罪
15、懺悔　主角／罹病者思考、談論、懺悔自己的過失

16、敘述　主角重新敘述狀況並尋求改變

17、創新　主角獲得新生活

　　每一篇小說主角受到社會習俗與文化禁忌的控制，社會的共識就像非承諾性契約一樣，具體而微地約束每個社會成員的生活，每個社會成員都是「文化契約」的簽約者，a.主角認為同性戀者是違規者與叛教徒，顯然認為異性戀模式才是合乎禮法、遵循規則的社會慣例（《荒人手記》）；b.同性戀者難逃社會輿論的約束（《紙婚》、〈世紀的病人〉與〈亂色調〉）、c.事神不敬的人難逃社會輿論的約束（〈吊人樹〉）、d.褻瀆黑貓的人難逃社會輿論的約束（〈灰眼黑貓〉）、e.用情不專的人難逃社會輿論的約束（〈婦人桃花〉）、f.病容醜陋的人難逃社會輿論的約束（〈金石情〉）、g.同姓結婚的人難逃社會輿論的約束（〈野茫茫〉）、h.斷掌斜眼的女性難逃社會輿論的約束（《斷掌順娘》），本文把這些約束行動定名為「制約者與主角訂立契約」，確立為第一個「簽約」的功能。

　　輿論認為社會成員遵守社會共識有助於維持社會秩序，從這十七個敘事功能可看出，違背「文化契約」讓疾病出現罪與罰的意義，a.主角放棄異性性愛，成為違背「文化契約」的同性戀者（《荒人手記》、《紙婚》、〈世紀的病人〉與〈亂色調〉）、b.事神不敬者做了違背「文化契約」的叛逆行徑（〈吊人樹〉）、c.褻瀆黑貓的人做了傷害黑貓的叛逆行徑（〈灰眼黑貓〉）、d.斷掌斜眼的女性不遵從文化禁忌接受婚約（《斷掌順娘》）、e.有婚約的女性做了失德的叛逆行徑（〈婦人桃花〉）、f.病人做了把容貌變醜的叛逆行徑（〈金石情〉）、g.同姓結婚是違背「文化契約」的叛逆行徑（〈野茫茫〉），本文把這些行動歸結於「主角違背契約、背叛任務、逃避考驗」的第二個「違約」功能。違背「文化契約」可說是影響小說發展最重要的因素，每一個社會成員做了違背「文化契約」的舉動之後，就會引發劇烈的改變。

　　主角首先會加入「聯盟」，投入新任務與新團體，a.主角加入同志團體與抗議活動（《紙婚》），b.主角加入激進的同志抗爭活動（《荒人手記》），此為第三個功能「聯盟」。

　　主角受到挫折與變動，a.主角受到家人的排斥與拒絕（《紙婚》），a.主角反駁家人的觀點（《荒人手記》），此為第四個功能「受挫」。

　　在四篇討論愛滋病的小說當中，「得戀」是極重要的功能，主角邂逅了同性的伴侶，a.主角三年前得到同性戀人的愛情（《紙婚》）、b.主角擁有許多同性戀人（《荒人手記》）、c.主角離婚離家後與同姓愛人廝守（〈世紀的病人〉），歸結為第五個功能「得戀」。

　　此外，描寫主角罹病是小說中最重要的部分，每篇小說的主角或人物皆因「進行某些行動、受到某些改變後感到病痛或不適」而成為「罹病者」，a.主角因感染 HIV 病毒而病倒（〈世紀的病人〉、《荒人手記》、《紙婚》與〈亂色調〉）、b.主角受意外刺激而宿疾復發（〈吊人樹〉）、c.主角因情緒憂鬱而病倒（〈灰眼黑貓〉）、d.主角因亡靈附身而病倒（〈婦人桃花〉）、e.主角因感染痲瘋分枝桿菌而病倒（〈金石情〉）、f.罹病者不明原因產生癲癇大發作（《斷掌順娘》）、g.主角因感染節核桿菌而病倒（〈野茫茫〉），總結說來，皆能突顯第六個功能「罹病受災」的重要性。

　　「罹病者」接受各種方式的治療，a.罹患愛滋病、痲瘋接受西醫的診治，必須要服藥接受各種儀器檢查及住院（〈世紀的病人〉、《荒人手記》、《紙婚》、〈亂色調〉與〈金石情〉），b.民俗醫生以「觀落陰」的解禁療法幫助「中邪」病人，到陰間找回亡靈開解冤仇（〈婦人桃花〉）、c.民間習俗以獻上舞獅，除去「沖煞」病人身上的煞氣（〈吊人樹〉）、d.民間習俗以納福大命大的妻子，增添「癲癇」患者的福祿（《斷掌順娘》），這都歸屬於第七個功能「治療」。

　　主角對發生的事情提出初步的看法，a.主角認為自己不會罹病，自己卻染病了，主角說出特殊的體會（〈世紀的病人〉與〈金石情〉），這是第八個功能「領悟」。

　　有些人物協助主角或幫助「罹病者」痊癒，是助狀況好轉的「幫助者」；有些人物造成主角生病、阻止「罹病者」痊癒，是傷害主角促狀況惡化的「加害者」，a.在妻子的悉心照顧下，罹病者受到妥善的照顧（《紙婚》、〈世紀的病人〉）；b.民俗醫生幫忙解禁之後，主角病況漸漸穩定（〈婦人桃花〉）；c.朋友雖不認同主角的行為要他懺悔，卻一直守候在身旁照顧他（《荒人手記》）；d.主角受盡庸醫及友人的歧視與傷害（〈金石情〉）；e.在鄉里鄰居的仇視與敵意下，主角的心情更加沉重（〈野茫茫〉）；f.在夫家的仇視與敵意下，主角的病情與心情更加沉重（〈灰眼黑貓〉）；g.感染愛滋的主角在醫護人員的仇視與怒罵下決定拿刀自殺，造成血流滿地（〈亂色調〉），h.丈夫與公公、鎮上的鄰居本想幫主角驅邪治病，沒料到儀式結束後主角上吊自殺（〈吊人樹〉），人物的舉動都具有「考驗」的功能，第九個功能可分辨出人物是「幫助者」還是「加害者」。

　　罹病者發生「與加害者抗爭」的行動，a.主角以嚴詞反抗庸醫及友人對他的歧視與傷害（〈金石情〉），這是第十個功能「抗爭」。

　　主角透過「盤算」，可進一步確知他人到底是傷害自己或是愛護自己，a. 主角最終知道不離不棄的妻子的愛（《紙婚》、〈世紀的病人〉）；b.好友始終陪伴著他，主角表達對好友的謝意（《荒人手記》）；c.在鄉里鄰居的仇視與敵意下，主角最終了解他人落井下石的心態（〈野茫茫〉），這是第十一個功能「盤算」。

　　疾病讓罹病者「脫離」他既有的工作與處境，a.主角離開藝術工作入院治療（《紙婚》）、b.上級知道病況立即命令主角離開軍隊，他只好入院接受治療（〈金石情〉）；c.主角離開工作場所在家養病（〈野茫茫〉），歸結於第十二個功能「脫離」。

　　主角「立誓」實現理想，a.主角立誓給妻子一個溫暖的家、承諾幫助妻子實現夢想（《紙婚》），這是第十三個功能「立誓」。

　　最重要的，「審判」帶有指認錯誤、停止惡行、處置罪行的行動，「審判者」審判「被審判者」同樣是每篇小說都可見到的行動，a.牧師與大眾輿論審判主角，因同性戀是天譴的罪行，所以會罹患愛滋病此不治之病，造成主角內心痛苦不已（《紙婚》）；b.朋友批判主角應該為同性戀的罪惡贖罪、懺悔，主角認為贖罪根本是諉過（《荒人手記》）；c.妻子與護士雖認為同性戀是罪惡，愛滋是「罪有應得」的後果，但不忍當面苛責主角（〈世紀的病人〉）；d.醫護人員大聲指責感染愛滋病患的主角為性變態，他受到刺激而自殺，血流遍地卻無人願意搶救他的生命（〈亂色調〉）；e.家人批判主角事神不敬的大罪，造成神明降病的懲罰（〈吊人樹〉），f.眾人指責主角為招致災禍的罪人，紛紛遠離她（〈灰眼黑貓〉）；g.亡靈以移情別戀、不守婦德的罪名審判主角，主角承認罪狀而痛苦不已（〈婦人桃花〉）、h.、醫護人員以罪惡者要主角懺悔認罪，朋友要主角承認性墮落的罪惡，染上痲瘋的主角卻完全不接受他們的審判（〈金石情〉）；i.鄉里人無情地審判肺結核病患，認為疾病完全是同姓婚者的天譴報應，主角不願承受輿論的審判，內心卻激憤又痛苦不已（〈野茫茫〉）；j.輿論雖不至於明目張膽地控訴主角的罪狀，卻愛私下談論斷掌主角觸犯婚約禁忌而剋夫剋子，造成兒子癲癇的病變，主角則是默默承受這樣的審判（《斷掌順娘》），以上的行動足以說明第十四個功能「審判」，無疑是詮釋小說罪與罰主旨最關鍵的重點。

　　對於自己的罪行，主角會思考、談論、懺悔過去的過錯，a.主角是男同性戀，起初認為自己是帶罪之身而不想懺悔，最後在臨終昏迷中懺悔自己的罪

惡（《荒人手記》）；b.主角悔恨自己過去的輕浮舉止，向曾有婚約的亡靈致歉，願意承受亡靈各種審判與責罰（〈婦人桃花〉）、c.主角因毀壞身體成為不孝者向父母懺悔（〈金石情〉）、d.主角向家人懺悔，自責無法給家人富裕的生活，更心痛家人必須承受外人惡意的指責（〈野茫茫〉），都歸屬於第十五個功能「懺悔」。

主角重新敘述狀況並尋求改變，a.主角以宗教因果論解釋自己所受到的痲瘋災禍，不再活在自怨自艾的痛苦裡（〈金石情〉），屬於第十六個功能「敘述」。

主角病癒後獲得新的生活，a.主角痊癒後將子嗣過繼給亡靈接紹香煙，重獲身心平靜的新生活（〈婦人桃花〉）；b.主角痲瘋病癒後以付出為樂，幫助其他病友在醫院裡共度餘生（〈金石情〉），屬於第十七個功能「創新」。

陸、第四章　「血親情仇與自譴／譴他」出現的敘事功能

本章的十篇疾病小說顯示近似的敘事模式，不論是思索遺傳影響、質疑「個別性家庭契約」的約束性或探討家庭權力的傷害性，大部分都突破「原型契約」的敘事侷限，顯現「變形契約」的形式。在疾病書寫出現的三十個敘事功能中，這些小說中出現以下二十五個功能，各自具有重要的意義。簡列如下：

1、簽約　制約者與主角／簽約者訂立契約
2、履約　主角履行契約、完成任務、接受考驗
3、違約　主角違背契約、背叛任務、逃避考驗
4、受挫　主角受到挫折與變動
5、受災　主角／罹病者承受病痛帶來的災難（聽聞消息、看到某事物、進行某些行動後、受到某些改變後，主角／罹病者承受病痛帶來的災難）
6、逃避　主角不願面對真相
7、誘發　類似情境誘使主角重複某一個行動
8、治療　罹病者就診接受治療、參與儀式治療
9、記憶　主角／罹病者從不知到知道、從遺忘到憶起往事
10、溯源　主角想起童年
11、領悟　主角對受災提出初步看法
12、請求　主角／罹病者提出要求

13、抉擇　　主角在猶豫與衝突做出決定

14、考驗　　幫助者助情況好轉或加害者助情況惡化

15、抗爭　　主角／罹病者與加害者抗爭

16、盤算　　主角嚴密區隔他人／自我確定仇恨關係或是親愛關係

17、立誓　　主角欲實踐計畫

18、矇蔽　　主角與幫助者交惡

19、審判　　審判者審判被審判者之罪

20、懺悔　　主角／罹病者思考、談論、懺悔自己的過失

21、敘述　　主角重新敘述狀況並尋求改變

22、創新　　主角獲得新生活

23、整合　　主角被帶離

24、平反　　幫助者離開、加害者留下

25、彌補　　加害者得到東西

　　每一篇小說主角受到遺傳因素、約定俗成的「家庭契約」或「個別性家庭契約」的各種約束，為了交換利益或維持家庭關係而有「訂立契約」的允諾與行動，a.主角無法違背血緣契約的先天限制，遺傳了父母親的體質與身材（〈死者〉、〈歡樂人生路〉）；b.主角簽定婚約後，不能適應社會中對妻職與母職的要求，所以她並不能為所欲為，只要不離婚便會持續受到婚姻的束縛與影響，因此，她在婚姻中漸漸養成逃避婚姻約束的習慣，常離家出走或折磨家人（〈背影〉）；c.親情關係是沉重的感情負擔，主角與母親共住，兩人關係不見親密反而更趨惡化，因她總是忽略孝義蔑視母親，忤逆母親已成為生活中的慣例（〈健康公寓〉）；d.母親從臥床到過世，主角一直相當孝順父親、依賴父親，父親是世上唯一的親人，她總是按照父親的指令來做事（《惡魔的女兒》）；e.主角放棄了自己的理想只想順從丈夫的意見，婚後當個全職的家庭主婦，兩人對此決定達成共識（〈從前，有一個公主和一個王子〉）；f.主角婚後甘於受妻子約束，讓妻子控制他所有的行動，他也允諾妻子是家中的權威者（〈燒〉）；g.主角以夫為貴總是順服丈夫的意見，也認同丈夫是家中的權威者，二人維持了非常平靜的家庭關係（〈血色鄉關〉）；h.主角是一個謹守婦德的女子，為了家庭生了四個孩子，為了展現她的大家風範，她的任何舉動總是能遵從倫理（〈燭〉），本文把這些人物的行動定名為「制約者與主角訂立契約」，可見他們的行動都具有「簽約」的功能。

　　從這二十五個敘事功能可進一步看出，家族成員遵守／違背「家庭契約」，讓疾病出現罪與罰的意義，遵守／違背「家庭契約」可說是影響小說發展最重要的因素，每一個家庭成員做了遵守／違背「家庭契約」的舉動之後，就會引發劇烈的改變。在故事中少數主角為了履行家庭契約，做出各式各樣的行動，a.主角遺傳了父母親致病的潛在因素，主角時時提心吊膽（〈死者〉、〈歡樂人生路〉）；b.女兒深信父親說的話、順從他的性要求，從十歲起與父親達成性的秘密約定（《惡魔的女兒》）；c.主角為了維持家中和諧，一味順從丈夫的意見，這是她履行人妻職責的方式（〈從前，有一個公主和一個王子〉）；d.主角總依丈夫的指令而行動，認同丈夫是家中的權威者（〈血色鄉關〉）；e.主角是一個謹守婦德的女子，氣憤丈夫納妾但不敢伸張，她仍然舉止合宜遵守倫理，但故意支使家人的行動主要目的在於重新建立家庭新法則（〈燭〉），本文把這些行動定名為「履行契約、完成任務、接受考驗」，此為第二個功能「履約」。

　　多數主角做出觸犯「家庭契約」的行動，a.主角違反了妻職與母職義務，不斷離家出走、折磨家人、傷害女兒、怒罵丈夫，她的意見也成為左右全家人行動的家庭約定（〈背影〉）；b.主角不是一個孝順的女兒，大逆不道做出傷害母親的舉動已成生活慣例，卻嚴重地違背了家庭倫理（〈健康公寓〉）；c.主角婚後不願意受到妻子的約束與控制，反抗兩人過去的協定成為家中的權威者（〈燒〉）；d.主角誤會妻子變心，立即放下永不離棄的婚姻盟約，不顧念夫妻情分怒罵妻子（《惡魔的女兒》），把這些行動歸結於「主角違背契約、背叛任務、逃避考驗」的第三個「違約」功能。

　　其中，主角的行動會遭受到挫折，a.主角赫然發現父女間的性關係是不正常的，她拒絕父親的性要求卻受到嚴厲的處罰，只好繼續維持性關係（《惡魔的女兒》）；b.主角想逃避疾病的侵襲，二兒一女卻都死於家族遺傳疾病，主角再也無法看見自己的孩子（〈死者〉）；c.主角身上遺傳了父母親最明顯的特徵，父親過世母親改嫁後，他回家的行動受到阻攔（〈歡樂人生路〉），把這些行動歸結於「主角受到挫折與變動」的第四個功能「受挫」。

　　此外，描寫主角罹病是小說中最重要的部分，主角／人物皆因「聽聞消息、看到某事物、進行某些行動後、受到某些改變」而成為「罹病者」，a.受遺傳影響主角身上的病症一一顯現，身心承受巨大的痛苦（〈死者〉）、b.主角看到新的家庭已被毀壞而發病，顯現出像母親一般的精神病症，身心承受巨

大的痛苦（〈歡樂人生路〉）；c.主角心理受到影響出現異常的舉動，開始會打人及傷害他人，只要不吃鎮定劑就無法緩解異常的症狀（〈背影〉）；d.主角害怕過世母親的詛咒而夜夜夢魘，身心承受巨大的痛苦（〈健康公寓〉）；e.主角害怕父親夜晚傷害她而警戒睡眠，因承受太大壓力產生失眠幻覺等症狀，內心非常痛苦（《惡魔的女兒》）；f.主角因心情鬱悶又受到感染而病倒，承受身體不適的痛苦（〈從前，有一個公主和一個王子〉）；g.主角受到感染而病倒，承受身體不適的痛苦（〈燒〉）；h.主角漸漸出現遺忘的病症，失去照顧自己的能力（〈血色鄉關〉）；i.主角因心情鬱悶身體疲累而病倒，承受身體不適的痛苦（〈燭〉）；j.主角因歉疚而病倒，身心承受巨大的痛苦（《庭院深深》），以上行動皆能突顯第五個功能「受災」的重要性。

主角逃避不願面對真相，a.主角雖顯現出像母親一般的精神病症，但他不願意徹底了解病因（〈歡樂人生路〉）；b.主角不說出心理真正的想法，女兒始終無法明瞭她的人生（〈背影〉）；c.主角不願相信真相，不斷地欺騙自己愛上了父親（《惡魔的女兒》）；d.主角不承認是情緒因素讓她生病（〈從前，有一個公主和一個王子〉）；e.主角期待妻子帶自己到醫院去看病，懷抱著不切實際的想法（〈燒〉）；f.主角持續裝病藉以得到家人的安慰，故意忽略越來越沉重的病情（〈燭〉），都歸屬第六個功能「逃避」。

當類似情境出現時，會誘使主角重複某一個行動，a.主角只要看見父親與自己的性交畫面，就開始歇斯底里地尖叫、或是故意撞牆忘掉這些記憶（《惡魔的女兒》）；b.主角只要看見母親的遺物就會歇斯底里地尖叫（〈健康公寓〉），都可歸屬第七個功能「誘發」。

「罹病者」可能受病所擾自行就醫，或在家人、醫護人員的幫助下接受治療，a.警察安排主角進入精神病院接受治療（〈歡樂人生路〉）；b.主角脅迫家人讓她住院，她已在精神病房住了二十年（〈背影〉）；c.主角因失眠夢魘到精神科就診（〈健康公寓〉）；d.主角因幻覺與失眠到醫院就診，醫生把她轉到精神科接受心理治療（《惡魔的女兒》）；e.丈夫陪伴感冒未癒的主角到醫院看診（〈從前，有一個公主和一個王子〉）；f.罹病者感冒遲遲未癒，家人不肯帶他外出就醫，只買成藥讓他服用（〈燒〉）；g.家人安排罹患遺忘症的主角到醫院接受治療（〈燒〉）；i.家人找醫生到家中查看主角的腿疾（〈燭〉），都可歸屬於第八個功能「治療」。

主角／罹病者從不知到知道、從遺忘到憶起往事，a.主角在會談過程中，

漸漸想起已經遺忘的往事（《惡魔的女兒》）；b.主角在生病過程中，漸漸想起已經遺忘的往事（〈燒〉），都可歸屬於第九個功能「記憶」。

主角想起童年，a.主角在會談過程中，想起童年時受到的創傷（《惡魔的女兒》）；b.主角在生病過程中想起童年（〈歡樂人生路〉），這是第十個功能「溯源」。

主角對受災提出初步看法，a.主角知道肝癌是家族難逃的宿命，也認為疾病可能是敗德村莊的詛咒（〈死者〉）；b.主角指控母親害他罹病（〈歡樂人生路〉）；c.主角指控家人，害她罹患精神疾病（〈背影〉）；d.主角認為母親的詛咒應驗了，亡靈作祟害她夜夜驚魂（〈健康公寓〉）；e.主角認為像她這樣的失眠者，根本就是無可救藥的人（《惡魔的女兒》）；f.主角注意到她一直生丈夫的氣，她的感冒症狀根本無法好轉（〈從前，有一個公主和一個王子〉）；g.主角發現自己病得很嚴重，必須外出就醫（〈燒〉）；h.主角因悔恨而病倒（《庭院深深》），總結為第十一個功能「領悟」。

主角／罹病者提出要求，a.罹病者計畫要告誡媳婦，此生一定要為家族守貞（〈死者〉）；b.臥病在床的罹病者，要求家人在她頭暈時來探望她（〈燭〉）；c.罹病者要求外出就診（〈燒〉）；d.罹病者要求丈夫順應她的請求，到外頭散步約會（〈從前，有一個公主和一個王子〉）；e.罹病者要求前妻留下照顧他和女兒（《庭院深深》），總結為第十二個功能「請求」。

主角面臨「抉擇」，不知道應不應該行動，a.主角猶豫是否該告訴小媽實情（《惡魔的女兒》）；b.主角猶豫是否該與丈夫討論外出工作的事宜（〈從前，有一個公主和一個王子〉），總結為第十三個功能「抉擇」。

有些人物協助主角尋求對象或幫助「罹病者」痊癒，是助狀況好轉的「幫助者」；有些人物造成主角生病、阻止「罹病者」痊癒，是傷害主角促狀況惡化的「加害者」，a.母親的詛咒行動，是造成主角精神惡化的主因（〈健康公寓〉）；b.父親性侵害的舉動，讓他成為主角此生最大的「加害者」，而小媽也是另一個蓄意的「加害者」，她要求她保守秘密逼使她想放棄治療，只有醫生傾聽她的心情是最好的「幫助者」，真正地幫助她治療疾病（《惡魔的女兒》）；c.主角的丈夫故意惹她生氣，讓她病況更加嚴重（〈從前，有一個公主和一個王子〉）；d.罹病者的妻子阻止他去看診，是造成病情惡化的「加害者」（〈燒〉）；e.主角是傷害自己的「加害者」，故意裝病不走動，最後導致全身癱瘓（〈燭〉）；f.主角的前妻出現在主角面前，她既是「加害者」也是「幫助者」，讓他重獲

得愛情，又讓他身心承受更大的痛苦，就連妻子也是「加害者」，惡意拆散他和前妻的感情（《庭院深深》），這些舉動具有第十四個功能「考驗」人物，能分辨出人物具有「幫助者」或「加害者」的身分。

　　主角／罹病者為保護自我而與加害者抗爭，a.主角一直反抗與父親性交的幻覺，不想再重複童年的夢魘（《惡魔的女兒》）；b.主角與丈夫吵架，不願意跟他妥協（〈從前〉）；c.罹病者穿著衣服準備去看診，他要反抗妻子囚禁他（〈燒〉）；d.主角反抗妻子的安排，他只接受前妻的意見（《庭院深深》），這些舉動具有第十五個功能「抗爭」。

　　主角透過「盤算」進一步確認他人與自我，到底是仇恨關係或是親愛關係，a.主角決定丟掉母親遺物，要求丈夫搬家以離開母親的詛咒（〈健康公寓〉）；b.主角指控父親性侵害的舉動破壞她的人生，她寫了一封信表達她對父親憎恨的想法（《惡魔的女兒》）；c.主角發現丈夫不是幫她，他不斷地限制她惹她生氣，讓她病況加重（〈從前〉）；d.罹病者發現妻子阻止他去看診，知道妻子的陰謀（〈燒〉）；以上種種行動都可歸結出第十六個功能「盤算」。

　　主角欲實踐計畫，a.主角與丈夫談判（〈從前〉），此為第十七個功能「立誓」

　　主角與幫助者交惡，a.主角以為前妻嫌棄他，開車離開家園（《庭院深深》），此為第十八個功能「矇蔽」。

　　重要的是「審判」的功能，「審判」指帶有指認錯誤、停止惡行、處置罪行的行動，a.主角懷疑致死病症是老天對敗德淫亂家族的審判，自己也連帶受罰而死（〈死者〉）、b.主角認為母親失德的罪惡與疾病還是遺傳到自己身上，血緣的原罪是逃避不了的宿命（〈歡樂人生路〉）；c.主角以疾病譴責女兒，懲罰她耽誤了她的青春與人生（〈背影〉）；d.主角違背孝義忤逆母親，受自我良心的審判而痛苦不已（〈健康公寓〉）；e.主角違背亂倫禁忌，受良心審判痛苦不已（《惡魔的女兒》）；f.主角以病懲罰丈夫，也藉著生病得到不受控制的生活（〈從前〉）；g.罹病者的妻子利用疾病囚禁他，並審判他過去的霸氣，最後讓他病重死亡（〈燒〉）；h.罹病者藉著疾病懲罰失貞的丈夫，大聲審判丈夫的罪證（〈血色鄉關〉）；i.主角藉著腿疾懲罰失貞的丈夫，並折磨丈夫，要求他得來探問她（〈燭〉）；j.主角因違背神聖的婚約而懊悔不已，受良心審判痛苦不已，造成瞎眼的他時常發熱病倒（《庭院深深》），都足以說明第十九個功能「審判」，無疑是詮釋小說罪與罰主旨最重要的行動。

有些主角／罹病者思考、談論、懺悔自己的過失，a.主角忤逆母親深感懊悔，不斷懺悔自己的罪惡（〈健康公寓〉）；b.主角違背亂倫禁忌，不斷指責自己的罪惡（《惡魔的女兒》）；c.主角不斷向妻子懺悔自己的過錯（《庭院深深》），這是第二十個功能「懺悔」。

主角重新敘述狀況並尋求改變，a.主角寫了一封信表達憎恨父親的想法，雖知道自己違背了亂倫的禁忌，但發生此事不是自己的過錯，她指控父親性侵害的舉動破壞她的人生，以新的角度理解自己的人生（《惡魔的女兒》）；b.主角在疾病中重新體悟人生，也發現前妻是今生今世最愛他的人，他不再自怨自艾，決心安心養病快點康復（《庭院深深》），這是第二十一功能「敘述」。

主角獲得新生活，a.主角開始到學校上課（《惡魔的女兒》）；b.主角得到丈夫的允諾可以外出工作（〈從前〉）；c.主角重新得到前妻的愛，疾病也痊癒了，一家三口過著快樂的生活（《庭院深深》），這是第二十二個功能「創新」。

主角被帶離，a.主角看見母親來尋仇而昏倒，驚聲慘叫後被路人帶到醫院接受完整的治療，此行動有助於重整她分裂的意識（〈健康公寓〉），此為第二十三個功能「整合」。

加害者留下，a.當罹病者死亡之後，妻子留在家中認為自己又得到了控制的權力，洗刷過去的屈辱（〈燒〉），b.丈夫避免重犯覆轍，把妻子殺掉後留在家中（〈血色鄉關〉），此為第二十四個功能「平反」。

加害者得到東西，a.妻子得到最想要的東西（〈燒〉），b.丈夫終於得到安全的保證（〈血色鄉關〉），此為第二十五個功能「彌補」。

柒、第五章　「個體的虧欠與自譴」出現的敘事功能

本章的七篇疾病小說，顯示近似的敘事模式，不論質疑不正義的「私人契約」、或是探討人我之間積欠的債務、僭越的權利，全部都是遵循「原型契約」的敘事，串聯良心法則的懲罰成為「連綴型契約」。在疾病書寫出現的三十個敘事功能中，這些小說中出現以下十五個功能，各自具有重要的意義。簡述如下：

1、簽約　制約者與主角／簽約者訂立契約

2、違約　主角違背契約、背叛任務、逃避考驗

3、受挫　受到挫折與變動

4、受災　主角／罹病者承受病痛帶來的災難（聽聞消息、看到某事物、

進行某些行動後、受到某些改變後，主角／罹病者承受病痛帶來的災難）

5、逃避　主角不願面對眞相
6、誘發　類似情境誘使主角重複某一個行動
7、治療　罹病者就診接受治療、參與儀式治療
8、領悟　主角對發生的事情提出初步看法
9、請求　主角／罹病者提出要求
10、考驗　幫助者助情況好轉或加害者助情況惡化
11、抗爭　主角／罹病者與加害者抗爭
12、盤算　主角嚴密區隔他人／自我確定仇恨關係或是親愛關係
13、審判　審判者審判被審判者之罪
14、懺悔　主角／罹病者思考、談論、懺悔自己的過失
15、創新　主角獲得新生活

　　每一篇小說主角爲了得到交換的利益，或協商債務而有「訂立契約」的行動，a.主角進入公司後簽定一紙同意書，承諾只要結婚後就會自動離職（〈恐男症〉）；b 主角與同學是多年老友，他向同學借錢後兩人在同窗關係上，多了一層債權的關係（《模範市民》）；c.主角與女子約會，兩人言語溝通後意猶未盡，主角決定親吻女方，女方也允諾接受他的示愛行動，讓彼此的肢體可以進一步碰觸對方（〈昨日水蛭〉）；d.主角與男友交往多時，她雖非深愛著男友，但二人常到電影院約會（〈愛的凌遲〉）；e.主角與女孩、學生簽定「墮胎同意書」，同意讓醫生執行人工流產的手術（〈□□〉）；f.主角信奉主耶穌，遵循聖經的規範律己甚嚴，以犧牲奉獻爲己任（《廣澤地》）；g.主角允諾未婚夫的提議，讓他與好友先完成救國革命大事，再履行二人婚約，她也贊成未婚夫與好友的救國理想，時時幫助無產階級的窮苦百姓（〈山路〉），本文把這些行動定名爲「制約者與主角訂立契約」，歸納於第一個功能「簽約」。

　　全數主角都做出觸犯「私人契約」的行動，a.主角隱瞞上司結婚懷孕，違反契約還裝作若無其事地到公司上班，上司發現後要求她立刻辭職，她不願意辭職，繼續上班反抗公司不合理的規定（〈恐男症〉）；b.主角十分憎恨借他錢的同學，拿刀殺死同學不讓他再繼續羞辱他，也除去了一個人間禍害，他不但違背了「欠債還錢」的債權契約，也違反社會秩序犯下殺人的重罪（《模範市民》）；c.主角在約會時親吻女方，他喝醉了竟拿出解剖刀要女方脫衣，嚇

得女子驚慌大叫，此違背常理的舉動相當失禮，他雖無意傷害女子，卻已造成他人精神上的壓力（〈昨日水蛭〉）；d.主角的男友突然病倒，她害怕看見男友病容，便背著男友與他人交往，背叛愛情雖讓她感到愧疚，但她還是繼續與新男友出遊（〈愛的凌遲〉）；e.主角雖遵照「同意書」上的約定依約幫女孩開刀，但他並未徹底履行醫生的職責，他不該在簡陋的牙醫診所開刀，也不該沒準備急救的醫療用品，最後造成手術失敗女孩慘死的悲劇（〈□□〉）；f.主角雖信奉主耶穌，卻無法自拔地愛上一個有家室的男人，更常常不顧尊嚴去探望男子，她對自己觸犯宗教戒律、人倫戒律的舉動相當自責（《廣澤地》）；g.主角的未婚夫被囚禁後，她選擇到未婚夫過世的好友家裡幫忙，以具體行動實踐她與未婚夫的約定，但多年以後，她已經忘記自己背叛了未婚夫的約定，開始使用各種便利的電器（〈山路〉），把這些行動歸納成「主角違背契約、背叛任務、逃避考驗」的第三個「違約」功能。

從這十六個敘事功能可看出，個體遵守／違背「私人契約」後，讓疾病出現罪與罰的意義，個體遵守／違背「私人契約」可說是影響小說發展最重要的因素，做了遵守／違背「私人契約」的舉動之後，就會引發後續的改變。主角首先受到挫折與變動，a.主角被其他人看見他出現在案發現場，他內心不安驚慌地把錢藏好（《模範市民》）；b.主角被水蛭叮咬尖叫後，被關進警局（〈昨日水蛭〉）；c.主角拿刀要脅護士幫他把女孩屍體丟入河中（〈□□〉）；d.主角氣憤大家把她當作聖女看待，她不斷地去騷擾情人，她認為墮落的自己根本是個罪人（《廣澤地》），被可歸結為第四個功能「受挫」。

這八篇小說的主角皆因「進行某些行動、受到某些改變後感到病痛或不適」，主角成為罹病者，開始承受病痛帶來的災難，a.主角繼續到公司上班時，上司為了羞辱她把同意書丟向她，她受到巨大的驚嚇而昏倒，醒來後染上怪異的病症（〈恐男症〉）；b.主角在殺人當晚一直作惡夢，接著就感冒病倒了（《模範市民》）；c.主角與妻子歡愛時看見水蛭幻影與女子胴體，此後再也無法跟妻子進行性愛活動，看到水蛭還會被嚇暈（〈昨日水蛭〉）；d.主角作了一個惡夢之後就病倒了，她認為生病一定與前男友有關（〈愛的凌遲〉）；e.主角一直擔心學生會說出真相，最後成為精神分裂的病人，身心都非常痛苦（〈□□〉）；f.失眠三天又受奇怪的香氣影響，主角就開始破口大罵，除指責所有人的缺點之外，還準備脫掉自己的衣服（《廣澤地》）；g.主角看到報上未婚夫被釋放的消息後，便一直鬱鬱寡歡隨即病倒（〈山路〉），總結說來，以上行動皆能突顯第五個功能「受災」的重要性。

　　有些主角不願意面對眞相，a.主角病倒後仍不願承認自己殺人的罪行，一直說謊欺騙他人（《模範市民》）；b.主角害怕多年前的醜聞曝光，一直忐忑不安（〈昨日水蛭〉）；c.主角一直指責過世的男友，認爲一定是前男友作祟害她生病（〈愛的凌遲〉）；d.主角發病後一直到河邊找尋屍體，他擔心醜事被人發現（〈□□〉）；e.主角要求丈夫不要站在她面前，轉頭尖叫（〈恐男症〉）；都歸屬第六個功能「逃避」。

　　只要在類似的情境下，就能「誘發」主角重複同一個行動，a.主角只要看見水蛭，就會驚嚇得差點昏過去（〈昨日水蛭〉），歸屬第七個功能「誘發」。

　　罹病者就診接受治療，a.主角終於鼓起勇氣，向醫生陳述自己怪異的性幻想病症（〈恐男症〉）；b.主角到醫院接受治療，醫生獨特的人生哲學吸引他的關注（《模範市民》）；c.主角住院多時，病後的她身心承受極大的痛苦（〈愛的凌遲〉）；d.校長下令把主角帶到精神病院接受治療（《廣澤地》）；e.家人把主角送到醫院來，主角不願意向醫生陳述她的病情，醫生無法好好地治療主角（〈山路〉），都歸屬第八個功能「治療」。

　　指主角對發生的事情提出初步看法，a.主角認爲殺人事件和發熱一樣，等痊癒之後就沒事了，他可以好好地活下去（《模範市民》）；b.主角認爲自己是個大淫棍，道德的缺憾根本配不上妻子（〈昨日水蛭〉）；c.主角認爲生病一定是前男友對她移情別戀的報復（〈愛的凌遲〉）；d.主角認爲生病後，幾乎所有人對她的態度都變了（《廣澤地》），都歸屬第九個功能「領悟」。

　　主角提出「請求」，a.主角請求前男友祝福她有新戀情，別來破壞她的戀情與健康（〈愛的凌遲〉）；b.主角請求女子原諒，他無法再次幫她作弊（〈昨日水蛭〉），都歸屬第十個功能「請求」。

　　有些人物協助主角尋求對象或幫助「罹病者」痊癒，是助狀況好轉的「幫助者」；有些人物造成主角生病、阻止「罹病者」痊癒，是傷害主角促狀況惡化的「加害者」，a.知道主角秘密的人警告他一定得幫一個忙，否則會以行動復仇（〈昨日水蛭〉）；b.學生幫主角保守秘密，主角卻一直擔心學生會說出眞相（〈□□〉），這些舉動具有第十一個功能「考驗」，能分辨出人物具有「幫助者」或「加害者」的身分。

　　主角／罹病者發生與加害者抗爭的行動，a.主角拒絕女子的要求（〈昨日水蛭〉），b.主角反駁警察的話（《模範市民》），此爲第十二個功能「抗爭」。

　　主角透過「盤算」進一步確認他人與自我，到底是仇恨關係或是親愛關

係，a.主角信任王小姐願意吃她做的飯、付給她酬金，維持良好的關係（《模範市民》），b.主角找尋不到上課的學生，他們不願維持師生關係而逃課（〈昨日水蛭〉），此為第十三個功能「盤算」。

　　重要的是「審判」這個功能，「審判者」審判「被審判者」是每篇小說都可見到的行動，a.主角受到良心的審判，認為自己是個色情狂（〈恐男症〉）；b.主角殺人後不斷受到良心的審判與譴責，最終在法庭上受到法律的審判，他最終承認殺人，但辯駁他的墮落是整個社會造成的悲劇（《模範市民》）；c.主角因良心懲罰而導致疾病，他決定不再躲避水蛭，不再畏懼那位女子，坦然接受各式懲罰（〈昨日水蛭〉）；d.主角受良心的審判，身心都非常痛苦（〈愛的凌遲〉）；e.主角受不了良心譴責終於說出真相，坦承自己失職鑄下了錯誤（〈□□〉）；f.主角受良心審判而精神異常，她的內心痛苦不已（《廣澤地》）；g.兄長陷害革命之士令她十分歉疚，對於墮落的自己也感到羞慚，她受良心譴責而病情加重，最後無法寬恕自己放棄求生（〈山路〉），都足以說明第十四個功能「審判」，無疑是詮釋小說罪與罰主旨最重要的行動。

　　有的主角不斷思考並懺悔自己的過失，a.主角受到良心的審判，不斷懺悔卻又認為自己十分可憐（〈恐男症〉）；b.主角終於坦承自己的罪惡，向死去的男友致歉（〈愛的凌遲〉）；c.主角寫信向未婚夫懺悔，坦承家族的過錯（〈山路〉），這是第十五個功能「懺悔」。

　　主角獲得新生活，a.主角下定決心，不再躲避勇敢往前走（〈昨日水蛭〉），這是第十六個功能「創新」。

參考書目

以下書目皆按照作者筆劃與發表年代順序排列

疾病書寫相關書目

1. 七等生：〈精神病患〉，《放生鼠》（臺北：遠景出版社，1977），頁 1～93。

2. 七等生：〈聖月芬〉，《七等生集》（臺北：臺北：前衛出版社，1993），頁 33～37。

3. 水晶：〈愛的凌遲〉，《沒有臉的人》（原載於一九六三年四月《現代文學》）（臺北：爾雅文學出版社，1985），頁 9～26。

4. 王拓：〈吊人樹〉，收入郭楓主編《臺灣當代小說精選》第 3 冊。（原載於一九七〇年五月號《純文學》）（臺北：新地文學出版，1993），頁 73～91。

5. 王文興：〈命運的迹線〉，《龍天樓》（臺北：大林文庫，1969），頁 22～39。

6. 王幼華：〈狂徒〉，《惡徒》（原載於一九八二年一月十六日、十七日《聯合報》）（臺北：時報文化出版社，1982），頁 236～265。

7. 王幼華：〈惡徒〉，《惡徒》（原載於一九八二年四月三十至五月十二日《中國時報》）（臺北：時報文化出版社，1982），頁 266～324。

8. 王幼華：〈過活小調〉，《惡徒》（原載於一九八一年《現代文學》復刊 13 期）（臺北：時報文化出版社，1982），頁 1～23。

9. 王幼華：〈健康公寓〉，《狂者的告白》（原載於一八八一年《中外文學》）（臺北：晨星出版社，1985），頁 181～261。

10. 王幼華：〈龍鳳海灘考古記〉，《熱愛》（原載於一九八九年《臺灣春秋》元月至三月號）（臺北：遠流出版社，1989）。

11. 王幼華：《廣澤地》（一九八七年三月二十三日連載於《自立晚報》）（臺北：尚書出版社，1989）

12. 王幼華：〈歡樂人生路〉，《王幼華集》（一九八一年十一月連載於《臺灣文藝》七十五期）（臺北：前衛出版社，2000），頁 181～261。

13. 王尚義：〈現實的邊緣〉，《野鴿子的黃昏》（臺北：水牛出版社，1966），頁 1～58。

14. 王湘琦：〈沒卵頭家〉，《沒卵頭家》（臺北：聯合文學出版社，1990），頁 1～34。

15. 王禎和：《玫瑰玫瑰我愛你》（臺北：洪範出版社，1994）。

16. 平路：〈世界之疾〉，《禁書啓示錄》（原載於一九九三年《聯合報》副刊）（臺北：麥田出版社，1997），頁 137～144。

17. 平路：〈血色鄉關〉，收入陳義芝編選《八十九年文學選》（原載於二〇〇二年八月九日至十七日《中國時報》）（臺北：九歌出版社，2002）。

18. 白先勇：〈孤戀花〉，《台北人》（臺北：晨鐘出版社，1971），頁 117～132。

19. 白先勇：〈Tea for Two〉，收入林秀玲編選《九十二年小說選》（原載於二〇〇三年三月一日至十九日《聯合報》）（臺北：九歌出版社，2004），頁 99～142。

20. 宇文正：〈病人〉，《貓的年代》（臺北：遠流出版社，1995），頁 59～69。

21. 朱天文：《荒人手記》（臺北：聯合文學出版社，1994）。

22. 朱西甯：〈著名的癌痛〉，《熊》（臺北：三三書坊，1984），頁 187～202。

23. 朱西甯：〈金石情〉，《黃梁夢》（臺北：三三書坊，1987），頁 121～165。

24. 吳錦發：〈消失的男性〉，《臺灣當代小說精選》第四冊（原載於一九八五年《文學界》第 16 集）（臺北：新地出版社，1989），頁 203～232。

25. 吳濁流：《無花果》（臺北：前衛出版社，1993）。

26. 宋澤萊：《廢墟臺灣》（臺北：前衛出版社，1986）。

27. 宋澤萊：〈抗暴的打貓市——一個臺灣半山政治家族的故事〉，《二二八小說選》（原載於一九八七年《臺灣新文化》第九期）（臺北：自立晚報出版社，1989）。

28. 李昂：〈暗夜〉，《暗夜》（原載於一九八四年《中國時報》）（臺北：麥田出版社，1994）。

29. 李昂：〈彩妝血祭〉，《北港香爐人人插》（臺北：麥田出版社，1997）。

30. 李喬：〈昨日水蛭〉，《李喬集》（原載於一九七七年《臺灣文藝》五十六期）（臺北：前衛出版社，1993），頁 165～198。

31. 李喬：〈恐男症〉，《李喬短篇小說精選輯》（原載於一九八三年《聯合副刊》九月九日）（臺北：自立晚報出版社，2000）。

32. 李喬：〈人球〉，《李喬自選輯》（臺北：黎明文化事業股份有限公司，1993），頁 225～250。

33. 東年：〈死人書〉，《大火》（臺北：聯經出版公司，1979），頁 181～208。

34. 東年：《模範市民》（臺北：聯經出版社，1988）。

35. 東年:《失蹤的太平洋 3 號》（臺北:聯合文學出版社,1998）。

36. 東方白:〈□□〉,《東方寓言》（原載於一九六四年六月《現代文學》第21 期）（臺北:爾雅出版社,1985）,頁 51～86。

37. 林俊穎:〈雙面伊底帕斯〉,收入林秀玲編選《九十二年小說選》（原載於二○○三年十一月《印刻文學生活誌》）（臺北:九歌出版社,2004）,頁144～180。

38. 林海音:〈婚姻的故事〉,《婚姻的故事》（臺北:純文學出版,1981）,頁1～100。

39. 林海音:〈燭〉,《燭芯》（臺北:純文學出版,1981）,頁 47～62。

40. 林燿德:〈慢跑的男人〉,《大東區》（臺北:聯合文學出版社,1995）。

41. 林雙不編選:《二二八臺灣小說選》（臺北:自立晚報出版社,1992）。

42. 施叔青:《她名叫蝴蝶》（臺北:洪範出版社,1993）。

43. 侯文詠:〈亂色調〉,收入阿盛主編《新小說人》（臺北:希代出版社,1989）,頁 213～237。

44. 洪醒夫:〈吾土〉,《臺灣當代小說精選》第 3 冊（臺北:新地出版社,1989）,頁 159～190。

45. 紀大偉:〈蝕〉,《感官世界》（臺北:聯經出版社,1995）,頁 174～205。

46. 孫梓評等:紫石作坊主編《愛,有沒有明天?瘟疫入城事件簿》（臺北:三民出版社,2004）。

47. 袁瓊瓊:〈異事〉,《滄桑》（臺北:洪範書店,1991）,頁 205～226。

48. 袁瓊瓊:〈燒〉,《滄桑》（臺北:洪範書店,1991）,頁 71～90。

49. 張啓疆:〈失聲者〉,《導盲者》（臺北:聯合文學出版社,1997）。

50. 張啓疆:〈俄羅斯娃娃〉,收入蘇偉貞主編《時代小說》（臺北:聯經出版社,2001）。

51. 許俊雅編選:《無語的春天──二二八小說選》（臺北:玉山社,2003）。

52. 郭松棻:〈含羞草〉,《郭松棻集》（原載於一九八三年八月《文季》第 1卷。第 3 期）（臺北:前衛出版社,1993）,頁 545～551。

53. 郭松棻:〈那嘩嘩的腳步〉,《郭松棻集》（原載於一九八五年十一月二十一日至十二月五日美國《中報》副刊）（臺北:前衛出版社,1993）,頁269～390。

54. 郭松棻:〈奔跑的母親〉,《郭松棻集》（原載於一九八四年五月香港《九十年代》第 172 期）（臺北:前衛出版社,1993）,頁 3～30。

55. 陳雪:《惡魔的女兒》（臺北:聯合文學出版社,1999）。

56. 陳雪:《橋上的孩子》（臺北:印刻出版社,2004）。

57. 陳雪:《陳春天》（臺北:印刻出版社,2005）。

58. 陳映真：〈六月裏的玫瑰花〉，《第一件差事》（原載於一九六七年七月《文學季刊》第 4 期）（臺北：遠景出版社，1987），頁 1～22。

59. 陳映真：〈山路〉，《鈴鐺花》（原載一九八三年八月《文季》第 3 期）（臺北：人間出版社，1995）。

60. 陳映真：〈哦！蘇珊娜〉，《唐倩的喜劇》（原載一九六六年九月《幼獅文藝》第 153 期）（臺北：人間出版社，1995），頁 55～62。

61. 陳映真：〈兀自照耀著的太陽〉，《唐倩的喜劇》（原載一九六五年七月《現代文學》第 25 期）（臺北：人間出版社，1995），頁 39～54。

62. 陳映真：〈文書——致耀忠畢業紀念〉，《我的弟弟康雄》（原載一九六三年九月《現代文學》第 18 期）（臺北：人間出版社，1995），頁 119～135。

63. 陳映真：〈死者〉，《我的弟弟康雄》（原載一九六○年十月《筆匯》第 2 卷。第 3 期）（臺北：人間出版社，1995），頁 45～57。

64. 陳映真：〈賀大哥〉，《上班族的一日》（原載一九七八年三月《雄獅美術》第 85 期）（臺北：人間出版社，1995），頁 57～95。

65. 陳映真：〈鄉村的教師〉，《我的弟弟康雄》（原載一九六○年八月《筆匯》第 2 卷。第 1 期）（臺北：人間出版社，1995），頁 25～35。

66. 陳映真：〈夜霧〉，《忠孝東路》（原載二○○○年十一月二十五日至十二月五日《聯合報》）（臺北：遠景出版社，2000），頁 69～124。

67. 陳若曦：〈灰眼黑貓〉，《陳若曦自選集》（原載一九五九年三月《文學雜誌》第 6 卷。第 1 期）（臺北：聯經出版社，1976），頁 47～70。

68. 陳若曦：〈婦人桃花〉，《陳若曦自選集》（原載一九六二年六月《現代文學》第 14 期）。（臺北：聯經出版社，1976），頁 155～164。

69. 陳若曦：〈春遲〉，《老人》（原載六十六年九月二十三日《聯合報》）（臺北：聯經出版社，1980），頁 89～107。

70. 陳若曦：《紙婚》（臺北：自立晚報出版社，1986）。

71. 陳若曦：〈謀殺爸爸〉，《貴州女人》（原載一九八九年五月《聯合文學》）（臺北：遠流出版社，1989），頁 169～188。

72. 章緣：《疫》（臺北：聯合文學出版社，2003）。

73. 彭小妍：《斷掌順娘》（臺北：麥田出版社，1994）。

74. 黃娟：〈世紀的病人〉，《黃娟集》（原載於一九八七年《臺灣時報》副刊）（臺北：前衛出版社，1997），頁 223～251。

75. 黃春明：〈售票口〉，《放生》（原載於一九九九年六月十一、十二日《聯合報》副刊）（臺北：聯合文學出版社，1999）。

76. 黃春明：〈現此時先生〉，《放生》（原載於一九八六年三月四日《聯合報》副刊）（臺北：聯合文學出版社，1999），頁 20～32。

77. 黃春明：〈最後一隻鳳鳥〉，《放生》（原載於一九九九年四月《聯合文學》）（臺北：聯合文學出版，1999），頁 178～218。

78. 楊照：〈疾癘〉，收入愛亞主編《八十年短篇小說選》（臺北：爾雅出版社，1994），頁 33～46。

79. 葉石濤：〈玫瑰項圈〉，《賺食世家：葉石濤黑色幽默小說選》（原載於一九六六年十二月《小說創作》第 31 期）（臺北：圓神出版社，2001），頁 5～27。

80. 舞鶴：〈悲傷〉，《拾骨》（原載於一九九四年四月《文學臺灣》第 10 期）（臺北：麥田出版社，1995），頁 1～53。

81. 劉大任：〈杜鵑啼血〉，《七十三短篇小說選》（原載於一九八四年一月三十日《中國時報》）（臺北：爾雅出版社，1975），頁 117～153。

82. 劉大任：〈長廊三號〉，《杜鵑啼血》（臺北：洪範出版社，1990），頁 35～63。

83. 劉大任：〈風景舊曾諳〉，《劉大任集》（原載一九八三年二月十五日《中國時報》）（臺北：前衛出版社，1993），頁 91～116。

84. 鄭清文：〈貓藥〉，收入陳義芝編選《八十九年小說選》（原載二〇〇〇年五月《聯合文學》）（臺北：九歌出版社，2001），頁 246～263。

85. 賴香吟：〈清晨茉莉〉，周寧編選《七十九年短篇小說選》（臺北：九歌出版社，1990），頁 141～166。

86. 駱以軍：《第三個舞者》（臺北：聯合文學出版社，1999）。

87. 駱以軍：〈醫院〉，陳義芝編選《八十九年文學選》（臺北：九歌出版社，2001）（原載二〇〇二年九月二十六日至十月一日《自由時報》）

88. 薛荔：〈最後夜車〉，收入蘇偉貞主編《時代小說》（臺北：聯經出版社，1991），頁 375～400。

89. 鍾理和：〈野茫茫〉，《鍾理和全集》（原載於一九五四年《野風》月刊第 69 期）（臺北：行政院客家委員會出版，2003），頁 147～154。

90. 叢甦：〈瘋婦日記〉，《想飛》（原載於一九七六年十一月三日《聯合報》副刊）（臺北：聯經出版社，1982），頁 37～93。

91. 瓊瑤：《庭院深深》（臺北：皇冠出版社，1969）。

92. 蘇偉貞：〈角落〉，《我們之間》（臺北：洪範出版社，1990），頁 177～211。

93. 蘇偉貞：〈從前，有一個公主和一個王子〉，《我們之間》（臺北：洪範出版社，1990），頁 113～132。

94. 蘇偉貞：〈舊愛〉，《我們之間》（臺北：洪範出版社，1990），頁 47～82。

95. 蘇偉貞：〈背影〉，《熱的絕滅》（臺北：洪範出版社，1992），頁 33～66。

96. 顧肇森：〈陽關〉，收入愛亞主編《八十年短篇小說選》（臺北：爾雅出版社，1994），頁 61～80。

書目文獻

1. 小田俊郎著，洪有錫譯：《臺灣醫學五十年》（臺北：前衛出版社，2000）。

2. 山田敬三著，涂翠花譯：〈作家王拓──當代臺灣文學意見〉，《王拓集》（台北：前衛出版社，2000），頁253～274。

3. 中國文化大學出版編輯群：《中文大辭典》（台北：中國文化大學出版社，1985）。

4. 中華書局出版編輯群：《辭海》（台北：中華書局，1982）。

5. 孔繁鐘編譯：《精神醫學之症狀及病徵》（臺北：合記圖書出版社，1991）。

6. 方珊：《形式主義文論》（濟南：山東教育出版社，1999）。

7. 丹寧（Denning, Alfred Thompson）著，劉庸安、張弘譯：《法律的界碑》（*Landmarks in The Law.*）（北京：法律出版社，1999）。

8. 王文興：〈人情練達即文章──評《自己的天空》〉，收入《聯合報六十九年度短篇小說獎作品集》（臺北：聯經出版社，1982）。

9. 王予霞：《蘇珊·桑塔格縱論》（北京：民族出版社，2004）。

10. 王景弘編譯：《第三隻眼睛看二二八：美國外交檔案揭密》（臺北：玉山出版社，2002）。

11. 王溢嘉：《情色的圖譜》（台北：野鵝出版社，1997）。

12. 王德威：《眾聲喧嘩》（台北：遠流出版事業有限公司，1988）。

13. 王德威：〈序論：意象與異化，異性與異史〉，施淑青著《微醺彩妝》（台北：麥田出版社，1999）。

14. 王德威：《眾聲喧嘩以後》（台北：麥田出版社，2001）。

15. 王曉波：〈走出「二二八事件」的歷史陰影〉，《走出臺灣歷史的陰影》（台北：帕米爾書店，1986），頁73～90。

16. 王雅各：〈同志平權運動〉，《性屬關係──性別與文化、再現》（台北：心理出版社，1999），頁227～258。

17. 丘怡新、李瑞生、蔡宜宏合著：《民法》（台北：博明文化出版社，2005）。

18. 古繼堂：《臺灣小說發展史》（台北：文史哲出版社，1996）。

19. 白少帆、王玉斌、張恆春、武治純：《現代臺灣文學史》（瀋陽：遼寧大學出版社，1987）。

20. 伊格爾頓（Eagleton, Terry）著，方杰譯：《文化的觀念》（*The Idea of Culture.*）（南京：南京大學出版社，2003）。

21. 西蒙·波娃（Beauvoir, Simone de）、陶鐵柱譯：《第二性》（*The Second Sex.*）（臺北：貓頭鷹出版社，2000）。

22. 卡特賴特（Cartwright, Frederick）等著、陳仲丹等譯：《疾病改變歷史》（*Disease & history.*）（濟南：山東畫報出版社，2004）。

23. 安宇：《舊金山彩虹嘉年華——酷兒去旅行》（台北：量聲出版社，2003）。

24. 米鶴都：《聚焦紅衛兵》（香港：三聯出版社，2005）。

25. 朱雙一：〈臺灣社會文化變遷中的心理攝象〉，王幼華著作《王幼華集》（臺北：前衛出版社，1992），頁277～296。

26. 朱雙一：《近二十年臺灣文學流脈》（廈門：廈門大學出版社，1999）。

27. 朱雙一：《戰後臺灣新世代文學論》（台北：揚智出版社，2002）。

28. 范明強：〈紅衛兵運動的歷史反思〉，《哈爾賓市委黨校學報》第3期（臺北：新地出版社，2000），頁59～61。

29. 胡海國：《當代精神醫療》（臺北：正中出版社，1985）。

30. 佛瑞德門（Freedman, Jill）、康姆斯（Combs, Gene）著，易之新譯：《敘事治療：解構並重寫生命的故事》（*Narrative Therapy.*）（臺北：張老師文化出版，2000）。

31. 佛洛伊德（Freud, Siegmund）著，林克明譯：《性學三論 愛情心理學》（台北：志文出版社，1990）。

32. 佛洛伊德（Freud, Siegmund）著，吳康譯：《精神分析引論新講》（*New Introductory Lectures on Psychoanalysis.*）（台北：桂冠出版社，1998）。

33. 佛洛伊德（Freud, Siegmund）著，彭舜譯：《精神分析引論》（*Introductory Lectures on Psychoanalysis.*）（西安：陝西人民出版社，2001）。

34. 何漢文著：〈臺灣二二八事件見聞記〉，陳芳明編《二二八事件學術論文集》（台北：前衛出版社，1989），頁233～264。

35. 何春蕤：〈情慾解放運動：一個歷史——社會的觀點〉，《性政治入門》（桃園：中央大學性／別研究室，2005），頁181～230。

36. 余昭玟：《從語言跨越到文學建構——跨語一代小說家研究論文集》（台南：台南市立圖書館，2003）。

37. 朱蒂斯‧赫曼（Herman, Judith Lewis）著，楊大和譯：《創傷與復原》（*Trauma and recovery.*）（台北：時報文化出版社，1995）。

38. 余鳳高：《呻吟聲中的思索——人類疾病的背景文化》（濟南：山東畫報出版社，1999）。

39. 余鳳高：《解剖刀下的風景》（濟南：山東畫報出版社，2000）。

40. 余鳳高：《病魔退卻的歷程》（濟南：山東畫報出版社，2001）。

41. 余鳳高：《流行病——猖獗到頹敗》（濟南：山東畫報出版社，2003）。

42. 余鳳高：《飄零的秋葉——結核病文化史》（濟南：山東畫報出版社，2004）。

43. 吳庚：《行政法之理論與實用》（台北：三民書局，1995）。

44. 吳達芸：〈西方文學與疾病再思索〉，《自主與成全——論陳若曦小說中的女性意識》（台北：前衛出版社，1993），頁257～280。

45. 吳嘉苓：〈性別、醫學與權力〉，《性屬關係——性別與文化、再現》（台北：心理出版社，1999），頁 373～404。

46. 吳培顯：《當代小說敘事話語範式初探》（長沙：湖南師範大學出版社，2003）。

47. 呂正惠：〈從山村小鎮到華盛頓大樓〉，《文學的思考者》（原載一九八七年四月一日《文星》第 106 期）（台北：人間出版社，1988），頁 181～195。

48. 呂正惠：《戰後臺灣文學經驗》（台北：新地出版社，1992）。

49. 呂正惠：〈被歷史命運播弄的人們——論吳濁流《亞細亞的孤兒》〉，《殖民地的傷痕——臺灣文學問題》（台北：人間出版社，2002）。

50. 呂興昌：〈走出痛苦的寓言〉，《東方白集》（台北：前衛出版社，2001），頁 271～280。

51. 李岩、王艷玲：《肝炎防治錦囊》（台北：大作出版社，1999）。

52. 李仁玉、劉凱湘合著：《契約觀念與秩序創新》（北京：中國社會出版社，1993）。

53. 李有亮：《給男人命名——二〇世紀女性文學中男權批判意識的流變》（北京：社會科學文獻出版社，2005）。

54. 李亦園：〈總序一 從文化看文學〉，收入葉舒憲主編《文學與治療》（北京：社會科學文獻出版社，1999），頁 1～6。

55. 李沛良：〈醫療衛生〉，《社會學新論》（臺北：商務出版社，1993），頁 184～205。

56. 李明濱、李宇宙：《精神官能症之行爲治療》（台北：健康世界雜誌社，1991）。

57. 李欣倫：《戰後臺灣疾病書寫》（台北：大安出版社，2005）。

58. 李筱峰：〈第三隻眼睛看二二八〉，收入王景弘編譯《第三隻眼睛看二二八：美國外交檔案揭密》（臺北：玉山出版社，2002），pp.6～8。

59. 李清潭：《資本主義下現代契約法的變遷——法社會學對於契約自由的辯論》（台北：桂冠圖書公司，1997）。

60. 李清潭：《三稜鏡下的法理學》（臺北：翰蘆圖書公司，2002）。

61. 李豐楙：〈命與罪：六十年代臺灣小說中的宗教意識〉，收入《臺灣文學中的社會：五十年來臺灣文學研討會論文集》（台北：文訊雜誌社編印，1996）。

62. 李銀河著，李銀河譯：〈譯者前言：關於酷兒理論〉，《酷兒理論》（*Queer Theory.*）（北京：時事出版社，2000）。

63. 李銀河：《性的問題·福柯與性》（北京：文化藝術出版社，2003）。

64. 李歐梵：〈小序《論陳映真卷》〉，《陳映真作品集》（台北：聯經出版社，1988）。

65. 汪民安：《福柯的界線》（北京：中國社會科學出版社，2002）。

66. 汪民安：《身體的文化政治學》（開封：河南大學出版社，2004）。

67. 汪新建：《西方心理治療範式的轉換及其整合》（天津：天津人民出版社，2003）。

68. 凱西・溫格勒（Winkler, Cathy），羅燦英譯：〈強暴是社會性謀殺〉，收入顧燕翎、鄭至慧主編《女性主義經典》（台北：女書出版社，1999），頁218～221。

69. 周蕾：《婦女與中國現代性——東西方之間閱讀記》（台北：麥田出版股份有限公司，1995）。

70. 周淑嬪：《蘇偉貞小說研究——以女性觀照與眷村題材為主》（台北：臺灣師範大學國文研究所八十九學年度碩士論文，2001）。

71. 東年：〈大海是我的故鄉〉，《失蹤的太平洋 3 號》（臺北：聯合文學出版社，1998），頁 3～8。

72. 高丙中：《居住在文化空間裡》（廣州：中山大學出版社，1999）。

73. 雷可夫（Lakoff, Gorge）＆詹森（Johnson, Mark）著作，周世箴譯注：《我們賴以生存的譬喻》（*Metaphors We Live.*）（台北：聯經出版社，2006）。

74. 東方白：〈蝶語〉，《東方寓言》（臺北：爾雅出版社，1985），頁 1～3。

75. 屈萬里：〈個人行為的基本準據——忠恕〉，收入中華文化復興運動推行委員會主編《倫理道德的理論與實踐》（臺北：中華文化復興運動推行委員會，1982），頁 223～228。

76. 林芳玫：《解讀瓊瑤愛情王國》（臺北：時報文化出版社，1994）。

77. 林載爵：《臺灣文學的兩種精神——楊逵與鍾理和之比較》（台南：台南市立文化中心出版，1996）。

78. 林鎮山：《臺灣小說與敘事學》（臺北：前衛出版社，2002）。

79. 林燿德：《敏感地帶——探索小說的意識真象》（臺北：駱駝出版社，1996）。

80. 林麗雲：〈自厭性同性戀者的治療〉，《中國人的同性戀》（臺北：張老師出版社，1991），頁 37～39。

81. 阿圖塞（Althusser, Louis）著，杜章智譯：《列寧與哲學》（*Lenin and Philosophie.*）（臺北：遠流出版社，1990）。

82. 欣正人編（2003）：《瘟疫與文明》（太原：山西人民出版社，2003）。

83. 邱貴芬：《仲介・臺灣女人——後殖民女性觀點的臺灣閱讀》（台北：元尊文化股份有限公司，1997）。

84. 邱鴻鍾：《醫學與人類文化》（廣州：廣東高級教育出版社，2004）。

85. 威爾森（Wilson, Jean D.）著，吳德朗等譯：《哈里遜內科學》上冊（*Harrison's Principles of Internal Medicine.*）（台北：合記圖書出版社，1993）。

86. 威爾森（Wilson, Jean D.）著，吳德朗等譯：《哈里遜內科學》中冊（*Harrison's Principles of Internal Medicine.*）（台北：合記圖書出版社，1993）。

87. 威爾森（Wilson, Jean D.）著，吳德朗等譯：《哈里遜內科學》下冊（*Harrison's Principles of Internal Medicine.*）（台北：合記圖書出版社，1993）

88. 柯乃熒：〈愛之希望〉，收入莊慧秋主編《揚起彩虹旗》（臺北：心靈工坊出版社，2002），頁 78～83。

89. 施淑：〈現代啓示錄──王幼華集〉，《王幼華集》（臺北：前衛出版社，1992），頁 9～11。

90. 施淑：《兩岸文學論集》（臺北：新地出版社，1997）。

91. 施啓揚：《契約的訂定與履行》（台北：正中書局，1986）。

92. 炳谷行人著，趙京華譯（Kojin, Karatani）：《日本現代文學的起源》（*Origins of Modern Japanese Literature.*）（北京：三聯書店，2004）。

93. 胡幼慧：《新醫療社會學》（臺北：心理出版社，2001）。

94. 胡亞敏：《敘事學》（武昌：華中師範大學出版社，1994）。

95. 胡厚宣：《甲骨學商史論初集（外一種）》（天津：河北教育出版社，2002）。

96. 胡海國：《當代精神醫療》（台北：正中書局，1995）。

97. 約翰・列區（Lechte, John）著，王志弘、劉亞蘭、郭貞伶譯：《當代五十大師》（高雄：復文書局，2000）。

98. 紅水鮮、紀小尾、蛋糖饃：〈小小酷兒百科〉，收入紀大偉主編《酷兒啓示錄》（台北：元尊文化股份有限公司，1997），頁 27～42。

99. 夏志清：〈陳若曦的小說〉，《陳若曦自選集》（臺北：聯經出版社，1976），頁 1～31。

100. 夏祖麗：〈重讀母親的小說〉，收入林海音《燭芯》（台北：純文學出版社，1981），頁 1～8。

101. 徐岱：《邊緣敘事──二十世紀中國女性小說個案批評》（上海：新華書店，2002）。

102. 徐國能：〈五〇年代臺灣小說〉，《臺灣小說》（台北：國立空中大學，2003），頁 81～130。

103. 海寧格（Hellinger, Bert）、谷紳・韋伯（Weber, Gunthard）、韓特包曼（Beaumont, Hunter）著，周鼎文譯：《家族星座治療》（*Love's Hidden Symmetry.*）（台北：張老師文化，2001）。

104. 埃米爾・迪爾凱姆（Durkheim, Emile）著，馮韻文譯：《自殺》（*Suicide.*）（北京：商務印書館，2003）。

105. 高行健：《沒有主義》（台北：聯經出版社，2001）。

106. 高辛勇：《形名學與敘事理論——結構主義的小說分析方法》（臺北：聯經出版社，1987）。

107. 高宣揚：《佛洛伊德主義》（台北：遠流出版社，1993）。

108. 高宣揚：《傅柯的生存美學》（台北：五南出版社，2004）。

109. 高彥頤著，許慧琦譯：〈「痛史」與疼痛的歷史——試論女性身體、個體與主體性〉，收入黃克武、張哲嘉主編《公與私：近代中國個體與群體之重建》（南港：中研院近代史研究所，2000），頁 177～201。

110. 高史密特（Goudsmit, Japp）著，洪蘭譯：《尋找第一個愛滋病毒》（*Result for Viral Sex：the Nature of AIDS.*）（台北：遠流出版社，2000）。

111. 尉天聰：〈三十年臺灣社會的轉變與文學的發展〉，《臺灣地區社會變遷與文化發展》（臺北：聯經出版社，（1985）。

112. 康正果：《女權主義與文學》（北京：中國社會科學出版社，1994）。

113. 常若松：《人類心靈的神話：榮格的分析心理學》（台北：貓頭鷹出版社，2000）。

114. 張珣：《疾病與文化》（臺北：稻鄉出版社，1989）。

115. 張敏：《認知語言學與漢語名詞短語》（北京：中國社科院，1998）。

116. 張小虹：《在百貨公司遇見狼》（臺北：聯合文學出版社，2002）。

117. 張文彬：《論私法對國際法的影響》（北京：法律出版社，1996）。

118. 張寅德選編：《敘述學研究》（北京：中國社會出版社，1989）。

119. 張深秀訪談：〈有亂石巨川訪問記——小說家王幼華訪問記〉，《狂者的告白》（臺北：晨星出版社，1985），頁 271～284。

120. 張笠雲：《醫療與社會：醫療社會學探索》（臺北：巨流文化公司，1998）。

121. 張漢良：〈唐傳奇「南陽士人」的結構分析〉，《比較文學理論與實踐》（臺北：東大圖書公司，1989），頁 215～254。

122. 梅家玲：《性別還是家國？》（台北：麥田出版社，2004）。

123. 畢恆達：《找尋空間的女人》（臺北：張老師月刊，1996）。

124. 盛寧：〈「寫實」還是「虛構」——試論英美小說觀念演變中的幾個問題〉，收入柳鳴九編《從現代主義到後現代主義》（北京：中國社會科學出版社，1994），頁 28～52。

125. 莊永明：《臺灣醫療史：以台大醫院為主軸》（臺北：遠流出版社，1998）。

126. 張誦聖：《文學場域的變遷》（台北：聯合文學出版社，2001）。

127. 張樹棟、李秀領：《中國婚姻家庭的嬗變》（臺北：南天書局，1996）。

128. 許子東：《為了忘卻的集體記憶》（北京：新華書店，2000）。

129. 許春金：《死刑存廢之探討》（台北：行政院研究發展考核委員會編印，1994）。

130. 郭永玉：《孤立無援的現代人》（湖北：新華書店，1999）。

131. 麥可・懷特（Michael, White）、大衛・艾普斯頓（David, Epston）著，廖世德譯：《故事、知識、權力》（*Narrative Ments to Therapeutic Ends.*）。（台北：心靈工坊出版社，1996）。

132. 陳特：《倫理學釋論》（台北：東大圖書公司，1994）。

133. 南方朔：〈最後的烏托邦主義者：簡論陳映眞知識世界諸要素〉，《思想的貧困》（台北：人間出版社，1988），頁 19～22。

134. 陳玉玲編選：《臺灣文學讀本（一）》（台北：玉山社，2000）。

135. 陳正芳：〈八〇年代臺灣小說〉，《臺灣小說》（台北：國立空中大學，2003），頁 237～288。

136. 陳映眞：〈誤解和曲解無損吳老〉，收入王曉波《走出臺灣歷史的陰影》（台北：帕米爾書店，1986），頁 157～160。

137. 陳映眞：〈凝視白色的五〇年代初葉——《山路》自序〉，《鞭子和提燈》（台北：人間出版社，1988），頁 35～36。

138. 陳建忠：〈私語敘事與性別政治——陳雪與陳染的「私小說」比較研究〉，收入國立中興大學中國文學系主編《2005 台中學研討會——文采風流論文集》（臺中：台中文化局，2004），頁 151～191。

139. 陳平原：《中國小說敘事模式的轉變》（北京：北京大學出版社，1997）。

140. 陳順馨：《中國當代文學的敘述與性別》（北京：北京大學出版社，1995）。

141. 陳永興：《臺灣醫療發展史》（臺北：月旦出版社，1997）。

142. 陳其南：《家族與社會》（臺北：聯經出版社，1990）。

143. 陳泰穎：〈星落南天，何日安息〉，《中國時報》第 15 版（2 月 19 日，2006）。

144. 陳珠璋編著：《功能性精神病》（台北：橘井文化事業，1990）。

145. 陳鼓應：《存在主義增訂本》（台北：臺灣商務印書館，1999）。

146. 陶東風：《文體演變及其文化意味》（昆明：雲南人民出版社，1994）。

147. 傅柯（Foucault, Michel）著，佘碧平譯：《性經驗史》（*The History of Sexuality.*）（上海：上海人民出版社，2000）。

148. 傅大爲：《亞細亞的新身體》（臺北：群學出版社，2005）。

149. 凱雷利（Kelley, William N.）著，吳明瑞譯：《內科學精華》（*Essentials of Internal Medicine.*）（臺北：合記圖書出版社，1998）。

150. 彭兆榮：《文學與儀式：文學人類學的一個文化視野》（北京：北京大學出版社，2004）。

151. 彭瑞金：〈透視現代人的生活遠景〉，《狂者的告白》（臺北：晨星出版社，1985），頁 265～269。

152. 彭瑞金：〈評黃娟《世紀的病人》〉，《黃娟集》（台北：前衛雜誌社，1997）。

153. 彭瑞金：〈探索的反叛的漂泊者——王幼華的小說世界〉，王幼華著作《王幼華集》，（台北：前衛出版公司，1992）頁 3～5。

154. 曾炆煋：〈曾序〉，收入佛洛伊德（Freud, Siegmund）著作《性學三論愛情心理學》（台北：志文出版社，1990）。

155. 萊科夫（Lakoff, Goerge）著，梁玉玲等譯：《女人、火與危險事物：範疇所揭示之心智的奧祕》（*Women, Fire, and Dangerous Things：What Categories Reveal About the Mind.*）（台北：桂冠圖書公司，1994）。

156. 費孝通：《鄉土中國》（上海：觀察社，1948）。

157. 賀淑瑋：〈拼貼後現代：小說〉，《中外文學》23：11（1995），頁 56～72。

158. 黃華：《權力，身體與自我——福柯與女性主義文學批評》（北京：北京大學出版社，2005）。

159. 黃重添：《臺灣長篇小說論》（臺北：稻禾出版社，1992）。

160. 黃金麟：《歷史、身體、國家——近代中國的身體形成 1895～1937》（臺北：聯經出版社，2000）。

161. 黃輝明：〈家庭〉，《社會學新論》（臺北：商務出版社，1993），頁 126～163。

162. 溫格勒（Winkler, Cathy）著，羅燦英譯：《女性主義經典》（臺北：女書出版社，1999），頁 217～226。

163. 楊方：《第四條思路》（長沙：湖南大學出版社，2003）。

164. 楊楨、呂光編著：《英美契約法概論》（台北：天工書局，1981）。

165. 楊翠：《日據時期臺灣婦女解放運動——以〈臺灣民報〉為分析場域》（台北：時報文化出版社，1993）。

166. 楊小濱：〈中國先鋒文學與「毛語」的創傷〉，收入劉青峰編《文化大革命：史實與研究》（香港：中文大學出版社，1996），頁 423～434。

167. 楊碧川：《臺灣歷史年表》（台北：自立晚報文化出版部，1992）。

168. 楊儒賓：《儒家身體觀》（台北：中研院文哲所籌備處，2003）。

169. 齊邦媛：《千年之淚》（台北：爾雅出版社，1990）。

170. 羅賓（Rubin, Gayle）著，李銀河譯：〈關於性的思考：性政治學激進理論的筆記〉，《酷兒理論》（台北：爾雅出版社，2000），頁 135～151。

171. 萬俊人：《比照與透析——中西倫理學的現代視野》（廣州：廣東人民出版社，1998）。

172. 萬建中：《禁忌與中國文化》（北京：人民出版社，2001）。

173. 葉舒憲編：《文學與治療》（北京：社會科學院，1999）。

174. 葉石濤：《臺灣鄉土作家論集》（臺北：遠景出版公司，1981）。

175. 葉石濤：〈談王幼華的小說〉，收入《兩鎮演談》（臺北：時報文化出版公司，1984）。

176. 葉石濤：〈從憧憬、幻滅到徬徨——談陳若曦文學的三個階段〉，《陳若曦集》（原載一九八四年六月十一日到十二日《自立晚報》）（臺北：前衛出版社，1993），頁 241～256。

177. 葉石濤：〈異地裏的夢與愛——評黃娟小說集《世紀的病人》、《邂逅》〉，《黃娟集》（台北：前衛雜誌社，1997），頁 323～226。

178. 葉石濤：《臺灣文學史綱》（高雄：文學界雜誌社，1998）。

179. 詹宏志：〈文學的思考者〉，《文學的思考者》（原載一九八三年八月十八日《中國時報》人間副刊）（台北：人間出版社，1988），頁 1～3。

180. 詹鄞鑫：《心智的誤區：巫術與中國巫術文化》（上海：上海教育出版社，2001）。

181. 路汝斌：《生理‧心理‧精神病——精神科診所》（台北：宇宙光出版社，1991），頁 23～37。

182. 廖炳惠：《回顧現代——後現代與後殖民論文集》（台北：麥田出版股份有限公司，1994）。

183. 廖炳惠：〈文學理論與社會實踐：愛德華‧薩伊德於美國批評的脈絡〉，收入呂正惠編《文學的後設思考》（台北：正中書局，1996），頁 130～155。

184. 趙遐秋、呂正惠主編：《臺灣新文學思潮史綱》（台北：人間出版社，2002）。

185. 劉曉：《意識形態與文化大革命》（台北：洪葉文化事業有限公司，2000）。

186. 劉士國主編：《法解釋的基本問題》（濟南：山東人民出版社，2003）。

187. 劉仲冬：《女性醫療社會學》（臺北：女書文化出版社，1998）。

188. 劉兆佳：〈政治與社會〉，《社會學新論》（臺北：商務出版社，1993），頁 284～317。

189. 劉昌元：《文學中的哲學思想》（臺北：聯經出版社，2002）。

190. 劉再復：《論中國文學》（上海：作家出版社，1988）。

191. 劉再復、林崗合著：《罪與文學：關於文學懺悔意識與靈魂維度的考察》（香港：牛津大學，2002）。

192. 劉亮雅：《慾望更衣室》（台北：元尊文化出版社，1998）。

193. 劉亮雅：《情色世紀末》（台北：九歌出版社，2001）。

194. 劉述先：《世界倫理與文化差異》（台北：中央研究院，2000）。

195. 劉紀蕙：《心的變異：現代性的精神形式》（臺北：麥田出版，2004）。

196. 劉紹銘：〈陳映眞的心路歷程〉，《文學的思考者》（原載一九八四年七月
《九十年代月刊》）（台北：人間出版社，1988），頁 34～40。

197. 劉登翰、莊明萱、黃重添、林承璜著：《臺灣文學史》上下卷（福州：海
峽文藝出版社，1993）。

198. 劉毓秀：《女性主義經典》（臺北：女書出版社，1999），頁 227～234。

199. 劉達臨：《同性戀性史》（台北：柏室科技藝術出版社，2005）。

200. 歐陽子：〈漫談陳若曦的《春遲》〉，《老人》（臺北：聯經出版，1980），
頁 195～204。

201. 歐陽子：〈□□簡介〉，《現代文學小說選集》（台北：爾雅出版社，1997），
頁 204～205。

202. 蔣先福：《契約文明：法制文明的源與流》（上海：上海人民出版社，1999）。

203. 鄭永流：《法哲學語法社會學論叢》（北京：中國政法大學出版社，2000）。

204. 鄭至慧：《女性主義理論與流派》（臺北：女書文化事業有限公司，1997）。

205. 鄭杭生主編：《中國社會轉型中的社會問題》（北京：中國人民大學出版
社，1996）。

206. 黎湘萍：《臺灣的憂鬱》（台北：人間出版社，2003）。

207. 錢穆：〈中國歷史上的道德精神〉，《道德倫理的理論與實踐》（台北：中
國文化復興運動推行委員會，1982），頁 132～150。

208. 錢江潮：〈「山路」讀後隨想〉，《文學的思考者》（原載一九八三四年三月
《中華雜誌》248 期）（台北：人間出版社，1988），頁 41～49。

209. 龍應台：《龍應台評小說》（台北：爾雅出版社，1985）。

210. 羅伯特・休斯（Scholes, Robert）著，劉豫譯：《文學結構主義》（*Structuralism
in Literature：An Introduction.*）（台北：桂冠出版社，1992）。

211. 樊洛平：《當代臺灣女性小說史論》（台北：臺灣商務印書館，2006）。

212. 謝繼昌：〈中國家庭的文化與功能〉，漢學研究中心主編《中國家庭及其
倫理研討會論文集》（臺北：漢學中心印行，1999）。

213. 謝繼昌：〈中國家族研究的檢討〉，楊國樞、文崇一合編《社會及行爲科
學研究的中國化》（臺北：中央研究院民族學研究所，1982），頁 255～
280。

214. 韓忠謨：《刑法原理》（台北：國立臺灣大學法學院事務處，1992）。

215. 韓森：〈立志做一般人的愛滋戰士〉，莊慧秋主編《揚起彩虹旗》臺北：
心靈工坊出版社，2002），頁 68～77。

216. 譚楚良：《中國現代派文學史論》（上海：新華書店，1996）。

217. 嚴家其、高皋：《中國「文革」十年史》（香港：香港大公報社，1986）。

218. 羅伊・波特（Porter, Roy）等著，張大慶譯：《劍橋醫學史》（*The Cambridge Illustrated of History of Medicine.*）（長春：吉林人民出版社，1996）。

219. 波蘭特（Boland）著，方維貴譯：〈文學與疾病——比較文學研究的幾個方面〉，《文學與治療》（北京：社會科學文獻出版社，1999），頁 255～272。

220. 蘇俊雄：《契約原理及其實用》（台北：中華書局，1986）。

221. 龐守英：《新時期小說文體論》（濟南：山東大學出版社，1997）。

222. 樂鑠：《中國現代女性創作及其社會性別》（鄭州：鄭州大學出版社，2002）。

學位論文

1. 吳怡慧：《王幼華小說研究》（嘉義：南華大學文學研究所九十二學年度碩士論文，2004）。

2. 李政益：《疾病、文化與社會變遷——由結核病流行觀點探究二次世界大戰前後的臺灣社會》（台北：台北醫學大學醫學研究所八十九學年度碩士論文，2001）。

3. 林碧霞：《陳映真小說中意象的研究》（台北：私立文化大學八十八學年度中國文學研究所碩士論文，2004）。

4. 林燕珠：《劉大任小說中的家族與認同》（台中：國立中興大學九十三學年度中國文學研究所碩士論文，2000）。

5. 林慶文：《當代臺灣小說的宗教性關懷》（台中：東海大學八十九學年度中國文學研究所博士論文，2001）。

6. 林秀蓉：《日治時期臺灣醫事作家及其作品研究——以蔣渭水、賴和、吳新榮、王昶雄、詹冰為主》（高雄：高雄國立師範大學國文系九十一學年度博士論文，2002）。

7. 柯乃熒：《自我效力、自覺愛滋威脅及性行為之相關：南臺灣 108 例男同性戀之分析》（高雄：高雄醫學院八十四學年度護理研究所碩士論文，1995）。

8. 洪素萱：《在他／她，亦是存亡之秋——由書寫治療論〈荒人手記〉》（台南：成功大學九十三學年度碩士畢業論文，2004）。

9. 張瀛太：《朱西甯小說研究》（台北；國立臺灣大學中國文學研究所八十九學年度博士論文，2001）。

10. 莊宜文：《張愛玲的文學投影——臺、港、滬三地張派小說研究》（台北：私立東吳大學中國文學研究所八十九學年度博士論文，2001）。

11. 莊秀美：《東年小說的追尋主題與終極關懷》（台中：中興大學九十二學年度碩士論文，2004）。

12. 徐正芬：《朱天文小説研究》（台北：國立師範大學國文研究所教學碩士班九十學年度碩士論文，2002）。

13. 張佩珍：《臺灣當代女性文學中的母女關係探討》（嘉義：南華大學文學研究所碩士論文，2001）。

14. 陳建忠：《宋澤萊小説（1972～1987）研究》（台北：國立清華大學八十五學年度碩士論文，1996）。

15. 陳惠萍：《常體之外──「殘障」的身體社會學思考》（台中：東海大學社會學研究所九十一學年度碩士論文，2003）。

16. 賴慧如：《現實與文學的糾纏──談鍾理和的貧與病》（台北：臺灣師範大學國文系在職進修學位班九十二學年度碩士論文，2004）。

17. 簡淑玲：《東年小説研究──以善惡主題思想爲主》（新竹：國立清華大學九十二學年度碩士論文，2004）。

18. 張杰：《試論殷人對疾病及其治療的認識》（河南：鄭州大學歷史學碩士論文，2002）。

期刊論文

1. 王予霞：〈疾病現象的文化闡釋〉，《理論探索》第 11 期（2002），頁 108～115。

2. 王予霞：〈西方文學中的疾病與恐懼〉，《外國文學研究》第 6 期（2003），頁 141～146。

3. 古添洪：〈唐傳奇的結構分析──以契約爲定位的結構主義的應用〉，《中外文學》3：2（1975），頁 80～107。

4. 司馬中原：〈魔境──談東年的作品〉，《中華文藝》116（1970），頁 33～34。

5. 朱偉誠：〈帶餓思潑辣：《荒人手記》的酷兒閱讀〉，《中外文學》24：3（1995），頁 141～152。

6. 何旭明：〈新行爲主義懲罰理論述評〉，《長沙大學學報哲社版》31（1997），頁 65～69。

7. 何明蓉：〈文學與醫學：醫學人文教育的實例〉，《中外文學》31：12（2003），頁 10～25。

8. 吳錫民：〈西方文學與疾病再思索〉，《廣西師院學報》1（1996），頁 271～297。

9. 李宇宙：〈疾病的敘事與書寫〉，《中外文學》31：12（2003），頁 49～67。

10. 李有亮：〈十大死因也是一種社會現象〉，《新新聞》957（2005），頁 98～99。

11. 廖咸浩：〈在解構與解體之間徘徊：臺灣現代小說中「中國身份」的轉變〉，《中外文學》21：7（1992），頁 193～206。

12. 李延林：〈「疾病、生病」的英譯〉，《中國科技翻譯》12：4（1999），頁 50～51。

13. 辛明：〈自宮、脅迫自宮和宮刑──中國共產黨是閹割中國人民思想的封建邪教組織〉，《議報》90（1 月 12 日，2005）。

14. 佘向軍：〈「血親戀」情結與「亂倫」禁忌〉，《理論與創作》3（1997），頁 56～60。

15. 季季：〈一個孤立而擺盪的小社會──評東年的《賊》〉，《書評書目》77（1979），頁 38～47。

16. 林幸謙：〈重讀怨女：尋找女性和他者的聲音〉，《中國現代文學理論季刊》12（1998），頁 555～579。

17. 邱雅芳：〈殖民地醫學與疾病敘事──賴和作品的再閱讀〉，《臺灣文獻》55：（2004），頁 275～309。

18. 南方朔：〈重塑革命者的血肉與心情──從馬奎茲迷宮中的將軍到平路的《行道天涯》〉，《聯合文學》11：6（1995），頁 154～157。

19. 紀大偉：〈在荒原上製造同性戀聲音──閱讀《荒人手記》〉，《島嶼邊緣》4：2（1995），頁 81～88。

20. 紀大偉：〈受困主流的同志荒人──朱天文《荒人手記》的同志閱讀〉，《中外文學》24：3（1995），頁 152～160。

21. 夏湘遠：〈「自然之德」抑或「人為之德」〉，《長沙大學學報》19：3（2005），頁 41～44。

22. 夏濟安：〈致讀者〉，《文學雜誌》6：1（1981）。

23. 孫君恒、許玲：〈亞理士多德分配正義論〉，《中國海洋大學學報》社會科學版。1（2005）。頁 27～32。

24. 徐漢明、劉安求：〈亂倫禁忌與家族情結〉，《醫學與社會》11：2（1998），頁 19～20。

25. 耿菲菲：〈《聖經》中「原罪」的本體論釋義〉，《理論探討》3（1998），頁 64～66。

26. 馬曉燕：〈《正義論》中社會契約探析〉，《內蒙古大學學報人文社會科學版》37：1（2005），頁 101～105。

27. 張美陵：〈攝影眞實與社會身體的監控〉，《中外文學》31：12 期（2003），頁 68～93。

28. 張碧琴：〈眞實與謊言──對亂倫生還者二度創傷工作之歷程〉，《中華心理衛生學刊》11：1（1998），頁 33～51。

29. 張曉風：〈古典小說中所安排的疾病和它的象徵〉,《中外文學》31：12（2003）,頁26～48。

30. 梁妃儀：〈蔡篤堅烏腳病與小兒麻痺症的隱喻〉,《中外文學》31：12（2003）,頁94～116。

31. 陳綾琪：〈世紀末的荒人美學：朱天文的《世紀末的華麗》與《荒人手記》〉,《中國現代文學理論》17（2000）,頁102～113。

32. 陳瓊婷：〈論林海音婚姻與愛情小說中的女性意識〉,《弘光學報》33（1999）,頁234～261。

33. 傅大為：〈從廢墟世界來的挑戰與鄉愁——談《廢墟臺灣》的一種讀法〉,《臺灣文藝》5：125（1980）,頁74～81。

34. 曾昭旭：〈中國傳統文化下的婚姻觀〉,《鵝湖》9：1（1993）,頁31～33。

35. 黃錦樹：《謊言或真理的技藝》（台北：麥田出版社,2003）。

36. 黃錦樹：〈詩,歷史病體與母性〉,《中外文學》33：1（2004）,頁91～119。

37. 黃錦樹：〈神姬之舞：後四十回？（後）現代啟示錄？論朱天文〉,《中外文學》33：1（1996）,頁286。

38. 廖炳惠：〈從蝴蝶到洋紫荊：管窺施叔青的《香港三部曲》之一、二〉,《中外文學》24：12（1996）,頁91～104。

39. 劉鳴晨：〈關於防止「文化大革命」悲劇重演的再思考〉,《廣西師院學報》3（1996）,頁24～29。

40. 劉仲冬：〈疾病的社會學觀〉,《Hope醫望雜誌》23（1997）,頁123～125。

41. 劉惠琴：〈青少女在母女關係中的個體化模式〉,《中華心理衛生學刊》12：4（2000）,頁51～89。

42. 鄭永孝：〈迷信與命運——論陳若曦早期小說的主題〉,《中外文學》7：9（1979）,頁48～68。

43. 謝晚晴：〈論瓊瑤小說對中國古典文學和傳統文化的影響〉,《嘉應大學學報》5（1997）,頁43～48。

44. 謝金蓉：〈時代風雲人物何大一的『雞尾酒』讓衛生署臉紅〉,《新新聞》512（2004）,頁43～44。

45. 黨鴻樞：〈通俗文學的三重奏——瓊瑤、亦舒、梁鳳儀言情小說系列論略〉,《西北師大學報》33：1（1996）,頁62～67。

報紙媒體

1. 范姜泰基：〈愛滋入侵農村雲林受害最深〉,《中國時報》第7版（四月二十六日,2006）。

網路資料

1. 苑舉正：〈「科學」與「僞科學」的區別是否可能〉發表於「哲學與科技社會」網路版。版主爲苑舉正與陳瑞麟。網址爲：http://64.233.179.104/search?q=cache:lgC6s-hrUe4J:sts.nthu.edu.tw/board/read.php%3Ff%3D12%26i%3D373%26t%3D373+%E7%A7%91%E5%AD%B8%E6%AD%A5%E9%A9%9F&hl=zh-TW&gl=tw&ct=clnk&cd=2。（發表於 9 月 2 日 11：29，2005）。

英文書目

1. Aristoteles. On man in the universe：Metaphysics, parts of Animals, Ethics, politics. New York：Classics Club（1943）.

2. Eagleton, *Terry. The Idea of Culture*. Blackwell：Oxford（2000）.

3. Chris, Weedon.Feminist Practice and Poststructuralist Theory. New York：Basil Blackwell（1987）.

4. Freud, Sigmund. *Introductory Lectures on Psychoanalysis*. Trans. by James Strachey and Angelo Richards. New York：Penguin（1973）.

5. Freud, Sigmund.New *Introductory Lectures on Psychoanalysis*. Trans. by James Strachey. New York：Penguin（1973）.

6. Freud, Sigmund.*Totem and Taboo*. New York：Prometheus Books（2000）.

7. Freud, Sigmund ＆ Josef Breuer. *Studies on Hysteria*. Trans. by James Strachey. New York：Penguin Books（1974）.

8. Foucault, Michel. *Discipline and Punish：the Birth of the Prison*. Trans. by Alan Sheridan. New York：Pantheon Books（1977）.

9. Foucault, Michel. *Power／knowledge：Selected Interviews and Other Writings, 1972～1977*. Trans. by Colin Gordon. New York：Pantheon Books（1980）.

10. Greimas, Algirdas Julien. *On Meaning*. Trans. by Paul J. Perron and Frank H. Collins. Minneapolis：University of Minnesota Press（1987）.

11. Hall, C. S.. *A Primer of Freudian Psychology*. New York：World Publishing Company（1954）.

12. Horney, Karen. *The Neurotic Personality of Our Time*. New York：Norton and Company（1964）.

13. Kleinman, Arthur. *Patients and Healers in the Context of Culture：An Exploration of the Borderland between Anthropology*. Berkeley：University of California Press（1980）.

14. Lakoff, Gorge ＆ Johnson, Mark. *Metaphors We Live by*. Chicago：University of Chicago Press（1980）.

15. Lakoff, Gorge. Women, Fire, and Dangerous Things：What Categories Reveal about the Mind. Chicago：University of Chicago Press（1980）.

16. MacCallum, Gerald C. *Political Philosophy*. Englewood Cliffs：Prentice-Hall（1986）.

17. Machiavelli, Niccolo. *The Prince and the Discourses*. Trans. by Luigi Ricci. New York：The Modern library（1940）.

18. MacNeil, Ian R. *The New Social Contract：An Inquiry into Modern Contractual Relations*. New Haven：Yale University Press（1980）.

19. MacNeil, Ian R. Contracts：Exchange Transactions and Relations：Cases and Materials. Mineola：Foundation Press（1978）.

20. Marcuse, Herbert. One-Dimensionality：Studies in the Ideology of Advanced Industrial Society. Boston：Beacon Press（1966）.

21. Marcuse, Herbert. *Eros and Civilization*. Boston：Beacon Press（1974）.

22. Propp, Vladimir IAkovlevich. *Morphology of the Folktale*. Trans. by Laurence Scott. Austin：University of Texas Press（1968）.

23. Rimmon-Kenan, Shlomith. *Narrative Fiction：Contemporary Poetics*. London and New York：Routledge（1983）.

24. Rich, Adrienne. *Of Woman Born,* New York：Norton（1986）.

25. Rousseau, Jean-Jacques. *Social Contract*. Trans. by Gerard Hopkins. New York：Oxford University Press（1982）.

26. Sayers, Janet. Mothering Psychologysis-Helene Deutsch, Karen Horney, Anna Freud and Melanie Klein. London：Penguin Books（1992）.

27. Scholes, Robert E.. *Structuralism in Literature*. New Haven：Yale University Press（1974）.

28. Sontag, Susan. *Illness as Metaphor and AIDS and Its Metaphors*. New York：Doubleday（1990）.

29. Todorov, Tzvetan. "Structural Analysis of Narrative, "in *Modern Literary Criticism*. Comp. Ed. by Dorothy Nyren Curley, Maurice Kramer, and Elaine Fialka Kramer. New York：Lipking and Lits.（1972）P436～441.

30. Todorov, Tzvetan. *The Poetics of Prose*. Trans. by Richard Howard. New York：Cornell University Press（1977）.

31. Todorov, Tzvetan. *Genres in Discourse*. Trans. by Catherine Porter. New York：Cambridge University Press（1990）.

32. Weedon, Chris .*Feminist Practice and Poststructuralist Theory*. New York：Oxford（1987）.

33. Williams, Raymond. *Marxism and Literature*. London：Oxford University Press（1977）.